项目名称

1.河南省高校人文社会科学研究一般项目（编号：2024ZDJH048）

2.河南省重点研发与推广专项软科学研究重点项目（编号：232400411024）

湖泊康养旅游产品供给与消费行为研究

RESEARCH ON THE PRODUCT SUPPLY
AND CONSUMER BEHAVIOR
OF HEALTH TOURISM IN LAKE DISTRICT

王淑曼 等 / 著

社会科学文献出版社
SOCIAL SCIENCES ACADEMIC PRESS (CHINA)

前　言

我国老龄化和亚健康问题日益凸显，健康需要在人民群众日益增长的美好生活需要中占据着越来越重要的地位；同时，人们在进行旅游活动时，对康养要素的重视程度远超以往，康养旅游正在成为满足人们多样化、深层次健康需求的重要方式。湖泊康养旅游是以湖泊资源为载体，以康养旅游为功能，延长人们生命长度，提高人们生活丰富度、自由度的旅游活动，是旅游可持续发展的主要方向、改善旅游产品供给的基本途径、激发旅游消费潜力的重要选择。

本书共分为八章，从产品供给和消费行为两个角度对湖泊康养旅游进行系统研究。第一章背景阐释，主要介绍本书写作的研究背景、研究意义，以及湖泊康养旅游的相关研究进展。第二章内涵解读，分析和梳理湖泊康养旅游的基本概念，探究其核心要义，阐释其理论基础。第三章发展历程，厘清湖泊康养旅游的发展脉络，分析其发展现状，描述其发展趋势，为湖泊康养旅游的未来发展指明方向。第四章供给研究，阐释湖泊康养旅游供给的概念内涵，探析湖泊康养旅游供给的影响因素，研判供给规律和供给趋势，探索湖泊康养旅游供需矛盾的调控路径。第五章需求分析，主要探讨湖泊康养旅游的需求内涵、需求类型、需求特征，分析不同类型湖泊康养旅游游客的感知体验过程和行为特征。第六章测评体系，通过构建指标体系，确立评价模型，对湖泊康养旅游的发展状况进行定量评价、对我国湖泊康养旅游的时空分异特征进行评价。第七章产品开发，把握湖泊康养旅游产品的开发原则，厘清开发体系，探索开发模式，描述湖泊康养旅游产品开发重点。第八章发展建议，通过对现有问题的诊断，优化湖泊康养旅游的发展路径。

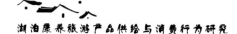
全书由王淑曼提出写作思路、拟定框架结构并负责统稿和组织编写，由李双协助统稿和书稿校对。洛阳师范学院学科教学（地理）硕士研究生汪晓龙、蒋菊、何思涵、尚宁宁、李雨洁，河南科技大学旅游管理硕士研究生李双，河南师范大学农村发展硕士研究生李恺、孙景丽，参与了书稿各章节的撰写任务。全书共分为八章，第一章由王淑曼、李雨洁撰写，第二章由王淑曼、汪晓龙撰写，第三章由何思涵、王淑曼撰写，第四章由李双、王淑曼撰写，第五章由王淑曼、李恺撰写，第六章由孙景丽、王淑曼撰写，第七章由王淑曼、尚宁宁撰写，第八章由蒋菊、王淑曼撰写。

本书得到洛阳师范学院旅游管理河南省特色骨干学科、旅游管理国家级一流本科专业建设点、河南省重点研发与推广专项软科学研究重点项目（232400411024）、河南省教育厅人文社科项目（2024ZDJH048）的资助，在此表示感谢。此外，在本书的撰写过程中，引用了大量国内外学者的相关研究成果，在此深表谢意。

本书既具有较强的理论参考价值，也具有深刻的实践借鉴意义，可作为省、市、县（区）文化和旅游管理部门相关人员的参考书，也可作为高等院校旅游、休闲等相关专业人员的阅读用书。由于笔者水平有限，书中难免有疏漏和不妥之处，恳请读者批评指正，以便本书进一步修订和完善。

王淑曼

2023 年 12 月

目 录

第一章　湖泊康养旅游背景阐释 ·· 001

第一节　湖泊康养旅游研究背景 ·· 001

第二节　湖泊康养旅游研究意义 ·· 012

第三节　湖泊康养旅游研究进展 ·· 016

第二章　湖泊康养旅游内涵解读 ·· 032

第一节　湖泊康养旅游概念辨析 ·· 032

第二节　湖泊康养旅游核心要义 ·· 046

第三节　湖泊康养旅游理论基础 ·· 055

第三章　湖泊康养旅游发展历程 ·· 076

第一节　湖泊康养旅游发展脉络 ·· 076

第二节　湖泊康养旅游发展现状 ·· 086

第三节　湖泊康养旅游经验借鉴 ·· 099

第四节　湖泊康养旅游发展趋势 ·· 121

第四章　湖泊康养旅游供给研究 ·· 135

第一节　湖泊康养旅游供给概述 ·· 135

　　第二节　湖泊康养旅游供给影响因素分析 ……………… 153

　　第三节　湖泊康养旅游供给规律 …………………………… 162

　　第四节　湖泊康养旅游供给调控 …………………………… 171

第五章　湖泊康养旅游需求分析 ………………………………… 188

　　第一节　湖泊康养旅游需求概述 …………………………… 188

　　第二节　城湖共生型淡水湖康养旅游需求分析 …………… 196

　　第三节　火山型湖泊康养旅游需求分析 …………………… 223

　　第四节　高山咸水湖康养旅游需求分析 …………………… 250

第六章　湖泊康养旅游测评体系 ………………………………… 277

　　第一节　指标体系 ………………………………………… 277

　　第二节　模型构建 ………………………………………… 304

　　第三节　我国湖泊康养旅游时空分异 ……………………… 315

第七章　湖泊康养旅游产品开发 ………………………………… 329

　　第一节　开发概述 ………………………………………… 329

　　第二节　开发模式 ………………………………………… 341

　　第三节　开发内容 ………………………………………… 350

　　第四节　开发重点 ………………………………………… 360

第八章　湖泊康养旅游发展建议 ………………………………… 371

　　第一节　编制发展规划，强化顶层设计 …………………… 371

　　第二节　制定发展战略，加强宏观统筹 …………………… 375

　　第三节　明确发展目标，打造特色定位 …………………… 379

　　第四节　确立发展主题，完善功能业态 …………………… 383

　　第五节　改善发展环境，提升品牌形象 …………………… 390

　　第六节　夯实发展基础，完善服务设施 …………………… 395

第一章
湖泊康养旅游背景阐释

湖泊是自然界天然的宝库，在调节环境、促进经济发展等方面，具有重要的作用。但值得注意的是，人们在利用湖泊资源的过程中，一直采取较为粗放的方式，养殖、旅游等项目的展开缺乏科学的规划和管理，很多宝贵的湖泊资源因此受到了损害，难以再发挥出应有的作用。湖泊的景观独特、生物资源类型多样，旅游吸引力较高。如何将湖泊资源优势转化为社会经济发展优势，培育与创新湖泊旅游康养产品，提高湖泊旅游市场竞争力与吸引力，是一个现实而紧迫的课题。

第一节　湖泊康养旅游研究背景

滨湖地区是人类的聚居地，人类利用湖泊资源的历史悠久，湖泊旅游已成为人类利用湖泊资源的重要方式，发展湖泊旅游对维护湖泊生态系统安全、湖泊资源可持续利用乃至湖区发展意义重大。湖泊康养旅游包括健康旅游和养生旅游，游客通过各种体验项目释放压力、调整心态、促进身心健康、与自然融为一体。

一　政策背景

（一）国家层面：相关部委出台文件支持湖泊康养旅游发展

2014年8月，《国务院关于促进旅游业改革发展的若干意见》提出，要积极发展休闲度假旅游，推动形成专业化的老年旅游服务品牌，并发展

特色医疗、疗养康复、美容保健等医疗旅游①；2015 年 8 月，《国务院办公厅关于进一步促进旅游投资和消费的若干意见》明确指出，鼓励社会资本大力开发温泉、滑雪、滨海、海岛、山地、养生等休闲度假旅游产品②。

自 2015 年起，国家林业和草原局先后印发《林业发展"十三五"规划》《中国生态文化发展纲要（2016—2020 年）》《关于大力推进森林体验和森林养生发展的通知》《关于启动全国森林体验基地和全国森林养生基地建设试点的通知》等多个文件，将森林养生旅游的发展作为国家林业发展的新思路、新途径，倡导建设森林养生基地，构建森林养生体系，开发和提供优质的生态教育、游憩休闲、健康养生养老等生态服务产品等，推动森林养生旅游的健康快速发展。

2016 年 1 月，国家旅游局颁布了《国家康养旅游示范基地》标准，对康养旅游产品、服务设施进行标准划分与设定③；2016 年 10 月，中共中央、国务院印发了《"健康中国 2030"规划纲要》，积极促进健康与养老、旅游、互联网、健身休闲、食品融合，催生健康新产业、新业态、新模式④；2016 年 12 月，国务院印发《"十三五"旅游业发展规划》，促进旅游与健康医疗融合发展⑤。

2019 年 6 月，国务院印发《关于实施健康中国行动的意见》，加快推动卫生健康工作理念、服务方式从以治病为中心转变为以保障人民健康为中心，建立健全健康教育体系，形成有利于健康的生活方式、生态环境和社会

① 《国务院关于促进旅游业改革发展的若干意见》（国发〔2014〕31 号），中国政府网，https://www.gov.cn/zhengce/content/2014-08/21/content_8999.htm。
② 《国务院办公厅关于进一步促进旅游投资和消费的若干意见》（国办发〔2015〕62 号），中国政府网，https://www.gov.cn/gongbao/content/2015/content_2916958.htm。
③ 《国家旅游局发布四大行标》，中国政府网，https://www.gov.cn/xinwen/2016-01/09/content_5031695.htm。
④ 《中共中央 国务院印发〈"健康中国 2030"规划纲要〉》，中国政府网，https://www.gov.cn/gongbao/content/2016/content_5133024.htm。
⑤ 《国务院关于印发"十三五"旅游业发展规划的通知》（国发〔2016〕70 号），中国政府网，https://www.gov.cn/gongbao/content/2017/content_5160220.htm。

环境①；2021 年 12 月，国务院下发《关于印发"十四五"旅游业发展规划的通知》，鼓励和引导各地依托特色地理景观、自然资源和生态资源，完善综合服务功能，建设一批山岳、海岛、湿地、冰雪、草原、沙漠、湖泊、温泉、康养等旅游目的地②。

健康中国战略的实施效果不仅体现在人民生活质量的提升上，而且体现在人民生命质量的提升上；同时，推动健康领域与经济发展的良性循环，能够提高人民群众的健康保障水平，有效扩大康养旅游消费需求，进而带动经济增长。此外，通过推进健康老龄化，可以有效缓解人口老龄化带来的城市养老负担以及社会经济压力。世界医疗协会数据显示，2000 年以康养为目的的医疗旅游消费金额不到 100 亿美元，2017 年已经快速上升到7000 亿美元，年均增速超过 25%。③

2021 年 11 月，国家发展改革委印发的《关于加强长江经济带重要湖泊保护和治理的指导意见》明确提出，引导发展多种形式适度规模经营，在洞庭湖、鄱阳湖等大力发展高效生态农业。推动滇池、洱海等发展湖泊旅游，创建全域旅游示范区，做强做优生态农业、生态旅游、度假康养等特色优势产业，助力推进湖区产业转型发展。④ 国家相关部委出台的各类文件，对湖泊康养旅游的发展，起到了重要的推动作用。

（二）地方层面：各地政府积极推动湖泊康养旅游发展

20 世纪以来，世界经济高速发展造成了严重的环境污染和生态破坏，人类面临着生存环境危机，全球兴起了保护人类自身生存环境的绿色浪潮。中国政府高度重视生态文明建设，党的十八大把生态文明建设的重要性提

---

① 《国务院关于实施健康中国行动的意见》（国发〔2019〕13 号），中国政府网，https://www. gov. cn/gongbao/content/2019/content_5416157. htm。

② 《国务院关于印发"十四五"旅游业发展规划的通知》（国发〔2021〕32 号），中国政府网，https://www. gov. cn/gongbao/content/2022/content_5674298. htm。

③ 《国际医疗旅游产业发展潜力巨大 2021 全球医疗旅游行业发展前景及潜力分析》，中研网，https://www. chinairn. com/scfx/20210901/163245312. shtml。

④ 《国家发展改革委关于加强长江经济带重要湖泊保护和治理的指导意见》（发改地区〔2021〕1617 号），国家发展和改革委员会网站，https://www.ndrc. gov. cn/xxgk/zcfb/tz/202111/t20211124_13048 85. html。

到了前所未有的高度，指出："建设生态文明，是关系人民群众福祉、关乎民族未来的长远大计……把生态文明建设放在突出地位，融入经济建设、政治建设、文化建设、社会建设各方面和全过程，努力建设美丽中国，实现中华民族永续发展。"① 各地政府积极出台政策，推动康养旅游的发展。

2018 年 10 月，河北省人民政府办公厅印发的《关于大力推进康养产业发展的意见》提出坚持以人民为中心的发展理念，加快建设康养产业体系，促进医、养、旅、居、文、体等相关产业融合，不断提升康养产品质量和水平，更好满足广大人民群众多层次、多样化的健康服务需求，为建设新时代经济强省、美丽河北提供有力支撑②；2019 年 6 月，河北省举办"中国（河北）康养旅游大会"，通过税收优惠政策鼓励更多的社会资本进入康养产业，以康养旅游带动其他相关新型产业经济的发展。

2019 年 1 月，青海省人民政府办公厅在印发的《青海省扶持和促进中藏医药发展若干措施》中提出，发展以中藏医药文化传播和体验为主题，融中藏医药文化、康复、养生、药用植物科学考察及旅游于一体的中藏医药健康旅游。加强中藏医药文化旅游和保健品、药浴产品、食疗产品和功能性化妆品等中藏医药健康养生产品的联合研发，促进中藏医药健康产业发展。依托西宁周边中藏医药旅游资源建成高原康养旅游区，积极开展国家中医药健康旅游示范基地（项目）创建工作，将青海打造成独具特色的高原健康养生旅游目的地。③ 2022 年 3 月，黑龙江省人民政府在《关于印发黑龙江省冰雪经济发展规划（2022—2030 年）的通知》中提出，突出五大连池世界三大冷矿泉的唯一性和火山地质地貌优势，开发依托冷泉和浴泥的中医药养生保健项目，发展冰雪旅游产品和康养旅游项目，打造中国

---

① 胡锦涛：《坚定不移沿着中国特色社会主义道路前进 为全面建成小康社会而奋斗——在中国共产党第十八次全国代表大会上的报告》，人民出版社，2012，第 12~16 页。

② 《河北省人民政府办公厅关于大力推进康养产业发展的意见》（冀政办字〔2018〕160 号），河北省人民政府网站，http://info.hebei.gov.cn/hbszfxxgk/6806024/6807473/6807180/6808598/6810097/6836131/index.html。

③ 《青海省人民政府办公厅关于印发青海省扶持和促进中藏医药发展若干措施的通知》（青政办〔2019〕2 号），青海省人民政府网站，http://www.qinghai.gov.cn/xxgk/xxgk/fd/zfwj/201901/t20190117_32751.html。

"冰火"旅游目的地。① 2021 年 9 月，宁夏回族自治区人民政府办公厅印发的《宁夏回族自治区文化和旅游发展"十四五"规划》提出，以沙坡头景区为核心，拓展连接香山生态文化体验区、中宁枸杞康养旅游体验区、海原生态旅游度假区，打造全国黄河生态康养目的地，带动沙坡头区、中宁县、海原县旅游发展，促进片区休闲度假旅游、康养旅游、生态旅游全面提升。② 2023 年 9 月，湖北省人民政府办公厅印发《湖北省中医药振兴发展重大工程实施方案》，支持恩施州、神农架林区等地建设 10 家中医药特色健康旅游基地、森林康养基地。以蕲艾、茯苓、福白菊、龟鳖甲等品种为重点，研发中药功能性食品、保健品和化妆品。建成一批中医药特色医养结合机构，推动中医药与养老、养生、旅游、食品、文化等融合发展。支持社会力量兴办中医养生保健机构，大力发展艾灸服务。③

二　市场背景

在旅游市场中，湖泊度假需求量很大，湖泊型旅游的市场地位正在不断提高。湖泊旅游资源开发正由远郊向近郊转移，由著名的天然湖泊转向一般性的天然或人工湖泊，单体湖泊景区开发增多。湖泊风景名胜区的数量和旅游收益呈增长趋势，湖泊旅游由湖泊景观观赏向湖泊休闲、酒店度假、健康医疗等多样化的旅游形式转变。④

（一）湖泊康养旅游资源禀赋得天独厚

我国是一个湖泊旅游资源大国，湖泊数量多，面积大，现有湖泊总量

---

① 《黑龙江省人民政府关于印发黑龙江省冰雪经济发展规划（2022—2030 年）的通知》，黑龙江省人民政府网站，https：//www.hlj.gov.cn/hlj/c108376/202203/c00_31185933.shtml。

② 《自治区人民政府办公厅关于印发宁夏回族自治区文化和旅游发展"十四五"规划的通知》（宁政办发〔2021〕63 号），宁夏回族自治区人民政府网站，https：//www.nx.gov.cn/zwgk/qzfwj/202110/t20211009_3076385_wap.html。

③ 《省人民政府办公厅关于印发湖北省中医药振兴发展重大工程实施方案的通知》（鄂政办发〔2023〕31 号），湖北省人民政府网站，http：//www.hubei.gov.cn/zfwj/ezbf/202309/t20230908_4831079.shtml。

④ 虞虎、陆林、李亚娟：《湖泊型国家级风景名胜区的旅游效率特征、类型划分及其提升路径》，《地理科学》2015 年第 10 期。

近25000个，总面积约91000平方千米，其中面积在1平方千米以上的湖泊有近3000个。2015年以来，文化和旅游部相继公布了6批63家国家级旅游度假区，时间和数量分别是：第一批2015年17家，第二批2018年9家，第三批2019年4家，第四批2020年15家，第五批2022年15家，第六批2023年3家（见表1-1）。从度假类型及数量看，主要有山地型旅游度假区25家，湖泊型旅游度假区19家，滨海休闲型旅游度假区10家，温泉型旅游度假区8家，主题公园型旅游度假区1家。

可以看出，国家级旅游度假区类型主要为山地、湖泊、滨海和温泉四大类，其中山地型旅游度假区占据绝对优势，其次是湖泊型旅游度假区。随着我国建设海洋强国战略的实施，2023年滨海休闲型旅游度假区发展迅

表1-1 各批次国家级旅游度假区名单

序号	批次	省区市	名称
1	第一批 2015年	吉林	长白山旅游度假区
2		江苏	汤山温泉旅游度假区
3			天目湖旅游度假区
4			阳澄湖半岛旅游度假区
5		浙江	东钱湖旅游度假区
6			太湖旅游度假区
7			湘湖旅游度假区
8		山东	凤凰岛旅游度假区
9			海阳旅游度假区
10		河南	尧山温泉旅游度假区
11		湖北	武当太极湖旅游度假区
12		湖南	灰汤温泉旅游度假区
13		广东	东部华侨城旅游度假区
14		重庆	仙女山旅游度假区
15		四川	邛海旅游度假区
16		云南	阳宗海旅游度假区
17			西双版纳旅游度假区

续表

序号	批次	省区市	名称
18	第二批 2018年	海南	三亚市亚龙湾旅游度假区
19		浙江	湖州市安吉灵峰旅游度假区
20		山东	烟台市蓬莱旅游度假区
21		江苏	无锡市宜兴阳羡生态旅游度假区
22		福建	福州市鼓岭旅游度假区
23		江西	宜春市明月山温汤旅游度假区
24		安徽	合肥市巢湖半汤温泉养生度假区
25		贵州	赤水市赤水河谷旅游度假区
26		西藏	林芝市鲁朗小镇旅游度假区
27	第三批 2019年	四川	成都天府青城康养休闲旅游度假区
28		广西	桂林阳朔遇龙河旅游度假区
29		云南	玉溪抚仙湖旅游度假区
30		广东	河源巴伐利亚庄园
31	第四批 2020年	河北	崇礼冰雪旅游度假区
32		黑龙江	亚布力滑雪旅游度假区
33		上海	上海佘山国家旅游度假区
34		江苏	常州太湖湾旅游度假区
35		浙江	德清莫干山国际旅游度假区
36			淳安千岛湖旅游度假区
37		江西	上饶市三清山金沙旅游度假区
38		山东	日照山海天旅游度假区
39		湖南	常德柳叶湖旅游度假区
40		重庆	重庆丰都南天湖旅游度假区
41		四川	峨眉山市峨秀湖旅游度假区
42		贵州	六盘水市野玉海山地旅游度假区
43		云南	大理古城旅游度假区
44		陕西	宝鸡市太白山温泉旅游度假区
45		新疆	那拉提旅游度假区

续表

序号	批次	省区市	名称
46	第五批 2022 年	河北	秦皇岛市北戴河度假区
47		上海	上海国际旅游度假区
48		江苏	常熟虞山文化旅游度假区
49		浙江	泰顺廊桥-氡泉旅游度假区
50			鉴湖旅游度假区
51		江西	新余市仙女湖七夕文化旅游度假区
52			赣州市大余县丫山旅游度假区
53		山东	烟台金沙滩旅游度假区
54			荣成好运角旅游度假区
55		河南	三门峡市天鹅湖旅游度假区
56		湖北	神农架木鱼旅游度假区
57		湖南	岳阳洞庭湖旅游度假区
58		广西	大新明仕旅游度假区
59		四川	宜宾蜀南竹海旅游度假区
60		陕西	商洛市牛背梁旅游度假区
61	第六批 2023 年	江苏	宿迁骆马湖旅游度假区
62		广西	北海银滩国家旅游度假区
63		海南	琼海博鳌东屿岛旅游度假区

资料来源：笔者根据有关资料整理。

速，一大批海洋型旅游度假区正在锚定目标积极建设。此外，在大类型中，有主题相互交叉和融合的现象，文化主题公园等旅游度假区也开始出现。

　　湖泊是一种遍在性旅游资源，大多分布在城镇内部及周边，依山傍水的湖泊旅游，有效弥补了滨海旅游和山地旅游的缺陷[1]，人类以水为伴的原始天性和湖泊的易进入性，使湖泊旅游成为居民日常休闲的绝佳选择[2]。梭罗曾在《瓦尔登湖》中说过，湖泊是"大地的眼睛"，它是最美的风景，湖

---

[1]　刘嘉龙：《中外湖泊休闲旅游经验借鉴与启示——以世界三大千岛湖旅游度假发展为例》，《浙江学刊》2012 年第 6 期。

[2]　许峰：《可持续旅游开发多中心管理模式研究——以湖泊旅游为例》，《旅游学刊》2006 年第 10 期。

泊自身旖旎的风光和鲜明的特色，吸引着各地政府和众多企业的目光，为湖泊旅游带来了巨大的发展机遇。

（二）湖泊康养旅游市场需求持续升温

1. 湖泊康养旅游能满足人们的健康需求

随着社会经济的高速发展，城市化发展速度加快，大量人口开始向城市聚集，城市运行负担加重，城市环境遭到破坏，加重了雾霾等环境污染；此外，在经济发展快节奏的社会背景下，人们的社会竞争更加激烈，面临着更大的生活压力，城市群体中亚健康的人群规模不断扩大。《中国城市人群健康白皮书》表明，约有76%的白领处于亚健康状态，有一定经济基础的人群越来越注重身体素质的改善。[①] 康养旅游可以利用自然人文条件，与养生、休闲、娱乐相结合，有效满足有购买力群体对提高生活质量、享受健康生活等服务的需求。

截至2021年末，全国60周岁及以上老年人口为26736万人，占总人口的18.9%；全国65周岁及以上老年人口为20056万人，占总人口的14.2%。全国65周岁及以上老年人口抚养比为20.8%。[②] 自我国进入老龄化社会起，我国老年群体人数不断增加，社会人口老龄化加剧，"4+2+1"的家庭结构已经成为常态，中年群体面临着高抚养比的难题。庞大的老年群体促进了保健、中医养生等一系列养老新产业的发展，康养旅游模式的养老体系逐渐完善，康养旅居成为老年人养老方式的新选择。目前，康养旅居中的老年人出生于第二次婴儿潮，具有人口基数大、经济实力比较雄厚、文化程度较高等特点（见图1-1）。因此，康养旅居中自我生活料理能力强、有一定消费能力的老人，会追求购买高品质的多元化养老服务，多元化的康养旅游需求，会刺激康养旅游市场的创新发展。

健康是生命之本，是人类享有的基本权利，但近年来人类的健康问题正面临着重大的考验。人口老龄化速度加快，慢性病患者增加且逐渐扩散

---

① 《E康｜中国城市白领人群亚健康比例高达76%，营养干预至关重要》，搜狐网，https://www.sohu.com/a/617580264_120009936。

② 《2021年度国家老龄事业发展公报》，中国政府网，https://www.gov.cn/xinwen/2022-10/26/content_5721786.htm? eqid=f988957f0006f27f00000006645e15dd。

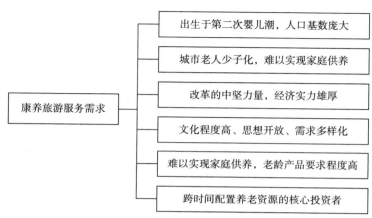

图 1-1 "60 后"老年群体需求特征

至青年人群体，亚健康人数比重增加，使得人们对健康的关注度越来越高，健康意识逐渐增强。2016 年，中共中央、国务院印发的《"健康中国 2030"规划纲要》指出，要从普及健康的生活方式、优化健康服务、完善健康保护、建设健康环境、发展健康产业等方面提升健康水平，让"防-治-养"成为保护健康的新模式。湖泊的休闲、养生功能显著，湖泊旅游所营造出的时尚、活力和健康的氛围，将绿色、低碳、环保的理念传递给旅游者，让旅游者可以在美好的环境中预防疾病、保养身体、恢复身心健康，从而满足健康需求。①

2. 湖泊康养旅游能满足人们高层次的旅游需要

随着人民生活的改善，人们的购买能力也随之得到了提升，消费观念由单纯追求经济高收入向享受生活质量转变。虽然受疫情影响，健康旅游的发展步伐变得缓慢，但人们对健康旅游的需求一直在。国家统计局数据显示，2021 年国内旅游总花费 29191 亿元，比 2020 年的 22286.3 亿元高近 7000 亿元；2021 年国内游客人数 32.5 亿人次，明显多于 2020 年的 28.79 亿人次。人们追求健康生活方式的意识和健康需求不断加强，对康养旅游

---

① 刘嘉龙：《中外湖泊休闲旅游经验借鉴与启示——以世界三大千岛湖旅游度假发展为例》，《浙江学刊》2012 年第 6 期。

产品提出了更高的要求，需要康养旅游产业进一步强化内涵，实现高质量发展转型，打造更具特色、更有吸引力的产品，促进康养旅游不断发展壮大。此外，在"双循环"发展背景下，康养旅游特色产品涌入市场，促进康养旅游消费转型升级，亚健康群体、老年群体以及追求高质量生活的群体日益壮大，康养旅游发展具有巨大的消费市场，能够拉动经济增长。

随着我国居民消费水平的提高以及带薪休假制度的实施，大众化旅游时代已经来临，有能力进行度假旅游的群体也在逐步壮大。此外，城市化发展进程的加快，使人们生活压力变大，人们希望可以到慢节奏的地方放松身心，释放生活和工作的压力。与此同时，旅游者的旅游需求层次也在不断提高，他们不再满足于传统的观光旅游模式，其旅游方式正逐步向休闲度假模式转变，他们更希望拥有品质高、互动性强、体验感好的旅游经历。湖泊度假旅游集水、陆、空旅游产品于一体，产品类型丰富多样，可以舒缓身体和心灵的疲惫感，为旅游者带来身心的愉悦，能很好地满足旅游者高层次的旅游需要。

三　学术背景

康养旅游作为旅游业的一个分支，旨在为游客提供身心健康服务，通过旅游活动消除身体疲劳、锻炼身体、缓解压力等，为游客提供健康良好状态下参与旅游活动的机会。湖泊康养旅游增加了湖泊这一特定的自然要素，提供给游客大自然的康养之旅。湖泊是生态系统的一部分，湖泊旅游的开发，必须注重生态保护和环境保护，同时也要满足游客的需求，为游客提供一个与自然和谐共处的平台。

高强度的工作和生活压力下，人们的身体质量也在不断下降，出现亚健康以及不同程度的心理疾病。世界卫生组织（WHO）的一项全球性调查结果表明，全世界真正健康的人仅占5%（第一状态），经医生检查、诊断有病的人也只占20%（第二状态），75%的人处于健康和疾病之间的过渡状态，WHO称其为"第三状态"，国内常称之为"亚健康状态"。[①]户外活动

---

① 《亚健康与中医"治未病"》，搜狐网，https://www.sohu.com/na/403078111_120745334。

的缺乏对城市居民的健康具有直接影响。据统计，我国城市居民每天在室内生活 21.53 小时，占全天时间总量的 90%，严重缺乏锻炼。[①] 大量研究表明，绿色植被、花卉、水体等自然环境因素构成的康养型景观，能够促进人的身心健康，提高人的身体、精神的健康水平。中国老龄化形势严峻，是目前世界上唯一老年人口超过两亿人的国家。老年人随着年龄的增大，身体机能逐渐下降，适当的户外活动可以增强老年人的身体素质。[②] 就心理健康而言，户外环境中的自然要素，尤其是景观对人有丰富的感官刺激，能够帮助老年人舒缓情绪，改善认知能力，提高老年人的注意力；就社会健康而言，适宜的户外活动可以增加老年人自发性人际交往的机会，比如湖泊可以为老年人提供一个相互支持的包容性环境，从而减少社会隔离，有助于老年人发展社交网络。因此，老年人需要拥有一个集休闲健身、社交活动、保健养生于一体的康养型空间，具备康养条件的环境不应局限于医院、疗养院，应当延伸拓展到自然中。

湖泊康养旅游的学术背景可以追溯到健康旅游、生态旅游、自然主义旅游等相关领域，这些领域的研究成果为湖泊康养旅游的研究提供了理论和实践基础。

第二节　湖泊康养旅游研究意义

湖泊为度假、休闲、观光、修学等旅游活动提供了类型多样的发展空间，对湖泊旅游地的经济社会文化建设、生态环境保护具有重要意义。作为人类利用湖泊的重要方式，湖泊旅游发展时间不长，但出现了不少典型的成功案例，如美国五大湖区，英国尼斯湖，瑞士日内瓦湖，意大利加尔达湖，德国、瑞士、奥地利三国交界处的博登湖，新西兰瓦卡提普湖等的旅游开发。我国浙江省千岛湖、江苏天目湖、新疆天山天池、云南泸沽湖等湖泊旅游

---

① 刘颂、詹明珠、温全平：《面向亚健康群体的城市绿色开敞空间规划设计初步研究》，《风景园林》2010 年第 4 期。

② 邢婧：《隔代照顾对老年人生活满意度的影响》，硕士学位论文，西北农林科技大学，2019。

区，同样具有湖泊旅游成功开发的经验。但与湖泊旅游发展实践相比，湖泊旅游研究尚显不足，湖泊旅游发展的科学问题仍缺乏系统、富有成效的理论研究。

一 丰富湖泊康养旅游理论体系

在湖泊旅游的开发中，理论研究滞后于实践发展，开发建设中能参考的相关理论依据较为缺乏。本书基于旅游体验理论、消费行为理论、旅游系统理论、生命周期理论、社会互动理论、产业集群理论、产业竞争力理论，分析康养旅游的构成要素和内涵特征，总结湖泊旅游开发的一般模式，再将二者结合，提出基于健康理念的湖泊康养旅游开发模式，并以特色湖泊旅游区为案例地进行实证研究，为我国湖泊康养旅游的开发建设提供理论依据和实践参考。同时，国内外缺少对于湖泊康养旅游的发展评价研究，且相关研究鲜有定量分析，主要集中在定性描述和评价方面，亟须采用定量与定性相结合的形式来研究与分析，因而，本书以数据模型对湖泊康养旅游的各项指标进行量化和无量纲化处理，并分别赋予权重，形成可量化、可比较的指数指标，构建出一套科学、合理的湖泊康养旅游地发展水平评价指标体系。

康养旅游已成为业界普遍关注的新兴领域，但其快速发展与当下相关理论研究的缺乏，形成了鲜明的矛盾与不对称关系。目前关于湖泊康养旅游的研究，主要集中在湖泊旅游资源评价与开发、湖泊旅游感知、湖泊旅游规划与管理、旅游者空间行为与旅游市场、湖泊旅游地演化、湖泊旅游影响等方面，而对于湖泊康养旅游供给、需求、产品开发研究较少。本书通过回顾国内外相关文献，对湖泊康养旅游及其旅游目的地和旅游产品竞争力等基本概念进行辨析和界定；从湖泊康养旅游发展历程、湖泊康养旅游供给体系、湖泊康养旅游需求特征、湖泊康养旅游产业发展等方面对既有研究进行梳理和论述；引入旅游体验理论、生态旅游理论、旅游可持续发展理论、产业集群理论等相关理论，阐释其对湖泊康养旅游发展的指导意义，为湖泊康养旅游研究提供新的研究思路与视角。

二　引导湖泊康养旅游开发方向

在我国，人类利用湖泊的历史悠久，但湖泊旅游作为人类利用湖泊资源的一种新的重要方式，仅有 40 年左右的历史，本书按照时间顺序对国内外湖泊康养旅游发展的脉络进行梳理划分，分析湖泊康养旅游演化规律，研究其发展现状，指出其发展障碍并提出相应的解决对策；通过对国内外湖泊康养旅游典型案例进行分析，汲取发展湖泊康养旅游的经验和启示；从品牌化、智慧化、多元化、年轻化、可持续化等方面，展望国内湖泊康养旅游未来的发展趋势，为我国湖泊康养旅游的发展提供方向指引。

近年来，国内旅游需求日益扩大，尤其是自然生态环境旅游产品受到青睐，但湖泊旅游开发模式比较单一，仍然以单纯的观光度假旅游为主，深度体验旅游产品的缺失，成为目前我国湖泊旅游发展的瓶颈。湖泊旅游地逐渐形成多元化的发展方式、发展路径，呈现出多元化的结构特征。在保护生态的前提下，合理设计湖泊旅游产品，提高湖泊旅游开发效益的同时完善周边基础设施，能最大限度地挖掘旅游开发给当地人民带来的红利，改善当地人民的生活，让湖泊旅游开发真正做到生态效益、经济效益和社会效益的统一。

三　更新湖泊康养旅游发展理念

改革开放以前，湖泊旅游主要以官办疗养院的形式存在，福利性质明显，开发规模较小，设施设备简单，在功能上以保健、疗养为主。进入 20 世纪 90 年代以后，出现了国家级、省级湖泊旅游度假区，功能逐渐多样化，集康体娱乐、观光休闲、健身运动等于一体，这一时期大部分湖泊旅游资源在开发上缺少专业的规划指导，最终出现了大量低质、发展不良的旅游区。本书分析了康养旅游的内涵特征，总结了湖泊旅游的一般开发模式和开发内容，将健康理念贯穿于湖泊康养旅游规划建设中，以自然基底和文化底蕴为主线，营造优越的度假环境，打造极具特色的度假产品，对湖泊康养旅游区的开发具有重要的指导意义。

湖泊旅游地具有资源复合性、环境敏感性、生态脆弱性等特点，其发展与湖泊规模、类型、区位和水文水利等条件有密切关系。在考虑旅游发展现状、发展阶段的同时，本书选取不同尺度、类型、区位和水文水利等条件的湖泊旅游地作为案例地，揭示不同规模、不同类型、不同地域和不同功能湖泊旅游地的主要做法、特色亮点，以全球视野比较研究具有代表性的国际湖泊旅游地与国内湖泊旅游地康养需求形态特征的共性和个性，着重进行湖泊康养游客需求特征和消费行为的研究，以为国内湖泊康养旅游产品的开发模式提供可资借鉴的经验。

四　提升湖泊康养旅游发展质量

我国大多数湖泊旅游区发展欠佳，没有取得预期的经济效益和社会效益，主要原因是开发建设者对湖泊旅游了解不足，不能知晓其资源特性、市场特征和定位发展走向等，套搬其他旅游区的建设方式；此外，在对湖泊旅游区开发前也没有充分考察和评估当地的旅游资源，对规划的合理性未做深究，急于上马各类项目，过于追求经济效益，导致无效开发。本书将健康理念和湖泊旅游相关理论研究相结合，并通过实际案例验证其可行性，对湖泊旅游的可持续发展具有重要意义。

康养旅游不仅是旅游产业转型升级的重要方向，还是促进国民恢复身心健康的休闲旅游方式。围绕湖泊康养旅游产品供给与消费行为，构建相关的理论与方法体系，能帮助湖泊所在地区政府领导、开发商和旅游企业管理人员了解湖泊旅游区的特点和开发过程，设计出具有个性化、差异化与特色化的产品，从而加强对湖泊型旅游区的有序开发与管理，通过统筹安排，统一规划，使湖泊型旅游区向着积极有益的方向发展，避免向消极有害的方向发展，这对湖泊所在地区旅游业的健康发展具有现实的指导意义。

五　把控湖泊康养旅游发展趋势

我国对湖泊的利用虽然已有数千年的历史，但真正发展产业化的湖泊

旅游的历程不长。目前，我国许多著名的湖泊已经成为重要的旅游地，是当地旅游发展的重要依托，如西湖之于杭州、千岛湖之于淳安、太湖之于无锡。我国的湖泊旅游正处于一个快速的发展阶段，但各个地方湖泊旅游的发展不平衡，总体发展水平不高，大部分湖泊旅游仍然以观光为主。随着经济的发展以及休闲时代的到来，我国社会中有能力进行度假旅游的群体逐步形成，并不断发展壮大，我国湖泊康养旅游必然迎来它的黄金发展期。可以预测，高质量的度假环境，多样化、高档的康体旅游产品，舒适周到的旅游服务，鲜明的湖泊文化特色，将成为湖泊康养旅游发展的新趋向。

我国的旅游业正处在一个明显转型期，涉及总体发展模式（从入境旅游到国内旅游、出境旅游）、市场供需关系（由卖方市场到买方市场）、产业增长方式（从规模经济到系统经济）、产业空间布局（大空间尺度的多中心化、中空间尺度的短线旅游化、小尺度空间的郊野化）、产业组织结构（国际化、集团化、中介代理组织强化）、旅游方式（点线旅游向板块旅游转变）、旅游产业组织（单体组织向网络组织转变）、旅游经营空间（从一地经营向跨地区和跨国经营转变）、管理模式（从部门管理向行业管理转变）、旅游产品（从单一观光产品向多种旅游产品转变）等方面的转型。①在湖泊康养旅游目的地的规划、开发与管理等环节，需更加重视发挥旅游者自身的主动性与能动性，以便进一步提升康养旅游者的体验质量，为旅游目的地赢得良好的口碑。

第三节　湖泊康养旅游研究进展

国内外关于湖泊康养旅游的研究，从无到有、从理论到实践，为我国湖泊康养旅游发展提供了经验借鉴，也为开展更深层次的湖泊康养旅游研究打下了坚实基础。

---

① 马波：《转型：中国旅游发展的趋势与选择》，《旅游学刊》1999 年第 6 期。

一 国内研究概况

（一）康养旅游研究现状

国内康养旅游研究主要分为形式性、需求性两个方向。对于形式性国内康养旅游研究，赖启航和孔凯认为康养旅游是顺应我国人口老龄化和亚健康普遍化的时代大背景产生的，是将旅游和养生结合起来以满足康养需求的新型旅游形式。[①] 任宣羽则认为发展康养旅游需要具备气候和自然资源优势，让旅游者在良好的环境中达到休养身心的目的。[②] 陈巧认为康养旅游是形式多样且具有康养作用的包括休闲观赏、康体医疗等活动在内的旅游形式。[③] 何莽提出旅游者通过对康养地的气候资源、人文娱乐等因素的评估，来判定其是否能满足自身对延年益寿和康体美颜等的需求。[④] 束怡等认为康养旅游不仅能满足老年人的养老需求，还能满足亚健康人群对追求健康身体和高品质生活的需求。[⑤] 关于康养旅游的概念，国内学术领域并未给出明确的界定。国家旅游局颁布的《国家康养旅游示范基地》行业标准给出的定义为：康养旅游是通过采用多种方法措施，包括修身养性、养颜健体、保护环境以及饮食均衡等，使人的身心达到一种和谐的状态的各类旅游项目的总称。[⑥]

自 2016 年《国家康养旅游示范基地》行业标准颁布以来，国内学者对康养旅游的研究就有了大幅提升。李茜燕指出中国康养旅游经历了福利型疗养阶段、规模化发展阶段、产业融合发展阶段三个阶段，目前康养旅游

---

① 赖启航、孔凯：《健康养生视角下盐边县康养旅游开发初探》，《攀枝花学院学报》2015 年第 4 期。
② 任宣羽：《康养旅游：内涵解析与发展路径》，《旅游学刊》2016 年第 11 期。
③ 陈巧：《四川省休闲体育与康养产业融合的发展研究》，《当代体育科技》2017 年第 7 期。
④ 何莽：《基于需求导向的康养旅游特色小镇建设研究》，《北京联合大学学报》（人文社会版）2017 年第 2 期。
⑤ 束怡、楼毅、张宏亮等：《我国森林康养产业发展现状及路径探析：基于典型地区研究》，《世界林业研究》2019 年第 4 期。
⑥ 《旅游行业标准 LB/T 051-2016 国家康养旅游示范基地》，文化和旅游部网站，https://zwgk.mct.gov.cn/zfxxgkml/hybz/202012/t20201224_920050.html。

正由粗放模式向健康与旅游、养老以及休闲融合的新模式转变。① 陈建波和明庆忠结合现行产业标准及相关研究，从景观价值、健康价值、环境条件和开发条件等角度选取 23 个指标构建健康旅游资源的评价指标体系，采用改进的 AHP 方法计算各个指标的权重，引入类间权重和类内权重两个变量测算专家的权重，其中，类间权重反映专家学术水平和经验水平，类内权重反映专家个体逻辑能力，使得到的权重更加科学合理。② 谢晓红等从地理、气候、资源和特色产业四个方面，提出特色小镇发展康养旅游业能够促进地区经济发展。③ 潘洋刘等基于 SWOT 和 AHP 方法，指出江西庐山建设康养基地的最大劣势是经营机制落后，最大的威胁是过度开发。④ 宋娜等从资源要素价值、旅游开发条件、环境保护质量三个维度出发，对康养旅游资源评价指标的影响关系进行了分析，提出在进行康养旅游资源评价时，要针对不同因素进行差异化考虑。⑤ 钟晖和孟帅康从产业发展水平、服务发展水平、环境质量水平出发，构建康养旅游发展评价指标体系，借助熵值法、耦合协调度和全局莫兰指数等计量方法，将云南健康旅游发展趋势分为稳健型、正"V"形、倒"V"形三种类型。⑥ 杨璇和叶贝珠对我国健康旅游产业发展进行 PEST 分析，提出了健康旅游产业持续发展的策略：在政治上加强顶层设计、把握战略导向、健全法律体系；在经济上进行宏观调控、培育市场主体、创新融资机制；在社会上加强行业自律、资源整合、

---

① 李茜燕：《后疫情时期康养旅游产业发展的机遇及对策研究》，《江苏商论》2021 年第 10 期。
② 陈建波、明庆忠：《基于改进层次分析法的健康旅游资源评价研究》，《地理与地理信息科学》2018 年第 4 期。
③ 谢晓红、郭倩、吴玉鸣：《我国区域性特色小镇康养旅游模式探究》，《生态经济》2018 年第 9 期。
④ 潘洋刘、徐俊、胡少昌等：《基于 SWOT 和 AHP 分析的森林康养基地建设策略研究——以江西庐山国家级自然保护区为例》，《林业经济》2019 年第 3 期。
⑤ 宋娜、周旭瑶、唐亦博：《基于 DEMATEL-ISM-MICMAC 法的康养旅游资源评价指标体系研究》，《生态经济》2020 年第 5 期。
⑥ 钟晖、孟帅康：《健康旅游耦合协调度与空间分异研究——以云南省为例》，《生态经济》2021 年第 2 期。

宣传推介；在技术上保障人才资源、塑造特色品牌、建设配套体系。[1] 李莉和陈雪钧基于共享经济视角，从市场需求、产业供给、基础设施和外部环境四个角度出发，对康养旅游产业的创新因子进行了研究，提出重庆市康养旅游产业发展要挖掘市场潜力、优化产业体系、完善基础设施、营造良好外部环境以保障其康养旅游可持续发展。[2] 曾真等通过向游客发放问卷的形式调查了竹林游憩者的游憩动机和游憩满意度，研究发现游客的旅游动机主要包括身心康养、自我提升、社会交往、向往自然四个方面。[3]

（二）湖泊旅游研究现状

国内湖泊旅游的研究经历了以下两个阶段。第一阶段，主要是构建湖泊旅游研究基本框架体系，集中于对湖泊旅游的属性认知、开发策划与环境保护等领域。[4] 第二阶段，对湖泊旅游的研究开始与实际应用相结合，开始注重效率特征及提升路径[5]、经济价值评估[6]、全面可持续发展等领域。研究内容主要集中在三个方面，一是湖泊型旅游资源、水上旅游项目、接待设施、旅游网络等旅游吸引物和配套设施；二是资源保护、景区开发、开发模式等经营管理策略；三是湿地生态旅游评价指标、生态旅游资源评价指标、湖泊旅游评价指标等评价体系。

从供给者角度看，湖泊旅游是利用湖泊水文形态、自然景观、生态环境、人文积淀和游乐设施提供相关服务产品；从需求者角度看，湖泊旅游的目的是体验湖泊的特殊景观环境，以湖泊为依托开展各种活动的旅游经历。周玲强和林巧将湖泊旅游分为湖面旅游（湖上旅游）的核心层、湖滨

① 杨璇、叶贝珠：《我国健康旅游产业发展的PEST分析及策略选择》，《中国卫生事业管理》2018年第12期。
② 李莉、陈雪钧：《康养旅游产业创新发展的动力因素研究——基于共享经济视角》，《技术经济与管理研究》2021年第4期。
③ 曾真、郑俊鸣、江登辉等：《竹林游憩动机及模式构建研究》，《林业经济问题》2021年第4期。
④ 车震宇、唐雪琼：《我国中小型湖泊旅游度假区开发现状分析》，《旅游学刊》2004年第2期。
⑤ 虞虎、陆林、李亚娟：《湖泊型国家级风景名胜区的旅游效率特征、类型划分及其提升路径》，《地理科学》2015年第10期。
⑥ 薛明月、肖景义、高丽文等：《湖泊型旅游景区经济价值综合评估——以青海湖景区为例》，《山西大学学报》（自然科学版）2018年第1期。

观光休闲运动的周边层、环湖观光带的扩散层，并认为当下湖泊旅游的开发模式以观光旅游开发模式、综合旅游开发模式、度假旅游休闲疗养开发模式、体育训练及水上运动开发模式为主。① 陆林等以安徽太平湖为例，根据旅游地生命周期理论，将湖泊旅游模式总结为自然状态发展模式、水产养殖与旅游业相结合的湖泊资源利用模式、旅游与城镇互动发展模式。② 许峰认为湖泊旅游是适用多中心管理模式的良好平台，兼顾不同利益相关者主体特征、力求区域可持续发展的多中心管理模式，是湖泊可持续旅游开发的最佳着眼点。③ 高燕等从湖泊形态入手，先选取分型几何形态指标和欧式几何形态指标，进行旅游开发适宜性分析，再以湖泊形态为基础，构建旅游开发适宜性评价的指标体系，提出湖泊形态与旅游开发适宜性关系模型。④ 齐先文和查良松以湖泊旅游地开发评价因子特点为基础，构建了湖泊型旅游地开发评价指标体系，提出了一种具有兼容性的湖泊旅游地开发综合评价模型。⑤ 陈冬梅和卞新民以高原湖泊旅游资源的特性为基础，构建了关于湖泊旅游资源可持续利用的评价指标体系，并以抚仙湖为案例地，对此模型进行了验证。⑥

关于湖泊旅游开发，管宁生研究了人工湖泊旅游开发利用的理论和现实意义。⑦ 唐皓和林峰对湖泊旅游的差异化开发进行了研究。⑧ 周玲强和林巧提出湖泊旅游的发展趋势，即立足于环境生态保护，促使湖泊旅游与观

---

① 周玲强、林巧：《湖泊旅游开发模式与21世纪发展趋势研究》，《经济地理》2003年第1期。
② 陆林、天娜、虞虎等：《安徽太平湖旅游地演化过程及机制》，《自然资源学报》2015年第4期。
③ 许峰：《可持续旅游开发多中心管理模式研究——以湖泊旅游为例》，《旅游学刊》2006年第10期。
④ 高燕、李江风、匡华：《基于湖泊形态分析的旅游开发适宜性评价——以大梁子湖为例》，《长江流域资源与环境》2013年第3期。
⑤ 齐先文、查良松：《湖泊型旅游地开发的定量评价研究》，《资源开发与市场》2009年第7期。
⑥ 陈冬梅、卞新民：《高原湖泊旅游资源的生态可持续利用评价研究》，《资源调查与环境》2005年第4期。
⑦ 管宁生：《人工湖泊旅游开发利用研究的意义》，《思想战线》2000年第6期。
⑧ 唐皓、林峰：《湖泊旅游差异化开发的"七种武器"》，《中国旅游报》2008年12月12日，第12版。

光农业相互渗透，努力发展成为度假胜地。① 陶犁和王立国以洱海、千岛湖、日内瓦湖为例，对这三种湖泊旅游开发模式进行了比较研究。② 李向明将湖泊旅游开发模式分为神秘型、观光型、度假型、娱乐型、综合型。③ 齐先文和查良松构建了湖泊型旅游地开发评价指标体系，结合旅游地综合性评价模型和模糊评价模型的优点及适应范围，分别对数值型和模糊型评价因子进行评价，然后得出定量化的综合评价结论。④ 韩忠从旅游形象策划宣传、旅游基础设施建设、旅游产品开发等方面对美国尚普兰湖的生态旅游开发模式进行了研究，认为其长远的规划、有效的管理机制、良好的立法保护环境、开发产品中的精品意识以及善于与当地社区旅游相结合等经验，为国内类似城郊型湖泊的旅游开发提供了有益借鉴和启示。⑤ 王苑和鄢志武研究了湖泊水库的旅游开发价值、开发方向及内容，提出了相应的旅游功能区、库岸景观、旅游安全接待服务设施规划方案。⑥

（三）湖泊康养旅游研究现状

王艳和高元衡把健康旅游产品分为温泉类、森林类、水体类、山地类四大类型，并将水体类旅游产品又细分为湖泊、河流、海洋、冰雪旅游产品。湖泊旅游产品中，核心层用于水上康体运动，周边层用于观光休闲，扩散层用于休养、会议和考察活动等。⑦ 吴计生等从 4 个准则层和 13 个指标层两个方面评价了松花湖的生态健康状况，并根据现有问题提出了湖泊健康管理的若干措施。⑧ 邓敏和韩少卿梳理了金沙江流域主要的旅游资源，

---

① 周玲强、林巧:《湖泊旅游开发模式与 21 世纪发展趋势研究》,《经济地理》2003 年第 1 期。
② 陶犁、王立国:《湖泊旅游开发探索研究——以洱海、千岛湖、日内瓦湖为例》,《生态经济》2010 年第 12 期。
③ 李向明:《湖泊旅游资源的五种开发模式》,《中国旅游报》2006 年 12 月 18 日，第 7 版。
④ 齐先文、查良松:《湖泊型旅游地开发的定量评价研究》,《资源开发与市场》2009 年第 7 期。
⑤ 韩忠:《美国城郊型湖泊生态旅游开发的成功与启示——以尚普兰湖为例》,《生态经济》2008 年第 2 期。
⑥ 王苑、鄢志武:《浅析湖泊水库旅游的开发与规划》,《安徽农业科学》2008 年第 28 期。
⑦ 王艳、高元衡:《健康旅游概念、类型与发展展望》,《桂林旅游高等专科学校学报》2007 年第 6 期。
⑧ 吴计生、吕军、刘洪超等:《松花湖生态健康评估》,《中国水土保持》2019 年第 9 期。

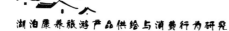
结合健康旅游的概念和分类，对金沙江流域的健康旅游开发模式进行了探究，并提出以湖泊资源、森林资源、体育资源、温泉资源为依托开发旅游项目。① 于福兰根据全国技术标准和辽宁省湖泊特点，提出了湖泊健康评价指标体系，以此对卧龙湖湖泊生态和社会服务功能进行评价，并从水资源、物理结构、水质、水生物、社会服务功能五个方面分析卧龙湖的健康问题，提出了保护性对策和建议。② 任可心等以国内外水生态健康评价的相关研究为基础，结合升钟湖的自身特点选取评价指标，通过分析评价找到了升钟湖主要存在的环境问题，以及影响其健康状况的主要因素，并有针对性地提出了改善水质环境的建议。③ 冷辉等以湖泊平面形态特征和湖泊形态动态变化特征为切入点，构建了湖泊形态健康综合评价指标体系，并对大纵湖的形态健康进行了分析评价。④

二 国外研究概况

（一）关于康养旅游的研究

"Health Tourism"（健康旅游）是国外康养旅游的雏形，于 20 世纪 50 年代由世界卫生组织正式提出。⑤ 随后，学者 Goodrich 提出，康养旅游是以"健康"为主题的、利用设施和服务并设计规划旅游相关物来吸引旅游者的旅游形式。⑥ 但这一观点并未得到业内认可，学者 Hall 认为康养旅游是旅游者通过参与医疗保健等各类以"康养"为特点的活动，以期达到保护和促进自身健康疗养和延年益寿等目的的旅游形式；同时，企业和商家通过建

① 邓敏、韩少卿：《金沙江流域健康旅游开发模式探究》，《旅游纵览》（下半月）2017 年第 24 期。

② 于福兰：《卧龙湖健康评价与生态保护对策分析》，《水土保持应用技术》2015 年第 5 期。

③ 任可心、蒋祖斌、文刚等：《基于水质与生物指标调查的四川升钟湖水生态健康评价》，《绿色科技》2020 年第 22 期。

④ 冷辉、张凤太、王腊春等：《湖泊形态健康内涵及其集对分析评价——以大纵湖为例》，《河海大学学报》（自然科学版）2012 年第 5 期。

⑤ 吴之杰、郭清：《我国健康旅游产业发展对策研究》，《中国卫生政策研究》2014 年第 3 期。

⑥ Goodrich, J. N., "Health Tourism: A New Positioning Strategy for Toursim Destination", *Journal of International Consumer Marketing*, Vol. 6, No. 3-4, 1994.

设不同于一般旅游性质而强调"康养"性质的设施和服务等，来满足旅游者康养需求的活动。① Mueller 和 Kaufman 提出的观点认为，康养旅游是游客为了缓解自身的压力，维持健康的身体状态，选择前往其他地方留宿或旅行，通过这种旅游方式，能够帮助人们缓解心理压力，维持健康的身体状态，带来更放松的体验。②

国外针对康养旅游的研究主要包括康养旅游概念和形式、旅游目的地开发以及发展环境三方面。国外学术界没有对康养旅游进行统一定义，通常将康养旅游命名为"health tourism""wellness tourism"。随着康养旅游的发展，旅游逐渐开始注重与医疗、保健、养生等因素结合，与康养旅游相关的研究主题也逐渐细化至"medical tourism""fitness tourism"等。③ 20 世纪 30 年代，康养旅游逐渐兴起，且多用医疗、温泉疗养、休闲旅游等方式，使身体达到放松状态。④ Kazakov 和 Oyner 通过对健康旅游的发展进行回顾，发现康养旅游的发展对社会经济和人们健康生活具有积极影响，欧洲以及北美经济发达地区，老龄化程度比较高，富裕且活跃的老年群体渴望更高质量的生活，康养旅游市场潜力巨大。⑤ Ladkin 等发现欧洲沿海地区老龄化人口不断增长，追求健康生活、季节性旅游的居民增多，需要促进居民、医疗服务提供者、旅游企业等机构合作创新。⑥

Goodarzi 等分析了伊朗健康旅游产业，并提出了有效利用优势以及将劣势转变为机遇和优势的指南。⑦ Lee 和 Li 使用专家评估方法，利用 AHP 分

---

① Hall, C. M., *Health and Spa Tourism*, New York: Haworth Press, 2003, pp. 273-292.

② Mueller, H., Kaufman, E. L., "Wellness Tourism: Market Analysis of a Special Health Tourismsegment and Implications for the Hotel Industry", *Journal of Vacation Marketing*, Vol. 7, No. 1, 2001.

③ Pereira, R. T., Malone, C. M., Flaherty, G. T., "Aesthetic Journeys: A Review of Cosmetic Surgery Tourism", *Journal of Travel Medicine*, Vol. 25, No. 1, 2018.

④ Joppe, M., "One Country's Transformation to Spa Destination: The Case of Canada", *Journal of Hospitality & Tourism Management*, Vol. 7, No. 1, 2010.

⑤ Kazakov, S., Oyner, O., "Wellness Tourism: A Perspective Article", *Tourism Review*, Vol. 76, No. 1, 2021.

⑥ Ladkin, A., Hemingway, A., Crossen-White, H., "Health, Active Ageing and Tourism", *Annals of Tourism Research Empirical Insights*, Vol. 2, No. 2, 2021.

⑦ Goodarzi, M., Haghtalab, N., Shamshiry, E., "Wellness Tourism in Sareyn, Iran: Resources, Planning and Development", *Current Issues in Tourism*, Vol. 19, No. 11, 2016.

析法分配专家评估权重，确定康养旅游目的地的 3 个维度和 11 个子维度，认为良好的空气质量能够有效促进旅游者身心健康。① Panczyk 通过对卢布林湖自然环境的梳理，发现湖泊旅游可以从预防疾病、治疗疾病等角度来满足人们的健康需求。② Lee 等分析了 862 名旅行团参与者报告有益健康的旅行项目，从心理、生理、社会三个层面探讨了那些对健康旅游业可持续发展产生影响的旅行因素。③ Dillette 等收集参与康养旅游游客在 Trip Advisor 上发布的用户体验，结合民族志分析和框架分析，通过主题定性编码研究，确定了康养旅游体验的四个维度，即身体、思想、精神和环境，并就每个方面提出康养旅游规划和管理建议。④ Ullah 等通过共享经济视角，从市场需求、产业供给、基础设施、外部环境分析康养旅游驱动因素，以 KPK 为例，利用熵值法和灰色关联度对驱动因素进行检验，结果表明，各驱动因素在不同程度上影响着巴基斯坦健康旅游产业的创新发展。⑤

（二）关于湖泊旅游的研究

关于湖泊旅游的研究，开始于 18 世纪，兴盛于 20 世纪，Wisniewski 针对具体湖区提出了旅游复兴计划，认为可持续发展是湖泊旅游开发的重要原则，资金、地方服务能力和管理能力是湖泊旅游开发的重要资源。⑥ Lehtolainen 分析了芬兰政府在湖泊旅游开发中扮演的角色。⑦ Spencer 和 Holecek

---

① Lee, C. W., Li, C., "The Process of Constructing a Health Tourism Destination Index", *International Journal of Environmental Research and Public Health*, Vol. 16, No. 22, 2019.

② Panczyk, W., "Recreational-health Tourism in the Lublin Region Potential Local-regional Product", *Annales Umcs Geographia Geologia Mineralogia Et Petrographia*, Vol. 64, No. 2, 2009.

③ Lee, T. J., Han, J. S., Ko, T. G., "Health-oriented Tourists and Sustainable Domestic Tourism", *Sustainability*, Vol. 12, No. 12, 2020.

④ Dillette, A. K., Douglas, A. C., Andrzejewski, C., "Dimensions of Holistic Wellness as a Result of International Wellness Tourism Experiences", *Current Issues in Tourism*, No. 6, 2020.

⑤ Ullah, N., Zada, S., Siddique, M. A., et al. "Driving Factors of the Health and Wellness Tourism Industry: A Sharing Economy Perspective Evidence from KPK Pakistan", *Sustainability*, Vol. 13, No. 23, 2021.

⑥ Wisniewski, R., "Lake Lasinskie Lost Tourist Attraction: Possibilities to Recover Collections of the International Lake", *Tourism Conference*, No. 3, 2003.

⑦ Lehtolainen, M., "Public Infarstructure Investments and Their Roll in Tourism Development in the Finnish Lake Region", *Proceedings of Lake Tourism Conference*, 2003.

对湖泊旅游淡季的旅游市场进行了分析，并提出了应对策略。① Mansfeld 对湖泊旅游开发体系进行了总结。② Bang-xing 等通过对高山特有的喀斯特湖泊以及其他自然旅游资源的讨论，评价了川西北地区的景观资源，并提出了川西北地区景观资源开发与保护的建议。③ Fleming 和 Cook 以麦肯齐湖为案例进行了研究，当地政府通过估算湖区的娱乐价值来评估和选择管理方案，以控制湖区旅游者的进入量。④ Konu 等讨论了湖泊环境和景观是否能作为"湖泊健康"旅游产品的核心内容，并介绍了湖泊健康旅游产品的内容和设计。⑤

Várkuti 等测试了当地不同年龄层的居民对巴拉顿湖环境变化以及影响其环境变化因素的认知，认为可以通过环境教育加强居民对环境问题的理解。⑥ Amuquandoh 和 Dei 通过对波索特威湖区的研究，发现在当地旅游业发展初期，大部分当地居民是支持旅游业发展的，但是后期旅游业的发展给当地带来了严重的环境问题，使得居民对当地旅游业的发展持消极态度。⑦ Trakolis 认为地方社区的参与有助于解决湖区保护和管理中的冲突问题。⑧ Dodds 的研究发现，在影响湖泊旅游满意度的众多因素中，环境是最重要的

---

① Spencer, D. M., Holecek, D. F., "Basic Characteristics of the Fall Tourism Market", *Tourism Management*, Vol. 28, No. 2, 2007.

② Mansfeld, Y., "Lake Tourism: An Integrated Approach to Lacustrine Tourism Systems", *Tourism Management*, Vol. 29, No. 6, 2008.

③ Bang-xing, T., Feng, S., Shu-qing, L., "Tourism in Northwestern Part of Sichuan Province, PR China", *Geojournal*, Vol. 21, No. 1-2, 1990.

④ Fleming, C. M., Cook, A., "The Recereational Value of Lake McKenzie, Fraster Island: An Application of Travel Cost Method", *Tourism Management*, Vol. 29, No. 6, 2008.

⑤ Konu, H., Tuohino, A., Komppuia, R., "Lake Wellness—A Practical Example of a New Services Development (NSD) Concept in Tourism Industries", *Journal of Vacation Marketing*, Vol. 16, No. 1, 2010.

⑥ Várkuti, A., Kovács, K., Stenger-kovács, C., Padisák, J., "Environment Alawareness of the Permanent Inhabitants of Towns and Villages on the Shores of Lake Balaton with Special Reference to Issues Related to Global Climate Change", *Hydrobiologia*, Vol. 599, No. 1, 2008.

⑦ Amuquandoh, F. E., Dei, L. A. T., "Tourism Development Preferences among the Residents of Lake Bosomtwe Basin, Ghana", *Geojournal*, Vol. 70, No. 2-3, 2007.

⑧ Trakolis, D., "Local People's Perceptions of Planning and Management Issues in Prespes Lake National Park, Greece", *Journal of Environment Management*, Vol. 61, No. 3, 2001.

一个因素，旅游者认为湖泊旅游的发展离不开高质量的水质。[1] Lin 和 Matzarakis 的研究表明，由于区域地理环境和社会因素存在差异，旅游者对于湖泊旅游资源和产品的认知有所不同。[2]

（三）关于湖泊康养旅游的研究

Kuat 等通过对扎拉纳什科尔湖水和淤泥的理化分析，指出研究湖泊水体和淤泥的形成过程，对健康旅游的发展具有重要意义。[3] Gospodyn 量化了导致温尼伯湖营养过剩的磷和氮的浓度，认为要想改善湖泊水质，减少营养物质污染，恢复生态健康，需要政府、社区、企业以及科学家等多方主体的参与合作。[4] Morse 和 Munroe 通过研究发现，尚普兰湖的健康对人们来说非常重要，湖区的居民和游客对湖水磷污染十分关心，因为它降低了湖泊的美学价值和娱乐价值，在游客参与水上运动时，泛滥的蓝藻可能会对游客的健康产生威胁。[5] Sener 等认为湖泊水质的测定对人类健康和湖泊的可持续发展意义重大。[6]

三 国内外研究评价

（一）国内外康养旅游研究评述

早在上古时期，中国就已经出现了与健康相关的论述，其大多是从哲学思想、中医学观点以及文化角度来解读健康的，强调健康是一个整体性

① Dodds, R., "Determining the Economic Impact of Beaches: Lake Huron Shoreline from Sarnia to Tobermory", *The Rogers School of Management*, 2010.

② Lin, T. P., Matzarakis, A., "Tourism Climate and Thermal Comfort in Sun Moon Lake, Taiwan", *International Journal of Biometeorology*, Vol. 52, No. 4, 2008.

③ Kuat, M. B., Yerlan, A. T., Erkyn, A. T., "The Value of Hydro Resoueces of Lake Zhalanashkol for the Development of Health Tourism and Recreation in the Republic of Kazakhstan ", *Revista Espacios*, 2018.

④ Gospodyn, L., "A Literature Review of Nutrient Management-related Best Management Practices used in the Lake Winnipeg Basin", *Lake Winnipeg Basin Office*, 2015.

⑤ Morse, K., Munroe, D., "Phosphorus Loading in Lake Champlain", *Journal of Environmental Management*, 2011.

⑥ Sener, S., Davraz, A., Karagüzel, R., "Evaluating the Anthropogenic and Geoiogic Impacts on Quality of the Eġirdir Lake, Turkey", *Environmental Earth Sciences*, Vol. 70, No. 6, 2013.

的概念，要从生理、心理、自然等各方面来认识，并指出健康是一种持续的动态平衡状态，它包含个体内部的统一以及个体与外部环境的统一。国外相关研究强调，健康是一种适应能力。两者的相同之处在于，国内外学者都认为健康是一个综合性的概念，具有动态平衡性，个人内部需求和外部环境的相互作用是决定健康的重要因素。

本书在对国内外康养旅游研究成果进行梳理时发现，康养旅游研究已然成为旅游研究的重要方向之一。在研究内容上，国外学者多从风险感知角度研究游客选择康养旅游的态度，更加关注游客的体验感受，研究维度包括康养旅游发展环境以及人的身心发展情况，在分析康养旅游发展存在的问题上，多考虑与其他产业部门协调问题。国内学者多从游客的认知和情绪方面研究游客选择康养旅游的动力，且研究发现国内游客对康养旅游认识不足，出游的目的更多是寻找熟悉感和成就感，研究维度更多集中在康养旅游发展环境上，鲜与人的身心健康结合，更关注如何促进康养旅游产业更好发展，偏向从康养旅游产业自身发展上探究存在的问题。在研究方法上，国外学者多采用扎根理论和半结构访谈等定性研究方法，国内学者主要通过问卷调查，结合因子分析和模型构建研究康养旅游发展水平。

（二）国内外湖泊旅游研究评述

湖泊旅游，作为一种利用湖泊资源的重要方式，是国内外众多学者长期关注的重点和研究热点。20世纪80年代以来，湖泊旅游的研究在概念界定、属性认知等方面逐渐完善，研究者逐渐将目光转向应用实践，在开发模式、产品设计、设施建设、效益提升、价值评估等方面，形成了丰富的研究成果。但随着湖泊旅游目的地大面积的粗放式开发，不可避免地造成了自然生态破坏和人文习俗遭受冲击等，湖泊旅游亟待破解发展难题和路径困惑。不少学者从其他学科，如生态学等借鉴、学习新的研究视角和方法，力图在湖泊可持续发展的影响因素、湖泊旅游管理模式及结构、社区参与机制等方面取得研究进展。

经过长期的科学发展，欧美在湖泊型旅游地的规划开发、产品设计、资源管理、旅游要素等方面精益求精，其研究方法和研究内容对我国湖泊

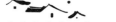

旅游的研究思路具有一定的借鉴意义。国外湖泊型旅游地开发成功的主要经验可以总结为以下几个方面：一是将湖泊型旅游地与旅游地周边城镇建设进行结合，形成"大景区"理念，将当地居民纳入景区建设与利益分配中，完善景区与当地居民的利益共享机制，让区域居民参与旅游，实现共赢；二是充分利用旅游地自然资源及人文资源，深度开发湖泊旅游，增强游客体验感，增加旅游附加值；三是重视节庆活动对旅游业的带动作用，在湖泊型旅游地内开展系列节庆活动，强化景区特色，打造景区品牌；四是注重对湖泊的保护，尤为关注水体和环境保护；五是建立完善的湖泊治理法律法规，如日本的《琵琶湖域发展特别法》、美国与加拿大就五大湖生态环境保护问题共同签署的《五大湖宪章》。

国内湖泊旅游虽然起步较晚，但是近年来受到越来越多旅游从业者及行业学者的重视，主要原因在于 21 世纪以来国内景区及政府对湖泊型旅游地这一特色旅游资源的盲目青睐及过度开发，导致国内部分湖泊型旅游地的环境遭到了不可逆的破坏，给当地政府部门敲响了警钟。湖泊型旅游地的景观具有高敏感性特征，极其轻微的环境破坏也会对旅游地造成巨大影响，因此维持其生态系统的稳定性至关重要。国内学者也敏锐地捕捉到了这一点，近年来对于湖泊型旅游地生态影响及保护的研究文献数量不断增加，研究领域不断拓宽，研究视角不断丰富，并从治理主体、治理路径等方面给出了建议。

但是对湖泊旅游的研究进行整理后发现，湖泊旅游目的地政府治理部门各自为政，缺乏有效的配合，湖泊管理局、文旅局及农业农村局等管理部门未能有效整合整治资源、未能在政策制定及实施上相互呼应，在旅游目的地监督治理中缺乏行动一致性，导致鲜有从政府治理层面出发系统分析引发湖泊型旅游目的地旅游治理模式变化的动力机制，国内对这方面的研究尚存突破空间。

总体而言，国内外对湖泊旅游的研究涉及学科多、视角多，但大多将湖泊作为研究的背景，研究核心仍集中在"旅游"上，把湖泊作为湖泊生态系统、湖泊人地关系的重要组成部分，研究旅游发展对湖泊生态及人地关系的影响。健康现已成为人们幸福生活的重要内容，国内外将健康理念运用到湖泊旅游开发的研究并不多，研究内容以生态健康为主，本书以景观生态学理论、马斯洛需求层次理论、可持续发展理论为基础，通过分析健康与湖泊旅游开发的关系，构建基于健康理念的湖泊旅游度假区开发模式，通过健康理念指导湖泊旅游度假区的开发，为湖泊旅游的可持续发展提供理论参考和实践指导。

四　未来研究展望

现阶段，康养旅游是以乡村振兴战略与健康中国战略为背景，将劳作、文化、振兴、旅游、健康产业等相互融合发展的业态模式。康养旅游对城乡社会经济均衡发展、拓宽旅游业内容与空间深度等具有推动作用。

乡村振兴背景下的康养旅游，在增强游客身体素质、提供休闲疗愈服务的同时，使人们对健康生活方式产生了新的认识和理解：康养旅游不仅能促进乡村产业兴旺，提升乡村的环境质量，提高村民的环保意识，促进生态文明建设、产业融合发展、基础设施完善等，还能优化农村地区经济结构和提升经济发展水平。

（一）湖泊旅游展望

随着湖泊旅游目的地大面积的粗放式开发，不可避免地造成了自然生态破坏和人文习俗遭受冲击等，湖泊旅游亟待破解发展难题和路径困惑。不少学者从其他学科，如生态学等借鉴、学习新的研究视角和方法，力图在湖泊可持续发展的影响因素、湖泊旅游管理模式及结构、社区参与机制等方面取得研究进展。旅游开发是一项十分庞大且复杂的全局性、综合性工程，涵盖交通、餐饮、住宿、购物等多个服务行业，能够有效推动第一、第二、第三产业的优化升级，带动整个地方经济的全面发展。康养旅游作为当代旅游产业的新兴产物，具有十分广阔的市场前景，但由于目前在全国范围内，各地的康养旅游都还处在初步探索阶段，能够提供可参考的理论支撑和可借鉴的考察样本还不够丰富。

目前的研究虽对健康的内涵和特征进行了分析，试图探索健康与湖泊

旅游开发的联系，但是研究不够深入和全面，且以健康理念为基础的湖泊度假旅游开发相关研究成果不多，因此基于健康理念的湖泊旅游度假开发模式和开发内容存在一定的局限性。在未来的研究中，可以更为全面、深入地分析健康的内涵、构成要素和特征及其与湖泊旅游开发的联系，夯实理论基础。此外，在研究方法上，现有研究主要采用的是定性研究方法，未来的研究人员可以尝试采用定量研究的方法，提高研究的科学性。

从研究内容而言，湖泊旅游可持续发展的研究多以单一主体为研究对象，缺乏涉及多利益相关者的综合性研究。从研究方法而言，受限于湖泊旅游的发展阶段和数据统计，该领域的研究绝大部分为定性分析，定量分析甚少。基于此，本书采用可持续发展评价指标体系，通过定性与定量相结合的方式开展湖泊旅游可持续发展的研究，以期为湖泊旅游的开发和保护提供科学依据。

（二）康养旅游展望

近年来，国家对康养旅游发展的重视程度愈发凸显，并在推动康养旅游的发展上出台了一系列的利好政策，大力鼓励和支持地方发展康养旅游；人口老龄化加速加剧了康养旅游需求人群规模的扩张，亚健康人群呈增长态势，康养旅游拥有广阔的市场前景。

在此时代背景下，通过研究康养旅游资源整合再利用、康养旅游产品研发与投入、康养旅游品牌打造以及市场的挖掘开发等，可以有效推动康养旅游产业发展迈上新台阶。

首先，依次对康养旅游的综合情况进行深入挖掘和分析，通过多方走访，全面掌握一线数据资料，确保数据翔实有效。梳理康养旅游在资源、市场、产品等方面的基本情况，系统分析出康养旅游具有巨大的市场前景和发展潜力。

其次，通过深入对与康养旅游有关的政府机关部门和旅行社、康养旅游景点或景区等地进行走访和了解，对有关数据资料进行综合处理。在资源方面，通过对康养旅游资源类型进行划分，依据评定办法对康养旅游资源进行评价打分，得出相关结论；在市场方面，通过发布调查问卷了解当前康养旅游的市场现状和游客需求；在产品方面，康养旅游市场面临开发产品缺乏有机整合、产业转换率低等瓶颈问题。

最后，当前康养旅游需求日益增长，康养旅游品牌打造和基础设施建设等亟须加强。康养旅游业的发展要想取得新的突破，不断提高发展质量，就需要在资源、市场、产品上下足功夫。旅游资源丰富的转型城市，需要协调政府、社会和企业共同出力，充分突出优势，补齐短板，提升康养旅游的内容质量和产品质量。

（三）湖泊康养旅游展望

目前，有关湖泊康养旅游研究的文献逐渐增多，主要是一些宏观的开发条件、开发中的问题及对策研究。通过相关文献分析可以发现，在研究地域上，对国内湖泊康养旅游地的研究存在着不平衡特征，主要集中在西部地区以及东部地区的少数地方，对我国影响力大的湖泊的研究较少，如太湖、西湖等。在研究方法上，目前国内对湖泊康养旅游的研究主要采用个案研究方式，即对某个湖泊区域的康养旅游发展模式进行归纳总结，缺乏对湖泊康养旅游共性和一般规律的研究，不利于从理论上认识湖泊旅游发展特征及规律。

因此，今后应向多学科、多层次综合研究的方向发展，包括旅游管理、城市规划、地理科学、生态学、环境科学等，特别是要吸收现代休闲理论和闲暇游憩学理论的内容和方法，给湖泊康养旅游的发展予以理论指导。

对湖泊康养旅游地生态环境保护的研究也应受到重视，关于湖泊康养旅游地生态环境保护与可持续发展的理论研究已初见成果。但以上研究主要是基于宏观层面进行的，在微观层面还没有出台操作性较强的湖泊康养旅游地的环境保护措施，这也是以后湖泊康养旅游研究的重要课题之一。在湖泊康养旅游开发规划上，要加强对现有湖泊康养旅游开发规划成功案例的经验总结。在湖泊康养旅游市场上，旅游者行为规律和需求特点、客源市场的地域结构特点以及社会发展转型时期所带来的心理状态等，都是湖泊康养旅游开发急需解决的问题。在湖泊康养旅游产业发展上，对湖泊康养旅游地发展演化阶段的特点及其影响因素的研究，是以后湖泊康养旅游研究的一个重要方向。

第二章
湖泊康养旅游内涵解读

　　湖泊康养旅游指依托湖岛、湖岸、湖滩、湖水、湖中生物等与湖泊相关的自然、人文资源，以放松身心、消磨闲暇、促进健康、文化体验为主要目的的旅游形式。国家对于湖泊康养旅游的发展非常重视，致力于创建具有国际竞争力的湖泊康养旅游目的地，并加强湖泊保护和生态修复。湖泊康养旅游作为一种新兴的旅游方式，正逐渐成为人们心灵的归宿。本章将从湖泊康养旅游的概念内涵、主要特点、构成要素、基本类型、理论基础等方面进行解读。

第一节　湖泊康养旅游概念辨析

　　湖泊水质纯净、景色宜人、气候舒适、环境优良，能使人们的精神得到极大放松，这些都是湖泊旅游资源拥有开发价值的重要因素。本节通过对湖泊旅游、康养旅游、湖泊康养旅游的概念内涵及其影响进行阐述和分析，为后续的实证分析与对策探讨提供理论依据和指导。

一　湖泊旅游

（一）概念

　　湖泊的类型多样，是一种重要的旅游资源，湖泊旅游活动的开展离不开对湖泊水体以及湖滨区域的开发利用。湖泊旅游可以从客源地和旅游目的地两个角度来进行解读。从旅游企业的角度看，湖泊旅游是利用一切与湖泊相关的旅游吸引物，包括湖泊的水域风光、自然景观、人文景观、生态环境、接待设施等，为旅游者提供各类旅游产品和旅游服务的活动；从旅游者的角度看，湖泊旅游可以让旅游者体验湖泊的特殊景观环境，是一种依托湖泊开展各种活动的旅游经历。湖泊旅游包含了在湖区开展旅游活动、提供各类设施和服务以及与游客互动三个方面的内容。湖泊旅游活动区域通常可分为三个，核心区、周边区、扩散区，三个区域逐层向外扩散。核心区通常指湖泊的主要水域范围，这里是开展旅游活动的主要区域；周边区通常指距离湖泊较近的湖岸区域，在此区域开展的旅游活动主要是湖滨观光和休闲运动；扩散区通常指的是依托湖泊而存在的环湖区域，其范围在三个区域中最大。

湖泊旅游以湖泊水体资源、湖泊美丽景色、滨湖人文内涵为依托，建设相应的娱乐设施，吸引旅游者前来游玩、娱乐、消费等，相关的旅游企业为这些游客提供配套服务。从游客的角度来看，湖泊旅游是平常旅游活动中的一种，它的主要特点是依附于其独特的湖泊资源。湖泊可以划分为三大块区域：一是核心区域，即湖面中心水上区域，一般开展一些水上娱乐项目；二是湖畔周边水域，一般用于景色游览观光；三是湖泊外围区域，范围比较大，可以开展观光、疗养休养和商务会议活动等。

（二）类型

湖泊特性决定了旅游用地的空间分布和形态；游客的湖泊旅游行为特征促使开发者倾向于靠近湖泊布局更多的旅游设施，但不会超越自然条件的限制；湖泊旅游的社区需求、法律或政策的限制，以及外部经济体的引力，对旅游用地的影响只限于部分区域，对湖泊旅游的整体空间结构影响程度有限。

因此依据旅游用地的形态，将湖泊旅游划分为五种基本类型：圆环型结构、团块型结构、离散团块型结构、多组团型结构和中心放射结构。这五种空间结构的本质区别在于划分旅游功能区的方式。

圆环型结构适用于依托小型湖泊的旅游区，旅游用地围绕湖泊形成了环状。其旅游中心地一般选在度假区与外部经济体交界区域，并设置主入口。旅游景点和度假设施环绕湖泊均匀布局，由较为平直的环湖通道串联。功能区之间的主题连续性较强，过渡自然。

团块型结构适用于依托大型湖泊，建设用地充足的旅游区，旅游用地总体集中于一处。旅游中心地的选址较为自由，旅游通道呈网状，旅游功能分区划分方式多样。

离散团块型结构适用于依托大型湖泊，建设用地稀少的旅游区。旅游节点在若干间隔距离较远的区域集聚为多个组团，每个团块之间相对独立，功能上无直接联系，呈现为主题有差异但业态类似的多个度假板块。

多组团型结构适用于依托的湖泊岸线曲折，或湖泊被陆地切分为多块小型湖泊的旅游区，主要旅游通道串联各个组团，每个组团占据的地块面积大小相近，被水面分离，功能定位差异明显，各个组团共同实现整体度假功能。

中心放射结构适用于依托湖泊岸线曲折，旅游用地分散的旅游区。旅游节点总体零散分布在湖泊周围，少量聚集在旅游用地面积较大的区域，此处一般作为旅游区的旅游中心地，利用环湖旅游通道和各级度假服务体系与其他零散的旅游节点保持联系。

五种基本湖泊旅游区具有较为鲜明的特征，同时具有发展优势和劣势，以表 2-1 进行对比说明。

表 2-1　五种基本湖泊旅游区类型对比

类型	特征	优势	劣势	发展方向
圆环型	旅游用地包围湖泊，功能区布局连续。如杭州湘湖国家旅游度假区	①地形限制小，度假设施建设用地充足 ②湖泊资源全部由度假区管辖	将原居民迁出度假区范围可能存在社会问题	①提升社区参与能力，开发农旅结合产品接纳原居民就业 ②保护生态空间，防止度假设施无序扩散
团块型	旅游用地在湖岸聚集成团块，功能综合多样。如苏州太湖国家旅游度假区	①度假设施建设用地充足 ②集中建设的度假区共用基础设施，建设成本低	与度假区周边社区共用湖泊资源，管理难度较大	①依托良好的陆域场地条件，建设符合度假区主题的文化创意产业园 ②防止房地产化倾向

类型	特征	优势	劣势	发展方向
离散团块型	各团块分散，功能相对独立。如云南抚仙湖国家旅游度假区	大型湖泊和山地丘陵资源组合下的景观质量高	①可利用的土地面积总量有限且区域分散 ②生态保护要求高，限制部分度假产品开发	①每个团块建设密度较高的情况下应注重整体协调性 ②联合周边景点设计旅游路线，度假区内打造优秀的住宿产品
多组团型	各组团体量相当，功能差异明显。如苏州阳澄湖半岛国家旅游度假区	①湖泊和陆地交错分布，景观变化多样 ②湖泊生态资源丰富，容易开发生态度假产品	旅游建设用地多处于半岛地带，容易破坏湖泊生态环境	①强化每个组团的功能差异 ②每个组团的功能应和度假区外部经济活动协调
中心放射型	旅游用地集中的区域设为旅游中心地，多个旅游节点散布于度假区各处。如宁波东钱湖国家旅游度假区	①湖泊与山地组合景观多样 ②湖泊生态系统丰富，容易开发生态度假产品	①旅游用地受到限制因素较多；分散的地块难以招揽市场开发主体 ②旅游节点过于分散，通达性较弱	①强化景区交通设施建设，提升各组团的通达度 ②遵循湖泊旅游行为特征，利用好湖泊、山地及乡村资源开发度假产品

资料来源：彭晓果《湖泊旅游度假区空间结构分析及优化——以孝感市观音湖为例》，硕士学位论文，湖北大学，2021，第17页。

（三）功能

湖泊因其独特的气候环境，为生物提供了很好的生存环境，从而逐渐发展成为湖泊生物圈，对于鸟类而言，这种环境为其提供了绝佳的栖息之地，因此，湖泊大都有大量候鸟和留鸟，如昆明的滇池、翠湖等。湖泊开阔的水面，与周边环境共同构成湖光山色，给人以缥缈无际之美，令人心胸开阔；湖泊含有特殊的矿物质，使得水质产生差异，因而湖水呈现不同颜色，使水体看起来很有层次感，这种优美的自然景观，使人们的精神能够得到极大的放松，因此，其旅游观赏价值不言而喻。

人类的生产生活与湖泊联系紧密，湖泊周围常形成交通、人口的密集之地，相应地也形成了各具特色的人文景观。有的湖泊历史悠久，许多历史文化名人描写湖泊景色的诗词文章流传于世，这些人文景观与自然景观一起组成完美的风景画面。除了以上两点以外，湖泊旅游资源一般具有以下几个优势：水质纯净、景色宜人和生态环境优良。这些都是湖泊旅游资

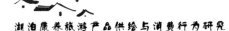

源拥有旅游开发价值的重要因素，如依托以上优势在湖泊地区可开展水上观光、水上运动、度假休养活动等。

湖泊属于遍在性旅游资源，对依托区域经济增长、推动就业和改善地方生态环境等方面具有较大的促进作用。湖泊资源在区域发展中的功能具有阶段性变化特征，最初多发挥诸如生活供水、农业灌溉等生产性功能。随着消费主义和低碳主义的发展，湖泊的生态服务功能受到重视，湖泊逐渐成为区域居民开展休闲、旅游活动的重要场所。湖泊旅游系统包括湖泊、湖滩和周边地区支持湖泊作为旅游地的基础服务设施，它的环境支持系统通常比湖泊旅游系统大得多，甚至包括湖泊整个流域。

湖泊旅游产品不仅包括湖泊水上活动、湖滨休闲度假活动，还有多种旅游产品的组合，以及湖区休闲度假业、休闲渔业、观光农林业、生态牧业、特色加工业和特色娱乐业等混合产业，它的发展强化了与湖区建设的耦合关系。而且，湖泊旅游产品与区域旅游产品相结合，可以平衡湖泊旅游淡旺季，使游客和居民可以共用区域的公共基础服务设施，如便利的交通、娱乐设施和体育运动设施，降低旅游基础设施的投资成本，带动周边区域的社会就业、商业活动和产业结构调整，充分发挥湖泊旅游资源开发的经济社会效应。

与滨海、山岳（地）旅游相类似，湖泊旅游开发带来的区域发展影响体现在：①促进大量旅游相关的公共服务设施建设，与地方交通枢纽之间的联系更加便捷；②刺激商业活动发展，促进依托区域社区的经济增长；③带动地方人口就业和增加居民收入、加快旅游移民向湖区的转移速度和扩大旅游移民转移规模，对湖区生态系统的影响变大；④旅游外来文化侵入，使得地方文化演化方向出现变化；⑤湖区土地开发速度和规模大幅增长；⑥区域开发规模扩大，区域品质和知名度大幅提升。[①]

二 康养旅游

（一）概念

从理论渊源来看，西方的康养旅游属于健康旅游的范畴，主要经历了

---

① 于福兰：《中国湖泊旅游开发模式及其城镇互动效应述论》，《中国名城》2015 年第 12 期。

从温泉旅游、森林旅游到医疗旅游的发展与演变。作为早期的一种康养旅游形式，温泉旅游起源于西方早期的温泉疗法。到了古罗马时期，随着温泉疗法开始在平民阶层中兴起，欧洲地区逐渐出现了一大批具有健康与养生性质的温泉小镇与温泉浴场，温泉旅游也由此成为流行于大众之间的新型旅游形式。

二战后，随着欧洲的大部分温泉浴场逐渐转型发展成为欧洲居民的疗养旅游目的地，很多森林、海滨等气候适宜的地区也在这一时期受到关注，进而出现了森林旅游、滨海旅游等新型康养旅游形式。尽管这些康养旅游活动有助于旅游者释放压力、预防疾病，但在一定程度上无法满足患病旅游者的特殊需求。为此，医疗旅游应运而生，成为改善旅游者身体状况的又一旅游形式。

我国有关养生的观念很早就出现在《庄子·内篇》中，但直至 20 世纪 90 年代初，我国现代意义上的康养旅游才开始起步。随着现代都市生活居民压力的增加，恢复与保持健康逐渐成为人们内心的美好愿望与追求。在此背景下，康养旅游开始受到社会各界的高度重视，并迅速发展起来，成为一种新兴的旅游业态。

在国外，"康养"一词最早由美国医生 Dunn 提出。他认为，个人的健康水平不仅取决于其身体状况，还包含自身的思想与精神状态，因此"康养"本质上代表一种高水准的健康状态。[①] 尽管 Dunn 较早地提出了"康养"一词，康养旅游却并未引起国外学界的关注。直至 20 世纪 80 年代，国外学者才开始将关注点聚焦到康养旅游上来。J. N. Goodrich 和 G. E. Goodrich 认为康养旅游是旅游目的地巧妙地设计一些具有强身健体和康复作用的产品和服务的活动。[②] 我国学者王赵认为康养旅游是结合观赏、休闲、康体、游乐等形式，以自然生态环境、人文环境、文化环境为基础，以达到延年

---

① Dunn, H. L., "High-level Wellness for Man and Society", *American Journal of Public Health and the Nation's Health*, No. 6, 1959.

② Goodrich, J. N., Goodrich, G. E., "Health-care Tourism—An Explanatory Study", *Tourism Management*, Vol. 8, No. 3, 1987.

益寿、强身健体、修身养性等目的的旅游活动。① 任宣羽认为康养旅游是使旅游者身处优越的生态环境，进而促进身心健康，增强快乐，达到幸福的一种度假活动。② 虽然目前学界对"康养旅游"这一概念的界定还未形成统一的看法，但相关的研究成果仍有助于深化我们对康养旅游概念内涵的认识和理解。

2016 年，国家旅游局发布《国家康养旅游示范基地》行业标准，首次对康养旅游进行官方层面的定义，康养旅游是通过养颜健体、营养膳食、修身养性、关爱环境等各种手段，使人在身体、心智和精神上都达到自然和谐的优良状态的各种旅游活动的总和。③ 此后，虽然有研究者对"康养旅游"进行重新定义，但是大部分研究者认同并引用国家旅游局对"康养旅游"的概念定义。2020 年以来，多地制定并出台了关于康养旅游的基地建设、服务规范、管理规则等相关方面的地方准则，使得"康养旅游"这一名词不断深化，出现在大众视野中。比如，山东省发布的《康养旅游示范基地建设指南》（DB37/T 4210—2020）中将"养颜健体"改为"养身健体"，并且新增"将健康、养生、旅游三大元素融为一体"等内容。浙江省地方标准《康养旅游服务规范》（DB33/T 2286—2020）中增加了"依托良好的自然生态环境和人文历史康养资源"的内容，并将"手段"具体为"关爱环境、观光游憩、康体运动、文化体验、修身养性、健康管理、康复理疗等各种方式"。

康养旅游具有鲜明的融合性与创新性，可以成为促进旅游业转型升级的重要抓手，进而为旅游产品的更新与迭代提供新的方向与思路。与此同时，康养旅游满足了旅游者对健康与养生的强烈需求，给予了旅游者更多的机会与方式来释放压力、恢复健康。当然，旅游者在感知康养旅游目的地的环境与氛围的同时，更能借此满足社交需求与维护人际关系，从而实现身体、精神与思想的共同提升与进步。因此，从这个意义上来说，康养

---

① 王赵：《国际旅游岛：海南要开好康养游这个"方子"》，《今日海南》2009 年第 12 期。
② 任宣羽：《康养旅游：内涵解析与发展路径》，《旅游学刊》2016 年第 11 期。
③ 《旅游行业标准 LB/T 051-2016 国家康养旅游示范基地》，文化和旅游部网站，https://zwgk.mct.gov.cn/zfxxgkml/hybz/202012/t20201224_920050.html。

旅游有助于提高国民健康素质。综上，康养旅游不仅是旅游产业转型升级的重要方向，也是促进国民恢复身心健康的休闲旅游方式，未来将具有广阔的发展前景。

（二）特征

区别于一般的观光型旅游，康养旅游不是将传统的健康养生产业与旅游产业进行简单的合并与搭配，而是在寻求与建立两个产业之间的契合点与共通点的基础上进行充分的融合与提升。

1. 健康养生性

康养旅游具有一定的环境依托性，这在某种程度上决定了康养旅游的特征，即重视旅游者的身体健康与内心感受。[①] 虽然康养旅游者具有众多旅游需求，但其核心需求是改善和增强自身的身心健康，以达到强身健体、修身养性的效果。

2. 休闲度假性

修身养性是康养旅游者的主要目的，因此康养旅游与传统意义上的观光旅游有着较大区别。与观光旅游相比，康养旅游更强调长时间的"静处"与"静养"。因此，从本质上来看，康养旅游与度假旅游十分相似，是一种休闲型旅游活动。

3. 品质依托性

与其他旅游形式相比，康养旅游对旅游目的地的气候、水域、空气质量、植被以及人文环境等拥有更为特殊的要求。[②] 只有那些气候宜人、空气清新、清幽静谧的环境才能激发康养旅游者的出游愿望，并吸引康养旅游者前来参观与体验。

三　湖泊康养旅游

（一）概念

对于湖泊康养旅游，学界至今未有公认的、权威的定义，没有统一完

---

① 高小茹：《大众旅游背景下康养旅游的发展研究》，《旅游纵览》（下半月）2017年第12期。

② 胥兴安、李柏文、杨懿：《养生旅游理论探析》，《旅游研究》2011年第1期。

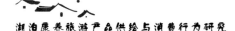

善的阐述。湖泊康养与湖泊康养旅游在研究中大多混用，未予区分。但笔者认为湖泊康养与湖泊康养旅游二者存在一定差异，湖泊康养较湖泊康养旅游范围更广泛，只要是依托湖泊及其环境开展的维持、保持和修复、恢复人类健康的活动及过程都可认为是湖泊康养，而湖泊康养旅游则更多地强调湖泊环境下的旅游活动带给人的健康效益。因此，本节在解析湖泊康养的基础上对湖泊康养旅游进行以下界定：湖泊康养旅游是借助优质的湖泊生态资源、康养环境和养生功能，辅以康体养生服务设施，开展促进人体身心和谐、健康的旅游活动，它包括了以修身养性、调节机能、健体养颜、养生养老为目的的湖泊游憩、休闲、养生保健等一系列活动。

湖泊康养旅游是一种结合湖泊旅游和健康养生的旅游形式。湖泊康养旅游通常会选择一些自然环境优美、空气清新、水质优良的湖区进行体验。游客可以通过参与舒缓的湖边休闲活动，如钓鱼、划船、游泳等来缓解身心疲劳，同时也可以参加一些健康养生课程，如瑜伽、太极、艺术美育等，来促进身心健康。湖泊康养旅游还会提供美食、温泉等服务，以满足游客的需求。这种旅游形式在现代社会越来越受到人们的追捧，成为一种新兴的旅游模式。

湖泊康养旅游是康养旅游的分支，属于康养旅游的一种类型。随着生态休闲旅游的逐渐升温，湖泊康养旅游作为其重要形式之一，近年来呈现蓬勃发展的状态。尤其在疫情结束后，人们对康养的诉求大幅增加，氧含量丰富、能强肺健体的湖泊旅游势必会成为旅游目的地和旅游区的加分项，湖泊体验、湖泊养生、湖泊康养、自然教育、湖泊步道等新业态更会成为爆款产品。

在保护湖泊资源的前提下，湖泊康养旅游可以将文化教育、休闲旅游、卫生医疗、娱乐体育、特色食品、养老等多个产业或功能相结合，形成"湖泊康养+"系列主题，拓展多样化、多元化、跨行业、集群性、规模化的经济发展方式和生活模式，满足不同受众的需求，促进第三产业发展，增加就业机会。

（二）功能

湖泊康养旅游将湖泊作为旅游目的地，通过提供各种康养活动和服务，吸引游客前来体验和享受。

1. 健康与养生价值

湖泊地区通常拥有丰富的水资源和自然环境，如湖水、山峦、森林等，这些资源对人们的身心健康有着积极的影响。因此，湖泊康养旅游能满足人们对健康和养生的需求，通过提供各种与身心健康相关的康养旅游产品，如食疗、音疗、芳疗、香疗、药浴、禅修、冥想、太极、瑜伽、按摩等，让游客的身心在旅游过程中得到放松和调养。

2. 自然与生态价值

湖泊地区通常具有独特的自然景观和生态系统，这些景观和系统对于保护生物多样性、维持生态平衡具有重要意义。因此，湖泊康养旅游能展示和宣传湖泊的自然与生态价值，通过开展生态旅游活动，如观鸟、徒步旅行等，让游客切身感受大自然的魅力，增强环保意识。

3. 文化挖掘与传承

湖泊地区往往有着丰富的历史文化和传统习俗，这些文化和习俗对于塑造地方特色和强化身份认同具有重要作用。因此，湖泊康养旅游能挖掘和传承湖泊地区的文化与历史，通过举办文化节庆、参观历史遗迹等活动，让游客了解和体验当地的文化魅力，增强对当地社区的认同感。

4. 促进社交与互动

湖泊地区通常是人们休闲度假的理想场所，也是家庭和朋友聚会的好去处。因此，湖泊康养旅游能促进社交与交流互动，通过组织各类团队建设和社交活动，如露营、烧烤、户外拓展等，让游客与他人建立联系、增进友谊，营造和谐愉悦的氛围。

综上所述，湖泊康养旅游通过满足人们的健康与养生需求、展示自然与生态价值、挖掘文化与传承及促进社交与互动等方面，吸引游客前来体验和享受湖泊带来的康养效益。这不仅有助于推动湖泊地区的旅游业发展，而且有助于提升人们的生活质量和幸福感。

四　湖泊康养旅游产品供给

关于旅游产品概念的界定，是研究旅游产品开发基础理论的国内外学

者所广泛关注的问题。Smith 提出了旅游产品的概念的解释模型，他认为物质基础是旅游产品最核心的部分，物质基础包括自然资源、建筑物、基础设施等，为了满足游客的需求，景区在提供物质的基础上，还应该提供游客所需的服务。[1] 谢彦君认为，旅游产品是为了满足旅游者审美和愉悦的需要被生产开发出来以供销售的物象与劳务的总和。[2] 湖泊康养旅游产品是指以湖泊康养旅游市场为导向，为满足游客在湖泊康养旅游活动中的多层次市场需求，旅游从业者通过开发湖泊康养旅游资源，提供的保健养生、康复疗养、健康养老、休闲游憩等各种康养服务的综合。

湖泊康养旅游产品供给指为满足消费者身心健康与精神层面的愉悦幸福，由政府、市场、第三部门等力量共同构成多元供给主体，在各主体相互配合的条件下，采用政府主导型供给方式、市场主导型供给方式、第三部门主导型供给方式、私人自愿供给方式等多种供给方式，为消费者提供商业性或公益性养生活动、康养体验、旅游服务等产品和服务的过程。

湖泊康养旅游产品供给具有要素多样性、投入风险性、主体多元性、内容创意性、外部带动性等特征。湖泊康养旅游产品供给涉及多种生产要素的投入，包括资本、劳动力、土地、技术和制度等；需要政府的支持和引导，以降低投资风险，确保供给顺畅；由政府、市场和社会组织等多元主体共同完成；具有强烈的创意性，特别是多数企业将其作为"内容产业"的一部分；具有很强的外部性，能够带动其他产业的发展，产生乘数效应。这些特征共同造成了湖泊康养旅游产品供给的复杂性和多样性，要求在制定相关政策和发展战略时，充分考虑各种因素，确保供给顺畅和健康发展。

湖泊康养旅游产品供给，由实物和服务构成，既包括旅行商集合景点、交通、食宿、娱乐等设施设备、项目及相应服务出售给旅游者的旅游路线类产品，也包括旅游景区、旅游饭店等单个企业提供给旅游者的活动项目

---

① Smith, S. L. J., *Tourism Analysis: A Handbook*. Harlow: Longman Scientific (Second Edition), 1995, pp. 209-211.

② 谢彦君：《对旅游产品及相关问题的探讨》，《东北财经大学学报》1999 年第 3 期。

类产品。湖泊康养旅游产品供给的内在逻辑是，湖泊地区根据自身的资源特点和市场需求，通过开发和提供各种康养旅游产品，满足游客的需求，从而实现旅游业的发展。

五 湖泊康养旅游消费行为

（一）概念

湖泊康养旅游消费行为是湖泊康养旅游消费者的需求心理、购买动机、消费意愿等方面心理的与现实诸多表现的总和，其最主要的表现是购买行为，制约它的因素有以下四个方面，①需要。包括生理的、社会的和心理的需要。消费者的需要是购买的直接动因。②可支配收入水平和商品价格水平。一般来说，消费总额和可支配收入水平是向同一方向变化的。但就某一具体商品来说，可支配收入水平的提高，并不一定意味着消费量的增加。商品价格对消费者的购买动机有直接影响。③商品本身的特征及商品的购买、保养和维修条件。比如商品的性能、质量、外形、包装等，商店的位置、服务态度等购买条件，以及商品的保养和维修条件等，都在不同程度上影响着消费者的购买行为。④社会环境的影响。消费者的需要，尤其是社会、心理的需要，受这种影响而变化的可能性更大。

在需求心理、购买动机与消费意愿方面，Langvinien 认为健康旅游动机可概括为在国外寻找治疗机会和对健康生活方式的关注两大类[①]；Laesser 认为健康旅游动机存在潜在矛盾，旅游者不仅追求美丽、放纵和身心恢复，也喜好富有挑战性和刺激性的运动[②]；Hritz 等将美国 Y 世代康养旅游者划分为逃离日常生活者、业余生活者、追求舒适者、健康欠佳者和健康良好者五大类，并分析了不同类别康养游客的特征及动机差异[③]；Fuchs 和

---

① Langvinien, N., "Changing Patterns in the Health Tourism Services Sector in Lithuania", *Procedia Social & Behavioral Sciences*, No. 156, 2014.

② Laesser, C., "Health Travel Motivation and Activities: Insights from a Mature Market – Switzerland", *Tourism Review*, Vol. 66, No. 1, 2011.

③ Hritz, N. M., Sidman, C. L., D'Abundo, M., "Segmenting the College Educated Generation Y Health and Wellness Travele", *Journal of Travel & Tourism Marketing*, Vol. 31, No. 1, 2014.

Reichel 研究发现，以健康为动机的游客对以色列的感知要素为金融风险、自然灾害和车祸风险，康养游客倾向于选择相对和平稳定的死海地区，说明在一个高度动荡的目的地，康养旅游者做出了明智与合乎逻辑的选择[①]；Mak 等识别了香港温泉游客的动机，发现除放松和逃避外，还包括自我奖励和放纵、维持健康和美丽、维系友谊和亲情等[②]。也有研究表明，不同类别、不同国籍、初访和重游的养生游客的动机存在差异。综合来看，康养旅游不但有利于游客身体、心理和精神健康，而且在提升游客生活质量和幸福感方面也具有积极作用。

（二）特征

湖泊康养旅游消费是人们在选择湖泊地区进行康养旅游时，基于自身的需求和偏好，通过评估旅游产品和服务的价值、品质以及个人经济状况等因素，做出购买决策的内部心理过程。这种心理包括以下几个方面。

1. 健康需求

人们选择湖泊地区进行康养旅游，往往是因为湖泊地区的自然环境对身心健康有着积极的影响。因此，人们在做出消费决策时会考虑自身健康需求，如希望通过游泳、垂钓等活动来放松身心、增强体质。湖泊地区的水质清澈、空气清新等特点也能够满足人们对健康的追求。

2. 经济能力

人们的消费行为往往受到自身经济能力的限制。在选择湖泊康养旅游时，人们会评估自己的经济状况，并根据自己的预算选择合适的旅游产品和服务。例如，一些游客可能会选择经济实惠的住宿和餐饮服务，而另一些游客则可能更注重高品质的住宿和旅游体验。湖泊地区的旅游价格因地区差异也会有所不同，但一般来说，相对于其他旅游目的地，湖泊康养旅游的价格较为亲民，更适合中低收入人群。

---

① Fuchs, G., Reichel, A., "Health Tourists Visiting a Highly Volatile Destination", *Anatolia*, Vol. 21, No. 2, 2010.

② Mak, A., Wong, K. K. F., Chang, R. C. Y., "Health or Self-Indulgence? The Motivations and Characteristics of Spa-Goers", *International Journal of Tourism Research*, Vol. 11, No. 2, 2010.

3. 产品价值

人们在选择湖泊康养旅游产品时，会考虑产品的价值和质量，包括旅游目的地的自然景观、生态环境、文化资源等是否能够满足个人的兴趣爱好和期望。湖泊地区通常拥有独特的自然景观和生态系统，如湖光山色、湿地生态等，这些景观能够给人们带来美的享受和心灵的宁静。此外，湖泊地区的文化资源，如传统民俗、历史遗迹等，也能够激发人们的旅游兴趣。

4. 口碑评价

人们在做出消费决策时往往会参考他人的口碑评价。对于湖泊康养旅游地来说，游客可以通过互联网平台、社交媒体等途径了解其他游客的评价和建议，这些口碑评价可以帮助人们更好地了解旅游目的地的实际情况，从而做出更准确的消费决策。湖泊地区的口碑良好，游客普遍认为湖泊地区的环境优美、服务质量高、设施完善等，这些都是消费者选择湖泊康养旅游的重要因素。

5. 个人偏好

每个人的消费行为都会受到个人偏好的影响。在湖泊康养旅游中，人们的偏好可能包括喜欢的活动类型（如水上运动、登山徒步等）、喜欢的季节（如夏季避暑、冬季温泉疗养等）以及喜欢的人群（如家庭亲子游、情侣度假等）。这些个人偏好会影响人们旅游产品和服务的选择类型。例如，喜欢水上运动的人会选择参加湖泊地区的划船、钓鱼等活动；喜欢冬季温泉疗养的人会选择前往湖泊地区的温泉度假村享受温泉浴；喜欢家庭亲子游的人会选择与家人一起在湖泊地区度过愉快的假期。

综上所述，湖泊康养旅游消费行为是基于健康需求、经济能力、产品价值、口碑评价和个人偏好等因素综合考量的结果。人们在做出消费决策时会权衡各种因素，以获得满足自己需求和期望的旅游体验。湖泊地区的自然环境和文化资源为人们提供了多样化的选择，同时也需要景区管理部门提供优质的服务和管理措施，以满足消费者的需求和提升消费者的满意度。

第二节 湖泊康养旅游核心要义

目前，中国湖泊康养旅游仍然处于发展初期，大部分湖泊型风景名胜区的旅游产品以自然观光和水上娱乐为主，结构单一粗放，湖泊康养旅游资源环境的经济社会效益转化率较低，康养旅游产品的市场竞争力不强，仍有较大的上升空间。本节将从构成要素、价值功能、主要特点、基本类型和开发原则等方面，详细阐述湖泊康养旅游的核心要义。

一 构成要素

湖泊康养旅游是以湖泊为资源基础开展的康养旅游活动，包括湖泊、湖滩和周边地区，甚至包括湖泊整个流域。

（一）以湖泊为载体

湖泊的美景是湖泊康养旅游的核心魅力，包括湖泊的清澈水质、周围的山水景观、湖面上的船只及水鸟等。湖泊作为自然景观的重要组成部分，具有独特的美学价值和生态价值。湖泊的自然风光是吸引游客的重要因素之一。湖泊的美景可以让人感受到大自然的神奇魅力，从而产生心灵的愉悦。此外，湖泊的自然风光还可以为游客提供一个远离喧嚣、亲近自然的好去处，有利于游客的身心健康。

（二）以旅游为形式

湖泊康养旅游地一般会配备休闲设施，如温泉池、游泳池、桑拿房、健身房、SPA 按摩区等，可以让游客在舒适的环境中放松身心。湖泊周边的生态环境对湖泊康养旅游的质量具有重要意义。良好的生态区可以为游客提供一个舒适、宜人的环境，有利于游客的身心健康。因此，保护湖泊周边的生态环境，维持生态系统的平衡和稳定，是湖泊康养旅游业发展的重要任务。同时，开发和利用湖泊周边的生态资源，如森林、湿地等，可以为游客提供更多的康养旅游项目，丰富游客的体验。

（三）以康养为功能

湖泊康养旅游地通常有着独特的康养功能，如湖泊周边的民俗文化、传统手工艺等，可以让游客感受到地方风情和历史底蕴，同时让康养功能可以最大限度地发挥出来，这也是湖泊康养旅游最与众不同的一点。湖泊康养旅游的一个重要目的是放松心情、愉悦身心。因此，提供便捷、优质的医疗服务是湖泊康养旅游业发展的重要保障。在湖泊地区建立完善的医疗服务体系，可以为游客提供及时、有效的医疗救助，确保游客的健康安全。此外，通过与当地医疗机构的合作，开展健康教育和健康管理服务，可以帮助游客预防疾病、保持健康。

二　价值功能

康养产业融合度高、带动性强，发展迅速，需找准方向、突出特色、抓住核心、做好产品，把康养资源优势和外部条件转化为康养经济、康养产业。

（一）经济价值

湖泊康养旅游的经济价值主要体现在对文化资源的利用以及对区域经济发展的带动方面。一方面，湖泊本身所具有的形态、社会文化等价值，可以为湖泊带来文化旅游的经济收益。具有吸引力的湖泊，吸引着越来越多的旅游者来此游览并带动商业活动，进而带来丰厚的旅游收益。另一方面，湖泊康养旅游通过康养产业推动经济发展。湖泊康养旅游能够有效地集聚各种产业类型，聚拢人气与商机，进而刺激消费、增加税收，带动城市旅游业、住宿业、餐饮业等产业的活跃与发展，增强城市经济综合竞争力。与此同时，湖泊康养旅游经济的发展吸引新业态涌入，创造更多的就业机会，促进产业进一步升级。

（二）社会价值

随着社会的发展和人们生活水平的提高，人们对生活质量的追求也在不断提升。在这个过程中，康养旅游作为一种新型的旅游方式，逐渐受到人们的关注和喜爱。湖泊康养旅游，以其独特的自然景观和丰富的生态资源，为人们提供了一个远离城市喧嚣，放松身心的理想场所。因此，也延伸出众多社会价值。

1. 促进经济发展

湖泊康养旅游的发展，可以带动相关产业的发展，如餐饮、住宿、交通等，从而促进地方经济的发展。同时，湖泊康养旅游也可以吸引外地游客，增加地方的旅游收入。

2. 保护生态环境

湖泊康养旅游的发展，需要保护好湖泊的生态环境，这对于保护生物多样性，维护生态平衡具有重要的意义。同时，湖泊康养旅游也可以提高人们的环保意识，让更多的人参与到环保行动中来。

3. 提升生活质量

湖泊康养旅游可以让人们在享受美景的同时，放松身心，提高生活品质。同时，湖泊康养旅游也可以让人们更加亲近自然，增强对自然的爱护。

4. 推动文化交流

湖泊康养旅游可以吸引来自不同地方的游客，这为不同文化的交流提供了平台。通过交流，可以增进人们的理解和友谊，促进文化的传承和发展。

（三）美学价值

美学价值与经济价值、社会价值等相互融合、相互成就，体现了湖泊康养旅游的独特气质。

1. 自然美

湖泊康养旅游的最大魅力在于其自然美。湖泊的宁静、湖水的清澈、湖畔的绿树和花草，构成了一幅幅美丽的画卷。这种自然美不仅能够让人放松身心，还能够激发人的创造力和想象力。

2. 人文美

湖泊康养旅游地通常拥有丰富的人文历史和文化，通过挖掘和传承这些人文元素，如古老的建筑、传统手工艺、独特的民俗文化等，可以为湖泊康养旅游增添深厚的人文美。

3. 和谐美

湖泊康养旅游强调人与自然的和谐共生，倡导绿色、环保的旅游方式。这种和谐美不仅体现在人与自然的关系上，也体现在人与人的关系上。通过湖泊康养旅游，人们可以体验到和谐美的魅力。

（四）环境价值

湖泊康养旅游除了其实用性外，还具有深厚的环境价值。湖泊旅游地需要在发展康养旅游的同时，注重环境保护和服务质量的提升，以实现湖泊康养旅游的可持续发展。

1. 生态保护

保护湖泊的生态环境，是实现湖泊康养旅游环境价值的基础。只有保护好湖泊资源，才能让游客在享受湖泊康养旅游的同时，欣赏到美丽的自然景色。

2. 环境教育

湖泊康养旅游为人们提供了一个接触自然、了解自然的平台。通过参与湖泊康养旅游，人们可以增强对环境保护的认识，提高环保行为的实践能力。

3. 环境修复

一些湖泊由于过度开发和环境污染，生态环境遭到了严重破坏。湖泊康养旅游的发展，可以为这些湖泊的环境修复提供一定支持。

（五）康养价值

人人都想要健康、快乐和幸福的生活，康养旅游则是实现这一理想生活的主要途径。进入新时代之后，社会的主要矛盾转变为人们对于美好生活的需要和发展的不平衡不充分之间的矛盾。湖泊康养旅游将湖泊的自然景观与康养理念相结合，为游客提供了一个放松身心、恢复健康的环境。

1. 身心健康

湖泊康养旅游地通常有着优美的自然环境和舒适的设施，这为游客提供了一个接触自然、放松身心的环境。通过参与湖泊康养旅游，人们可以缓解压力，提高身心健康水平。

2. 康复治疗

湖泊康养旅游地通常会提供丰富的康养活动和专业的康养服务，如运动健身、养颜健体、中医康养、温泉康养、山林康养、田园康养、养老服务、康复疗养、健康管理等康养产品，为健康保驾护航。

3. 延缓衰老

湖泊康养旅游地通常从住、医、食、游、康、养、乐等方面，全方位提供高品质生活服务、专业化医疗康复服务、绿色化营养膳食服务、多样化文化娱乐服务，有助于延缓人体衰老，提高生活质量。

三　主要特点

湖泊康养旅游，通过户外运动、康复训练、养生保健等丰富多样的项目和活动，帮助游客锻炼身体、增强体质、调整心态、拓宽视野，从而增强自信、舒缓压力，预防疾病、延长寿命，提高生活质量。

（一）主题特色鲜明

湖泊适宜开展康养活动，可结合自然、文化、生态、旅游和康复等多种元素，延伸森林浴、雾浴、日光浴、生态浴、温泉浴等产品线，为游客提供全面康养体验。湖泊康养旅游地，可围绕森林康养、田园康养、运动康养、美食康养、文化康养等主题，突出地域特色和文化特色，将身体检查、美容养生、医疗保健、康复疗养、健康管理与旅游度假完美结合，构建康养旅游产业链条。

（二）功能复合叠加

湖泊康养旅游集景观游赏、休闲生活、养老服务、医疗保健、文化旅游等系列功能于一体。湖泊康养旅游的发展，可将文化体验、健康疗养、医疗美容、生态旅游、休闲度假、体育运动、健康产品等业态聚合起来，实现旅游与健康相关消费聚集：可以依托当地特色的农产品、地道药材，形成以食疗养生、健康餐饮、休闲娱乐、养生度假等功能集聚的健康养生养老体系；可以依托原生态的生态资源，以健康养生、休闲旅游为核心，发展养生养老、休闲旅游、生态种植等健康产业；还可以依托专家学者和区内的历史文化遗存，举办相关文化节、文化论坛，打造历史文化研学、宗教文化养生、民俗文化体验、诗词文化鉴赏等康养文化旅游项目。总的来说，湖泊康养旅游结合了休闲度假、健康养生、文化体验、生态教育和康复治疗等多种功能，为游客提供了一个全面的康养体验。

（三）多元业态融合

康养旅游融合了观光、餐饮、娱乐、购物、住宿、休闲、康养等业态，可立足当地的中医药资源、温泉资源、文化资源、良好生态、清新空气、舒适气候和优越地形，挖掘内涵，凝练特色，开发有地域特色的湖泊康养旅游产品；可以健康养生、休闲度假等健康产业为核心，进行康疗养生、医疗服务、休闲娱乐、休闲度假等多功能开发；可以依托适宜的气候资源、医药资源、现代中西医疗技术资源等，将优质的医疗康复咨询服务与旅游度假结合，以中西医疗、心理咨询、康复护理、医药医疗科技、医疗设备、复健器材、居家护理设备等内容为核心，在达到治疗目的的同时进行康复、疗养、观光、度假；还可以通过开发医疗保健产业功能，强化健康养生养老主题，以医疗服务、康复护理和养老养生为核心业态，植入大健康产业、养老养生产业、体育运动产业等，进行慢性病疗养、美容保健、运动健身、休闲娱乐、养生养老度假等多功能开发。

（四）供需平衡

湖泊康养旅游连接了康养旅游者和当地居民两个不同的群体。从需求方面看，发展湖泊康养旅游，不仅能满足康养旅游者的需求，也能满足湖泊附近居民康养休闲娱乐需求。而从供给方面来讲，随着经济的发展，生活水平的提高，人们对自身的生存环境、休憩空间提出了更高的要求，消费转型迫在眉睫。湖泊康养旅游地通过提供休闲度假、健康养生、文化体验、生态教育、康复治疗和商业开发等多种业态的产品和服务，满足不同游客的需求；湖泊康养旅游地通过改善基础设施，建立完善的服务体系，提供符合游客需求的产品和服务；湖泊康养旅游地通过加强宣传推广，提高其知名度和影响力，吸引更多的游客。湖泊康养旅游地在开发和规划之初，就应秉承系统论的观点，正确处理当地居民和康养旅游者的关系，借鉴旅游凝视理论，把游客凝视、当地居民凝视、专家凝视等有机结合，全方位、多角度进行有益探索，真正使供给和需求实现平衡。

四　基本类型

康养产业是为社会提供康养产品和服务的各相关产业部门组成的业态

总和。根据消费群体、市场需求、关联产业、资源差异和地形地貌的不同，湖泊康养旅游可衍生出不同的发展类型。

（一）消费群体角度

1. 青少年康养

青少年湖泊康养旅游是指为满足青少年群体康养需要的产业集合，是以青少年为消费群体，以湖泊为载体，结合休闲、养生、教育等多元化功能，旨在提高青少年身心健康水平的旅游形式。活动类型包括以下方面。①湖泊生态体验。让青少年亲身接触和感受湖泊的自然环境，如湖光山色、水生生物等，增强环保意识。②湖泊运动休闲。通过各种水上运动，如游泳、划船、潜水等，锻炼青少年的体质，提高身体素质。同时，也可以让他们在运动中放松心情，缓解学习压力。③湖泊文化教育。通过参观湖泊相关的历史文化景点，如古建筑、历史遗址等，让青少年了解和学习湖泊的历史和文化，提高他们的文化素养。

2. 中老年康养

中老年湖泊康养旅游旨在提高中老年人身心健康水平。业界始终将健康和养老视为康养产业的主要业务模块，且现阶段中国社会正加速步入老龄化，因此中老年康养长久以来都集中或等同于养老产业。就现阶段该群体实际需求来看，中老年康养不仅包含养老产业，还包含医疗旅游、慢性病管理、健康监测、营养膳食、老年文化等相关及周边产业。其基本类型包括以下方面。①湖泊生态养生。利用湖泊丰富的生态资源，如优良水质、湖光山色等，为中老年人提供一个放松身心的环境，其特点是强调与自然的和谐共生，倡导绿色、环保的旅游方式。例如，中老年人可以在湖畔散步、钓鱼、划船等，享受与自然的亲近。②湖泊养生度假。提供舒适的环境和设施，为中老年人提供一个适宜休闲度假的环境，其特点是以消费者参与为主，结合湖泊的自然资源和文化特色，提供各种养生、度假项目，满足消费者的个性化需求。③湖泊文化教育。通过参观湖泊相关的历史文化景点，如古建筑、历史遗址等，让中老年人了解和学习湖泊的历史和文化，提高他们的文化素养。

此外，还可以结合中老年人的兴趣和爱好，提供各种特色康养项目，如钓鱼比赛、摄影比赛等，增加旅游的趣味性和参与性。同时，也要注重安全教育，确保中老年人在享受康养旅游的同时，能够保障自身的安全。

（二）市场需求角度

湖泊康养的基本目的是实现从物质、心灵到精神等各个层面的健康养护，实现生命丰富度的内向扩展。

（三）关联产业角度

根据湖泊康养产品和服务在生产过程中所投入生产要素的不同，可分为湖泊旅游产业、湖泊文化创意产业和湖泊健康养生产业三类。

1. 湖泊旅游产业

湖泊旅游是一种重要的旅游资源开发方式，其发展受到湖泊自身特点和周边城镇的影响。旅游形式以观光旅游、水上运动、休闲垂钓、餐饮美食、游船休闲、湖滨度假为代表。国内外有许多开发成功的湖泊旅游目的地，越来越受到旅游者的喜爱，如杭州西湖、淳安千岛湖、无锡太湖等。

2. 湖泊文化创意产业

湖泊文化创意产业是一种以湖泊为背景，结合文化与创新理念所发展出来的产业，这种产业将传统的湖泊旅游资源与现代文化创新理念结合。在实际运作中，湖泊文化创意产业通常采用"湖泊旅游+文化创意+休闲小镇"的模式，以绮丽的湖泊风光为核心特色，为游客提供多元化的旅游体验。例如，环日内瓦湖形成了国际会议之都日内瓦、奥林匹克之城洛桑、世界疗养区蒙特勒、世界音乐盒之都圣科瓦、世界文化遗产地拉沃、世界葡萄酒美食城维威、依云矿泉水产地依云镇、湖景温泉小镇托农莱班、中世纪渔村伊瓦、中世纪最美小镇威尔苏瓦等著名文旅品牌。

3. 湖泊健康养生产业

湖泊健康养生产业是一种以湖泊为基地，结合健康养生理念和资源进行发展的产业，这种产业将传统的湖泊资源与现代健康养生理念相结合。在实际运作中，湖泊健康养生产业通常采用"湖泊+健康养生"的模式，以湖泊的美丽风光和丰富水资源为核心，提供一系列养生、保健、休闲等服

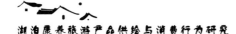
务。例如，作为博登湖区域支柱产业的旅游业，每年对 GDP 的贡献率高达12%，形成了以健康养生产业、运动休闲产业、博彩娱乐业等为主的旅游产业集聚区。同时，健康食品的开发也可以与休闲农业相结合，通过发展绿色种植业、生态养殖业，开发适宜于特定人群、具有特定保健功能的生态健康食品。

五　开发原则

（一）和谐共生原则

保护和开发是湖泊旅游业发展的重要命题，两者之间是相互联系、相互依存的。科学处理环境保护与湖泊旅游资源开发之间的关系，是湖泊康养旅游必须认真思考的课题。湖泊拥有面积较大的水域、湿地以及珍稀动物资源等，可以满足发展康养旅游所需的生态基础。因此，在开发康养旅游资源时，要充分考虑自然环境的承载力，将基础设施与湿地、水体、植被等有机结合，突出人与自然和谐共生的原则，在打造优美生态环境景观的同时，尽量降低对当地自然环境和生态系统的破坏。

（二）利益均衡原则

湖泊康养旅游的高速发展，离不开利益各方形成的平衡状态。通过康养旅游的发展，满足各利益主体的需求，使他们达到平衡状态，可调动利益各方参与康养旅游的积极性，进而促进康养旅游的发展。因此，在湖泊康养旅游发展过程中，应当重视和平衡各方的利益，要保证包括旅游者、政府、当地居民、旅游行业和企业等在内的各个主体之间的利益均衡实现，从而促进湖泊康养旅游的健康发展。

（三）增强体验原则

湖泊康养旅游在开发过程中，需要体现与旅游者之间的互动性。开发高参与度、高体验性的湖泊康养旅游产品，给旅游者留下深刻的记忆，从而提高旅游者对目的地的好感度。在湖泊康养旅游的开发与建设过程中，可以从心理和生理两个方面优化体验。心理上，可通过挖掘康养旅游资源的文化内涵，营造康养旅游氛围，让旅游者感受到康养旅游的历史厚重感，获得更深层次的心理体验，进而对康养旅游产生认同感。生理上，可通过参与富有娱乐性的体验项目，提高旅游者对康养旅游的兴趣和体验康养旅游的意愿。

（四）体现特色原则

旅游产品的同质化现象，在一定程度上会降低旅游者的参与热情。因此，湖泊康养旅游在发展过程中，要以地方自然资源为基础，充分挖掘具有本地人文特色的旅游资源，开发具有浓郁地方文化特色的康养旅游产品，增强湖泊康养旅游的核心竞争力。

第三节　湖泊康养旅游理论基础

湖泊康养旅游是重要的旅游资源开发形式。从企业角度看，湖泊康养旅游是利用湖泊富于变化的水文形态、生动的自然景观、良好的生态环境、丰富的人文积淀和相关的游乐设施，为旅游者提供全方位康养服务产品的活动。从旅游者角度看，湖泊康养旅游是以体验湖泊特殊景观环境和各种康养活动为目的的旅游经历。

一　旅游体验理论

（一）理论概述

旅游体验最早出现于 1964 年 Boorstin 的著作中，1970 年美国学者 Alvine Toffler 在 *Futuer Shock* 一书中第一次对体验经济进行了详细阐释。[①] 伴随着体验经济时代的到来，旅游体验逐渐成为旅游学界和业界研究的热点。

国内的旅游体验研究始自谢彦君教授，他于 1999 年在《基础旅游学》一书中首次比较系统地阐释了旅游体验这一概念，他希望以此为核心来构筑旅游学研究的内核，他认为旅游体验应该遵循快乐原则，并且将旅游的愉悦分为审美愉悦和世俗愉悦两类。自谢彦君教授 1999 年将旅游体验引入

---

① 　张毓利、徐彤:《基于旅游体验视角下的旅游理论内核探究》，《旅游纵览》（下半月）2014 年第 20 期。

国内学界后，国内学者对旅游体验的研究日渐深入。① 纵观近十年的国内旅游体验研究文献可以发现，它们主要涉及旅游体验理论研究、旅游体验质量及其影响因素研究、体验经济时代下的旅游产品开发及体验营销策略研究等内容。

国外关于旅游体验的研究可以追溯到 20 世纪 60 年代，研究的内容侧重于旅游体验的本质、旅游体验的类型、旅游体验的动机、旅游体验的文化影响、旅游体验的意义、旅游体验的质量以及体验式旅游。② 20 世纪 90 年代以后，国外旅游体验研究进入新的研究热潮，1996 年，Prentice 和 Witt 综合各家观点归纳出了旅游研究的五种模式：体验等级模式、体验标准模式、有目的的行为模式、多类型模式以及局外人和局内人模式。③ 此外，国外研究方法更多侧重于定量的一些技术分析方法，为旅游体验研究拓展了很大的空间。

关于旅游体验的动因，也就是旅游内驱力的研究，有两种主流观点，一种基于精神分析理论，认为旅游是寻求某种补偿的一种形式；另一种基于人本主义理论，认为旅游是一种既特殊又有效的学习方式。④ 谢彦君教授结合以上两种理论提出，旅游是逃逸与追求的统一。国外的一些学者还有一些其他的见解，Gray 将旅游动机分为漫游癖和恋物癖，分别指催发人们离开熟悉环境前往异地的驱动力（推动因素）和异地客观存在的优美风光（拉动因素）；此后，Dann 进一步明确了"推力"和"拉力"概念。⑤

综上所述，目前学界对于旅游体验的研究大都是以内涵、类型、评价因素和方法等比较细微的角度来进行深入阐释的。

---

① 谢彦君：《基础旅游学》，中国旅游出版社，1999，第 133~145 页。
② Oh, H., Fiore, A. M., Jeoung, M., "Measuring Experience Economy Concepts: Tourism Applications", *Journal of Travel Research*, Vol. 46, No. 2, 2007.
③ 张毓利、徐彤：《基于旅游体验视角下的旅游理论内核探究》，《旅游纵览》（下半月）2014 年第 20 期。
④ 李鹏冲：《从心理学视角看"旅游是一种学习方式"》，《中国旅游报》2021 年 5 月 26 日，第 3 版。
⑤ 徐娟玲、戈冬梅、汤玉莹：《旅游推力与拉力因素研究文献综述》，《云南地理环境研究》2010 年第 2 期。

（二）指导意义

湖泊康养旅游体验受自身主观因素和外界客观因素影响。体验结果按层级可分为：初级体验、失衡体验、一般体验、形式体验、最佳体验。按期望与体验关系可分为：兴奋体验、一般体验、失望体验。湖泊康养旅游作为一种新兴的旅游形式，其发展也需要科学理论的指导。旅游体验理论对湖泊康养旅游的指导意义主要体现在以下几个方面。

1. 提供更好的服务

了解游客的需求和期望是提供优质服务的前提。运用旅游体验理论，管理部门可以更好地了解游客在湖泊康养旅游过程中的需求和期望，从而为游客提供更好的服务。例如，针对游客对自然环境的需求，可以加强生态保护，提高环境质量；针对游客对文化活动的需求，可以举办丰富多样的文化活动，如传统民俗表演、手工艺品制作活动等。

2. 增强游客体验

湖泊康养旅游需要提供多样化的活动和服务，以满足不同游客的需求和偏好。例如，针对游客对休闲度假的需求，可以开发各种休闲娱乐项目，如水上运动、瑜伽课程等；针对游客对养生保健的需求，可以提供中医养生、食疗养生等服务。

3. 凸显竞争优势

湖泊康养旅游市场竞争激烈，需要通过提供更好的服务和体验来提高竞争力。运用旅游体验理论，管理部门可以更好地了解市场需求和趋势，从而制定有效的营销策略。例如，通过对游客的消费行为进行分析，可以了解游客的消费喜好和需求，从而有针对性地制定营销策略。

二 消费行为理论

（一）理论概述

消费者行为具有多样性，因而关于消费行为研究的学术流派和研究方法也截然不同。在经济领域，研究者通过建立一个规范的模型来解释或预测消费者的需求和行为趋势；在社会领域，研究者把消费者行为看作连接

经济和文化的社会活动，它立足于作为社会成员的消费者之上，解释着文化、沟通和社会生活的过程①；在行为和营销领域，消费者行为被定义为人类在生活中履行交易功能的基本行为，可以看作感知行为与环境因素的动态互动过程。

消费行为是消费者在消费场地、周边环境的空间布局与消费者感知、认知的相互作用下，为了满足自身的特定需求，在消费活动中发生的购买商品、体验服务等消费活动，或者辅助非消费活动。消费者行为学是研究消费者在购买、使用和处理产品、服务、体验或观念时的决策过程的学科。消费者行为是伴随商品经济发展而产生的一种社会经济现象，消费者行为学是一门研究消费者在产品和服务的决策期、购买和使用过程中所发生的心理活动特征和行为规律的学科，是了解和把握消费者行为及其变化规律、制定市场营销策略的基础。

消费者行为学的研究基于两个主要的理论框架：理性行为理论和非理性行为理论。理性行为理论认为，消费者会根据他们的个人需求和偏好，以及对产品和价格的评估，做出最有利的购买决策。然而，非理性行为理论则认为，消费者的购买决策往往受到他们的情绪、社会压力和其他非理性因素的影响。消费者行为的影响因素可以分为内部因素和外部因素。内部因素包括消费者的个人特征（如年龄、性别、收入等）、心理状态（如动机、态度、知觉等）和知识水平。外部因素包括市场环境（如产品特性、价格、促销活动等）、社会文化环境（如家庭、朋友、媒体等）和法律环境。

对消费者的行为进行研究，在新产品的开发和推广过程中尤为重要，有助于跟紧市场导向、把握机遇，从而根据消费者个体特征对市场进行细分，制定有针对性的营销策略。企业可以通过开发满足消费者需求的产品，来吸引消费者的注意力和兴趣；企业可以通过设置合理的价格，来影响消费者的购买决策；企业可以通过广告、公关活动、销售促进等各种促销活动，来提高产品的知名度和吸引力；企业可以通过提供优质的售后服务，

---

① 向莉：《湖南省森林康养消费者意愿及影响因素研究》，硕士学位论文，中南林业科技大学，2014，第18页。

来增强消费者的信任和满意度。

消费者行为学为湖泊康养旅游开发与管理，提供了一种理解和影响消费者行为的有效工具。通过深入研究消费者的行为和心理，分析康养旅游者的需求特征、购买动机、购买行为等，可以更好地满足消费者的需求，从而确定科学的产品开发、市场定位以及营销策略。

（二）指导意义

根据对消费者行为学的研究，消费者的购买决策通常包括五个阶段：需求识别、信息搜索、评价选择、购买决策和后购买行为。在这五个阶段中，消费者的需求、偏好、认知、情感和社会因素等都会影响他们的购买行为。消费行为理论对湖泊康养旅游的指导意义，主要体现在以下几个方面。

1. 了解游客需求和偏好

通过对游客的消费行为进行分析，湖泊康养旅游开发与管理部门可以了解游客在湖泊康养旅游过程中最关注的方面，如环境质量、住宿条件、餐饮服务等，这有助于开发与管理部门针对游客的需求，为其提供更好的服务和更多样化的体验。

2. 制定针对性改进策略

通过对游客的消费行为进行分析，湖泊康养旅游开发与管理部门可以了解游客的消费喜好和需求，从而制定针对性的产品与服务改进策略。例如，如果研究发现游客更关注住宿条件，可以加强对住宿设施的建设和管理，提高住宿质量；如果研究发现游客更关注餐饮服务，可以加强对餐饮服务的管理，提高餐饮质量。

3. 提高景区竞争力

运用消费行为理论，湖泊康养旅游开发与管理部门可以更好地了解市场需求和趋势，从而提供更好的服务和更多样化的体验，进而提高竞争力，实现可持续发展。

三　旅游系统理论

（一）理论概述

系统是由相互联系、相互作用的许多要素结合而成的具有特定功能的

统一体，要素是构成系统的基本单元，是对系统组成部分、组分、成分或个体的抽象概括。任何系统都有一定的边界限制，系统外界的所有其他事物，称为系统的环境。系统各要素之间以及系统与环境之间会产生广泛的物质、能量和信息的交换。

从系统论角度来考虑，旅游活动实际上是一个复杂的、开放的系统。早在 20 世纪 70 年代，国外就已经有了研究旅游功能的系统性方面的文章。Leiper 认为旅游系统涵盖旅游者、旅游客源地、交通方式、旅游目的地以及旅游产业五个方面，这五个方面在功能与空间上相互联系，并且在物质、文化、社会、经济、政策等相互作用下开放性运作。[1] Morrison 等将旅游系统分为吸引物、市场、营销、交通四个子系统，并将旅游系统运行的动力看作系统内部要素相互作用而产生的推力和拉力。[2] Gunn 基于供给与需求的区别定义了旅游系统，旅游的供给与需求之间是互相作用和互相促进的。[3] Gunn 和 Var 此后对系统模型进行完善，新模型强调了子系统间的作用关系以及系统内部要素的依赖关系。[4]

20 世纪 80 年代，国内学者将旅游规划作为系统来研究，90 年代后期对旅游系统的关注逐渐增加。客源市场系统、出行系统和目的地系统共同组成一个结构紧密的内部系统，在其外围还形成一个由政策、制度、环境、人才等因素组成的支持系统。支持系统不能独立存在，而是依附于其他三个子系统，并对三个子系统同时或分别产生重要作用。吴人韦阐述了旅游系统由主体、客体和联系主客体的媒介构成[5]，这三大要素分别是旅游者、旅游目的地、旅游企事业单位。吴必虎分析了旅游系统的结构，将其分为目的地系统、出行系统、客源市场系统和支持系统四个子系统，吸引物、

①　Leiper, N., "The Framework of Tourism", *Annals of Tourism Research*, Vol. 6, No. 4, 1979.

②　Morrison, A. M., Lehto, X. Y., Day, J., *The Tourism System.* Englewood Cliffs, NJ: Prentice Hall, 1985.

③　Gunn, C. A., *Tourisrn Planning: Basics, Concepts, Cases (3rd ed.)*, Washington: Taylor Francis, 1994.

④　Gunn, C. A., Var, T., *Tourism Planning: Basics Concepts Cases (4th ed.)*, New York: Routledge, 2002.

⑤　国家旅游局人事劳动教育司编《旅游规划原理》，旅游教育出版社，1999。

设施、服务、交通、营销等是影响整个旅游系统发展的重要因素。[①] 彭华认为旅游系统是由消费牵动、由产品吸引的互动型系统，将其分为需求、中介、引力和支持系统，支持系统为引力系统提供必要的发展条件支撑，引力系统提供产品吸引消费，中介系统是连接需求系统和引力系统的桥梁。[②]

旅游系统是系统理论在旅游学领域的研究与应用，旅游系统是由不同子系统构成的系统，各个子系统互相作用、影响，具有整体性、综合性等特点。从一定意义上讲，湖泊是具备独特文化内涵和产业基础的空间区域和发展平台[③]，也可以被看作由不同子系统构成的复杂系统，处于社会大环境中，其发展受到政策、资金、资源、游客、文化、人力资源等诸多因素的影响。在湖泊内，康养元素是主要吸引物，在此基础上融合休闲、旅游等其他功能，为游客提供多种形式的产品和服务，从而满足旅游者的多层次需求。

（二）指导意义

旅游系统理论主要研究旅游业内外部要素之间的相互关系和相互作用。根据 Giddens 和 Pearson 的研究，旅游系统包括四个基本要素：经济、社会、文化和政治。[④] 这四个要素之间相互影响、相互制约，共同构成了一个完整的旅游系统。在湖泊康养旅游开发与管理中，相关部门需要关注系统要素之间的相互关系，以实现湖泊康养旅游业的可持续发展。系统理论对湖泊康养旅游的指导意义，主要体现在以下几个方面。

1. 重视经济要素的作用

湖泊康养旅游业的发展离不开经济的支持。运用旅游系统理论，相关部门通过分析湖泊康养旅游业的市场需求和供给情况，可以合理规划区域的开发和建设，提高经济效益。同时，还可以通过优化产业结构、提高服务质量等方式，进一步提高湖泊康养旅游业的整体经济效益。

---

① 吴必虎：《旅游系统：对旅游活动与旅游科学的一种解释》，《旅游学刊》1998 年第 1 期。

② 彭华：《旅游发展驱动机制及动力模型探析》，《旅游学刊》1999 年第 6 期。

③ 许峰、李静、弗朗索瓦·贝达德等：《全球视野下优秀旅游目的地评价系统的发展与检验》，《旅游科学》2013 年第 6 期。

④ 〔英〕安东尼·吉登斯、克里斯多弗·皮尔森：《现代性——吉登斯访谈录》，尹宏毅译，新华出版社，2001，第 194 页。

2. 注重社会和文化要素的影响

湖泊康养旅游业的发展离不开社会和文化的支持。运用旅游系统理论，相关部门通过分析湖泊康养旅游业的社会需求和文化特点，可以加强与当地社区的合作，提高社会认同度和文化内涵。同时，还可以通过举办各类文化活动、推广当地特色文化等方式，进一步提高湖泊康养旅游业的社会和文化影响力。

3. 强化政治要素的作用

湖泊康养旅游业的发展离不开政府的支持。通过分析湖泊康养旅游业的政策支持和政治导向，相关部门可以加强与政府部门的沟通和合作，争取更多的政策支持和资源投入。同时，还可以通过加强环境保护、提高服务质量等方式，进一步提高湖泊康养旅游业的政治形象和社会责任感。

四 生命周期理论

（一）理论概述

产品生命周期是市场营销学中的重要概念，指一种产品从投入市场到被淘汰退出市场的过程。20 世纪 80 年代初，该理论被引入旅游研究领域，从而形成了旅游产品生命周期理论。旅游地生命周期理论是阐释旅游地演化的基本理论之一。Butler 将旅游地的发展演化划分为探索、起步、发展、稳固、停滞、衰落或复兴 6 个阶段，并以"S"形曲线形式对其进行了直观的表达。[①] 旅游地生命周期理论与旅游地发展过程中影响要素及其作用机制的变化密切相关，旅游地生命周期理论可为有效判定旅游地所处的发展阶段及历史演进过程，描述和分析影响旅游地发展的各类要素，以及旅游地的未来发展预测和相关决策的制定提供指导。旅游地生命周期理论提出之后，学术界为验证该理论相继进行了不少实证研究，如 Hovinen 对旅游地生命演化过程开展了实证研究，进行了各阶段划分及各阶段特征的描述。[②] 旅

---

① Butler, R. W., "The Concept of a Tourism Area Cycle of Evolution: Implication for Management of Resources", *Canadian Geographyer*, Vol. 21, No. 1, 1980.

② Hovinen, G. R., "Visitor Cycles: Outlook for Tourism in Lancaster Courty", *Annals of Tourism Rearch*, Vol. 9, No. 4, 1982.

游地生命周期阶段划分及阶段特征一般意义上来说是理想化的标准。①

国内有关旅游地生命周期的研究起步较晚。继张文在 1990 年对旅游地生命周期进行探讨之后，旅游地生命周期及旅游产品生命周期的研究逐渐成为热门研究。② 保继刚和楚义芳提出可以运用该理论对不同类型旅游地生命周期的特点与规律进行研究归纳，深度剖析内在形成因素，以科学地指导旅游规划、建设和管理。③ 邹统钎主张将该理论作为一种解释说明性工具，通过发挥其在旅游地发展方面的重要作用，更好地指导长期发展规划的制定。④ 查爱萍研究建立了生命周期需求模型，以定量研究结合理论分析的方法，对旅游地生命周期的内在产生过程进行推导。⑤ 邵学文则将生命周期理论应用在旅游区开发过程的探讨中。⑥ 余书炜肯定了旅游地由起步走向兴盛再逐渐衰落的基础论断⑦，辩证地评价了巴特勒理论模型，并归纳提出了双周期模型。吴必虎在《区域旅游规划原理》中对旅游产品生命周期与产品创新进行了相关性分析。⑧ 徐致云和陆林总结出影响生命周期的主导因素，主要包括：环境质量及环境容量、商业化程度、区位条件、交通条件、旅游资源组合性、基础设施、当地居民态度、旅游主题形象、综合竞争力、旅游业发展速度、外部投资、政府与旅游经营者、外部竞合环境、客源市场变化、外部政治环境。⑨ 黄震方等利用 Tramo/Seates 季节调整和多峰拟合方法进行主题型文化旅游区阶段性演进的研究，分析游客波动的阶段性，探讨主题型文化旅游区成长演化过程，揭示主题型文化旅游区演化的生命周期：探

① 徐致云、陆林：《旅游地生命周期研究进展》，《安徽师范大学学报》（自然科学版）2006年第 6 期。
② 张文：《对旅游区生命周期问题的看法》，转引自孙仲明《旅游开发研究论集》，北京旅游教育出版社，1990，第 99 页。
③ 保继刚、楚义芳编著《旅游地理学（修订版）》，高等教育出版社，1999，第 106 页。
④ 邹统钎：《旅游度假区发展规划》，旅游教育出版社，1996，第 237 页。
⑤ 查爱萍：《旅游地生命周期理论的深入探讨》，《社会科学家》2003 年第 1 期。
⑥ 邵学文：《旅游区开发过程的初步探讨》，《旅游学刊》1990 年第 1 期。
⑦ 余书炜：《"旅游地生命周期理论"综论——兼与杨森林商榷》，《旅游学刊》1997 年第 1 期。
⑧ 吴必虎：《区域旅游规划原理》，中国旅游出版社，2004，第 239 页。
⑨ 徐致云、陆林：《旅游地生命周期研究进展》，《安徽师范大学学报》（自然科学版）2006年第 6 期。

索起步期、充实发展期、快速发展期、平稳发展期和后续发展期（衰亡或复兴期）。其中探索起步期和充实发展期对应于旅游文化产品开发期，而快速发展期、平稳发展期以及后续发展期则分别对应于旅游文化产品的发展期、成熟期与衰亡或复兴期。[①]

在上述理论模型中，从整个旅游区演化全过程看，其在长尺度上表现为游客趋势的阶段性变化，而在小尺度上则同时包含波动结构的调整与变动。学界对于该理论的实证研究主要集中于山岳型、主题公园等类型的旅游地演化规律推演中，很少涉及发展较晚的湖泊旅游。

（二）指导意义

旅游产品生命周期理论揭示了旅游产品从诞生到衰亡的运动过程，只有了解旅游产品的变化趋势，了解市场需求的变化，采取正确的策略和措施，才可能延长产品的生命周期。对旅游产品生命周期的分析和判断，有利于经营者更好地了解旅游产品发展现状，掌握旅游产品在不同的生命周期阶段可能出现的问题并及时进行调节，以使旅游产品经久不衰，始终保持旺盛的生命力。

1. 制定相应营销策略

在不同的阶段，湖泊康养旅游区需要采取不同的营销策略，以提高产品的竞争力，并延长其生命周期。例如，在起步阶段，需要进行市场推广和宣传，以提高湖泊的知名度和产品或服务的销售量；在发展阶段，需要进行市场细分和定位，针对不同的目标市场制定相应的营销策略；在稳固阶段，需要进行湖泊康养品牌建设和维护，提高产品的品牌形象和知名度；在衰退阶段，需要进行湖泊康养产品创新和升级，开发新的产品和服务，以满足消费者不断变化的需求。

2. 制定正确经营策略

研究旅游产品的生命周期理论，不只是为了单纯了解旅游产品生命周期，更重要的是要根据旅游产品所处的发展阶段，对客源市场进行深入分

---

① 黄震方、袁林旺、俞肇元：《盐城麋鹿生态旅游区游客变化特征及预测》，《地理学报》2007年第12期。

析，了解消费者有哪些需要、产品的吸引力如何、市场定位是否准确、产品推销是否到位，从而制定正确的经营战略来延长旅游产品的生命周期。首先，要根据旅游产品不同的生命周期阶段，对客源市场和定位进行调研，深入了解旅游者的消费心理和消费需求，设计出真正迎合消费者心理的旅游产品；其次，在经营过程中，要能够根据旅游产品的经营状况进行合理的调整；最后，经过调整、更新、改造，旅游产品整体的生命周期才有可能得到延长。

五　社会互动理论

（一）理论概述

社会互动，也称为社会之间的相互作用或社会性交往，是个体对他人采取社会行动，并对他人的社会行动做出反应的过程。[1] 社会互动必须有两个或两个以上的互动主体，社会互动能促进对自我的认识，满足行动者的需要。德国社会学家齐美尔（Georg Simmel）被认为是欧洲第一位互动理论家，他认为社会不是个人的总和，而是通过互动联系在一起的若干人的总称，社会互动是社会存在的基本形式[2]，社会互动是人们以相互交流的方式对他人采取行动或回应他人的行动[3]。社会互动理论是西方社会理论中的一个重要流派，是对许多内容相关、关系又比较松散的理论的统称。[4]

符号互动理论、角色理论、社会交换理论等都属于社会互动理论的范畴。它们都对人们的社会互动和交往十分关注，通过互动感知对方对自身的反馈，从而形成自我意识，确定自身角色，实现社会化。符号互动理论的创始人 Mead 认为，符号是进行社会交往活动的基础。[5] 人与人之间可以通过符号进行互动，在与他人的互动过程中形成自己的意识，理解他人的

---

[1]　王思斌主编《社会学教程（第三版）》，北京大学出版社，2010，第68页。

[2]　苏依桐：《剧本杀游戏中的社会互动研究》，硕士学位论文，北京邮电大学，2022，第4页。

[3]　金伟、王继宇：《社会互动理论在高职旅游英语教学中的应用》，《经济研究导刊》2012年第2期。

[4]　杜静、王晓芳：《论基于社会互动理论的教师合作》，《教育研究》2016年第11期。

[5]　苏日钦：《H市幼儿园微信公众号在家园共育中的应用现状研究》，硕士学位论文，内蒙古师范大学，2022，第9页。

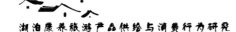
行为。人的语言、动作、文字等都是一种互动的符号，代表着人们在互动中的某种意义。角色理论的倡导者是美国社会学家 Goffman，他认为社会是一个舞台，每个社会成员都扮演着一个角色，在不同的场合他们扮演着不同的角色来适应互动环境的变化。[①] 社会交换理论的代表人物是 Homans 和 Blau，他们把人们之间的互动看作交换行为，认为互动是人们交换报酬和惩罚的过程。[②]

社会互动理论认为，社会并不是外在于人的某种客观存在的模式或制度体系，社会不过是人们的互动行为模式化了的互动，"模式化"的内容扎根于人头脑中，表现在人们的"角色互动"行动中。对个人来说，个人与他人结成多少种互动关系，就有多少种"社会"。因此，在社会互动理论看来，社会是具体的、微观的。社会变迁，是人们的"需求""动机""价值观念"以及人们的社会行为发生变化，导致原有的"互动模式"的内容发生变化。

（二）指导意义

社会互动理论作为一门研究人际关系和社会行为的学科，对于湖泊康养旅游具有重要的指导意义。

1. 注重游客之间的合作与互助

通过分析游客之间的合作与互助情况，相关部门可以在湖泊康养旅游景区内设置更多的合作性活动和互助性项目，如团队建设、互助游戏等，以促进游客之间的良好互动和相互帮助。同时，还可以通过加强游客之间的沟通和交流，提高游客的社会交往能力，进一步促进湖泊康养旅游业的发展。

2. 强化游客与当地居民的互动与交流

湖泊康养旅游业的发展离不开当地居民的支持。通过分析游客与当地居民的互动与交流情况，相关部门可以在湖泊康养旅游区内，设置更多的

---

① 〔美〕欧文·戈夫曼：《日常生活中的自我呈现》，黄爱华、冯钢译，浙江人民出版社，1989，第 7 页。

② 王东：《"校企合作"困境的社会交换论解释》，《职教论坛》2013 年第 12 期。

文化交流活动和社区参与项目，如民俗体验、手工艺制作等，以促进游客与当地居民之间的良好互动和相互理解。同时，还可以通过加强游客与当地居民的沟通和交流，提高游客的社会责任感和公民素质，进一步促进湖泊康养旅游业的发展。

3. 提升景区内的社交氛围和文化内涵

通过分析游客的社交需求和文化内涵，相关部门可以在湖泊康养旅游区内，设置更多的社交场所和文化设施，如茶馆、书屋等，以提升社交氛围和文化内涵。同时，还可以通过举办各类文化活动、推广当地特色文化等方式，进一步提高游客对湖泊康养旅游业的认同感和文化体验感。

六　产业集群理论

（一）理论概述

18 世纪，随着工业革命的到来，整个欧洲社会的专业化进程受到极大的推动。以家庭作坊和工厂为基础的中小企业飞速发展，数量越来越多，集中度也越来越高。Marshall 是世界上首个产业集群理论的提出者。[1] 他对产业集群进行了深入探究，提出产业集群是在熟练劳动力市场和先进的附属产品的一定空间内产生的产业。然后，Marshall 指出，产业规模不断扩大，信息技术知识传播的数量也在不断增多，这说明产业集群依托的是外部经济。1937 年，Hoover 提出了一个新的论点，他认为产业集群有一个顶点，也就是说产业集群可以达到最优的效果，其中企业数量和规模对此有着至关重要的影响。[2] 如果过多的企业聚集在一起，规模太大的话会影响到整体效果，使效果下降，如果聚合企业少，聚集的范围不大，将达不到产业集群的整体效果。1988 年 Porter 提出，所有的发达经济体都有一个共性，那就是它们将所有具有优势的产业聚集在一起，这样能够带来更大的经济利益。1990 年，Porter 在《国家竞争优势》一书中首次阐述了"产业集群"现象。[3]

---

①　范光基：《试论基于产业集群的技术创新》，《福建教育学院学报》2008 年第 10 期。
②　范光基：《试论基于产业集群的技术创新》，《福建教育学院学报》2008 年第 10 期。
③　李峰：《产业集群的经济效应分析》，《中国商贸》2013 年第 9 期。

产业集群是指在特定区域中，大量有联系的企业、供应商、服务提供者、产业生产者等在空间上集中，并具有很强竞争力的现象。产业集群是产业组织的基本形式之一，在一定区域内提高产业竞争力并增长本区域的经济中，起着非常关键的作用。每个产业集群的深度和复杂性都有所差别，它表示了一种新的市场与等级之间的空间经济组织形式。产业集群已不单是某一类产业的集合，而是同一区域内的多种类型的产业的汇集，形成了区域特色的竞争优势。所以，产业集群是一个国家或地区提高经济水平的关键手段。

随着现代经济的快速增长，产业集群这种促进区域经济增长的模式，逐渐成为推动各个国家经济发展和产业发展的重要形式，越来越得到国际组织、国家和地方政府的重视。产业集群为推动国家和地区经济的发展，开辟了新的道路，为企业与政府、企业和相关机构之间的关系建构提供了新的思路。产业集群从整体上发掘特定区域的竞争优势，冲破了企业与单一产业之间的界限，注重企业与涉及机构、政府和非政府组织在特定领域的联系。这使他们能够从区域整体考虑协调发展的经济和社会制度，研究产业集群形成特定的区域竞争优势，考虑到与周边地区的竞争与合作，而不是考虑一些个别行业和小地域空间范围内企业的利益。这就要求政府必须着力清除阻碍生产力发展的障碍，带动集群产业的效能和改革，进而促进市场的不断扩大，发展区域乃至周边地方的经济。产业集群理论的主要内容有以下五个方面。

第一，产业集群的基础就是较长的产业链。产业链的长度决定了产业集群中的企业数量，产业链的长度越长，集群中的企业数量就越多，反之则越少。与此同时，产业链的长度越长，新企业进入集群中的难度就越小，反之则难度越大。新企业进入后可以为集群的产业带来更大的经济效益，使得产业链的链条向两边延伸，并且给产业集群以及其中的企业带来新鲜的血液，使产业集群拥有顽强的生命力。

第二，产业集群需要一个良好的发展环境。产业集群的发展，在很大程度上受发展环境的影响，市场秩序、价格机制、产权制度、政府政策等，都在很大程度上影响着产业集群的发展。良好的发展环境，可以发挥出市场的决定性作用，能够进一步优化产业结构，促进集群中的产业发展。此外，良好的市场环境，还能够吸引更多的企业，使产业集群的规模能够进一步扩大。

第三，产业集群能够形成区域品牌。产业集群能够扩大这一区域内的企业及产品的知名度，还会形成一种区域品牌。对于单个企业来说，企业品牌的建立，需要投入大量的财力、人力与物力，而对于集群中的企业来说，利用产业集群所带来的优势，很容易就能够建立起区域品牌，并且可以使集群中的企业都从其中受益。这种区域品牌不仅可以扩大该地区的知名度与美誉度，提升整个区域的形象，还能够提升产业集群的竞争优势。

第四，产业集群需要辅助产业支撑。产业集群作为一个整体，其中不仅需要核心产业的发展壮大，辅助产业的支撑也是构成产业集群的关键。一个产业集群的成功构成，需要众多辅助性产业的支持。产业集群是由企业、专门的供应商、服务提供者、金融服务单位、相关产业的制造商等相关机构汇集在一起构成的，同时产业集群还包含销售渠道、客户、辅助产品制造商和相关的专业基础设施供应商，提供专业培训、相关信息、标准制定、贸易协会等服务的其余有关的民间的社会机构和政府等。只有核心产业与辅助性产业的共同发展才能推进产业集群壮大。

第五，产业集群需要增强创新能力。产业集群是产业发展的新趋势，在发展过程中，集群中企业的转型升级已经是大势所趋。企业进行人才吸纳、创新改革、新技术的采用，都能够促进转型升级。集群内企业的转型升级，能实现整个产业的转型升级，并且能增强产业的创新能力，从而推动产业集群的发展，使整个产业集群的竞争力得到提升，带动整个区域甚至是周边区域的经济发展。

（二）指导意义

产业集群是指在某一区域内，由相互关联的企业、供应商、服务机构、研究机构等组成的，具有竞争优势的产业群体。产业集群理论是研究产业集群形成、发展和演化规律的一种经济学理论，对于促进区域经济发展和

提高企业竞争力，具有重要的指导意义。

1. 促进湖泊康养旅游业的协同发展

湖泊康养旅游业是一个复杂的产业体系，涉及交通、住宿、餐饮、娱乐等多个领域。通过建立旅游业产业集群，可以促进不同领域之间的协同发展，形成一个完整的产业链条，提高整个产业的竞争力。同时，产业集群内企业之间的合作和竞争，也有利于推动旅游业的创新和发展，产业集群的改良行为是非常必要的，可以扩大产业竞争优势。

2. 提高湖泊康养旅游业的竞争力

湖泊康养旅游业产业集群可以提高整个产业的竞争力。首先，产业集群内的企业可以通过资源共享、技术创新等方式降低成本，提高产品质量和服务水平。其次，产业集群内企业之间的合作和竞争有利于推动创新的产生和传播，提高整个产业的技术水平和管理水平。最后，产业集群内企业之间的信息交流和技术合作有利于提高整个产业的创新能力和市场适应能力。

3. 促进湖泊康养旅游业的可持续发展

湖泊康养旅游业是一个对环境和社会影响较大的产业，如何实现可持续发展是旅游业面临的重要问题。通过建立旅游业产业集群，可以促进旅游业的可持续发展。首先，产业集群内企业之间的合作和竞争，有利于推动绿色旅游和低碳旅游的发展，减少对环境的负面影响。其次，产业集群内企业之间的信息交流和技术合作，有利于推动旅游业的智能化和数字化发展，提高资源利用效率和管理水平。最后，产业集群内企业之间的合作和竞争，有利于推动旅游业的社会化进程，提高旅游服务质量和游客满意度。

4. 促进湖泊区域经济发展

首先，提高区域经济的竞争力。产业集群有利于推动创新的产生和传播，提高整个产业的技术水平和管理水平。同时，产业集群有利于提高整个产业的创新能力和市场适应能力，从而提高区域经济的竞争力。

其次，促进区域经济的结构优化。产业集群的形成有助于优化区域经济结构，提高产业结构层次和产品附加值。通过产业集群的发展，可以引导企业向高附加值、高技术含量的产业领域转移，促进区域经济的结构升级。

最后，促进区域经济的协同发展。产业集群有利于推动不同领域之间的协同发展，形成一个完整的产业链条，提高整个产业的竞争力。同时，产业集群有利于推动区域经济的智能化和数字化发展，提高资源利用效率和管理水平。例如，西湖是中国浙江省杭州市的一个著名旅游景点，拥有丰富的自然景观和文化资源。近年来，杭州市政府积极推动西湖景区集群的建设，将周边的酒店、餐饮、娱乐等相关产业纳入集群管理。通过建立西湖景区集群，杭州市成功提高了旅游业的竞争力和可持续发展能力，成为中国著名的旅游目的地之一。

七 产业竞争力理论

（一）理论概述

产业竞争力，指某国或某一地区的某个特定产业相对于他国或地区同一产业在生产效率、满足市场需求、持续获利等方面所体现的竞争能力。竞争力实质上是一个比较概念，因此，产业竞争力内涵涉及两个方面的问题：一个是比较的内容，另一个是比较的范围。具体来说：产业竞争力比较的内容就是产业竞争优势，而产业竞争优势最终体现于产品、企业及产业的市场实现能力方面。因此，产业竞争力的实质是产业的比较生产力。所谓比较生产力，是指企业或产业能够以比其他竞争对手更有效的方式，持续生产出消费者愿意接受的产品，并由此获得满意的经济收益的综合能力。产业竞争力分析，应突出影响区域经济发展的各种因素，包括产业集聚、产业转移、区位优势等。

产业竞争力理论包括比较优势理论、竞争优势理论、产业竞争力成因理论、产业竞争力计量分析理论和产业竞争力发展阶段理论等。

1. 比较优势理论

在亚当·斯密绝对优势理论的基础上，大卫·李嘉图提出比较优势理论，认为即使某个国家的产业不具有绝对优势，但通过与其他国家同一产

业的相对比较优势，也可以参与国际竞争，同样具有一定的产业竞争力。①商品的相对价格差异即比较优势是国际贸易的基础；特定国家应专注于生产率相对较高领域的生产，以交换低生产率领域的商品。后来，赫克歇尔-俄林理论对传统比较优势理论进行了补充，指出国家之间要素禀赋的差异决定着贸易的流动方向。②

2. 竞争优势理论

波特认为，传统经济理论如比较优势理论、规模经济理论都不能说明产业竞争力的来源，因为"在产业竞争中生产要素非但不再扮演决定性的角色，其价值也在快速消退中"，"规模经济理论有它的重要性，但该理论并没有回答我们关心的竞争优势问题"。③ 进而他指出，必须采用竞争优势理论来解释产业竞争力问题。竞争优势有别于比较优势，它是指各国或各地区相同产业在同一国际竞争环境下所表现出来的不同的市场竞争能力。

尽管比较优势和竞争优势是存在区别的一组概念，但两者都是产业竞争力形成的基础。两者的区别是，比较优势强调同一国家不同产业间的比较关系，而竞争优势强调不同国家同一产业间的比较关系。前者强调各国产业发展的潜在可能性，后者则强调各国产业发展的现实态势。与区别相比，两者之间的联系更为重要：一国一旦发生对外经济关系，比较优势与竞争优势会同时发生作用；一国具有比较优势的产业往往易于形成较强的国际竞争优势；一国产业的比较优势要通过竞争优势才能体现。因此，比较优势是产业竞争力的基础性决定因素，而竞争优势是直接作用因素。比较优势是产业国际分工的基础，也是竞争优势形成的基础，但比较优势原理却不能直接用来解释产业竞争力水平的高低，而竞争优势原理作为一种研究思路和分析方法可直接用于解释产业竞争力的形成机理。

3. 产业竞争力成因理论

波特对多个国家、多个产业的竞争力进行深入研究后认为，产业竞争

① 段薇：《我国中医药产业国际化推广项目》，硕士学位论文，西南财经大学，2010，第8页。
② 王世军：《综合比较优势理论与实证研究》，博士学位论文，浙江大学，2006，第25页。
③ 孙保龙：《安徽省高新技术产业竞争力研究》，硕士学位论文，安徽大学，2013，第15页。

力是由生产要素，国内市场需求，相关支持性产业，企业战略、企业结构和同业竞争等四个主要因素，以及政府行为、机遇等两个辅助因素共同作用形成的。其中，前四个因素是产业竞争力的主要影响因素，构成"钻石模型"的主体框架。四个因素之间彼此相互影响，形成一个整体，共同决定产业竞争力水平的高低。"钻石模型"构筑了全新的竞争力研究体系，提出的竞争优势理论包含了比较优势原理，并大大超出了后者的解释范围。

国外学者将国际竞争力的形成机理描述为：国际竞争力是竞争力资产与竞争力过程的统一。用公式表示就是：国际竞争力＝竞争力资产×竞争力过程。所谓资产是指固有的（如自然资源）或创造的（如基础设施）的资产；所谓过程是指将资产转化为经济结果（如通过制造），然后通过国际化（在国际市场衡量的结果）产生国际竞争力。我国学者将这一竞争力理论加以改造，提出相应的产业竞争力分析模型，即产业竞争力＝竞争力资产×竞争力环境×竞争力过程。

中国学者在以定量分析为主要研究工具完成中国工业国际竞争力研究的基础上，用定量分析中使用的具有数量表征特性的竞争力指标体系来解释产业竞争力的形成机理。竞争力指标有两类：一类是分析性指标，这类指标是反映竞争力形成原因的指标；另一类是显示性指标，是反映竞争力结果的指标。"间接因素指标→直接因素指标→显示性指标"的逻辑顺序勾画了产业竞争力的形成机理：竞争潜力→竞争实力→竞争力的实现。

4. 产业竞争力计量分析理论

产业竞争力成因理论属于产业竞争力理论的定性分析部分，将现代计量经济学分析方法引入产业竞争力理论研究，就可以形成产业竞争力的计量分析理论。产业竞争力计量分析的一般思路是：首先，合理选择评价指标，并对各指标科学分配权重，构建求和模型；然后，按各指标采集数据，经标准化处理后套入求和公式，即得竞争力量化评估水平。产业竞争力计量分析须解决两个关键问题：一个是评价指标的选取和指标体系的建立；另一个是对各指标科学地赋予权重。其中，在指标赋权方面，可以直接借用统计学中的赋权理论，既可以采用传统赋权方法，也可以采用主成分分

析法等现代数学计量方法。中国有学者将产业竞争力评价指标分为两类：一类是显示性指标，主要反映市场占有率和利润率；另一类是分析性指标，其又可进一步分为直接原因指标和间接原因指标，直接原因指标主要反映生产率和企业营销管理效率等，间接原因指标大体相当于波特的"国家竞争优势四要素"。在指标赋权问题上，他们既采用传统经验法则，也采用现代统计学中的主成分分析法。

5. 产业竞争力发展阶段理论

从产业发展的角度来讲，产业竞争力成因理论和产业竞争力计量分析理论都是静态的产业竞争力理论，截取产业发展的某个横断面作为研究对象；动态的产业竞争力理论应以产业发展为研究对象，研究产业发展各阶段的竞争力特性。研究产业发展的传统理论是产业生命周期理论。生命周期理论将产业发展分为形成期、成长期、成熟期和衰退期四个阶段。不同的发展阶段具有不同的特征。结合产业生命周期理论，波特总结出产业竞争力发展的"四阶段理论"，即要素驱动阶段、投资驱动阶段、创新驱动阶段和财富驱动阶段。四个阶段是依次递进的，但也可能发生折返。

国内外产业竞争力理论发展还远未达到成熟，但产业竞争力理论框架已初步形成，主要由两个方面的内容组成：一个是以波特的"钻石模型"为代表的产业竞争力成因理论，该理论以定性分析为主要分析方法；另一个是产业竞争力计量分析理论，国内外学者已在该领域做出了不小的贡献。产业竞争力理论体系的初步形成，为进一步的理论研究打下了坚实的基础。

（二）指导意义

产业竞争力理论作为一门研究产品在市场上的竞争地位和竞争优势的理论，对湖泊康养旅游具有重要的指导意义。

1. 注重成本领先策略

运用产业竞争力理论，湖泊康养旅游开发与管理部门可以更好地了解湖泊康养旅游业的成本状况，从而制定相应的发展策略。例如，通过分析湖泊康养旅游业的成本结构，相关部门可以在保证产品质量的前提下，寻求降低成本的途径，如优化资源配置、提高运营效率等，以提高湖泊康养旅游业的成本领先优势。同时，相关部门还可以通过加强与供应商的合作、降低采购成本等方式，进一步提高湖泊康养旅游业的成本领先优势。

2. 强化景区差异化策略

运用产业竞争力理论，湖泊康养旅游开发与管理部门可以更好地了解湖泊康养旅游业的市场特点和游客需求，从而制定相应的发展策略。例如，通过分析湖泊康养旅游业的产品特点和目标客户群体，相关部门可以在产品设计和服务提供上注重差异化，以满足不同游客的需求。同时，相关部门还可以通过加强品牌建设、提升服务质量等方式，进一步提高湖泊康养旅游业的差异化优势。

3. 重视景区集中化策略

运用产业竞争力理论，湖泊康养旅游开发与管理部门可以更好地了解湖泊康养旅游业的目标市场和竞争态势，从而制定相应的发展策略。例如，通过分析湖泊康养旅游业的目标市场规模和竞争程度，相关部门可以在市场营销和产品开发上注重集中化，以提高湖泊康养旅游业的市场地位。同时，相关部门还可以通过加强与当地政府和企业的合作、拓展合作伙伴关系等方式，进一步提高湖泊康养旅游业的集中化优势。

第三章
湖泊康养旅游发展历程

康养旅游是旅游业的一种发展形式,是人类健康意识觉醒的体现,尤其是新冠疫情暴发以来,社会对于身心健康的认识达到了新的高度,这将加速助推我国康养旅游的发展。我国湖泊资源丰富,种类多样,数量庞大,在现有的度假区中,有1/3是以湖泊为主体进行规划建设的,湖泊作为度假旅游开发的典型,在国家级、省级旅游度假区中都占有重要的地位。为推进我国湖泊康养旅游发展,本章按照时间顺序对国内外湖泊康养旅游发展的脉络进行梳理划分,分析湖泊康养旅游演进规律,研究其发展现状,指出其发展障碍并提出相应解决对策;通过对国内外湖泊康养旅游典型案例进行分析,汲取发展湖泊康养旅游的经验和启示;试图从品牌化、智慧化、多元化、年轻化、可持续化五方面,展望国内湖泊康养旅游未来的发展趋势。

第一节　湖泊康养旅游发展脉络

在健康中国战略和大力发展现代服务业的背景下,我国康养旅游产业迅速崛起,逐渐成为重要的旅游经济业态。同时我国作为湖泊大国,湖泊旅游产业发展势头良好,"湖泊+康养"的旅游模式符合时代发展需求。本节按照时间顺序对国内外湖泊康养旅游发展的脉络进行梳理划分,厘清国内湖泊康养旅游发展脉络,借鉴国外湖泊康养旅游发展经验,为我国湖泊康养旅游的发展提供思路。

一 国内湖泊康养旅游发展

（一）行政主导事业接待型阶段：新中国成立至20世纪80年代初期

1949年新中国成立至20世纪80年代初期，是我国康养旅游产业发展的行政主导事业接待型阶段，其典型特征是政府行政主导下的计划经济发展模式。新中国成立以后，为了保障国家干部、军人、劳动群众的身体健康，国家及各省市的工会系统率先开办疗养事业；同时，中央各部委及各省市的事业单位，逐渐开办各种类型的疗养院、休养所等，这成为我国康养旅游产业的起源，但尚不属于严格意义上的产业范畴。其间，我国逐渐形成了具有鲜明资源特色的大规模疗养区，包括海滨气候疗养区（如北戴河、青岛、大连、厦门等）、矿泉疗养区（如小汤山、从化、重庆南温泉、黑龙江五大连池等）、山地气候疗养区（如庐山、黄山等）、湖滨疗养区（如无锡太湖、杭州西湖、武汉东湖等）。至1982年底，全国各级各类疗养院、休养所数量达到5931所、床位7794张。[①]

在行政主导事业接待型阶段，我国湖泊康养旅游局限于单一的福利型疗养模式，服务对象主要是各部门和单位的劳动模范、先进个人、干部等；由于较为优质的湖泊岸线多被划分为单位用地，管理模式实行高度集中的行政管理体制，疗（休）养院（所）完全按照上级管理部门的指令开展业务，所以湖面水上产品和环湖休闲产品等项目无法展开。

（二）市场化改革规模发展阶段：20世纪80年代中期至20世纪末

20世纪80年代中期至20世纪末，随着我国改革开放的全面展开，国内疗养事业和旅游业逐步开展市场化改革，康养旅游产业开始孕育并逐渐发展壮大。其间，全国总工会先后出台了《关于职工疗（休）养事业体制改革的决定》（1985年）、《关于职工疗（休）养事业深化改革几个问题的决定》（1990年），提出指导疗养事业市场化改革的主要方针。此后，国内疗（休）养院（所）逐渐由单一疗（休）养型向多功能经营服务型转变，由行政管理体制向企业化经营机制转变，由单一公有制向多种所有制转变，

[①] 陈海波：《旅游流的概念界定与理论内涵新论》，《旅游研究》2017年第1期。

从而推动了我国疗养事业的多元化转型发展。国内疗（休）养院（所）逐渐转型发展成为以疗（休）养为主，集养生、休闲、度假、旅游、医疗、康复、保健、体检等多功能综合服务为一体的场所[①]，已逐渐发展成为国内康养旅游产业的重要业态之一。1992 年，国家级、省级湖泊旅游度假区体制建立，标志着湖泊旅游的发展进入新阶段。该阶段湖泊旅游开发对象以著名湖泊为主，多数湖泊资源仅作为山岳（地）旅游风景区的辅助产品。[②]湖区产业结构仍以传统渔业、水产养殖业和湖区农耕业为主，旅游经济虽占一定比重，但未成为地方主导产业。

在市场化改革规模发展阶段，我国康养旅游业逐渐由事业型向产业型过渡，政府主管部门逐渐从经营转变为宏观管理和制度供给；康养旅游的所有制形式更加多元化，社会和民间资本所占比重逐渐增加；康养旅游产业供给迅速扩大，康养旅游产品以老年观光旅游为主，产品类型单一，但市场规模大。

（三）市场深化改革提升阶段：21 世纪初至 2015 年

2001 年中国加入 WTO 以后，中国进入全方位开放、与世界经济全面接轨的新发展时期。国内经济改革进一步深化，市场经济体制日益完善，市场逐渐成为影响旅游经济运行的主导力量，我国康养旅游产业的发展，逐渐由粗放式规模发展阶段转向集约式提档升级阶段。

基于应对市场竞争、获取利润、分散风险、强化品牌效应等目的，国内康养旅游产业的业务范围，普遍跨界延伸至多元化业务领域，不仅涵盖老年餐饮业、老年房地产业、旅游交通服务业、景区景点业、娱乐业、日常生活用品业、医疗与养生业、教育文化业等康养旅游核心业务，而且涵盖相关产业和衍生产业业务领域；产业业务边界日益模糊化，产业融合发展与混合发展渐成趋势。国内康养旅游产业业务向多元化延伸，首先在康

①　Chua, A., Servillo, L., Marcheggiani, E., et al., "Mapping Cilento: Using Geotagged Social Media Data to Characterize Tourist Flows in Southern Italy", *Tourism Management*, Vol. 577, 2016.

②　曾琪洁、虞虎：《中国湖泊旅游开发模式及其城镇互动效应述论》，《中国名城》2015 年第 12 期。

养旅游的核心业务领域开展横向延伸，通过扩大康养旅游业务的经营规模，获得规模经济效应①；然后以品牌、市场、资本等为纽带，实施业务纵向延伸战略，即向康养旅游上下游的食品生产与加工业、旅游咨询服务业、老年用品制造业、信息咨询服务业、家政服务业、劳务服务业、公共服务业等相关产业领域延伸，以获得旅游产业链上下游环节的利润。

进入 21 世纪，我国湖泊康养旅游产业跨入市场深化改革提升阶段。2012年，攀枝花市编制《中国阳光康养旅游城市发展规划（2012～2020 年）》，首次提出建设"中国阳光康养旅游城市"目标②，正式拉开了国内政府主导康养旅游产业发展的序幕。此后，国内大多数省（自治区、直辖市）陆续出台了康养旅游产业发展规划，科学规划地方康养旅游产业布局与发展战略，引导地方康养旅游产业走上规范化和差异化的发展道路，标志着国内康养旅游产业发展进入全新时期。③

（四）规范化发展新阶段：2016 年至今

2016 年国家旅游局发布《国家康养旅游示范基地》行业标准（LB/T 051-2016），首次确立了康养旅游的国家标准④，标志着我国康养旅游产业发展进入规范化发展道路。加上《"健康中国 2023"规划纲要》的印发，使得健康产业开始与其他领域融合，促进了健康新产业、新模式的发展，国家日益重视健康的战略地位。此外，国家林业局、国家旅游局联合国家中医药管理局，相继出台多份森林养生、中医药健康旅游相关政策，促使2016 年成为康养旅游备受关注的一年。2017 年国家旅游局颁布了《温泉旅游企业星级划分与评定》（LB/T 016-2017）、《温泉旅游泉质等级划分》（LB/T 070-2017）等行业标准。国家部委出台的一系列康养旅游的规范标准，对湖

---

① 王录仓、严翠霞、李巍：《基于新浪微博大数据的旅游流时空特征研究——以兰州市为例》，《旅游学刊》2017 年第 5 期。

② 杨敏、马耀峰、李天顺等：《网络信息流与入境旅游流的 V-R 耦合关系分析——以澳大利亚入境旅游流为例》，《干旱区资源与环境》2012 年第 6 期。

③ 李莉、陈雪钧：《中国康养旅游产业的发展历程、演进规律及经验启示》，《社会科学家》2020 年第 5 期。

④ 冯娜、李君轶：《外向在线旅游信息流与入境旅游流的耦合分析——以美加入境旅游流为例》，《旅游学刊》2014 年第 4 期。

泊康养旅游产业提档升级，发挥着重大指导和促进作用，标志着我国湖泊康养旅游产业发展进入了全面提档升级阶段。而且 2017 年中央一号文件提到，要在乡村旅游业态打造中融入养生养老基地、森林康养服务设施的建设；2018 年中央一号文件提及实施乡村旅游精品工程中康养基地的建设问题。在政策搜集过程中发现，2020 年受新冠疫情影响，"康养" 领域政策数量相对较多，关注点侧重于疫情防控、医疗服务、养老服务、乡村振兴、康养人才等领域。[①] 此外，2021 年，甘肃、云南、海南等多个省份，相继出台新政策，足以证明康养旅游仍在强劲发展。

同时，国家部委和地方政府制定康养旅游产业发展规划和政策。新时期，康养旅游产业逐渐受到中央及地方政府的重视和支持，出台了一系列优惠政策以引导康养旅游产业快速发展。例如，《国务院关于促进健康服务业发展的若干意见》（国发〔2013〕40 号）、《国务院关于促进旅游业改革发展的若干意见》（国发〔2014〕31 号）、《国家旅游局 国家体育总局关于大力发展体育旅游的指导意见》（旅发〔2016〕172 号）、《关于促进健康旅游发展的指导意见》（国卫规划发〔2017〕30 号）、《关于促进森林康养产业发展的意见》（林改发〔2019〕20 号）等。一系列支持性政策在投资、审批、税费、土地、管理、人才等方面，给予康养旅游产业多种扶持性政策，加速了国内康养旅游产业的跨越式发展。

二　国外湖泊康养旅游发展

（一）萌芽期——19 世纪以前

康养旅游源自健康旅游，西方康养旅游的概念，起源于古希腊时期的温泉疗法。古希腊时代的希波克拉提斯，就曾使用温泉进行疾病治疗，并专门研究温泉对于人体机能的治疗功效。温泉疗养于罗马帝国时期开始在民间盛行，当时罗马兴修了大量的温泉浴场，这些温泉浴场不仅用于公共沐浴，还兼具保健和社交的功能，当地人通过沐浴温泉来治疗各种疾病，这也标志着西方健康旅游的形成。一直到 18 世纪，健康旅游依然以温泉资

---

① 何莽主编《中国康养产业发展报告（2020）》，社会科学文献出版社，2021，第 3 页。

源的简单利用为主，相继形成了英国巴斯、德国巴登等温泉胜地。此时的健康旅游，主要依托温泉资源，与其他旅游形式没有太大的区别，没有向其他资源拓展，也没有发展出新模式。究其原因，除了人们认识的局限性，也与当时人类开发利用自然资源能力有限有关。

（二）塑造期——19世纪

到了19世纪，伴随着工业革命的完成，人类改造自然的能力大幅提升，同时也带来了一系列问题，如环境问题、气候问题等。为了解决这些问题，许多健康服务项目应运而生，如海滨疗养、SPA疗养、森林疗养、农场养生等，这些都为康养旅游的发展奠定了基础。此阶段的标志性事件就是，19世纪40年代德国的巴特·威利斯赫恩小镇创立了世界上第一个森林疗养基地，这里先后建立了50处森林疗养所，自此逐渐开始有人专门从事此类研究。如法国De La Bonnardiere医生，于1869年提出"海洋疗法"（Thalasso Therapy），即利用天然的海水、海泥、海沙、海藻、海风及海滨的日光等要素，预防和治疗疾病。

在该阶段，对康养旅游的探索从单一走向多元，开始利用森林、农场、海滨等更多资源，创造出更丰富的服务项目，同时开始有人从事相关研究，引入了体验、休闲等概念。

（三）概念演变期——20世纪

在此之前，西方国家一直把以疗养为目的的旅游称为健康旅游，直到20世纪60年代，美国医生Halber Dunn创造了组合词"wellness"，也就是现在所说的"康养"，这一概念随后迅速在欧美国家得到广泛应用。从概念上讲，康养旅游不是对传统疗养旅游的颠覆，而是对它的继承和发展，是顺应时代发展而产生的新的旅游产品。20世纪90年代，经历了经济危机的部分欧洲国家，开始修改健康保险法案，在保险报销名录中剔除了温泉酒店和疗养机构，这导致众多以浴疗为主营业务的温泉酒店和疗养地损失了大量顾客。为应对这一变革，这些温泉酒店和疗养中心寄希望于迅速发展的康养旅游，开发了一系列健康产品，如健康餐饮、美容、按摩、心理疗养和医疗护理等各式各样能够满足顾客健康需求的配套项目，以吸引新客源。

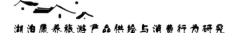

这一时期，实现了由传统疗养旅游向康养旅游的转变。与传统疗养旅游不同的是，康养旅游不要求顾客接受某项特定的医疗服务，取而代之的则是高品质的接待服务和餐饮服务，康养旅游的受众也随之变得更为广泛。与此同时，在全球的医疗成本和医疗技术不均衡的背景之下，又兴起了医疗旅游，其与康养旅游的区别是，医疗旅游的重点在于医治疾病或改变原有的生理状态，而康养旅游强调通过具有预防性的保健行动，使人保持健康的状态。

（四）百花齐放期——现阶段

随着整个产业的发展壮大，康养旅游更加注重产业特色。世界各地依据自身的资源禀赋和文化特点，开发出具有核心竞争力的康养旅游产品以及各具特色的康养旅游发展模式。

1. 欧洲地区

欧洲地区不仅是康养旅游的起源地，而且是目前康养旅游人数最多的地区。例如，法国的庄园康养旅游是一种以农业为依托，以乡村、庄园为载体，依靠酒文化展示、水果采摘、品酒、酿酒体验、购物等形式，来吸引游客的旅游形式。被誉为"世界医疗养生之都"的瑞士蒙特勒小镇，借助四季宜人的地中海气候以及温泉等自然资源，以细胞活化免疫、羊胎素抗衰老等世界先进技术为核心，同时配备完善的休闲度假设施，成为服务于国际高端人群的世界著名医疗康养旅游胜地。匈牙利是接待欧洲各国牙科患者人数最多的欧洲国家，形成了特色的"牙齿观光产业"，每年都吸引着本国人口两倍以上的外国游客。

2. 北美地区

北美作为康养旅游支出金额最高的地区，比较著名的康养旅游项目有美国太阳城的社区养老旅居和墨西哥坎昆的滨海康养旅游。美国太阳城是世界上著名的专供退休老人居住和疗养的社区，是世界著名的 CCRC 模式的代表。这里气候条件优越、阳光充足，建有专为老年人服务的综合性医院、专科医疗诊所、疗养院等，还配有高尔夫球场等各类娱乐设施，创造了一种适合老年人退休以后的新型生活方式。墨西哥坎昆位于尤卡坦半岛东北端，区位上接近北美客源市场，这里自然条件优越，气温适宜，年平均温度在 27 摄氏度左右，具有海滨疗养必备的 3S 资源——阳光、沙滩和海洋。坎昆依托其独特的滨海资源和区位优势，目前已经发展成为集气候养生、海洋温泉 SPA、运动康养、海钓静养、海产食养于一体的滨海康养旅游胜地。

3. 亚太地区

亚太地区是目前康养旅游人数增长最快的地区，受惠于古老而神秘的东方文化、得天独厚的自然资源、迅速发展的医疗保健技术和更低廉的成本，在此影响下，泰国、日本、韩国成为举世闻名的康养旅游度假目的地。泰国因其得天独厚的自然资源和泰式按摩而闻名，身、心、灵三位一体的养生哲学，使得泰国的康养项目多以组合式康养为特色，包括泰式按摩、泰式瑜伽、排毒、体重管理、健身方案定制、水疗护理等服务，旨在向游客传播健康的生活方式，使游客保持健康的状态。日本各地政府结合当地的观光资源，进行温泉旅游产品再开发，目前已经形成了各具特色、注重游客体验的温泉康养旅游模式。此外，1948 年颁布的《温泉法》，使得日本温泉资源的开发和管理，有了法律层面的支持。除此之外，还有闻名于世的韩国医疗美容康养旅游，韩国政府牵头制定了一系列有利于该产业发展的医美旅游政策，形成了囊括美容手术、肌肤管理、美体营养餐配置等在内的，一系列以全身健康为中心的产品服务体系，让来自世界各地的消费者在观光度假的同时，享受到身心的修复。①

三 湖泊康养旅游演进规律

湖泊康养旅游产业发展是一个新旧交织的动态演进过程，内外部环境的变化推动着湖泊康养旅游的产业驱动力、产业结构、政策颁布、产业业态等发生规律性变化，从而形成湖泊康养旅游产业动态演进规律。

（一）产业驱动力演进规律：由行政主导向市场主导转变

在湖泊康养旅游产业发展演进过程中，产业驱动力呈现出由行政主导

---

① 苗雨婷：《世界康养旅游的发展历程及经验启示》，《西部旅游》2022 年第 22 期。

向市场主导转变的规律。在行政主导事业接待型阶段，政府行政力量完全主导疗（休）养院（所）的经营和发展，管理模式实行高度集中的行政管理体制，企业没有自主管理权和经营权，完全按照上级管理部门的指令开展业务。市场化改革规模发展阶段，在国家社会经济体制逐步向市场经济体制转轨的背景下，政府行为和市场机制两种力量的耦合，共同推动了湖泊康养旅游产业的规模化发展。总体来看，由于体制的惯性和市场的不成熟，这一阶段政府的行政力量的影响仍大于市场力量；湖泊康养旅游业逐渐由事业型向产业型转型，所有制结构更加多元化，企业逐渐拥有更多的自主经营权。在市场深化改革提档升级阶段，市场逐渐成为主导国内湖泊康养旅游产业发展的主导力量。

（二）产业结构演进规律：由单一化向多元化转变

湖泊康养旅游产业结构演进，主要表现为产业结构由低级向高级演进的高度化和产业结构横向演变的合理化。在湖泊康养旅游产业发展的不同阶段，产业结构的演进呈现出不同的规律。在行政主导事业接待型阶段，疗（休）养院（所）占绝大比重，其属于社会福利事业，并不算严格意义上的产业。在市场化改革规模发展阶段，疗（休）养院（所）和康养观光旅游占主要比重，产品类型单一，营业收入以游览、交通、住宿、餐饮等基本旅游消费为主，产业附加值低、经济拉动效应低。在市场深化改革提升阶段，湖泊康养旅游产业的业务范围呈多元化延伸趋势，湖泊康养旅游产业边界向相关产业和衍生产业领域拓展，其与关联产业之间形成多业共生、混业发展的模式。类似滨湖休闲康养小镇、湖滨体育疗养基地、湖滨养老地产等康养旅游综合体的出现，构建了完整的湖泊康养旅游全产业链，实现了以第三产业全方位协同第一、二产业的融合发展，第三产业所占比重最高，推动了湖泊康养旅游产业结构的高端化及合理化演进。

（三）政策颁布演进规律：由"强调基础服务"向"生态产业发展"转变

湖泊康养旅游主要表现在旅游与健康、温泉、养老、中医药、医疗等产业的融合。市场深化改革提升阶段，政策强调服务设施、服务机构、服务能力等的完善，规范化发展新阶段，政策强调生态与产业的协调发展。

同时，两个阶段皆对产业的规范管理有着较高的关注。目前湖泊康养旅游产业发展目标逐渐多元化，两个阶段政策期望均偏向于建设目标，包含湖泊康养示范基地、基础设施等的建设；在措施类目中，湖泊康养旅游产业发展措施日益丰富化，两个阶段政策实施均偏向于规范管理、资源整合、产品开发等领域。简而言之，政策承载的是不同阶段的制度安排，对康养旅游产业的规范化监督管理，一直是政策的焦点。

湖泊康养旅游虽得到了部分政策支持，但是距离建成一个完整的、有规模影响力的湖泊康养旅游市场还很远，不过可以相信，湖泊康养旅游产业的发展势头会愈加强劲。首先，健康与养老需求的急速上升和市场供不应求的现状，连同健康政策红利迭出，为湖泊康养旅游产业带来了极佳的发展机遇。其次，新冠疫情使得与健康相关的文旅产品加速调整升级，被疫情限制的旅游业虽遭受了前所未有的打击，但随着疫情好转，旅游业将会迸发出积蓄已久的一股力量，湖泊生态游、康养运动游、中医药康养游等健康绿色的旅游模式，将会不断推陈出新，游客的出游意愿也将不断增长。同时，全龄康养时代迎来发展提升机遇，康养群体不再仅限于老年群体，追求健康是各年龄段人群生活的主流，康养旅居度假、康养研学等一系列新业态的产生，为全龄康养提供了可行的发展模式。

（四）产业业态演进规律：由单一低级业态向多元复杂业态转变

湖泊康养旅游产业业态演进，是一个新旧交织的过程，其演进规律体现在三个方面。一是旅游组织形态演进，沿着类型单一、规模较小的事业单位组织——类型单一、规模中等的企业组织——类型多元、规模集团化的企业组织——类型专业化、规模集群化的新组织业态方向演进。新时期康养旅游新组织业态出现的周期缩短、规模扩大，康养旅游产业集群、在线旅游运营商、康养旅游联盟、康养旅游综合体等新的旅游组织业态，逐渐成为市场的重要组成部分。二是湖泊旅游产品形态，由单一疗养观光旅游向多元复合型新业态演进。随着国内湖泊康养旅游产业发展阶段的演进，湖泊康养旅游产品的类型日益多元化和细分化，沿着疗养观光旅游——湖泊康养休闲旅游——湖泊康养体验旅游路径演进。在产品功能上，康养旅

游产品的功能日益转向复合型，沿着医疗功能——"医疗＋旅游"功能——"医疗＋旅游＋N"复合型方向演进。湖泊康养旅游产品，由满足旅游者的基本康养旅游消费需求向满足其非基本康养旅游消费需求演进。三是旅游经营形态，由单一经营向联合经营、网络经营方向演进。随着湖泊康养旅游产业经营规模和业务范围的不断扩大，湖泊康养旅游产业的经营业态沿着单一企业——集团企业——超级企业集团（产业联盟）——产业集群等经营形态演进。①

第二节 湖泊康养旅游发展现状

湖泊康养旅游以湖泊为主要资源，结合康养理念和旅游业的发展模式，推动着湖泊地区旅游业的发展。目前，湖泊康养旅游已经成为中国旅游业的重要组成部分，具有广阔的市场前景和发展潜力。本节从现状基础、影响因素、发展障碍、开发策略四个方面，阐述湖泊康养旅游的发展现状。

一 现状基础

早在 2016 年，我国就打造了 5 个有关康养旅游的示范基地，显示出国家对于发展康养旅游的重视。之后，政府又陆续推出了一系列有关康养旅游的发展政策，促进了康养旅游的快速发展。据统计，新冠疫情之前的2019 年，我国康养旅游的交易规模为 830 亿元，并且受人口老龄化、亚健康人群增多、新冠疫情等客观因素的影响，我国湖泊康养旅游市场仍有非常大的开发潜力。

（一）政府层面：老龄化对康养旅游提出了新要求

进入 21 世纪后，我国开始出现人口老龄化问题。截至 2021 年底，我国60 岁以上的老年人口达到 2.67 亿人，占总人口的 18.9%。尽管我国老龄化比重比日本、美国、英国等发达国家低，但是我国老龄化人口总数为全球

---

① 李莉、陈雪钧：《中国康养旅游产业的发展历程、演进规律及经验启示》，《社会科学家》2020 年第 5 期。

最多。老龄化群体的不断扩大，直接推动了健康保健、康复医疗和中医养生等康养旅游的迅速发展，因此从某种程度上来说，人口老龄化不断加剧，是推动康养旅游发展的一个重要客观因素，尤其是老年人对于更具专业化的康养旅游的需求更加强烈。

（二）行业层面：文旅融合为康养旅游提供了新动能

文旅融合将文化资源与康养旅游相结合，为康养旅游注入了丰富的文化内涵。通过盘点文化"家底"、提炼人文气质，促进旅游从"打卡式"向"体验式"、从"景点游"向"全域游"转变，推动文化、旅游、康养及相关产业深度相融，不断培育融合发展新业态，通过文化的故事化、科技化、可视化，让文物说话、让历史说话、让文化说话，推出更多让游客产生情感共鸣的文化产品、旅游精品，满足游客对文化探索和体验的需求。不仅如此，文化旅游作为旅游市场的重要组成部分，文旅融合的模式可以吸引更多的游客，进而拓宽康养旅游市场规模，提升行业发展潜力，推动产业的升级和转型，实现可持续发展。

（三）社会层面：游客需求多变给康养旅游带来新挑战

新冠疫情给社会各行各业带来了长远且深刻的影响。在疫情影响下，全社会对于疾病与健康的观念发生了很大的转变。据统计，感染新冠的患者中，30~69岁的患者占77.8%[①]，这部分患者未来对于康养旅游的需求也会不断增加。与此同时，大量年轻群体也发现健康的重要性，对旅游品质有了更高的追求，并对康养旅游产生了极大的兴趣。不同年龄游客需求的多样性给康养旅游带来巨大挑战。此外，湖泊康养旅游，还兼具病患康复疗养、心理状态改善和身体免疫力提升等新功能。因此，旅游企业可以大力发展康养旅游，并且通过提高服务质量，为游客提供更加舒适的旅游服务。

（四）企业层面：高质量发展对康养旅游产品提出了新期待

相关企业要充分挖掘湖泊康养旅游地区文化，把文化作品转化成旅游

---

① 谭远发、王乐、黄建忠：《新冠肺炎死亡率的国际差异及其影响因素——基于年龄结构和检测率的双重视角》，《人口研究》2021年第2期。

产品，建设高质量旅游景点，在更好地保护湖泊水环境的同时，利用和传承当地文化，并不断将人文要素注入旅游特色化、品质化发展之中，谋划旅游演艺、文创产品以及旅游的主题化体验建构等，创新文化表现形式，发展新一代沉浸式体验型康养旅游，引导康养旅游与多元产业相融合，打造更多更好体现文化内涵、人文精神的康养旅游精品，提升竞争力和吸引力，增加康养旅游产品的差异化竞争优势。

二 影响因素

湖泊康养旅游发展受自然环境、旅游基础设施、康养服务和设施、旅游市场需求以及政策支持等多种因素的影响。只有综合考虑多种因素对湖泊旅游的影响，并做好相应的规划和管理，才能实现湖泊康养旅游的可持续发展。

（一）资源禀赋

发展湖泊康养旅游，我国在旅游资源方面，有着得天独厚的优势。我国的湖泊类型多样、数量众多，是国土资源重要的组成部分。第二次全国湖泊调查报告（2019）数据显示：面积在 1 平方千米以上的自然湖泊共有 2693 个，总面积约 8 万平方千米；特大型湖泊 10 个，分别为色林错、纳木错、青海湖、博斯腾湖、兴凯湖、鄱阳湖、洞庭湖、太湖、洪泽湖、呼伦湖。青藏高原湖区拥有湖泊数量最多，约占全国湖泊总数的 40%。[①] 此外，中医药是我国独有的传统医学，近年来，一些地方围绕中医药开发的中医旅游项目，已成为我国康养旅游发展中极具中国特色的热门旅游活动。总之，丰富的旅游资源，为我国发展湖泊康养旅游提供了宝贵的物质基础。

（二）实践优势

自《"健康中国 2030"规划纲要》实施以来，康养旅游在全国遍地开花。2016 年，国家公布了首批康养旅游示范基地，包括江苏泰州中国医药城、河北以岭健康城、黑龙江五大连池、湖南灰汤温泉、贵州赤水等。2015~2023 年，已经公布六批次 63 家国家级旅游度假区，其中湖泊型度假

---

① 中国科学院南京地理与湖泊研究所编《中国湖泊调查报告》，科学出版社，2019，第 3 页。

区就有 19 家，包括江苏天目湖国家旅游度假区、苏州阳澄湖半岛国家旅游度假区、苏州太湖国家旅游度假区、云南抚仙湖国家旅游度假区、浙江省淳安千岛湖旅游度假区等。这些湖泊康养旅游项目的开发与运营，为我国湖泊康养旅游今后的发展提供了宝贵的实践经验。

（三）政府政策

近年来，为了大力推进全民健康发展，政府陆续出台了一系列有关康养旅游的政策。早在 2016 年，国家旅游局就颁布了《国家康养旅游示范基地》行业标准，该标准为康养旅游基地建设提供了依据。2017 年，国家卫生计生委、国家旅游局等五部委联合发布的《关于促进健康旅游发展的指导意见》提出，到 2030 年，基本建立比较完善的健康旅游服务体系。2019年，国务院办公厅印发《关于进一步激发文化和旅游消费潜力的意见》，提出"推进国家全域旅游示范区建设，着力开发商务会展旅游、海洋海岛旅游、自驾车旅居车旅游、体育旅游、森林旅游、康养旅游等产品"。[①] 自 2020 年起，康养小镇上升为国家战略，所谓"康养小镇"是指以"健康"为小镇开发的出发点和归宿点，以健康产业为核心，将健康、养生、养老、休闲、旅游等多元化功能融为一体，形成生态环境较好的特色小镇。2021年，国务院发布的《"十四五"国家老龄事业发展和养老服务体系规划》中，提出"促进养老和旅游融合发展。引导各类旅游景区、度假区加强适老化建设和改造，建设康养旅游基地。鼓励企业开发老年特色旅游产品，拓展老年医疗旅游、老年观光旅游、老年乡村旅游等新业态"。[②] 2022 年，文化和旅游部积极谋划康养旅游顶层设计，《"十四五"旅游业发展规划》提出"推进旅游与科技、教育、交通、体育、工业、农业、林草、卫生健康、中医药等领域相加相融、协同发展，延伸产业链、创造新价值、催生新业态，形成多产业融合发展新局面"[③]；《"十四五"文化和旅游发展规

---

① 国务院办公厅：《关于进一步激发文化和旅游消费潜力的意见》，《中华人民共和国国务院公报》2019 年第 25 期。

② 《"十四五"国家老龄事业发展和养老服务体系规划》，《中国民政》2022 年第 4 期。

③ 《国务院关于印发"十四五"旅游业发展规划的通知》，中华人民共和国文化和旅游部网站，https://zwgk.mct.gov.cn/zfxxgkml/ghjh/202201/t20220121_930613.html。

划》提出"发展康养旅游，推动国家康养旅游示范基地建设"；《国民旅游休闲发展纲要（2022—2030年）》提出"培育康养旅游系列产品，推出一批国家康养旅游示范基地"。总而言之，一系列鼓励和促进康养旅游发展的国家政策的出台和实施，更加坚定了我国发展康养旅游的信心。

（四）交通状况

旅游的发展离不开交通的支持，系统立体的交通网络，能够有效地连接旅游客源地和目的地，联通旅游客流、旅游物流和旅游信息流。由于旅游者是本着放松休闲的目的参与康养旅游，因此，交通状况需具备可达性和便利性，可达性是为了让旅游者顺利到达湖泊康养旅游目的地；便利性衡量了康养旅游目的地与外界各种旅游流进行联系传递的方便程度，加强便利性是为了提升旅游者的身心愉悦水平，从旅游前期就开始让旅游者摆脱可能因延误、拥堵造成的烦躁、恼怒等状态，避免放大消极情绪。当前，自驾游逐渐成为湖泊康养旅游者的新选择，因此对交通情况的要求更高。同时，部分老年康养旅游者倾向于选择高铁或飞机这些更具舒适性的交通工具，湖泊康养旅游目的地周边是否有多种交通工具可供选择，是影响旅游者出游的重要因素。可达且便利的交通状况，成为康养旅游发展的重要条件。

（五）康养环境

康养环境包括湖泊康养旅游目的地的生态环境、文化氛围和医疗水平，三者是相互关联和融合的，共同促进旅游者的身心健康。湖泊康养旅游者追求人与自然相和谐的、高质量的旅游体验，因而需要优良的生态环境，以使旅游者获得视觉上的享受和心理上的舒适感。好的水环境本身就有疗愈作用，是湖泊康养旅游发展的基本条件，同时，康养旅游者中老年人群体占比较大，他们需要沟通交流的渠道，喜欢和谐舒适的社区氛围。因此，旅游目的地要注重环境卫生、保护湖泊湿地生物多样性、防治环境污染等问题，为湖泊康养旅游者提供良好的旅游基础环境，让旅游者切实感受到人与环境友好相处的氛围。此外，借助中医药资源建设的康养旅游目的地，要加强国学、中医药学文化知识的普及，让旅游者从内到外感受整体康养环境的一致性。湖泊康养旅游者要达到舒缓身心、治疗疾病等目的，离不开高水平医疗条件的支持，尤其是老年旅游者，如有突发状况，一般需要就近就医，高水平的医疗技术，能为旅游者提供心理及生理安全保障。高水平的医疗技术能为旅游者提供优质的健康疗养服务，为湖泊康养旅游目的地的发展形成具体的支撑，如特色药膳、美容康体等康养产品，有利于旅游目的地知名度的持续提升，是吸引旅游者前来湖泊康养的有效因素，是旅游目的地的特色和亮点。

（六）旅游人才

人才是行业发展的基石，是产业内生增长的驱动力。当前，旅游人才处于缺乏状态，而康养旅游作为新兴的旅游形式，前期人才积淀较少，需要大量具有较高健康和旅游专业知识技能的复合型人才，因此面临着人才的短缺。康养旅游发展如火如荼，人才的重要性和紧迫性更加突出，没有及时足够的人才供给，会使得康养旅游目的地的产业规划、经营管理、营销宣传等方面出现问题，导致新兴旅游形式的形象受损，影响整个行业的声誉，也会使得康养旅游行业投资的风险和不确定性增大，减缓投资进度、缩小投资规模，阻碍康养旅游发展。[①]

三　发展障碍

近年来，湖泊康养旅游产业发展迅速，但仍存在市场秩序混乱、宣传工作不到位、区域特色不鲜明、基础建设落后、康养人才供给不足等问题，制约着湖泊康养旅游的高质量发展，需要重点关注并加以解决。

（一）旅游市场秩序混乱，无法形成全域格局

一方面，由于我国湖泊康养旅游起步较晚，对于湖泊康养旅游市场的规范还不完善，因此，当前我国湖泊康养旅游市场管理相对比较薄弱，这在很大程度上制约了湖泊旅游行业的升级与发展。政府及旅游管理部门对康养旅游市场监管存在盲点，使得一些非法旅游经营现象祸乱市场。比如，

[①]　段湘辉：《大健康时代康养旅游发展格局和影响因素研究》，《武汉职业技术学院学报》2021 年第 1 期。

有的旅游企业在线上线下发布虚假的休闲养生信息，在服务游客的过程中出现欺诈消费者的行为，给游客带来了较大的经济损失；或者有些旅行社，由于管理方式落后而经营不善，于是采用挂靠或承包的形式非法转让，严重扰乱了旅游市场。另一方面，我国湖泊康养旅游项目大多还处于单打独斗的局面，区域联合开发不足，导致未能形成全域格局。湖泊康养旅游产业发展过程中，需要积极联合周边区域共同开发运营，这样才能打造全天候的湖泊康养旅游服务体系。但现实情况是，一些湖泊康养旅游项目，白天能够吸引到一些游客参与湖滨观光和休闲康养体验，但是这些项目提供的产品和服务无法全天候覆盖，一到晚上很多游客便纷纷离开景区，久而久之，导致这些湖泊康养旅游项目很难获得更多的留宿游客，湖泊旅游收入难以提升。[①] 这就是湖泊康养旅游缺乏区域联合开发的结果，项目与项目、景区与景区分布较广，彼此之间缺乏一体开发，多个项目和景区无法形成聚集效应，使康养旅游发展无法形成全域格局。

（二）缺乏精细化定位，宣传工作不到位

我国有着非常丰富的湖泊旅游资源，但是一些地方的湖泊康养旅游发展模式比较粗放，无法做到精细化营销。湖泊康养旅游比传统旅游活动的消费水平更高，参与湖泊康养旅游的游客结构也更加复杂，不同年龄、性别、性格、爱好和经济条件的游客，对于湖泊休闲养生旅游产品的需求也各有差异。因此，发展湖泊康养旅游产业，有必要对客户进行细分，以满足不同客户的个性化需求。但是很多地方的湖泊康养旅游发展，并没有对普通客户和高端客户进行科学详细的划分，如此一来服务人员自然也无法对服务细节进行精准把控。缺乏精细化市场细分的同时，我国很多地方对于康养旅游的宣传推广工作也不够理想。国内一些湖泊旅游景点，每年接待的游客可达上千万人次，但是在接待的游客中，参与湖泊康养旅游活动的游客只占很小的一部分。这说明，很多地方还没有将湖泊康养旅游作为宣传的重点和亮点，导致广大游客对一些区域内的湖泊康养旅游产业知之甚少。

---

① 陈雪钧、李莉：《共享经济下康养旅游产业创新发展模式研究》，《企业经济》2021年第12期。

（三）区域特色不鲜明，资源利用不充分

如今，我国各地康养旅游的同质化现象比较严重，在这种背景下，如何体现湖泊康养旅游产品和服务的特色化，就成为湖泊康养旅游产业可持续发展的关键因素。然而，目前我国的湖泊康养旅游发展特色不鲜明，对于区域的旅游资源利用不太充分。一方面，我国湖泊康养旅游与区域特色文化的融合度不高。我国是个多民族国家，全国各地都有着不同的文化传承，并且围绕地域文化形成了一个个文化产业。湖泊康养旅游也正是在地方文化的加持下，让游客在享受"康养"服务的同时，通过文化感悟加深旅游体验。虽然，有些地方的湖泊康养旅游发展认识到了与文化元素融合的重要性，但是在实践过程中，缺乏科学有效的做法和经验，导致湖泊康养旅游与地域文化无法实现深度融合。另一方面，湖泊康养旅游服务与产品特色不鲜明，缺乏差异化。比如，主打湖泊旅游的区域，几乎都是以湖泊观光、湖岸游乐等传统旅游项目为主；一些湖滨康养特色小镇，曾经撩动了多少游客的心，但是由于发展的同质化现象严重，如今能够称得上真正打造成功的湖滨特色小镇寥寥无几。① 产品与服务缺乏特色，将直接影响湖泊康养旅游产业的核心竞争力，缺少特色，导致游客驻留的时间缩短、旅游消费下降，湖泊康养旅游对当地经济的拉动效应也乏善可陈。

（四）基础设施建设滞后，缺乏技术化升级改造

湖泊康养旅游产业与传统旅游产业有着很大的不同，湖泊康养旅游的特点在于旅游周期长、消费水平高，游客对于康养旅游的基础设施水平的要求，也要远远高于传统旅游产业。但是，目前国内基础设施建设质量参差不齐，已严重影响我国湖泊康养旅游的发展。虽然近年来全国各地兴建了一大批疗养院、保健院、健身场所等康养旅游的配套基础设施，但是受历史和现实等客观因素的制约，很多建设的基础设施无法支撑区域的康养旅游产业发展。以经济较为发达的上海市为例，截至 2020 年上海市的疗养机构超过 1000 家，但是其中有超过一半的疗养机构长期处在亏损状态。长期的亏损，使得这些疗养机构无力进行现代化升级改造，从而导致运营效

---

① 周君泽：《我国区域性特色小镇康养旅游模式探讨》，《旅游纵览》2021 年第 24 期。

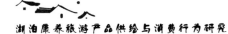

益进一步下降，形成了一种恶性循环。另外，康养旅游基础设施建设缺乏全域科学规划，占用土地过多、重复建设、公共设施无法整合使用等问题，已成为制约我国康养旅游发展的固有顽疾。[①] 尤其是基础设施的无序重复建设，导致各个康养旅游项目各自为政，很容易诱使各个康养旅游项目陷入恶性竞争，分散各地康养旅游项目的市场竞争能力。

（五）康养人才供给不足，服务质量有待提升

长期以来，人才问题始终是制约我国湖泊康养旅游产业发展的一大顽疾。现阶段，我国康养护理从业人员总体呈现出年龄偏大、服务水平低、综合能力弱的特点。现有养老服务护理人员多以农村务工人员、城市下岗人员、退休人员为主，年龄大多在 40~50 岁，也就是常提到的"4050"人员。通过业内访谈了解到，现有养老机构护理员平均年龄在 40 岁及以上的人数占到 85%，护理员平均年龄在 50 岁及以上者占到 48.9%，养老机构普遍希望能够聘用年轻人。同时，现有养老护理员几乎清一色为女性，男女比例严重失衡。[②] 康养人才队伍之所以处于这种窘境，一方面，由于康养工作内容枯燥、辛苦，且收入水平和社会地位比较低，因此很多学历较高的年轻人不愿意从事康养行业，进而导致康养人才素养整体不高。另一方面，我国高校对于康养人才的培养供给整体不足。目前，我国高校对于康养人才的培养的同质化问题比较严重，而且很多专业课程设置不合理。比如有的学校人才培养一味求新、求全、求热，而不是根据本地康养旅游发展的人才需求，针对性地设置专业。这种人才培养思路，只会造成高校固定资源的浪费，对于提高康养旅游人才培养质量没有多大的益处。另外，校企合作也多流于形式，学校与企业对于康养人才培养的标准不统一，导致学校培养出来的人才不符合企业的用人需求。

---

① 吴黎围、熊正贤：《区块链视域下康养休闲特色小镇同质化问题及破解——以云贵川地区为例》，《湖北民族大学学报》（哲学社会科学版）2020 年第 3 期。

② 《医养康养 | 养老护理行业现状、问题、需求及发展建议》，知乎，https://zhuanlan.zhihu.com/p/311198550。

四　开发策略

大众旅游时代的到来，生活质量的提高，旅游消费观念的升级等，促使人们更加关注外出旅游的质量和品位。为提升湖泊康养旅游的水平，本节针对湖泊康养旅游存在的发展障碍，提出如下对策建议。

（一）构建湖泊康养旅游服务体系

全域旅游背景下，湖泊康养旅游的持续发展必须借助于构建全域康养旅游服务体系，只有这样才能有效维护市场秩序，实现湖泊康养旅游产业的区域联合开发。首先，政府应尽快出台关于湖泊康养旅游的市场规范，完善湖泊旅游产业法治建设，加强对湖泊康养旅游市场秩序的维护，让游客在本地的湖泊康养旅游活动中获得更好的旅游体验，真正实现健康游和安心游。同时，地方政府应成立旅游警察执法大队和旅游综合执法大队，以加强对旅游市场违法经营活动的监管和惩处。其次，政府应加快优化湖泊康养旅游公共经营资源的配置，如交通、医院、通信设施以及旅游网站、旅游 App 等。① 政府应引导康养旅游企业，采取科学的管理技术和手段，让公共经营资源在需求方与供给方之间，实现整合与优化配置，这样才能保证资源整体利用的效益最大化，更加有利于打造全天候的湖泊康养旅游服务体系。最后，由政府牵头，在全区域共同建立湖泊康养旅游共享经济平台。该平台应在当地旅游部门的指导下开展工作，平台可融合多种用户服务功能，如既能够为消费者提供各种湖泊康养旅游服务功能，又能够为区域内的康养旅游企业提供信息查询、交易与结算、营销宣传、中介服务等功能。② 通过打造这样一个湖泊康养旅游共享经济平台，能够使湖泊康养旅游供需双方的利益诉求都得以实现，从而构建全域湖泊康养旅游产业生态的共享共赢机制。

（二）以精细化市场细分和营销定位目标客户

湖泊康养旅游的精细化市场细分有助于定位目标客户群，进而明确湖

---

① 李伟杰、刘岗、钟新周：《康养旅游的分类与特点分析》，《经济研究导刊》2021 年第 15 期。
② 戴培、肖月强、李贵卿等：《全域旅游背景下康养旅游的业态和模式研究》，劳动保障研究第二次会议论文，成都，2019 年 9 月 20 日，第 86~89 页。

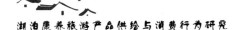

泊康养旅游服务的质量标准。各省份应根据地理位置和经济条件进行定位划分，如将与本区域地理上邻近的、经济基础较强的游客列为核心区目标客户，因为地理上的便利预示着更大的客源挖掘潜力；较强的经济基础代表着这一目标客户将有着较强的旅游消费能力。营销推广上，各省份应该适当向核心区目标客户倾斜，在核心区的电视、广播、报纸、网站等媒体上加大广告投放力度，以提高本区域湖泊康养旅游产业在核心区的知名度和影响力。将与本区域地理上相对邻近、经济基础相对较强的区域列为第二层区的目标客户。第二层区客户虽然在地理便利性和经济基础上都没有太大优势，但也有着不错的客源潜力可供挖掘，是核心区目标客户的一种不错的客源补充。将与本区域地理关联性不大的其他省份列为第三层区目标客户，对其进行持之以恒的宣传推广，慢慢开发挖掘其客源潜力。无论是第二层区还是第三层区的目标客户，都可借助旅游宣传活动以及在全国性的旅游类网站和期刊上投放广告，来对这些区域的目标客户进行靶向营销。另外，在"一带一路"倡议蓬勃发展的今天，各省份也应该加强本地康养旅游产业在共建"一带一路"国家的推广宣传。比如，东北地区各省份可加强本地湖泊康养旅游产业在俄罗斯、韩国、日本等国的推广营销；沿海各省份可加强在欧洲、北美国家的推广营销。此外，各省份也可以加强与共建"一带一路"国家在康养旅游产业发展领域的交流合作，通过相互学习实现"共赢"。①

（三）突出康养旅游特色

现如今，养生文化成为社会中的一股潮流，这在很大程度上助推着湖泊康养旅游的发展。但湖泊康养旅游要想实现可持续发展，除了要提高其硬件水平之外，突出区域特色也是重中之重。一方面，要丰富湖泊康养旅游的文化内涵，用特色区域文化提高游客的精神享受。中国传统的养生文化是康养的一个重要组成部分，通过发扬传统养生文化中的膳食文化、中医药养生文化和养生运动文化，不仅可以让游客强身健体，而且还能丰富游客们的精神生活。比如，国内有些康养旅游项目的开发建设者向游客普

---

① 文艳：《"一带一路"下康养旅游业发展》，《西部旅游》2021年第3期。

及膳食知识，或是举办自行车赛、马拉松赛等，这些都是弘扬传统养生文化的有效方式。另外，我国是历史悠久的文明古国，"孝文化"是中国传统文化中不可分割的一部分。将传统"孝文化"与康养旅游融合发展，也不失为一种文化渲染的有效方式。比如，山东省嘉祥县在康养旅游产业发展过程中，经常举办孝文化论坛，向游客和社会宣传孝亲敬老的观念，为社会传播正能量。[①] 另一方面，要科学利用资源优势，为游客提供更多的创新型康养旅游产品。首先，对于自然环境和旅游资源的利用，要做到"有所为"和"有所不为"，湖泊康养旅游的发展，不能以牺牲湖泊自然环境和湖泊旅游资源为代价，务必要科学评估自然环境和旅游资源的承载力以及游客的舒适度等。其次，根据自身优势因地制宜开发湖泊康养旅游的核心区块。例如，杭州西湖区举办"迎亚运，西湖欢迎您"杭州西湖区疗（休）养线路设计大赛，围绕西湖区最新的热门景点和文化资源，结合亚运会元素和新潮科技，各设计1日、3日、5日西湖康养路线，由此推广西湖特色湖泊康养，迎接亚运会的到来[②]；武夷山则通过举办以"最美武夷山人间养生堂"为主题的茶道养生论坛，将武夷山茶文化推广到国内外[③]；山东蒙山则通过举办中国蒙山养生长寿文化旅游节，使蒙山休闲养生基地成为著名的康养旅游目的地[④]。最后，要制定湖泊康养旅游产品质量标准，用该标准提升湖泊康养旅游产品和服务的标准等级，最终形成一套完整且地方特色鲜明的湖泊康养旅游产品和服务质量评价体系。

（四）夯实康养旅游的基础设施建设

夯实基础设施建设，是实现我国湖泊康养旅游发展最重要的物质基础，其重点内容包括三个方面。首先，要全面改造升级现有的疗养、保健、养生等设施机构，同时可在一些重点景区和A级旅游景区新建一批高水平的

① 刘淼、王盼盼、朱滢等：《健康中国视角下山东半岛海洋景观生态康养文化旅游发展研究》，《建筑与文化》2020年第9期。

② 《Get更多新玩法和新体验，这份西湖区打造的疗休养资源"宝典"请收下》，搜狐网，https://www.sohu.com/a/677909072_401973。

③ 田敏：《武夷山茶文化旅游探究：基于体验经济视角》，《科技成果纵横》2020年第4期。

④ 代守鑫：《基于传统与现代结合视角下山东养生旅游的开发研究》，《当代旅游》2019年第2期。

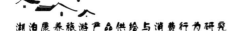
旅游疗养院、养生保健馆、休闲体育场馆等基础设施。在改造和新建康养旅游基础设施时，要重点加强这些场所的无障碍环境建设，为湖泊康养游客提供最大的便利。其次，进一步完善公共基础设施。要以全域旅游的理念，加强对公共基础设施的统一整体利用，如在交通、卫生医疗、疗养院等基础设施建设过程中，有意识地融入更多的湖泊康养旅游元素，使公共基础设施最大化发挥出湖泊康养旅游功能价值。同时，对于公共基础设施的完善，要进行区域整体规划，以避免出现盲目重复建设、加剧恶性竞争的局面。最后，要加强湖泊康养旅游基础设施的现代化和技术化改造。政府可以通过财政补贴和制定退税政策的方式，鼓励更多的湖泊康养旅游企业积极引入大数据、云计算、智能终端等高科技设施设备，以强化现代信息技术在湖泊康养旅游产业的应用，从而打造智慧化的湖泊康养旅游服务体系。在基础设施现代化、技术化改造的基础上，充分利用微博、微信、抖音、小红书等互联网社交平台，加强对湖泊康养旅游项目的互联网宣传。与此同时，应该大力提倡"互联网+湖泊康养旅游"的融合发展模式，一些湖泊康养旅游景区，应积极运用智能导游、智能机器人、线上讲解机等智能化设备，为广大游客提供更多"接触"湖泊康养旅游创新产品的机会。

（五）构建多层次的康养人才供给体系

针对我国康养旅游存在的人才短板问题，政府、高校和企业应该积极合作，共同构建多层次的康养人才供给体系。政府方面，应积极完善康养人才政策，在社会中大力宣传康养事业，改变康养人才社会地位低的不利局面。同时，政府要牵头建立康养人才数据库，为康养人才和企业提供咨询服务，协调校企人才培养的冲突与矛盾，提高康养人才的综合素养。学校方面，要根据当地康养旅游产业发展需求设置专业课程，尤其要注重人才培养与当地康养旅游重点项目的紧密对接，实施校企合作，订单式培养人才。另外，高校还要充分发挥其在高层次研究型人才培养上的优势，培养更多本科和研究生层次的康养管理人才、康养规划人才、康养经营人才和产品设计人才。企业方面，应该积极与高校共同进行康养人才的校企合作培养。由校企双方共同制定康养人才培养的培养方案和能力标准，保证培养出来的人才被企业所需。校企双方也可以共同建立康养旅游人才培养培训基地，在培养基地中，不仅可以进行全日制人才培养、课程开发和职业培训，而且还可以承办当地旅游主管部门和企业委托的培训项目，使培训基地成为全日制培养和市场化培训的共同平台。当然，除了政府、高校和企业之外，康养人才自己也要努力提升自身素养。康养人才要落实持证上岗政策，工作中要善于总结经验和不足，养成终身学习的意识和习惯，不断更新和充实自己的专业知识、优化服务能力结构。工作之余要积极参加各种教育培训，经常与同行、同事进行知识、服务经验交流，在交流过程中不断完善自我。①

第三节　湖泊康养旅游经验借鉴

近年来，国内外湖泊康养旅游发展迅速，皆有兼具环境基础好、发展历史悠久、特色康养项目和康养体系建立完善的典型案例，本节从案例的基本概况、主要做法、特色亮点入手进行分析，探索可供我国湖泊康养旅游发展的借鉴之处。

一　国外典型案例分析

结合芬兰塞马湖、日本芦之湖、德国沙米策尔湖、瑞士日内瓦湖和吉尔吉斯斯坦伊塞克湖五个国外典型湖泊康养旅游案例，分析其湖泊康养旅游的基本概况、主要做法以及特色亮点，概括可供我国湖泊康养旅游发展的借鉴之处。

（一）芬兰塞马湖

1. 基本概况

芬兰有大大小小的湖泊多达 18.8 万个，是世界上湖泊最多且湖泊密度最大的国家，被称为"千湖之国"。位于芬兰中部的湖区，是欧洲最大的湖区，拥有 1000 多个湖泊，20 万栋度假木屋，是一座由湖泊、岛屿、河流和

---

① 杜萍：《全域旅游视域下康养旅游发展现状及对策》，《社会科学家》2022 年第 10 期。

运河组成的蓝色迷宫，其间穿插着森林和山脊，绵延数百公里，宁静而绝美。塞马湖是芬兰最大的湖泊，位于芬兰东部省份，也称为芬兰湖区。

2. 主要做法

（1）交通便捷，知名度高

从芬兰湖区的米凯利（Mikkeli）、萨翁林纳（Savonlinna）、库奥皮奥（Kuopio）、拉彭兰塔（Lappeenranta）、伊马特拉（Imatra）和约恩苏（Joensuu）到塞马湖的车程很短，交通非常便捷。游客通常首选米凯利和萨翁林纳这两座较大的城市作为目的地。塞马湖海拔 76 米，水域面积约 4400 平方千米，是芬兰最大的湖泊，欧洲第四大湖泊，号称"芬兰东部湖区的明珠"，是芬兰最美的湖泊之一。

（2）珍稀物种观测地点

塞马湖环纹海豹是世界上濒危的海豹品种之一，克鲁维西国家公园和林纳萨利国家公园是观察环纹海豹的最佳地点。

（3）夏冬特异户外活动

塞马湖及湖边森林地区，夏冬都是热门的户外活动场所。夏季最受欢迎的活动有：徒步、骑行、钓鱼、划皮艇及独木舟、游泳、骑马、坐观光船等。塞马湖上最受欢迎的皮划艇水域是"城堡岛"（Linnasaari）国家公园，那里有 130 个岛屿，占地一公顷有余。"城堡岛"上有 21 个客港，停船休息点就在附近。冬季湖面结冰时，可以冬泳、冰钓、溜冰、雪地健行或越野滑雪。

（4）多样度假居所选择

在湖区周围有成千上万个度假屋，只要提前预订就可以入住。小屋有多种房型，能提供多种住宿，以满足不同的需求。

3. 特色亮点

（1）深入自然，独享风光

欧洲自然、原始的特色体验，可以让旅游者深入自然、独享风光。在芬兰湖区度假的最完美方案是，租一个湖边林间小木屋，在这里钓鱼、划船等。院子里有专门的篝火活动场所，可能木屋没有通电，但是会有煤气炉、煤气烤箱、煤气冰箱、油灯、收音机和电池阅读灯。小木屋附近是私人海滩，可以零距离接触自然和感受芬兰湖泊的魅力。芬兰人以他们与自然的和谐关系而感到幸福和自豪。在这个拥有山川湖泊的国度里，去森林中采食菌类，是当地人非常流行的消遣方式，在湖边木屋享受桑拿，也是芬兰人最喜爱的度假体验，因而芬兰湖区上千座湖泊和湖中岛，便成为芬兰人度假的首选地。

（2）历史建筑，感受文化

芬兰森林资源丰富，大部分是木制建筑。如今在芬兰的乡间，仍能见到保存完好的整座木建筑小镇。走进历史悠久的小镇，感受芬兰的人文气息。夏季前往芬兰塞马湖避暑，别墅湖区的木屋就像一个隐士远在他乡的家。它们通常坐落在自然环境最优美的地方，是逃离城市喧嚣的绝佳去处。芬兰的乡野村居村舍，大部分有附属的林地和私人空间。湖区沿岸有数千公里的湖岸线，非常适合早上划船或晚上游泳。

（3）众多徒步及自行车环线

UKK 徒步路线是芬兰北部乌尔霍吉科宁国家公园（Urho Kekkonen National Park）内的一条徒步路线。乌尔霍吉科宁国家公园丰富多样的地貌如沼泽、森林、山脉等，让这里成了热门的徒步旅行目的地。

Karhunkierros 熊环线是芬兰奥兰卡国家公园（Oulanka National Park）内的一条徒步旅行路线，全程80千米，3～4天可走完，沿途景色壮丽，充满乐趣。

南卡累利阿拥有众多的自行车路线通往塞马湖，塞马湖是芬兰最大的湖。这里有数十公里沿着湖岸线的自行车路线，而且这些路线每年都有所扩张。这让游客无论走到哪里，都能停下来欣赏湖泊的景色，不存在游客无景可赏的问题。

4. 借鉴之处

一是注重结合城镇共同发展。上述滨湖城镇的形成大都经过了上百年的历史发展，许多旅游特色产品来源于当地历史建筑、农副特产、手工艺品和民俗节庆等，度假区结合滨湖城镇，开发了以参观博物馆、历史建筑

和遗迹为主的修学文化游,以散步、野营、徒步旅行和山地自行车骑行等为主的体育运动游,以及以参与各城镇特色节日为主的节日庆典游等。

二是关注市场需求,实现湖泊休闲度假旅游产品创新。利用湖泊富有变化的水文形态、生动的自然景观、良好的生态环境、丰富的人文积淀和相关的游乐设备设施,向旅游者提供全方位的服务产品;或者是以体验湖泊特殊景观环境和各种活动为目的的旅游经历。湖泊旅游,是旅游者以"玩水"为主要目的,借助湖泊所拥有的得天独厚的水文资源和生态环境而进行的体验水体魅力的休闲活动,这种魅力体验是游山活动所完全体验不到的一种独特感受。

(二)日本芦之湖

1. 基本概况

芦之湖是箱根旅游的核心地区,位于箱根町西方,驹形岳的南边山脚,是一个淡水湖。湖面积 7.03 平方千米,深 43.5 米,周长 21.1 千米。它是在 3000 多年前,因火山活动而形成的火山湖,经湖水冲刷的河谷是箱根最迷人的旅游景点。芦之湖背倚富士山,以在湖和群山之间可以眺望富士山而闻名。湖山相映,不同的季节有不同的景致和情趣。

2. 主要做法

芦之湖上有游船运营,游客可以乘坐海盗船周游芦之湖,也可以乘坐箱根空中索道从高空欣赏芦之湖的美景。从湖面上欣赏箱根富士的自然景色,更是迷人。一般芦之湖一年中较冷季节要比夏天能见度高,所以春天或秋天是游览芦之湖的最佳季节,五月时节的芦之湖满山新绿,碧水盈盈。从芦之湖的南岸向北眺望,可以看到富士山。环湖步道遍植青松翠杉,景致十分怡人。湖中有很多黑鲈鱼和鳟鱼,两种鱼的味道鲜美,肉质细腻,是不容错过的日本美食。在湖的北岸,坐落着两个干净整洁的小镇——湖尻和桃源台,居民的住宅零星地点缀在山间,与大自然完美地融为一体。

芦之湖交通便利,有很多巴士将大涌谷经过箱根汤本与元箱根和位于芦之湖南部的箱根町相连接。从大涌谷出发单程需要大约 50 分钟,从箱根汤本出发需要大约 35 分钟。有很多箱根登山巴士线,将大涌谷经过箱根汤本与芦之湖北部的桃源台相连接。

3. 特色亮点

（1）历史文化资源丰富

芦之湖周边有许多古迹和历史建筑，如江户时代的建筑、平安时代的寺庙等，这些历史文化遗产丰富多彩，为游客提供了更多了解日本传统文化的机会。

（2）自然景观优美

芦之湖位于富士山南麓，自然风光优美，百年古木、红叶飘香、蓝天白云、江畔绿草，构成了一幅幅美丽的画卷，吸引着大量的游客前来观赏和摄影。

（3）生态保护与科技创新结合

日本芦之湖在保护湖泊自然生态环境的同时，也积极推行科技创新，如建造了大型太阳能电站，同时还配备了电动游艇、电动自行车和智能导游设备等，使游客既能享受到清新自然的美景，也能感受到现代科技的魅力。

（4）美食文化的独特体验

芦之湖周围有许多优秀的日本料理餐厅和寿司店，游客不仅可以品尝到正宗的日式美食，还可以亲身体验制作传统寿司和日本料理的过程，为旅行增添更多精彩的元素。

（5）温泉种类多样

芦之湖有硫磺泉、微量元素泉、透明泉、病理泉等，对于游客来说，泡温泉不仅是一种休闲娱乐活动，更有康养、保健的功效，可以减缓一些病症，如皮肤病、关节炎、高血压、消化不良等，对疾病康复和身体保健非常有益。而且泡温泉可以温和地刺激皮肤，促进新陈代谢，有助于保持皮肤的弹性和光泽度。

4. 借鉴之处

（1）独特的自然环境

芦之湖地区以其独特的自然湿地环境而闻名，这为康养旅游提供了独特的资源优势，吸引游客前来体验自然疗法和康养活动。

（2）开发多样化的康养活动

芦之湖地区提供了丰富多样的康养活动，如湖泊漫游、自然观察、温泉疗养等，满足了不同游客的需求和偏好。建设完善的康养设施，芦之湖地区在康养旅游发展过程中注重建设康养设施和配套设施，如温泉酒店、康复中心、健身房等。

（3）加强文化体验与康养结合

芦之湖地区将文化体验与康养旅游相结合，通过举办传统文化活动、展览和表演等，丰富康养旅游的内容和内涵，为游客提供丰富的文化康养体验。

（4）注重宣传和推广

芦之湖地区，通过电视、广播、报刊、媒体等各种渠道宣传芦之湖旅游的特色和优势，提升景区知名度和吸引力。

（三）德国沙米策尔湖

1. 基本概况

沙米策尔湖是典型的冲积湖，沙米策尔湖通过施托科夫水系与柏林水路直接相连。本地船运公司可全天候运行的客船，将带领游客去观赏这片最美丽的水乡。巴特萨罗位于沙米策尔湖北岸，著名的温泉之都随着会展产业的崛起，给沙米策尔湖的康养旅游带来生机。地理区位方面，沙米策尔湖位于距柏林东南约 60 千米的奥德-施普雷湖泊地区，湖泊总面积 12.1 平方千米，是勃兰登堡州最大的湖泊。沙米策尔湖旅游业的发展依托柏林、巴特罗萨两大会展城市。

2. 主要做法

（1）免费公开高尔夫球场

A-ROSA 沙米策尔湖度假村拥有 3 个向公众开放的 18 洞球场，分别是尼克·佛度场、阿诺德·帕尔默场和斯坦·伊比场。此外，还有一个适合高差点球友的均为 3 杆洞的 9 洞球场。这 4 个球场的位置很好，这些球场距离柏林很近，又紧挨度假村其他运动和水疗设施，是德国本土球友与高尔夫外来客体验深度休闲的最好选择。

（2）酒店康养设施完善

以 Precise Resort Bad Saarow 为例，这家酒店坐落在距柏林 1 小时车程的沙米策尔湖岸边，拥有 4 个高尔夫球场、各种 SPA/休闲设施和美食，提供免费 Wi-Fi。该度假胜地的宽敞客房是在巴特萨罗放松和度假的理想基地。度假村有室内和室外游泳池、12 个网球场、3 个 18 洞高尔夫球场和 1 个 9 洞球场。11 千米的湖泊是理想的开展水上运动的场所，酒店有自己的游艇港口。在酒店 4200 平方米的 SPA 区有桑拿浴室、健身房、休闲游泳池和印度草药疗法室，可供顾客放松。温泉治疗必须提前预订，专家可就健康和营养问题为旅游者提供咨询意见。餐厅包括 2 个湖畔餐厅、1 个提供健康小吃的池畔酒吧、1 个品酒室和 1 个热闹的酒吧。巴特萨罗还为 3~15 岁的儿童提供了一个活动俱乐部，所有家庭都可以在此租用自行车。

3. 特色亮点

（1）康疗养生历史悠久

沙米策尔湖在 1900 年成为治疗皮肤病的疗养胜地。湖畔有众多康疗养生度假村和健康酒店。其中巴特萨罗温泉疗养公司，为游客提供各种专业温泉美容、温泉养生和温泉康疗服务。康疗理念带动健身活动，当地有许多文化休闲中心，同时也是世界高尔夫运动胜地。

（2）注重自然生态保护

沙米策尔湖及周围区域被列为自然保护区，在旅游开发过程中，非常注重保护湖泊周围的生态环境。在旅游开发过程中，保护湖泊的水质、水生生物及湖周自然生态环境，是非常重要的环节。

（3）多元化的旅游产品

沙米策尔湖的旅游产品非常多元化，可以满足不同游客的需要。游客可以到湖边浸泡温泉、品尝当地美食、参加各种户外运动，或者是到城市中游览历史文化遗址。沙米策尔湖通过提供多种产品和服务，满足了各类游客的需求，增加了游客的满意度。

4. 借鉴之处

（1）必要的基础设施建设

基础设施直接关系到旅游产业的发展潜力和竞争力。政府投资建设的各类龙头项目必须能为旅游企业所使用，并与当地其他吸引物一起形成区域旅游产品，才能发挥其带动产业增长与地方发展的作用。无论是目的地旅游业的整体繁荣，还是中小旅游企业的蓬勃发展，必要的基础设施都是起着决定作用的核心因素，尤其是涉及基本生活条件的水、电、气、排污、环保等关键要素的配套设施。

（2）持续的旅游投资

沙米策尔湖地区持续进行对旅游资源的投资，以为旅游者提供更好的服务和设施。这些投资包括酒店和度假村的更新、旅游景点设施的改造和升级，以及节庆活动的举办。持续的投资吸引了越来越多的旅游者，使旅游业得到了持续发展。

（3）强调文化旅游特色

沙米策尔湖地区非常注重文化旅游的特色，注重旅游与当地的历史和文化元素，包括当地的美食、传统节庆和手工艺等的结合，使游客更加了解当地文化，感受当地的风土人情，增加游客体验的全面性。这些元素，可以增进游客的文化交流和沟通，使旅游产品更加具有吸引力。

（四）瑞士日内瓦湖

1. 基本概况

日内瓦湖（Lake Geneva），又称莱芒湖，是第四纪冰川作用下形成的冰渍湖，不仅是西欧名湖，还是著名风景区和疗养地。日内瓦湖位于瑞士和法国的交界处，是欧洲阿尔卑斯山区（阿尔卑斯湖群）最大的湖泊，因湖水清澈湛蓝而闻名世界。日内瓦湖长 72 千米，宽 8 千米，面积 580 平方千米，分属瑞士和法国，约各占一半。湖面海拔 375 米，平均水深 150 米，较深处达 310 米。湖水流向由东向西，形状略似新月，月缺部分与法国衔接。湖水涟涟，烟霞万顷，湖面似镜，水不扬波，终年不冻，色深蓝，清澈。日内瓦湖区气候温和，温差变化极小，该地区有郁郁葱葱的牧场、古老的葡萄酒庄园、雄伟的山峰、壮丽的冰河以及阳光灿烂的岩架，为休闲度假和运动探险提供了绝佳的条件。

2. 主要做法

日内瓦湖依托欧洲最大山脉——阿尔卑斯山；水温适宜，适合开展旅游活动；山水相映，自然风光优美；周围有深厚的历史文化资源，极大地丰富了其旅游产品的类型；交通发达，有直达重要城市的铁路、高速公路、机场；接待设施齐全，星级饭店、特色民居、普通旅馆一应俱全。日内瓦湖游客来源广泛，分布于法国、德国、英国、美国等众多国家，国外游客占到了总数的 64.5%，潜在风险系数较低。

3. 特色亮点

（1）水质条件优越

任何湖泊旅游的开展，都是以水体为基础的，水质是湖泊旅游开发的最基本也是最重要的条件之一，对湖泊旅游开发的模式、程度等具有重要的影响。世界上但凡湖泊旅游开展比较成功的地区，其水体保护也做得非常好。因此，保护好湖泊生态环境，既是发展湖泊旅游的重要前提条件，也是衡量湖泊旅游地竞争力的核心。

（2）旅游产品丰富

日内瓦湖的旅游产品，层次分明，类型多样，适合多种群体。湖面游轮、帆船、游艇、独木舟等一应俱全，日内瓦的象征——百年人工喷泉矗立湖中；湖滨两岸活水公园、玫瑰公园、珍珠公园等星罗棋布；临湖山丘各式度假别墅、特色小屋齐全，高尔夫球场依山傍水；同时和周围的资源紧密结合①，如阿尔卑斯山滑雪、葡萄庄园、万国宫观光等。日内瓦湖不但发挥了自己的优势，而且通过其他产品弥补了自己的不足，大大增加了游客的停留时间。可以说，日内瓦湖是将水上产品与陆上活动，将湖与村、现代文化与传统民俗成功融合在一起的一个典范。

（3）宜居水平高

2005 年，英国杂志《经济学人》进行了"世界上最适宜居住的地方"调查，瑞士居第二位；2010 年世界著名咨询公司美世公司，依据基础设施、社会服务、生态环境、政治和社会环境等，进行了"全球生活质量"调查，日内瓦在"最宜居城市"中居第三位。

---

① 车震宇、田潇然、郑文：《从国外案例思考滨湖城镇建设与湖泊旅游的关系》，《生态经济》2010 年第 2 期。

（4）宣传营销手段丰富

日内瓦湖借助于欧洲政治中心、国际机构及为数众多的国际会议的机会优势，利用多种方式向世界宣传自己。[①]

4. 借鉴之处

（1）依托城市发展

日内瓦是瑞士国际化程度最高的城市，有 200 多个国际机构的总部设于这里，每年有数以百计的国际会议在此召开，一提起瑞士，很少人知道它的首都，但几乎没人不知道日内瓦，日内瓦在某种程度上成了瑞士的代名词。适宜的气候、湛蓝的湖水、悠久的历史等，使日内瓦成为尽人皆知、人人向往的地方，日内瓦则借助自己的国际知名度，为日内瓦湖带来了源源不断的游客，二者互利共生。

城市成为削弱湖泊旅游季节性游客变化强度的调节器。城市在旅游发展的过程中也有效地扩展自己的功能，为游客提供家庭旅馆、餐馆、商店等旅游设施，并减少淡季时宾馆酒店的维护成本。旅游旺季时游客可以入住家庭旅馆，缓解宾馆酒店的压力；旅游淡季时居民仍有圣诞节、新年等传统的节庆活动，能保持整个度假区的人气，吸引游客。

（2）注重湖区公共设施建设

湖区中有完备的公共设施，如商业街、娱乐场、影剧院、室内体育馆、图书馆等。完善的公共设施，可以促进湖区的功能不断得到发展，满足当地居民的日常生活需要，提高生活质量。同时，还可以为来此游览的旅客提供周到、优质的服务，丰富游客的假日生活。

（五）吉尔吉斯斯坦伊塞克湖

1. 基本概况

伊塞克湖是世界上最大、最美丽的高山湖泊之一。该湖位于吉尔吉斯斯坦东北部，北天山范围内。湖水清澈，略带矿化，呈现明亮的蓝色。湖盆气候温和且干燥，特别适合开设疗养院，开展滑水、日光浴等休闲娱乐

---

①　陶犁、王立国：《湖泊旅游开发探索研究——以洱海、千岛湖、日内瓦湖为例》，《生态经济》2010 年第 12 期。

活动。充足的阳光，美丽的沙滩，清新的空气，舒适的气温，适宜治疗的矿泉水和泥土，丰富的南方水果和蔬菜，所有这些都为恢复健康和放松身心创造了极好的机会。伊塞克湖湖盆四周环绕着高大的山脉，白雪皑皑的山峰笼罩在白云中。

2. 主要做法

（1）气候宜人，典型高山草甸景观

伊塞克湖湖中矿物含量达 6%，有 90 多条河流汇入该湖，但无一条流出，这里有秀美的湖滨自然风光，且夏季气候凉爽宜人，是中亚著名的疗养、旅游胜地。伊塞克湖面积 6236 平方千米，湖面海拔 1608 米，湖泊本身的深度超过 600 米。这里有绵延数百公里的沙滩，还能在湖中游泳。伊塞克湖为终年不冻的高原湖泊，湖泊与周围的雪峰、高山草甸、雪岭云杉、牧民毡房等交织在一起，构成了一幅美丽的画卷。

（2）交通便利，分旅游淡旺季

该地区有公路、航空和水路。主要高速公路建在伊塞克湖周围，几乎连接了该地区的所有定居点。卡拉科尔市和乔尔蓬阿塔市，有一些机场主要在旅游季节运营。

（3）多种产业融合，建设康养度假村

伊塞克湖地区的经济基础是旅游、休闲资源和采矿业。该地区的主要财富来源是伊塞克湖，这里有宜人的海洋空气、沙滩、温泉和矿泉水、疗养泥浆，整个湖泊周围都是疗养院和度假村。

（4）旅游会议频繁召开

伊塞克湖地区的旅游休闲中心，非常注重海滩类型的度假休闲旅游。会议旅游是伊塞克湖旅游市场的重要组成部分，会议旅游能吸引大量游客，为当地创造大量旅游收入。

3. 特色亮点

（1）营造浓厚的人文氛围

伊塞克湖的湖泊旅游作为一种康养娱乐的方式，近年来越来越受欢迎。伊塞克湖船运公司的客运船队包括"莫斯科""Toktogul""吉尔吉斯斯坦"

船，主要执行旅游游览任务。对于湖边小型游艇上的度假者来说，可以租用在湖上旅行的木筏。

（2）平衡旅游淡旺季逆差

制订国际会议计划和举办旅游相关活动，可以缓解旅游季节性问题。湖区建立了一个有关各方的工作组，包括文化信息和旅游部、大型酒店、爱乐协会、剧院、疗养院的代表，以研究潜在游客需求，制订商业会议和活动旅游市场的行动计划。[①]

4. 借鉴之处

（1）重视开发湖泊旅游淡季产品

湖泊旅游集中在夏季，受季节限制严重，针对这一特点开发冬季旅游产品，如滑雪、雪橇等；开发适合四季参与的产品，如温泉、疗养、缆车、飞艇等，使游客在游览湖泊之余，还有大量活动项目可以选择。

（2）重视发展会议旅游、节事旅游

湖泊论坛、水上会议、水文化节庆和赛事活动等会议经济、节事活动，可以很好地拉动会议旅游、节事旅游的发展。湖泊旅游度假区可以依托国内外著名酒店管理集团开发国际会议中心，依托社会力量举办各类节庆和赛事活动，各级政府部门、旅游开发企业、酒店管理公司要形成合力，凝聚共识，在土地资源、土地价格、银行信贷、税收政策、旅游消费等方面，大力扶持当地湖泊论坛、会议经济和节事活动以及土特产品展示营销活动的开展。

二 国内典型案例分析

结合江苏天目湖、浙江西湖、云南滇池、黑龙江五大连池、浙江千岛湖五个国内湖泊康养旅游典型案例，分析国内湖泊康养旅游在不同地区的基本概况、主要做法以及特色亮点，并总结可为我国其他湖泊发展旅游的借鉴之处。

（一）江苏天目湖

1. 基本概况

天目湖旅游度假区位于苏、浙、皖三省交界处的江南历史名城溧阳市

---

① 拉维尔（MASHANLO RAVIL）：《吉尔吉斯斯坦湖泊型旅游资源开发研究——以伊塞克湖为例》，硕士学位论文，长安大学，2019。

境内，距市区仅 8 千米，是国家首批 4A 级旅游区。天目湖旅游度假区于 1994 年 7 月被江苏省政府批准为省级旅游度假区，2001 年被国家旅游局评为国家首批 4A 级旅游区。度假区范围为 300 平方千米，包括沙河和大溪两座国家级大型水库。这两座水库地处天目山的余脉，从空中鸟瞰恰似两颗明珠镶嵌于溧阳大地，这也是天目湖景区名字的由来。湖区群山环抱，湖水清冽，湖岸蜿蜒曲折，湖内布满大小岛屿，区内奇花异草色彩缤纷，野生动物栖息繁衍，形成了完整与和谐的生态系统。①

2. 主要做法

（1）区位优势明显

天目湖位于物产丰饶的长江三角洲，毗邻经济高度发达的太湖流域，其周边地区是江苏省乃至全国经济最发达地区。

（2）生态资源优良

天目湖旅游度假区生态旅游资源丰富，境内湖光山色，景观奇异，拥有 164 种野生动物，236 种植物。

（3）基础设施良好

拥有风格迥异的宾馆、山庄，其中包括三星级涉外宾馆，床位充足，并配有宴会厅、会议室以及室内游泳池等设施。

（4）政府高度重视

天目湖管委会重视天目湖旅游度假区的生态功能，溧阳市人大、人民政府也高度重视天目湖水域的环境保护。

2017 年天目湖旅游度假区共接待游客 450 万人次，旅游收入达 18 亿元。近年来，天目湖旅游度假区发展迅速，但随着旅游业日益激烈的市场竞争，天目湖旅游度假区既要保护生态环境和旅游资源，又要扩大客源市场。②

3. 特色亮点

（1）科学设置保护区范围

根据溧阳市的市情等实际情况，依据汇水区对湖水的最直接影响关系，

---

① 章凯文：《天目湖产业调整与可持续发展研究》，《绿色科技》2012 年第 6 期。

② 束惠萍、管志杰、徐艳：《乡村振兴战略下旅游度假区可持续发展研究——以天目湖旅游度假区为例》，《东北农业科学》2019 年第 4 期。

确定由核心保护区与缓冲区两部分组成天目湖水源保护区。

（2）严格保护湖泊环境

为了使天目湖的水质达标，增强污水处理能力，在天目湖旅游度假区，建设新的污水处理厂及配套设施。恢复植被、控制氮磷的入湖量，按不同地貌类型开展流域综合治理。

（3）因地制宜发展产业

以生态经济学为指导，科学合理地配置生态旅游要素，以生态承载能力为依据，编制合理发展生态旅游的计划或规划。

4. 借鉴之处

（1）高度重视湖泊生态环境保护

按照党中央、国务院建设低碳社会、循环经济的要求，大力发展湖泊生态旅游，鼓励绿色、环保项目开发，大力支持水资源、生活垃圾和可再生能源循环利用的建设项目，把湖泊旅游度假区打造成为生态旅游区、低碳试验区、循环经济示范区。为避免水体污染，凡是与身体接触的戏水、玩水、亲水项目一律提水上岸实行二级开发，并将生产、生活用水经过截污纳管集中处理、经过绿化灌溉或大地自然渗透后进行零污染排放。

（2）实现休闲度假、观光旅游融合发展

度假旅游与观光旅游不同，它更强调游客对旅游目的地文化、生活、历史的体验，强调旅游活动的多样性和旅游主体（包括游客和旅游目的地的居民）的参与性，它提供的是独特的经历性、知识性产品。相应地，湖泊旅游产品必须升级换代，逐步加入一些体验元素，实现湖泊旅游区的转型，同时，要与体育产业、文化产业、度假地产、现代农业、特色小镇、水上运动、互联网营销、婚庆产业、房车露营等融合发展。

（二）浙江西湖

1. 基本概况

西湖位于杭州市区西部，东岸紧邻市中心，地理位置优越，历史文化悠久，故事传说丰富，旅游资源众多，有100多处景点，60多个国家、省、市级重点文物保护单位，20多座博物馆，是名副其实的"文化名湖"，也是

"人间天堂"，是世界文化遗产以及首个免费开放的 5A 级旅游景区。西湖汇水面积为 21.22 平方千米，湖面面积为 6.38 平方千米。① 西湖南、西、北三面环山，东邻城区，南部和钱塘江隔山相望，湖中白堤、苏堤、杨公堤、赵公堤将湖面分割成若干水面。湖中有三岛，西湖群山以西湖为中心，由近及远可分为四个层次。西湖流域内年径流量为 1400 万立方米，蓄水量近 1400 万立方米。西湖是一座设备齐全、管理完善的灌溉济运水库，通过河渠和闸门，为杭州市区及周边农田提供了充足的水源。西湖还可以协助调节钱塘江的水位，防止城市内涝。②

2. 主要做法

通过西湖综合整治工程，景区内生态环境得到改善，使得生活在杭州的城市居民以及到访的中外游客都能实现对和谐生态环境需求的满足。

首先，水域面积增加，湖面开阔壮观。整治工程的实施，使原本萎缩淤塞的湖泊得到极大改善，再现了西湖 300 年前的面貌，岸边植物茂盛、茅屋小桥的点缀，给整个湖面增添了些许趣味。

其次，水质改善，生趣盎然。大力实施水环境的保护和改善工程，西湖水质得到整体提升，景区内的动植物种类增加，时有鸟禽出没、鱼翔浅底，一派和谐生气，湿地生态系统和合共生。充足的水分加上茂密的植被，不仅能调节城市气候、净化空气，而且能为市民休闲、动植物栖息提供一方场所。

2018 年西湖全年接待游客 2813.94 万人次，占杭州全年旅游总人数（18403.4 万人次）的 15.3%，对杭州旅游业贡献巨大。观赏美景、体验文化、品尝西湖龙井等，是景区的代表性活动。

3. 特色亮点

（1）巧用历史文化

"欲把西湖比西子，淡妆浓抹总相宜"，历史上西湖和西施并没有关系，

---

① 《杭州西湖》，生态中国网，https://baike. baidu. com/reference/4668821/4f7dLajLZGO_i887cmG 1dTlAaUpW2XBXPmpUXOrIWGdUPgvyO7zs4zRKe6G_U2bhvBy7CXJCrR6NrbHkjJ8B4s07w2jDmgg。

② 西湖，百度百科，https://baike. baidu. com/item/%E8%A5%BF%E6%B9%96/4668821? fr = aladdin。

通过西施文化嫁接利用，西湖成为西施文化代表景区。白蛇、梁祝、济公、苏东坡等传说的多元业态演绎，进一步塑造了西湖"文化名湖"的形象。

（2）西湖特色夜景

分区照明亮化与黑天空保护计划。为突出夜景重点区域、限制一般区域以及严格控制生态保护区，西湖景区出台《西湖风景名胜区景观照明专项规划》，设定景观照明许可区、限制区和黑天空保护区。

（3）开发"西湖模式"

"西湖模式"打破碎片化桎梏。2002年杭州市委、市政府成立西湖风景名胜区管委会，与市园文局实行"两块牌子、一套班子"模式，履行政府管理职能，改善了条块分割、多头管理的现象。2020年6月启动"西湖–西溪"一体化管理保护体制，西湖风景名胜区管委会与西溪国家湿地公园管委会实行"两块牌子、一套班子"模式，形成强大合力。

（4）打造数字景区

智慧化打造"中国数字第一景"。景区与高德软件公司合作，实现"西湖一键智慧游"，并与阿里巴巴等企业合作，加速数字化发展，打造"中国数字第一景区"。①

4. 借鉴之处

（1）引进高端项目

湖泊型旅游度假区具有发展高端旅游得天独厚的有利条件。通过引进一些高端旅游项目可以为我国休闲经济发展起到引领、示范性作用。杭州西溪湿地的悦榕庄、喜来登高星级酒店群建设项目就极具指标性意义。

（2）发展休闲产业

结合娱乐休闲与运动健身项目建设，鼓励世界著名酒店管理公司和世界小型豪华、特色酒店进驻，大力发展休闲经济，重点发展文化娱乐休闲、运动健身休闲、健康养生休闲、美食美体休闲、乡村旅游休闲、观光农业休闲、生态旅游休闲项目等。

---

① 《湖泊旅游的特征分析与案例借鉴》，搜狐网，https://roll.sohu.com/a/509056344_121124434。

（3）开发亲水项目

利用湖泊和岛屿周边的水体、水系，发展亲水型休闲项目，是湖泊旅游度假区发展的重要方面。开放湖岸或岛屿水边一定范围内的水域作为滨水休闲区，并统一规划建设一些亲水设施，如亲水平台、曲折回廊、栈桥、板道街、亭台楼阁、游艇游船码头等，使滨湖度假与水上休闲融为一体。

（4）注入文化内涵

应借助自然和文化的融合，以传统的观光旅游为基础，在发展自然景观资源度假的同时，让现有休闲度假产品体现出文化积淀，将休闲度假地本身的文化内涵，融入休闲度假产品当中，使做出来的产品具有很强的吸引力和个性化特征，打造一批富有文化底蕴的湖泊休闲旅游精品。

（三）云南滇池

1. 基本概况

昆明滇池国家旅游度假区，位于云南省西南部昆明市，距昆明市主城区5千米，规划面积约18.06平方千米，是1992年经国务院批准成立的全国12个国家级旅游度假区之一。经过多年的发展，度假区的面积已经达到了47.5平方千米，辖区内的人口为11万人，其中绿地率和绿化覆盖率分别为50.88%、55.07%，由海埂街道和大渔街道两个街道、17个社区居委会共同组成。①

2. 主要做法

海埂片区开发较早，已经成为环湖生态旅游圈核心区，该区域已建成多个旅游项目，包括云南民族村、中国兵器房车温泉度假中心、昆明洲际酒店、海埂会堂等，有的旅游项目已经成为国家4A级旅游景区或3A级旅游景区，景区的配套设施非常完善，有多个康体娱乐设施、餐饮场所。特别是海埂片区，既能够满足当地市民对美好生活的需求，又能够满足游客旅游观光、休闲度假、健身娱乐等方面的需求。

位于昆明市西南部的大渔片区近年来发展速度非常快，区域内有着丰

---

① 刘祎：《昆明滇池国家旅游度假区生态旅游产品营销策略研究》，硕士学位论文，云南师范大学，2020，第2页。

富的旅游资源、悠久的人文历史景观，每年都吸引了大批游客的关注，被称为昆明人的发祥地，滇文化的摇篮。

相关数据显示，1992 年，昆明滇池度假区共接待游客 173.3 万人次，该度假区的财政总收入为 337 万元/天、旅游收入为 6297 万元。[①] 2013 年，该度假区共接待游客 1049.3 万人次，完成财政收入 41.7 亿元，20 年间的变化巨大。

3. 特色亮点

（1）可持续发展战略

维持昆明滇池国家旅游度假区的生态旅游发展，不能单纯复制传统旅游景区的发展模式，而是要侧重对景区路线产品的可持续开发。需建立资源评估系统，对度假区生态旅游资源进行科学评价，以度假区特有的生态资源，对度假区环境承受能力进行评估，真实有效地保护好度假区环境不被游客破坏。

（2）开发生态旅游产品

生态旅游产品作为昆明滇池国家旅游度假区的特色产品，属于度假区的引领类产品，可以生态为切入点，对其他产品进行开发和协调销售，并在原有的生态景观基础上，进行优化和升级，结合文娱体验、休闲度假、科普宣教等功能，将趣味性和科学性融入其中，逐渐形成功能齐全的生态旅游产品体系。

（3）依托景区特色发展

可以依靠昆明滇池国家旅游度假区的特有景色，将生态旅游资源和传统文化资源相结合，打造属于昆明滇池国家旅游度假区的文化特色、服务特色和娱乐特色。

4. 借鉴之处

（1）环境保护优先

"先保护，后开发"，公共利益优先，环境效益优先，企业利益必须首

---

① 《昆明滇池国家旅游度假区志》编纂委员会编《昆明滇池国家旅游度假区志》，云南美术出版社，2005，第 80~81 页。

先满足并服从于社会公共利益和生态环境效益。湖泊型旅游度假区，首先要按照公共利益、环境效益要求，超前规划、建设先行、分步实施，重视园区基础设施的建设和完善，尤其是污水排放和固体废弃物排放等，要按照低碳经济、循环利用的要求，做到集中处理、再生循环、可回收利用。

（2）重视项目开发

湖泊型旅游度假区可以在不影响沿湖沿线景观的前提下，利用山势地理的自然走向和地下（山体）空间，因势利导，适度发展一些游客参与性、体验性游乐项目，尤其是室内游戏、娱乐项目、夜游项目、文艺演出等，为湖泊旅游度假注入更多的人文"动感"元素，把旅游与休闲、休闲与娱乐、娱乐与体验结合起来，努力实现"反季节"旅游、"反水体"旅游，最大限度地克服白天和晚上、春夏与秋冬、湖面与陆地等时间性、季节性、地理性差异。

（四）黑龙江五大连池

1. 基本概况

五大连池风景区位于黑龙江省黑河市境内，距五大连池市区 18 千米，处于小兴安岭向松嫩平原的过渡地带，区域内火山群峰耸立、湖泊珠连、矿泉星布，给人类留下了类型多样、保存完整的火山地质地貌。现为国家 5A 级旅游景区、世界地质公园、世界人与生物圈保护区、国际绿色名录、国家重点风景名胜区、国家级自然保护区、国家森林公园、国家自然遗产、中国矿泉水之乡、中国著名火山之乡、圣水节（药泉会）国家非物质文化遗产。①

2. 主要做法

五大连池景区有森林 256 平方千米，湿地 109 平方千米，草地面积 75 平方千米。在景区内，北药泉、温泊空气负离子高峰时段平均浓度高于每立方厘米 5000 个，是负氧离子呼吸的最佳区域。二龙眼泉、龙门石寨、药

---

① 五大连池风景区，百度百科，https://baike.baidu.com/item/% E4% BA% 94% E5% A4% A7% E8% BF% 9E% E6% B1% A0% E9% A3% 8E% E6% 99% AF% E5% 8C% BA/7837401？fromtitle = % E4% BA% 94% E5% A4% A7% E8% BF% 9E% E6% B1% A0&fromid = 22473&fr = aladdin。

泉山、天池等地，空气负离子高峰时段，平均浓度高于每立方厘米 3000 个。五大连池矿泉是罕见的冷泉，能饮、能浴，并且属于具有极高医疗保健作用的经矿化、磁化后带有电荷的离子水。矿泉泉温普遍低于 4℃，CO_2 含量最多，达 99.99%，且矿化度适中，为 1.3～4.3 克/升的复合型泉水，其中二氧化碳、铁、硅酸盐、碳酸氢盐 4 项指标均达到医疗矿泉标准，各类矿泉中的多种不同矿物质元素对人体消化系统、血液系统、呼吸系统、运动系统及皮肤等多种疾病都有良好的疗效；地磁异常现象明显，老黑山、尾山附近，格拉球山、龙门山、焦得布山等区域，为地磁异常最适区域。[①]

五大连池风景区拥有丰富的旅游产品、纯净的天然氧吧、珍稀的冷矿泉、灵验的洗疗泥疗、天然熔岩晒场、宏大的全磁环境、绿色健康食品和丰富的地域民族习俗等，形成了"世界顶级旅游资源"，是世界级的休闲康疗胜地。

3. 特色亮点

（1）康养资源开发合理

五大连池根据特色区域旅游资源，践行"冰天雪地也是金山银山"的发展理念，开发智慧旅游服务，整合旅游资源，加大旅游资源的宣传推介力度，开发精品旅游路线，提升旅游品牌知名度和影响力。五大连池立足于打造"绿色食品、矿泉产品、康养旅游"三个百亿级产业基地的旅游发展目标，深入推进全域旅游示范区建设，旅游产业融合发展势头强劲。

（2）自然资源禀赋独特

五大连池是驰名中外的国家级风景名胜区，素有"天然火山博物馆"之称。五大连池矿泉与法国维希矿泉、俄罗斯外高加索那儿赞矿泉并称为世界三大冷矿泉。五大连池市于 1996 年被国家命名为"中国矿泉水之乡"。五大连池矿泉水具有保胃、利肝、补肾、润肺、健脾的医疗功效，200 多年

---

① 李明文：《"中国山水林田湖草生态产品监测评估与绿色核算"之黑龙江五大连池 森林养吧监测与生态康养研究 为五大连池品牌化康养产业发展提供支撑》，《中国林业产业》2023 年第 1 期。

来当地老百姓长期饮用，被崇称为"神水""圣水"。目前，被中南海紫光阁、北戴河疗养院列为贵宾接待用水。

4. 借鉴之处

（1）前瞻定位，目标明确

2007 年 12 月 8 日，在上海举行的"首届中国休闲产业经济论坛"上，五大连池市从全国参评的上百个城市中脱颖而出，成功入选"中国十大休闲城市"。近年来，五大连池市依托独特的自然资源、优厚的人文底蕴、宽松的政策环境优势和科学的战略定位，确定了要把五大连池建设成为黑龙江省乃至全国的特色绿色农产品生产基地、矿泉系列产品生产开发基地、火山生态旅游接待服务基地，北方高寒地区充满商机和魅力的多功能、现代化矿泉旅游文化名城的发展目标。

（2）环境优良，配套完善

五大连池市科学规划、精心建设，积极打造集旅游观光、休闲养生于一体的宜居之城、魅力之都。由于火山地质形成的强大全磁环境和特殊的植被生态作用，五大连池市的空气纯净清新，负氧离子含量高于一般内陆城市十倍以上，可谓天然氧吧。五大连池人均拥有淡水资源超过 4000 立方米，是中国宜居城市标准的 4 倍。偏硅酸矿泉水已引入市区作为居民生活饮用水，五大连池市成为继法国维希之后的世界第二个、亚洲第一个矿泉城。总面积 0.5 平方千米的青山公园，草原开阔、园林宜人、树木峥嵘竞秀、讷谟尔河透迤西流。市内道路宽阔、市容整洁，建筑设计风格迥异，绿化、亮化工程让人赏心悦目；商场、酒店鳞次栉比，公共服务便捷热情，"吃、住、行、游、购、娱"等城市配套功能日臻完善。

（3）品牌互动，合作开发

五大连池市还积极致力于旅游文化内涵挖掘、路线整合及宣传促销工作，加快红色旅游路线开发，鼓励发展农业生态园旅游景点，与"中国最具挑战潜力十大民营企业"北京宏福集团实施品牌互动战略，建设温都水乡国际旅游会议接待中心项目，全面提高休闲旅游服务水平和档次，打造五大连池特色品牌。

（五）浙江千岛湖

1. 基本概况

千岛湖地处杭州市淳安县境内，是 1959 年我国第一座自行设计建造的大型水力发电站——新安江水力发电站筑坝拦江蓄水而成的一座人工湖。因湖内拥有姿态各异的大小岛屿 1078 个，故名千岛湖。现已发展成以观光游览、水上运动、休闲娱乐、会展产业为主要功能的国家级湖泊型风景区。景区内森林繁茂、空气清新、湖水透澈。1982 年千岛湖被列为"国家森林公园"，数年来景区不断改造完善，已成为首批国家 5A 级旅游景区、全国青年文明号景区、全国黄金周旅游直播点、浙江十大度假胜地。在多姿多彩的山峦和岛屿耸峙的水面上，形成了 1078 个翠岛，并将整个湖面分割成中心、东南、东北、西南、西北五个各具特色的湖区。

2. 主要做法

千岛湖距世界自然、文化双遗产——黄山仅 150 千米，水温适宜，适合旅游活动的开展。千岛湖是首批国家森林公园，有直达重要城市的铁路、高速公路、机场。接待设施齐全，星级饭店、特色民居、普通旅馆一应俱全。从游客数量来看，千岛湖正逐渐从快速增长期向成熟期转变，游客增速逐渐变缓；从客源集中度来看，千岛湖的客源集中度比较高，95% 以上的游客为国内游客。

3. 特色亮点

（1）扩大宣传

近年来，千岛湖加大了营销的力度，多次组织大型活动，如秀水节、漂流节，2010 年更是采用了风靡中国的选秀活动——全球女岛主海选，吸引了眼球、赚足了人气、扩大了自己的影响力。

（2）打造摄影港湾

千岛湖旅游集团与石林镇共同打造毛竹源"摄影风情港湾"，构建"湖区观光、旅游综合体和乡村旅游"的新产品体系和"湖区观光、休闲游乐、养生度假"的全新产业格局，并使之成为千岛湖东南湖区的复兴板块和千岛湖旅游的新亮点。

（3）自然资源丰富

千岛湖四周群山连绵，林木繁茂，鸟语花香，生态环境绝佳，资源十分丰富，共有植物 1786 种，还盛产茶叶、蚕桑、木材、毛竹等，一年四季时新鲜果、土特产非常丰富。湖内淡水鱼有 114 种，年捕鱼量达 5000 多吨。

4. 借鉴之处

（1）转型升级思路清晰

千岛湖作为中国典型人工湖开发的成功案例，现今正在从单一的观光旅游向集观光、休闲、度假、会议、体育运动于一体的综合性旅游目的地转变。淳安县委、县政府对千岛湖旅游转型做了较为全面的阐述，提出了旅游转型重点要体现在"七个转变"上：旅游业态形式要从单一的观光型向观光、度假、会议、运动等综合型转变；旅游项目开发要从单一的平面型向水、陆、空立体方式转变；旅游产业构成要从单一的游览向吃、住、行、游、购、娱综合产业转变；旅游客源结构要从现在的以长三角游客为主转到面向全国乃至世界游客上来；旅游受益范围从千岛湖镇延伸到千岛湖的外围乡镇及全县；旅游文化内涵要从青山秀水转到锦山秀水和文献名邦并重上来；旅游发展目标要从旅游大县转为旅游强县。

（2）开发模式不断创新

湖泊旅游与度假房产相辅相成，但是在开发次序上应当坚持以旅游项目为主、度假房产为辅，尤其是不能以度假房产（别墅、公寓）代替旅游项目开发，或者完全以度假村名义开发可以进行产权分割的所谓"酒店式公寓""酒店式别墅"。作为开发资质条件（门槛），度假房产开发模式不断创新，在社会公共效益、生态环境效益、企业经济效益和谐统一的前提下，引进有实力的旅游企业集团，以旅游酒店、旅游景区、主题公园等旅游项目，带动分时度假、产权酒店、度假酒店、酒店式公寓、酒店式别墅、企业会所等不同类型的度假房产项目开发。

第四节　湖泊康养旅游发展趋势

随着人们对健康和生态环境的重视，湖泊康养旅游发展前景越来越受

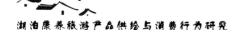

到关注。品牌化、智慧化、多元化、年轻化、可持续化，是湖泊康养旅游未来的发展趋势。

一　品牌化

旅游地的品牌个性，有助于提高旅游地的吸引力，它与旅游地功能和符号，共同构成旅游地的整体形象，有助于增强人们对旅游地的区分和识别能力，并向游客传达美好难忘的旅游体验，加强游客愉悦的旅游记忆。2016 年 6 月 10 日，国务院办公厅发布的《关于发挥品牌引领作用推动供需结构升级的意见》（国办发〔2016〕44 号）提出，将每年 5 月 10 日设立为"中国品牌日"，标志着"品牌引领作用"上升到前所未有的高度。① "中国品牌日"的设立及相关政策红利的出台，为我国康养旅游品牌化建设提供了政策支持和法律保障。

（一）品牌战略清晰化

挖掘湖泊康养旅游的文化内涵，进行科学的品牌定位。不同地区形成了不同的养生文化，在湖泊康养旅游建设过程中，必须将这些康养文化与本地的康养资源进行有效的融合，进一步提升湖泊康养旅游资源的文化内涵，在湖泊康养旅游建设过程中，不能盲目地追求西方的康养模式和康养旅游产品，否则就会影响湖泊康养旅游的定位和目标。特别是一些少数民族地区，具有悠久的养生文化，应该对这些悠久的养生文化进行系统的挖掘，将其融入湖泊康养旅游发展模式之中，创造具有地域特色的湖泊康养旅游项目，进一步提升湖泊康养旅游效果。依托湖泊旅游地自身资源特点和优势做好长远发展规划，克服追求一时利益的短视行为，依据自身个性化特征进行科学定位。

湖泊康养旅游品牌建设，需要进行充分的市场调研，依据市场行情，提升核心竞争力；借助大数据，针对不同需求特征的顾客群体进行诊断分

---

① 《国务院办公厅关于发挥品牌引领作用推动供需结构升级的意见》（国办发〔2016〕44 号），中华人民共和国中央人民政府网站，https://www.gov.cn/zhengce/zhengceku/2016 - 06/20/content_5083778.htm。

析，研究其消费观念、习惯、文化、购买能力及其心理特征等，进行精准定位，以此吸引潜在的目标客户群。[①] 未来，湖泊康养旅游要更加注重品牌化建设，通过提升知名度和口碑影响力吸引更多的康养旅游者。品牌化建设内容包括：建立湖泊康养旅游的品牌形象、推出湖泊康养旅游的产品路线、开展联合营销推广等。

（二）品牌传播整合化

首先，要创新宣传促销手段。为进一步提升湖泊康养旅游的品牌影响力，打造具有地域特色的湖泊康养旅游主题口号，除了常规宣传手段之外，还可以推出一批具有地域影响力的湖泊康养旅游视频和公众号，积极利用网络媒体和新媒体，对湖泊康养旅游形象进行系统宣传，打造良好的湖泊康养旅游品牌形象，吸引中老年游客和青少年游客。可通过为游客提供完善的康养服务，培育游客对湖泊康养旅游品牌的忠诚度，从而进一步扩大知名度。可创新系列节事活动，宣传湖泊景区的康养特色，做好与中医、体育、教育、科技、农业等多领域的相互交融、协同发展。

其次，要设置宣传奖励激励措施。通过宣传奖励的方式，让游客应用多媒体方式，记录游玩的快乐瞬间并发布到互联网上，使游客既是观光者又是宣传者。同时，邀请一批自媒体创作者，充分发挥自媒体直播平台作用，通过发布短视频、直播云游玩介绍景区和线上出售湖泊康养系列产品等方式，加强对湖泊康养品牌的宣传和康养系列产品的销售。

最后，要构建立体化推销网络。湖泊康养旅游品牌建设，需要采取多样化的营销推广手段，打造立体化的推销网络体系。一方面，要加强与政府合作交流，利用本地知名的电视台和官方报纸，对湖泊康养旅游品牌进行广泛的宣传，进一步提升湖泊康养旅游品牌在本地的知名度；另一方面，要广泛参与涉及康养旅游项目的各种推介会、展销会和各类文化活动，提升湖泊康养旅游在社会上的知名度和影响力，同时还应积极与知名的网络

---

① 张晓亮：《我国体育旅游景区品牌化建设现状及对策研究》，《河南师范大学学报》（自然科学版）2020 年第 6 期。

旅游企业进行合作，定期推送湖泊康养旅游文章。[①] 2023 年 10 月，从成都开往昆明的"阳光永仁·四季康养"宣传专列开通，专列途经乐山、峨眉、西昌、攀枝花、昆明等城市，永仁县充分发挥列车品牌效应好、客流量大、精准度高、覆盖面广的优势，推出"阳光永仁·四季康养"宣传专列，打造文旅品牌形象的"移动城市展厅"，全方位彰显"阳光永仁"的自然山水风光和历史文化之美，打造了流动的"阳光永仁·四季康养"城市品牌。[②]

（三）品牌价值差异化

首先，确定自身的独特定位。湖泊康养品牌可以通过确定自身的独特定位，如专注于特定的康养领域（如瑜伽、温泉、中医养生等）、针对特定的人群（如妇女、中年人、老年人等）、追求特定的康养效果（如放松身心、提升养生意识等），从而与对手形成差异化竞争优势；或通过独特的产品和服务特点，如提供独特的康养疗程、采用独特的康养技术和方法、提供个性化的康养服务等，从而满足消费者的个性化需求，建立独特的品牌价值；或通过强调自身的专业性和权威性，如提供由专业的康养专家和医疗团队提供的服务、拥有权威的认证和资质等，从而获得消费者的信任和认可；或通过强调自身的创新性和科技性，如采用先进的康养技术和设备、结合互联网和智能科技提供个性化的康养服务等，从而吸引消费者的关注和选择。

其次，打造标志性景观符号。利用标志性生态湖泊康养资源，打造当地最具代表性的核心旅游景观，使地方生态康养文化符号向地方旅游符号转化。一般来说，单一的标志性生态康养文化景观，对当地经济的拉动作用很有限，但当其通过景观集群形成集聚优势时，拉动作用就会明显增强。所以将标志性生态康养文化遗存打造为核心旅游景观后，还应在其文化影响区内，充分挖掘与之相关的生态康养文化元素，通过主题文化、景区提

① 颜廷利：《我国乡村养生旅游景点的类型选择与旅游品牌建设研究》，《农业经济》2021 年第 10 期。
② 《打造移动新名片｜"阳光永仁·四季康养"宣传专列开通啦》，永仁县人民法院网站，https://m.thepaper.cn/baijiahao_25033628。

升、创意设施、风貌改造、景观打造等形式，使标志性旅游景观与周边的生态康养文化景观，共同组成生态康养文化旅游符号系统。

最后，构建康养旅游体验场景。一是可以打造地标式康养旅游体验场景。通过灯光、投影、声音等高科技手段，配以地标式建筑、景观小品、雕塑、观景塔等实物，营造出具有视觉刺激的旅游场景，从而满足游客的审美体验，为游客提供独特的康养旅游拍照打卡地。二是可以打造主题式和演艺式康养旅游体验场景。主题式康养旅游场景通过生态康养文化元素使游客产生意向和情感。如打造康养旅游交流会，通过养生技巧、旅游心得、健身感悟、生态康养元素形成的场景汇等，在讲述故事的同时，使游客获得价值满足感。

二　智慧化

未来湖泊康养旅游将更加智慧化，即利用现代科技手段，为游客提供更加便捷和高效的康养服务。例如，利用智能手环、智能健身器材等设备，为游客提供更加个性化的健身计划和健康管理服务，利用虚拟现实技术，为游客提供更加身临其境的康养体验，将智能信息技术运用在老年健康护理领域，围绕老年人的健康管理、生活照料、安全保障以及应急救助等需求提供服务。[1]

（一）管理智慧化

首先，推动养老服务数字化改革。开发智慧养老院数字化综合应用，老年人通过远程问诊、VR 全景导览以及数字孪生元宇宙技术，可获得慢性病管理、用药管理、健康饮食等方面的建议[2]，还可以通过元宇宙启用虚拟医生，在老年健康护理中，进行远程医疗健康咨询与诊疗服务，老年患者无论在养老机构还是在家里，都可以在虚拟诊室里进行健康咨询。未来的智慧康养将无缝对接医院、社区和居家养老服务，帮助老年人在元宇宙与

---

[1]　董雪：《智慧居家养老服务设计研究》，硕士学位论文，山东大学，2020，第 8 页。
[2]　《"数字孪生"、"元宇宙" 杭州这家养老院有多智慧？》，浙江网信网，https://www.zjwx.gov.cn/art/2022/9/21/art_1673581_58872155.html。

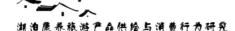
家人、朋友亲密互动,实现先进医疗与养老护理服务的高度融合。①

其次,建设智慧健身中心。这既是我国健身智慧化发展的基层实践,也是构建更高水平康养服务体系的重要环节。通过链接信息平台、更新智能器材、创设智慧场景等数字化手段建设智慧健身中心,是发展"康养+健身"的创新思路,也是提供康养智慧化服务、推动康养智慧化发展的基础路径。2018 年以来,各地体育部门以智慧社区健身中心为着力点,不断探索利用大数据、物联网等数字技术,优化社区体育服务、升级社区健身空间,促进全民健身智慧化发展。据不完全统计,目前已有 14 个省份 31 座城市开展了智慧社区健身中心建设试点。② 智慧社区健身中心的建立,为康养智慧化建设铺垫基石,在康养发展的大环境下,智慧化健身中心与智慧化康养服务融合得更加紧密。

(二)服务智慧化

一方面,构建智慧康养平台。智慧康养服务围绕"康养"构建智慧康养平台提供智能穿戴设备,应用数据挖掘技术向用户提供个性化、精准化、人性化的康养服务。③ 国家"十四五"规划将推动更多医疗康复资源进入康养服务领域,整合康养服务资源,建设康养联合体,预防和延缓老年人失能失智、促进功能恢复、改善自理能力。2015 年,绍兴市利用现代科技手段和物联网技术,率先在绍兴市越城区试点运行老年"幸福安康一键通"服务平台,在老年人家里安装此平台,为居家老人提供生活照料服务、家政服务、生活陪护服务、应急服务等,绍兴市越城区成为全国智慧居家养老服务领域的首个服务标准化试点。④

另一方面,重构智慧康养体系。智慧康养元宇宙的核心技术支撑包括

① 王培刚、邓世康:《健康元宇宙:理想与现实》,《光明日报》2022 年 12 月 1 日,第 14 版。
② 唐佳懿、王志华、傅钢强等:《我国智慧社区健身中心的建设模式、关键问题及路径优化》,《体育学研究》2023 年第 1 期。
③ 张燕、杜红乐:《产业链视角下智慧康养发展对策研究——以商洛市为例》,《现代营销》(下旬刊)2023 年第 3 期。
④ 王平、刘华:《基于标准体系的规范化智慧养老平台建设》,《信息技术与标准化》2019 年第 6 期。

互联网、大数据、5G 通信技术，物联网、云平台、VR（虚拟现实）、AR（增强现实）及 MR（混合现实）等，通过连接虚拟与现实，重构智慧康养体系①，打破物理世界的各种壁垒。借助智能传感设备以及虚拟现实或增强现实技术，可以实现现实世界与虚拟世界的各种交互，从而实现对康养人员的日常生活照料，如取物送餐、健康监测、远程医疗、情感交流以及身心健康维护与精神层面的全方位护理等。智慧康养元宇宙是顺应人工智能时代发展而产生的，通过智能传感设备、5G 信息技术，物联网技术、大数据、人工智能以及虚拟现实或增强现实等设备的有机结合，为康养人员提供虚实结合的多样化康养服务，实现康养服务的多样化，是解决人口老龄化加速发展背景下康养服务人力等资源短缺以及康养方式困难的必然选择。2023 年杭州西湖区建立的云养护系统，可以制定居家康养服务信息化设施设备指导清单，根据老年人身体、居住等情况选择设备。平台采集老年人身体评估等情况，后台人工座席 24 小时值守，为 60 岁以上失能失智、独居孤寡老人提供智慧三件套、离园提醒等服务，通过数字赋能，为老年人提供智能手环，实现应急救护"一键直达"，把服务从被动发现变成主动感知。全区发放智慧养老终端 2.8 万余台，在适老化改造家庭等项目中，安装 7700 余件生命体征活动监测、智慧安防设备，2023 年收到并处置紧急呼叫 10 人次、安防报警 106275 次、生活类服务呼叫 26452 万人次（其中订餐服务 8685 人次）。②

（三）营销智慧化

一方面，提升用户体验感和满意度。康养营销智慧化，通过数据驱动的市场调研和用户洞察、个性化的营销策略和推广渠道、智能化的预订和体验管理、数据驱动的服务优化和品牌建设、用户参与和互动体验等手段，提升康养旅游产品和服务的营销效果和用户体验。智慧康养元宇宙需要在虚拟世界中进行真实世界的交互，且需要通过医学、护理学、人工智能、

① Zeng, Y. C., Zeng, L. H., Zhang, C., et al., "The Metaverse in Cancer Care: Applications and Challenge", *Asia-Pacific Journal of Oncology Nursing*, Vol. 9, No. 12, 2022.

② 《杭州市西湖区打造"浙里康养"医养融合西湖模式》，杭州市民政局，http://society.sohu.com/a/700339254_121106832。

大数据等形成学科汇聚，收集和分析用户的消费行为、偏好和需求，了解用户的康养需求和关注点，精准定位目标市场和优化康养产品设计，通过精准的临床研判，提供科学的临床实证，并能解决消费者的健康需求。制定个性化的康养营销策略，包括定制化的产品推广、精准的目标用户定位、个性化的内容营销等。服务结束根据数据分析和用户反馈，不断优化康养旅游产品和服务，提升用户体验和满意度。后期通过智能科技，如虚拟现实、增强现实等，为用户提供参与性和互动性的康养体验，增强用户的参与感和忠诚度。同时，通过社交媒体和在线社区等渠道，促进用户之间的互动和分享，扩大康养旅游的社交影响力。

另一方面，加强智慧康养人才培养。对护理、计算机、大数据、人工智能等专业知识和实践环节进行统筹整合，构建"深度学科交叉人才培养"模式，即打造智慧康养应用技术的开发和智慧康养护理专业培养平台，形成护理与计算机、大数据分析、智能计算、康养软件、康养大数据以及康养机器人等实训模块的医工理文交叉特色专业群，开展面向智慧康养人才培养与应用的全方位服务。智慧康养元宇宙还需注重人才创新创业能力培养，加强与健康产业的康养头部企业、政府机构以及行业协会的产学合作，积极搭建智慧康养创新创业平台，建设大学生科技创新与竞赛基地、产教融合大学生创业基地，架起协同育人桥梁。通过聚焦康养服务领域的问题和痛点，围绕智慧康养产品设计、服务开发，开展科技创新服务，培养高素质应用型智慧康养护理人才。①

三　多元化

湖泊康养旅游将朝着多元化的方向发展，即不同的旅游目的地将会提供不同的康养服务和体验，以满足不同游客的需求。康养旅游作为一种重要的康养载体，需要适应市场的变化，跨产业融合发展，并将康养与自然、人文相结合，推动康养旅游产品元素的多元化。

---

① 　曾迎春、曾玲晖：《健康老龄化视域下智慧康养元宇宙的应用现状、挑战与对策》，《护理学报》2023 年第 14 期。

（一）产业多元化

2016 年 10 月，中共中央、国务院发布的《"健康中国 2030"规划纲要》，从产业、业态、模式三个层面提出推进康养产业与旅游、互联网、健身休闲、食品等众多产业结合，助力康养旅游跨产业和泛行业发展。个人无法脱离社会而存在，在"互联网+"时代背景下，社群旅游能够很好地为游客提供社交、定制、分享的途径。周思文通过数据分析，得出社群人员对于社群有着社群认同及社群忠诚，能够吸引初次参与康养旅游的游客，更好地营造良好的旅游氛围，同时与其他产业产生联系。[①] 湖泊康养这一概念涉及多个产业，因此需要各行各业的积极加入和有机融合，才能促进我国湖泊康养产业的全面发展，为我国湖泊康养群体提供更加完善的产品和服务。而通过对康养市场中的基础设施、服务机构的深度调研发现，当前在康养市场，金融、医疗、地产等跨领域的合作已十分常见，跨产业正积极参与、有机融合。

（二）产品多元化

根据市场需求创新特色化康养旅游产品，是国内康养旅游产业成功的重要经验。随着旅游者的日渐成熟和旅游需求的提升，国内康养旅游产业从康养旅游产品类型、产品功能、产品形式等方面，进行特色化创新[②]，构建了特色化的康养旅游产品体系。在康养旅游产品类型方面，国内康养旅游已形成养老旅游、养生旅游、体育休闲旅游、医药健康旅游等完整产品类型，并沿着大类产品深度开发子类康养旅游产品。在康养旅游产品功能方面，国内康养旅游创新食、住、行、游、娱、用、医、养、学等全方位产品功能，更好地满足康养旅游者的复合型旅游需求。在康养旅游形式方面，信息化、智能化高科技广泛运用于康养旅游产品创新，主题文化的植入使得国内一些地方的康养旅游产品具有鲜明的地域化和差异化特色，逐渐形成具有市场效应的康养旅游特色品牌。

[①]　周思文：《社群旅游体验与社群忠诚的关系研究》，硕士学位论文，北京交通大学，2021，第 7 页。

[②]　陈雪钧、李莉、付业勤：《旅游养老产业发展的国际经验与启示》，《开发研究》2016 年第 5 期。

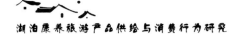
（三）服务多元化

湖泊康养服务的多元化是指，在湖泊旅游中提供丰富多样的康养服务和健康管理项目。随着人们健康意识的提升和对美好生活的追求，越来越多的湖泊旅游目的地开始注重康养服务的发展，为游客提供更全面、更专业的健康养生体验。湖泊康养服务的多元化表现在健身运动方面，除了传统的步行、骑行、划船等活动，越来越多的湖泊旅游目的地开始提供更多样化的康养运动项目，如水上瑜伽、帆船、皮划艇、踏水自行车等。这些项目既能够提高游客的身体素质和运动能力，又能够让游客在湖光山色的环境中享受运动的乐趣。健康管理方面，很多湖泊旅游目的地建设了专属的康养中心和SPA中心，提供高品质的按摩、桑拿、美容、养生餐等服务。游客可以在专业理疗师的指导下，享受舒缓压力、减轻疲劳的护理服务，同时能够通过健康的饮食以保持良好的身体状态。文化康养方面，很多湖泊旅游目的地将传统文化与康养旅游相结合，推出了丰富多样的文化体验项目，如传统文化学习、艺术展览、手工制作等。这些文化康养项目，不仅能够促进游客身心的放松和愉悦，还能够增加游客对湖泊地区的了解和认同感。

四 年轻化

从国民整体健康状况的角度来看，早在2016年，世界卫生组织就明确指出，中国亚健康人数占中国总人口比例高达70%。[①] 近年来，亚健康人数不仅持续增长，还逐渐呈年轻化的发展趋势。

（一）客群年轻化

康养旅游由传统的养身概念扩展到包含健康、亚健康、病患等全人群的概念。对于健康群体而言，最主要的康养需求就是通过康养健身、度假休闲、文化研学来达到修身养性的目的。对于亚健康群体而言，康养需求主要集中在身心、情感方面的生态医疗、康复运动、心理咨询等。病患群

---

① 《"广州街坊"看过来！〈2022版广州城市人群健康报告〉发布，这些养生重点你"养"对了吗？》，搜狐网，https://www.sohu.com/a/580321005_118622。

体则更多地需要通过临床治疗和养护来提高健康水平。可以发现，在大健康时代，人们对于养生和健康的需求已不单单是治疗，而是表现在"四结合"——预防、治疗、修复、康养。传统意义上的康养，局限在养老的范畴内，但是随着人民生活水平的提高，康养已经发展到了"泛康养"的层次。康养也不再是老年人的专属，不同年龄阶段的人群有不同的康养需求，除了传统意义上的老年人群体，儿童、青少年的康养市场也在不断扩大。同时，随着不同年龄阶段人群康养需求的增加，康养旅游产品也会不断迭代更新。特别是在疫情防控常态化时期，康养的概念正在迅速普及，不仅仅局限在老年人群体中。湖泊康养旅游的发展需要与时俱进，从传统的治疗拓展到预防与修复，扩大湖泊康养旅游项目的功能覆盖面，推动康养旅游产品元素年轻化发展。[①]

（二）消费年轻化

疫情迫使人们重视卫生和健康，疫情期间，卫生防护成为最重要的防护措施。因此，疫情结束后，人们开始追求更高的卫生标准，社会上出现了很多新服务和新产品。同时，年轻人也开始更加关注自己的身体健康，有意识地加强锻炼、保持良好的睡眠和饮食习惯，开始注意到养生的重要性。这些认识和行动变化会在未来持续，关注健康将成为年轻人的一种新的生活方式。疫情给人们的生活带来了巨大的影响，疫情结束后，年轻人的旅游意向和消费意向高涨，伴随健康养生思想的转变，康养旅游成为年轻人的不二之选。因此，康养旅游正逐步朝着年轻化的态势发展。

年轻人对于康养旅游的认识逐渐增强，他们希望通过旅游来放松心情、减轻压力、品尝美食、参加体育运动、增加生活体验等。在此基础上，康养旅游可以让他们的身心健康达到更高的要求、让年轻人体验更优质的旅游服务。康养旅游通过以下五点满足年轻人的旅游需求，也让康养旅游逐步被更多的年轻人熟知。一是健康饮食，在疫情防控常态化时期年轻人特别注重健康饮食，他们希望在旅行中能够享受美食的同时，也能选择健康的饮食，如有机食品、素食等。二是自然环境，当代年轻人出游的主要目

---

① 周佰豪：《后疫情时代康养旅游发展趋势及路径探究》，《西部旅游》2023 年第 6 期。

的是放松自我、远离都市、开阔眼界、寻找放松灵魂的去处，但出游也并非全为被动地缓解各种压力，还为了主动亲近大自然；当代年轻人出游是以自我感受为主，追求轻松、愉悦的精神享受与生活方式。从当代年轻人出游的景点选择来看，由于厌倦了都市的生活节奏与生活环境，当代年轻人出游普遍选择海边和水镇等景点，这些景点景色秀美，节奏缓慢，非常适合放松与亲近大自然，符合年轻人的出游目的。[①] 三是健身运动，年轻人热衷于健身运动，他们希望在旅行中，能够有机会参与各种户外运动，如徒步、登山、瑜伽、潜水、桨板等，不仅能娱乐身心，而且能提升身体素质。四是文化体验，年轻人对于文化体验的需求也很高，他们喜欢了解当地的历史、传统文化，并参与到当地的文化活动中去。五是身心放松，年轻人对于心灵放松也有较高的需求，他们希望通过旅行来放松心情、减轻压力，如选择温泉、SPA、冥想等项目。

（三）营销年轻化

一是便捷式康养产品。年轻康养消费群体，因为工作忙碌和追求时间空间上的自由，更倾向于选择一些更加便捷，让自己"很懒"就可以触手可及的康养方式。因此，需要抓住该类群体的痛点需求，通过新消费理念和挖掘康养产品新功能，打造创新型康养产品。其一，可以打造滋补和医药类产品，抢占市场；其二，可以通过将康养与农业结合的方式，打造康养休闲零食和食疗康养产品。迎合年轻人便捷式的康养消费理念，将康养产品渗透到年轻人的日常生活。

二是打造高颜值产品。当下的年轻群体更加崇尚颜值经济，康养旅游产品供给应遵循"颜值主义"，在各类产品包装上下功夫。一方面，输出的康养产品需要通过精致、高颜值的包装设计，戳中年轻人的审美点，促使他们进行消费；另一方面，需要通过年轻康养群体经常使用的平台，展示高颜值的康养项目地环境，驱使他们有想要前往项目地的想法。无论是对于项目还是项目品牌来说，高颜值不仅会产生"溢价效应"，而且还能以视

---

① 王舒瑶：《当代年轻人出游目的与旅游景点选择研究》，《旅游纵览》（下半月）2018年第14期。

觉冲击力第一时间俘获年轻人的心，驱使他们产生消费行为。

三是趣味康养体验。相对于中老年康养群体，在互联网时代成长起来的年轻人，思维比较活跃，追求个性和趣味，相对爱玩，在康养体验上，自然也追求新奇和有趣。例如，草药达人、健身太极、食物相克等众多传统中医康养观念，在"80后""90后"中的传播速度更是远超想象。而且相对康养产品品质需求来讲，该类群体更在乎康养体验产品的独特性和服务态度。

四是国潮文化康养。随着国家经济的日益强盛和中国传统文化的复兴，以及年轻群体文化自信的树立，年轻群体更加喜爱和注重国潮文化（传统文化+现代创新），反射到康养产品体验也是一样，年轻人更注重康养体验产品背后的国潮文化符号。因此，需要深入挖掘儒、释、道等宗教养生文化、地方养生文化等的内涵，将其融入康养产品的打造中，让线下的沉浸式国潮康养体验，成为占领年轻消费者心智的新进路。①

五　可持续化

湖泊康养旅游将更加注重可持续化发展，即注重环境保护和资源利用的可持续性。可持续化发展包括推广低碳出行、减少浪费、保护自然环境等方面，最终推动湖泊康养旅游产业规范化、特色化、可持续化发展。

（一）社会可持续性

可持续化发展的理念最早于1990年被引入旅游业中，是指既满足当代人的需要，又不对后代人满足其需要的能力构成威胁的发展。健康是人类生存和发展的先决条件，是人类可持续发展的重要目标。资源与环境是可持续发展的重要内容，资源包括自然资源和人文资源，环境包括生态环境、经济环境、社会环境等。② 湖泊类旅游度假区对自然环境和人文环境要求较高，是一处敏感性较高的游憩目的地。早期的旅游开发片面地追求经济效

---

① 《年轻群体才是康养 C 位，康养项目该如何吸引他们？》，搜狐网，https://www.sohu.com/a/445522439_120086998。

② 龚胜生、罗媞：《论人类健康可持续发展》，《地理与地理信息科学》2005 年第 3 期。

益，对社会、生态、文化等方面考虑欠缺，而基于健康理念的湖泊旅游度假区的开发则是以度假区的可持续发展为目标，来为游客营造一个环境健康、社会健康、人群健康的度假空间。湖泊旅游度假区通过让游客树立人与人、人与自然、人与社会和谐相处的观念，来实现湖泊旅游度假区的健康有序发展。

（二）生态可持续性

湖泊康养旅游的核心资源是湖泊，保护湖泊生态环境是湖泊康养游客必须具备的意识。以湖泊生态环境为基础的康养旅游，目的是促进游客的身心健康。在发展湖泊康养旅游的过程中，康养旅游企业需要深刻认识湖泊水环境的特点，使自然景观的保护与人工景观的开发相协调，合理利用我国丰富的湖泊资源，保证湖泊资源的可持续化发展。同时，结合中医药文化，大力开发中医药与湖泊康养服务相结合的产品。此外，康养旅游企业要努力推动药用野生动植物资源的保护、繁育及利用，加强湖泊康养食材、中药材种植培育，以及湖泊及周边环境的食品、饮品、保健品等的研发、加工和销售。

（三）经济可持续性

国内各省份依据自身的优势与产业实际，因地制宜地选择不同的经济发展模式，形成各具特色的发展道路。具有湖泊康养旅游资源禀赋优势的地区，选择开发特色湖泊康养旅游发展模式；经济发达和湖泊旅游市场基础好的地区，选择资本驱动湖泊康养旅游产业发展模式；湖泊旅游产业基础较好的地区，选择"传统旅游+康养旅游"的融合发展模式；健康产业基础好的地区，选择"健康产业+旅游产业"的产业转型发展模式。不同发展模式的共同点在于，国内各省份有效地将地方优势与康养旅游进行嫁接与整合，实现了湖泊康养旅游的借势创新发展，从而探索出了众多具有活力和特色的地方湖泊康养旅游发展道路，实现了当地经济的可持续发展。

第四章
湖泊康养旅游供给研究

康养旅游的多目的性和多因性使其具备独特的发展潜力。康养旅游不仅能带动旅游产品更新升级、拉动旅游市场消费，还有利于旅游产业结构调整、促进业态跨界融合，已成为旅游市场中的新锐力量。从供给角度而言，我国旅游发展已从数量规模增长阶段步入高质量发展阶段，推进旅游产业融合发展是旅游业转型升级的着力点，"健康+旅游"产业融合模式得到快速发展，健康旅游产业领域也发生了重大变化，如产业覆盖领域扩大、产业边界不断拓展、产业融合不断深化、旅游新业态不断涌现。[①] 在这样的背景下，势必要求对湖泊康养旅游的供给体系进行重新审视，从不同角度分析概括湖泊康养旅游产品供给的特殊性，以求湖泊康养旅游的发展更加契合市场要求，并发挥其经济价值与生态效益。

第一节　湖泊康养旅游供给概述

供给和需求是一组相对应的概念，马克思认为供给是指在一定时期内不同的价格条件下，愿意而且能够提供出售的商品或服务数量。[②] 在供给的经济学解析基础上，学者对旅游供给的概念进行探讨，我国一些代表学者达成了较为一致的认识，认为旅游供给反映了旅游产品的数量与价格的关

---

① 张辉、成英文：《中国旅游政策供需矛盾及未来重点领域》，《旅游学刊》2015 年第 7 期。

② 〔德〕马克思：《资本论》，郭大力、王亚南译，上海三联书店，2009。

系，即一定时期内旅游目的地以一定的价格，愿意并且能够向旅游市场提供的旅游产品的数量。而伴随旅游业的发展，湖泊康养旅游的供给端的不断革新也在深入进行，单单追求旅游供给数量并不能满足旅游者的休闲和康养需求，旅游者在考虑旅游价格与数量关系时，开始注重考虑湖泊康养旅游供给的质量，注重供给的有效性。由此，本节深挖湖泊康养旅游的概念内涵，阐述其特征意义，辨别其类型方式，丰富了湖泊康养旅游供需研究的理论成果。

一 湖泊康养旅游供给的概念

（一）概念提出

国外学者对湖泊康养旅游供给的研究主要包括旅游用水、气候环境、住宿、交通对旅游供给的影响方面。Kent 等[1]、Gössling 等[2]分别研究了地中海地区岛国马洛卡水供应紧缺对旅游业发展的制约、旅游聚集区水资源有限供给与需求的矛盾问题。ELLs 从康养餐饮供应对康养旅游发展的影响进行了探讨。[3] Lee 和 Huang[4]、Csete 和 Szécsi[5]着重探讨舒适的气候、设施及其变化对旅游供给，尤其是生态环境脆弱地区的旅游供给的影响。Lundmark 和 Müller 对瑞典湖泊、森林等自然旅游资源供给难以满足旅游需求进行了探讨。[6] Albalate 和 Bel 以欧洲城市数据库为基础，指出旅游者对城市公共交

① Kent, M., Newnham, R., Essex, S., "Tourism and Sustainable Water Supply in Mallorca: A Geographical Analysis", *Applied Geography*, Vol. 22, No. 4, 2002.
② Gössling, S., Peeters, P., Hall, C. M., et al., "Tourism and Water Use: Supply, Demand, and Security. An International Review", *Tourism Management*, Vol. 33, No. 1, 2012.
③ Ells, H., "The Impact of Future Food Supply on Food and Drink Tourism", *The Future of Food Tourism: Foodies, Experiences, Excklusivity, Visions and Poliical Capital*, Vol. 71, No. 62, 2015.
④ Lee, C. F., Huang, H. I., "The Attractiveness of Taiwan as a Bicycle Tourism Destination: A Supply-side Approach", *Asia Pacific Journal of Tourism Research*, Vol. 19, No. 3, 2014.
⑤ Csete, M., Szécsi, N., "The Role of Tourism Management in Adaptation to Climate Change—a Study of a European Inland Area with a Diversified Tourism Supply", *Journal of Sustainable Tourism*, Vol. 23, No. 3, 2015.
⑥ Lundmark, L., Müller, D. K., "The Supply of Nature-based Tourism Activities in Sweden", *Tourism: An International Interdisciplinary Journal*, Vol. 58, No. 4, 2010.

通供给的需求不断增强与公共交通服务供给的现实短缺之间的矛盾，及其对湖泊康养旅游供给造成的诸多负面影响。[1]

我国最早从旅游供给角度研究旅游业发展问题的是张广瑞，1988 年在旅游营销活动的研究中，他将旅游活动分为旅游供给和旅游需求两个系统，深入讨论了如何将旅游供给各部门进行组合才能使旅游者在数量、质量和时间、空间上获得最大满足。[2] 而湖泊康养旅游供给概念少有人提，鉴于此，结合上述研究，本书将湖泊康养旅游供给定义为：在一定条件和一定价格水平下，湖泊康养旅游经营主体愿意并且能够向旅游市场提供的湖泊旅游产品、康养旅游产品和其他旅游产品的数量（见图 4-1）。其特点是，一要有出售的意愿，二要有供应旅游产品的实际能力。

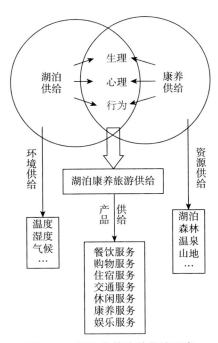

图 4-1　湖泊康养旅游供给要素

①　Albalate，D.，Bel，G.，"Tourism and Urban Public Transport：Holding Demand Pressure Under Supply Constraints"，*Tourism Management*，Vol. 31，No. 3，2010.

②　奥格尼恩·巴基奇、张广瑞、杨冬松：《在旅游供给计划中旅游营销活动的协调》，《旅游学刊》1988 年第 4 期。

（二）演化历程

国内外湖泊康养旅游供给转变的历程是一个渐进的过程，经历了多个阶段。下面将从早期探索阶段、逐渐发展阶段、创新提升阶段和完善拓展阶段四个方面，阐述这一历程。

1. 早期探索阶段

在湖泊康养旅游的早期探索阶段，国内外相关研究和实践项目较少。然而，一些有远见的学者和旅游开发商，开始关注到湖泊资源对旅游者的健康和养生作用。① 他们认为，湖泊地区的优美环境、清新空气、水质资源等要素，会对人体健康产生积极影响，因此提出将湖泊地区作为康养旅游的目的地。② 这一阶段的研究和实践，主要集中在湖泊资源的开发和保护方面，为后来的湖泊康养旅游发展奠定了基础。

2. 逐渐发展阶段

随着社会经济的发展和人们生活水平的提高，湖泊康养旅游逐渐受到更多关注。在这个阶段，湖泊康养旅游的规模逐渐扩大，旅游人数逐年增加。同时，越来越多的湖泊资源得到开发，以满足日益增长的游客需求。这个阶段的发展主要集中在旅游资源的开发和旅游设施的建设方面，旅游目的地也从单一的湖泊扩展到湖泊景区、湖泊城市等。③

3. 创新提升阶段

人们开始从更加新颖的角度来审视湖泊康养旅游。这个阶段出现了许多创新和提升，主要体现在以下几个方面。

产品供给的创新④：针对游客需求，开发出更多新颖、富有创意的湖泊康养旅游产品，如健康养生类旅游产品、户外拓展类旅游产品、文化体验类旅游产品等，极大地丰富了湖泊康养旅游的产品体系。

① 邓小海：《旅游精准扶贫研究》，博士学位论文，云南大学，2015，第136页。

② 孔令怡、吴江、曹芳东：《环渤海地区沿海城市滨海养生旅游适宜性评价研究》，《南京师大学报》（自然科学版）2017年第2期。

③ 黄震方、陆林、苏勤等：《新型城镇化背景下的乡村旅游发展——理论反思与困境突破》，《地理研究》2015年第8期。

④ 杨学儒、杨萍：《乡村旅游创业机会识别实证研究》，《旅游学刊》2017年第2期。

管理供给的优化[1]：在湖泊康养旅游管理方面，逐渐引入现代化管理理念和技术手段，提高了旅游管理的效率和质量。例如，采用智能化的旅游管理系统，实行客流控制和环境监测等措施，以保障游客的安全和保护湖泊生态环境。

服务供给的提升[2]：加强旅游服务设施建设，提高旅游服务水平。包括住宿、餐饮、医疗、紧急救援等方面的服务，使游客在湖泊康养旅游过程中得到全方位的照顾和安全保障。

4. 完善拓展阶段

在这个阶段，人们意识到湖泊康养旅游不仅是一种旅游形式，而且是一种生活方式和健康理念。因此，这个阶段主要在以下几个方面进行了完善和拓展。

旅游理念的转变：将湖泊康养旅游提升到更高的层次，强调人与自然的和谐共生，注重旅游者身心健康的全面提升。[3] 将湖泊康养旅游与可持续发展、绿色生活等理念相结合，使其成为一种更加时尚、健康的生活方式。

旅游资源的开发：进一步深入开发湖泊资源，挖掘湖泊文化、湖泊历史等潜在价值。同时，拓展湖泊康养旅游的产业链条，开发与湖泊相关的衍生产品，以满足不同游客的需求。[4]

生态保护的强化：加强湖泊生态环境的保护，实现湖泊康养旅游的可持续发展。[5] 注重水资源保护、水生态修复、生物多样性保护等方面的工作，确保湖泊康养旅游不会对生态环境造成负面影响。

综上所述，国内外湖泊康养旅游供给转变的历程是一个不断探索、发展和创新的过程。经过早期探索阶段、逐渐发展阶段、创新提升阶段和完

---

[1] 范建华、秦会朵：《文化产业与旅游产业深度融合发展的理论诠释与实践探索》，《山东大学学报》（哲学社会科学版）2020 年第 4 期。

[2] 沈克印、杨毅然：《体育特色小镇：供给侧改革背景下体育产业跨界融合的实践探索》，《武汉体育学院学报》2017 年第 6 期。

[3] 曹净植、伍海泉：《社会共生视角下的森林康养》，《林业经济》2020 年第 9 期。

[4] 周萌：《扬州市休闲农业发展现状、问题及对策》，《贵州农业科学》2020 年第 7 期。

[5] 刘彦随：《中国新时代城乡融合与乡村振兴》，《地理学报》2018 年第 4 期。

善拓展阶段，湖泊康养旅游已经逐渐成为一种新兴的旅游形式和生活方式，为人们提供了更加健康、舒适的旅游体验。在未来的发展中，随着理念的不断转变和技术的不断创新，湖泊康养旅游还会继续拓展其内涵和外延，为游客带来更多元化、更高质量的旅游体验。

二 湖泊康养旅游供给的内涵

（一）湖泊康养旅游供给以需求为前提

1. 需求特征

首先，需求量大。随着我国经济社会的发展，人民生活水平的提高，国民对健康和身体素质的提升需求不断增强。同时，我国将步入老龄化社会，老龄化问题日益加剧，这些都为湖泊康养旅游提供了巨大的市场。目前，我国 70% 的人处于亚健康状态，15% 的人处于疾病状态，17% 的人属于60 岁以上的老年人口（见图 4-2）。未来 10 年，各种慢性疾病将爆发式地迅速扩展到每一个家庭。[①] 另外湖泊康养旅游的需求主体还包括 1.09 亿中产阶级中的追求高品质生活的健康人群。

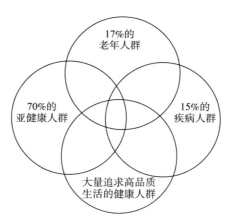

图 4-2　湖泊康养旅游需求人口构成

其次，需求多元化。包括但不限于对健康养生的需求。这是湖泊康养

---

① 邓三龙：《森林康养的理论研究与实践》，《世界林业研究》2016 年第 6 期。

旅游的核心需求，是游客对健康和养生的需求。游客在湖泊地区，可以享受到优美的自然环境、清新的空气和优质的水资源，这些都有利于身心健康和养生。对休闲度假的需求，湖泊康养旅游可以满足游客对休闲度假的需求。在湖泊景区，游客可以参加各种休闲活动，如垂钓、划船、露营等，也可以在湖畔的度假村或民宿中享受宁静的假期。对文化体验的需求，许多湖泊有着丰富的文化内涵和历史背景，如西湖、鄱阳湖等。游客可以在湖畔参观文化古迹、品味当地特色文化，也可以参加各种文化活动，如茶艺、书法、绘画等。对自然探索的需求，湖泊周围自然环境优美、生态丰富多样，是探索大自然的好去处。游客可以在湖畔进行生态观赏、徒步探险等活动，也可以在湖中开展各种水上运动和探险活动。对观光游览的需求，湖泊作为一种独特的自然景观，吸引了大量游客前来观光游览。游客可以在湖畔欣赏湖泊的美景，也可以在湖中乘船游览，观赏湖中的小岛和景点。

2. 供给内涵

休闲、健康需求是湖泊康养旅游供给的基本前提条件[1]，湖泊康养旅游生产经营单位和部门，必须以旅游者的需求层次和需求内容为客观要求，建立起一整套适应旅游活动需要的湖泊康养旅游供给体系，保证提供旅游活动需要的全部内容。一方面，人类的需求总是以一定的物质为基础的，湖泊康养旅游供给的资源和设施就是需求的物质基础[2]；另一方面，旅游又是一种社会生产活动，湖泊康养旅游供给要以需求作为立足点和依据。在提供湖泊康养旅游产品的时候，要对需求的动向、内容和层次进行必要的调查研究和预测，结合制约湖泊康养旅游供给的其他条件制订计划，组织湖泊康养旅游产品生产，达到实现湖泊康养旅游供给的目的。

（二）湖泊康养旅游供给以产品为核心

1. 产品特征

健康养生的环境。湖泊康养旅游目的地的环境优美、空气清新、水质

---

① 吴后建、但新球、刘世好等：《森林康养：概念内涵、产品类型和发展路径》，《生态学杂志》2018年第7期。

② 刘彦随：《中国新时代城乡融合与乡村振兴》，《地理学报》2018年第4期。

清澈，为游客提供了良好的健康养生环境。在这样的环境中开展各种康养旅游活动，如瑜伽、冥想、疗愈等，能够有效地缓解身体疲劳、舒缓心理压力。

多样化的康养活动。湖泊康养旅游产品包含了多种多样的康养活动，如湖泊游船、湖畔瑜伽、冥想、疗愈、温泉等。这些活动不仅能够让游客感受到湖泊康养旅游的独特魅力，还能够满足不同游客的需求和喜好。

文化内涵和历史背景。许多湖泊有着悠久的历史和丰富的文化底蕴，游客可以在游览湖泊的同时了解其历史文化，从而更加深入地体会其构景元素的独特性和美学价值。湖泊是由湖盆、湖水及水中所含的物质、有机质和生物等组成的，它作为风景旅游资源以不同的地貌类型为存在背景，因水体的形、影、声、色、奇等构景元素而具有强烈的美感和游览观赏价值。湖泊景观具有较高的美学价值，湖泊是风景名胜区的重要构景元素。对绝大多数景区而言，湖泊是构成其美学价值不可或缺的一部分。秀丽的湖光可以为山色增辉，从而形成山清水秀、山水一体、交相辉映的整体效果，使得自然风光绚丽多姿，充满诗情画意。例如，中国的洱海与苍山、天山天池与博格达峰、长白山天池与长白十六峰、肇庆星湖与七星岩等，都是山水交相辉映的旅游目的地。

2. 供给内涵

虽然休闲、健康需求决定了湖泊康养旅游供给的方向、数量和质量，但这仅仅是一种前提条件。要真正体现湖泊康养旅游供给，必须同时具备湖泊康养旅游经营者愿意出售以及有可供出售的湖泊康养旅游产品这两个条件。[①] 这种旅游供给同旅游需求一样，是相对于旅游产品的价格而言的，即在特定的价格下，总有特定的旅游产品供给量与之相对应，并随着价格的变动而相应变动。同时，湖泊康养旅游产品的供给，不仅仅是单个旅游产品数量的累加，而是综合地反映了旅游产品的数量多少、质量高低。因此，要提高湖泊康养旅游供给，不能只抓旅游产品的数量，更重要的是提

---

① 于贵瑞、杨萌：《自然生态价值、生态资产管理及价值实现的生态经济学基础研究——科学概念、基础理论及实现途径》，《应用生态学报》2022 年第 5 期。

高湖泊康养旅游产品的质量，要在独特的自然与人文旅游资源的基础上，提高服务质量和旅游设施水平，如此，才能增加有效供给，更好地满足市场的需求。

（三）湖泊康养旅游供给以资源为基础

1. 资源特征

湖泊康养旅游的资源特征主要包括湖泊自身的自然风光、周边生态环境、水体和周边环境的交互作用产生的景观、文化底蕴以及医疗保健资源等。这些特征使得湖泊康养旅游不仅可以让游客欣赏湖泊的自然美景，同时也能满足其对于健康、休闲和文化认知的需求。湖泊的清澈水质、宁静氛围以及周边优美的自然环境，为游客提供了舒适、安逸的氛围，游客可以在这样的环境中开展各种康养活动，如瑜伽、冥想、疗愈以及温泉等，使游客能在有效缓解身体疲劳、舒缓心理压力的同时，达到身心健康的目的。

湖泊的水质清澈、水面平静。湖泊的水生植物和水生动物等自然元素共同构成了一个完整的生态系统。这种自然美与周围的山、林、田等自然景观相结合，形成了一幅美丽的画卷，让游客可以享受到宁静、自然的氛围。

湖泊周边环境包括山、林、田、湖等自然景观和生态系统，这些景观和生态系统与湖泊相互依存、相互影响，构成了独特的自然风貌。同时，湖泊周边环境还包括一些人文景观和历史遗迹等，这些景观和遗迹具有丰富的文化内涵和历史背景，可以让游客在欣赏自然风光的同时，感受到文化的魅力和历史的厚重。

湖泊与周围环境的交互作用所产生的景观，也是湖泊康养旅游的重要资源之一。例如，湖泊的水位变化、水华现象、湖泊上的日出日落等景观都具有独特的美感和观赏价值。此外，湖泊周围的云雾、彩虹、雪景等自然现象，也是湖泊康养旅游的重要景观之一。

2. 供给内涵

湖泊康养基本旅游供给是指一切直接与旅游者发生联系，使旅游者在

旅游过程中亲身接触和感受的旅游产品，包括旅游资源、旅游设施、旅游服务和旅游购物等，既是湖泊康养旅游供给的主要内容，又是旅游业的基本内容。湖泊康养辅助旅游供给是指为基本旅游供给体系服务的其他设施，也称旅游基础设施，包括供水、供电、供气、污水处理、供热、电信和医疗系统，以及旅游区地上和地下建筑，如机场、码头、道路、桥梁、铁路、航线等各种配套工程。其特点是，它除了为旅游者提供服务外，还为非旅游者提供服务。基本旅游供给与辅助旅游供给的划分具有约定俗成的相对性。例如，旅游区内的交通常常划入基本旅游供给范围，而旅游区以外，且到达旅游区必须经过的交通，则划归于辅助旅游供给。①

三 湖泊康养旅游供给的特征

（一）供给的不可累加性

湖泊康养旅游产品的综合性特点表明，旅游供给是由多种资源、设施与服务要素构成的，并且这些多种构成要素具有异质性的特点，因而旅游供给不能用旅游产品数量的累加来测度，只能用旅游者数量来表征，并反映旅游供给的数量及生产能力水平（容量）。② 至于怎样通过旅游产品的构成来测度旅游供给，则是一个需要进一步研究的课题。

（二）供给的产地消费性

一般物质商品的生产，是通过流通环节流出生产地完成消费的，而湖泊康养旅游产品则是通过流通环节，将旅游者请到生产地进行消费的。③ 因此，在深山老林兴建钢厂规划交通运输时，需要考虑返运物资与运出钢材质量上的平衡。在一般情况下，进出旅游景点的人数是相等的，无须考虑运输的平衡，应重点考虑旅游景点、景区的环境容量及接待能力，其直接影响着旅游供给的数量和水平。

---

① 程慧、徐琼、郭尧琦：《我国旅游资源开发与生态环境耦合协调发展的时空演变》，《经济地理》2019 年第 7 期。
② 赵磊、方成、吴向明：《旅游发展、空间溢出与经济增长——来自中国的经验证据》，《旅游学刊》2014 年第 5 期。
③ 赵书虹：《试论旅游产业的形态、结构、集群特征和比较优势》，《思想战线》2010 年第 2 期。

（三）供给的持续性

通常，一般物质产品的供给，可通过再生产而持续不断地供给，但是若再生产停止，则物质产品的生产与供给也就停止。但湖泊康养旅游产品的生产供给则不一样①，无论是景点、景区建设，还是宾馆、饭店，一旦建成就能在较长一段时间内持续供给，有的甚至可以永续利用；但是旅游产品一旦遭受破坏，则较一般物质产品要严重得多。因为，一般物质产品生产工厂的破坏，可通过另建新厂来恢复供给，而湖泊康养旅游景点的破坏，如水域的污染、森林的破坏，可以使该种旅游供给能力永久丧失。

（四）供给的非贮存性

湖泊康养旅游供给的非贮存性，是由旅游产品生产与消费的同一性所决定的。一般物质产品可以把产品储存作为调节供需矛盾的手段，对旅游产品来讲，由于旅游产品生产、交换与消费的同一性，旅游产品不能贮存②，因而产品贮存对调节旅游供需矛盾已失去意义，实际操作中有意义的只是旅游供给能力的储备，而并非旅游产品供给的储备。

（五）供给的个体性

旅游产品的使用价值在于满足人的心理和精神的需要，这种需要千差万别，所以湖泊康养旅游供给具有个别供给的特点，即使采用组团旅游的方式来提高规模效益，也要注意满足团队中个别旅游者的特殊需求。因此，旅游供给的多样性相较于物质产品供给更为重要。

四　湖泊康养旅游供给的类型

（一）资源供给

旅游资源是指那些能够对旅游者构成吸引力的自然因素、社会因素及其他因素，是旅游目的地旅游供给的首要内容，是旅游业发展的基础。如果没有旅游资源，旅游业则失去了其存在和发展的基础。例如，一个国家

---

① 赵悦、石美玉：《非物质文化遗产旅游开发中的三大矛盾探析》，《旅游学刊》2013年第9期。

② 傅才武：《论文化和旅游融合的内在逻辑》，《武汉大学学报》（哲学社会科学版）2020年第2期。

或地区拥有的旅游资源丰裕而且独具特色，那么，它对旅游者就会形成强大的吸引力。所以，一个国家或地区的旅游业是否兴旺发达，首先取决于它所拥有的旅游资源的丰裕程度和质量。

从供给角度看，湖泊旅游资源是利用湖泊水文形态、自然景观、生态环境、人文积淀和游乐设施，向旅游者提供全方位服务的产品；从旅游者角度看，湖泊旅游是体验湖泊的特殊景观环境，进行以湖泊为依托的、以参与各种活动为目的的旅游经历。① 湖泊旅游资源主要包括自然资源和人文资源。

1. 自然资源

主要包括舒适度和养生价值较高的地文景观和水域风光，如森林、温泉、草原等。自然资源是湖泊康养旅游的基础，一切康养旅游活动，都需要依托高品质的自然资源，否则就难以被称为康养旅游。

湖泊资源。中国湖泊资源利用的历史悠久，但发展湖泊旅游并形成产业化的历程比较短。随着大众旅游时代的到来，休闲度假和鲜明的湖泊资源特色受到人们的青睐，我国湖泊旅游将成为旅游发展新的增长点。湖泊作为重要的国土资源，具有调节河川径流、发展灌溉、提供工业用水和生活饮用水、繁衍水生生物、沟通航运、改善区域生态环境以及开发矿产等多种功能，在国民经济的发展中发挥着重要作用。同时，湖泊及其流域是人类赖以生存的重要场所，也是现代社会人们重返自然、解放天性的绝佳旅游场所。

温泉资源。温泉是泉水的一种，是一种从地下自然涌出的泉水，其水温高于环境年平均气温5℃。温泉的形成需具备下列3个条件：①地下必须有热水存在；②必须有静水压力差导致热水上涌；③岩石中必须有深长裂隙供热水通达地面。据不完全统计，中国有天然温泉约3000处，著名者100余处，如陕西面山温泉、北京小汤山温泉、长白山温泉、重庆南温泉、广东从化温泉、云南腾冲温泉、黄山温泉、台湾北投温泉等。由于我国天然温泉数量有限，人工钻取温泉已成为我国开展温泉旅游的重要资源（到

---

① 陆林、虞虎：《湖泊旅游研究进展及启示》，《自然资源学报》2014年第1期。

2004 年已钻取人工温泉 2239 处），资源潜力巨大，开发前景光明。[1]

森林资源。森林旅游资源是指用于人们在闲暇时间内开展休闲、度假、疗养、观光、游憩、娱乐等旅游活动的森林资源。它是由森林、林木、林地、森林环境及其动植物、森林景观、林区各种自然与人文景观等构成的森林生态系统的综合体[2]，与湖泊康养资源在空间上、性质上具有天然的耦合性、共进性。

生物资源。湖泊因其独特的气候环境，为生物提供了很好的生存环境，从而逐渐发展成为湖泊生物圈，这种环境为鸟类提供了绝佳的栖息地，同时也为各类植物提供了绝佳的生长环境。因此，湖泊大都有大量候鸟和留鸟及各类植物。这种环境也为游客提供了很好的亲近自然、爱护动物的观景场所。

2. 人文资源

主要包括与康养文化、康养饮食、康养商品以及为开展康养活动而修建的各种设施，如养生民居、养生社区等。人文资源是湖泊康养旅游开发的重要配套资源，有利于不断完善湖泊康养旅游产品体系。

（二）设施供给

旅游设施是湖泊康养旅游经营者为直接开展旅游经济活动，向旅游者提供食、住、行、游、购、娱等方面服务的凭借物，是旅游企业投资的主体部分，是代表旅游目的地接待能力的硬性指标。[3] 这种旅游接待能力的大小，反映着一个湖泊康养景区或度假区的实力和发展规模。一般来说，旅游设施主要包括旅游运输设施、旅游食宿接待设施、游览娱乐设施和旅游购物设施四部分。[4]

---

[1] 刘荣凤、张云：《温泉多维资源及开发启示》，《现代经济》（现代物业下半月刊）2008 年第 S1 期。

[2] 李济任、许东：《基于 AHP 与模糊综合评价法的森林康养旅游开发潜力评价——以辽东山区为例》，《中国农业资源与区划》2018 年第 8 期。

[3] 刘龙龙、王颖、邓淑红：《全域旅游视角下秦巴山区旅游精准扶贫研究——以商洛市为例》，《江西农业学报》2019 年第 2 期。

[4] 吴必虎：《旅游系统：对旅游活动与旅游科学的一种解释》，《旅游学刊》1998 年第 1 期。

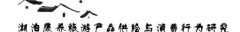
（三）服务供给

从湖泊康养目的地旅游供给的角度看，旅游服务既包括商业性的旅游服务，也包括非商业性的旅游服务。前者一般指当地旅行社的导游服务和翻译服务、交通运输部门的客运服务、餐饮业的食宿服务、商业零售部门的购物服务及其他部门向旅游者提供的商业性接待服务。后者则主要包括旅游目的地为旅游者提供的旅游问询服务和出入境服务，以及当地居民为旅游者提供的义务服务。湖泊康养旅游服务的最终目的是，通过使旅游者的需求在合理的基础上得到最大满足[1]，从而获得良好的社会和经济效益。因此，整个服务体系的运转必须以提高质量为中心。

（四）其他供给

1. 餐饮供给

湖泊康养旅游的餐饮供给是以地方特色美食、健康养生、湖鲜美食和多样化的餐饮形式为主，同时也注重餐饮环境的提供，以让游客更好地享受湖泊康养旅游的美食体验。

特色美食。湖泊康养旅游的餐饮供给通常会包括当地特色的菜肴和食品，游客可以品尝到当地的特色美食，如湖区内的淡水鱼类、湖虾、藕粉等，这可以让游客更好地体验当地的饮食文化。

健康养生。湖泊康养旅游的餐饮供给也注重健康养生，提供营养均衡的餐食，包括新鲜的蔬菜水果、杂粮杂豆、蛋白质等，以满足游客对健康饮食的需求。此外，还有一些有地方特色的素食、有机食品等健康餐食。

湖鲜美食。湖泊康养旅游的餐饮供给还会提供各种湖鲜美食，如鱼、虾、蟹等。湖泊内水质清澈，水生生物生长环境良好，因此湖泊内的水产品具有鲜美的口感和独特的风味。这些湖鲜美食，也是许多游客开展湖泊康养旅游的重要体验之一。

多样化的餐饮形式。湖泊康养旅游的餐饮供给还可以采用多样化的形式，如自助餐、桌餐、烧烤、野餐等。游客可以根据自己的需求和喜好，

---

[1]　朱鹤、唐承财、王磊等：《新时代的旅游资源研究：保护利用与创新发展——旅游地理青年学者笔谈》，《自然资源学报》2020年第4期。

选择不同的餐饮形式，更好地享受湖泊康养旅游的美食体验。

餐饮环境。湖泊康养旅游的餐饮供给还会注意到餐饮环境。湖泊康养旅游可以提供室内和室外两种不同的用餐环境，室内用餐环境舒适、温馨，在室外用餐则可以欣赏到湖泊的美景。此外，还可以提供特色用餐场所，如船上餐厅、露天餐厅等，这些特色用餐场所可以满足游客在用餐时欣赏湖泊美景的需求。

2. 住宿供给

湖泊康养旅游的住宿供给，旨在为游客提供更加舒适、健康、愉悦的旅游体验，不仅仅是满足游客的基本住宿需求，更加注重康养和自然体验的供给。

多种住宿选择。湖泊康养旅游的住宿有各种不同的住宿形式供游客选择，如酒店、度假村、民宿、木屋等。游客可以根据自己的喜好和需求，选择适合自己的住宿方式，如家庭游客可以选择家庭房或公寓，情侣游客可以选择浪漫的度假别墅等。

高品质的住宿设施。湖泊康养旅游的住宿设施都经过精心设计和装修，配备了现代化的设施和贴心的服务，以满足游客的各种需求。例如，房间内配有空调、电视、互联网接口等现代化设施，酒店和度假村内还提供健身房、游泳池、SPA 中心等健康设施。

自然环保材料。为了打造更加健康和环保的旅游环境，湖泊康养旅游的住宿供给，也注重使用自然环保材料。例如，使用木质家具、棉麻织物、石材等天然材料，以及节能环保的照明和空调系统等。①

贴心服务。湖泊康养旅游的住宿供给还提供各种贴心的服务，如 24 小时前台服务、行李寄存服务、洗衣服务等，以满足游客在旅游过程中的各种需求。

与康养相结合。湖泊康养旅游的住宿供给，不仅仅是为游客提供休息的地方，还注重与康养相结合，为游客提供更加健康和愉悦的旅游体验。

---

① 国家发展改革委宏观院和农经司课题组：《推进我国农村一二三产业融合发展问题研究》，《经济研究参考》2016 年第 4 期。

例如，在房间内提供保健按摩服务、安排瑜伽课程，以及在度假村内提供医疗保健服务等。

3. 交通供给

湖泊康养旅游通常需要依托便利的交通网络来连接旅游资源、旅游配套设施和游客。因此，交通是湖泊康养旅游发展的重要基础。

首先，湖泊康养旅游的交通供给，需要具备便利的公路交通网络，包括连接旅游景点、度假村、酒店等旅游资源的道路和交通工具。[1] 同时，还需提供舒适、安全、快捷的交通服务，如旅游巴士、出租车、共享汽车等，以满足游客的出行需求。其次，湖泊康养旅游还需要提供水上交通工具，如游船、快艇、帆船等，使游客可以更加近距离地欣赏湖泊的美景，并且在水上活动中体验康养旅游的乐趣。再次，湖泊康养旅游的交通供给，还需要包括航空交通，为远距离游客提供快速、便捷的交通服务。在条件允许的情况下，还可以考虑开发低空旅游项目，丰富旅游体验。最后，湖泊康养旅游的交通供给，也需要注重公共交通的发展，如公交、地铁、轻轨等。公共交通可以降低旅游成本，提高旅游效率，有利于吸引更多游客前来体验湖泊康养旅游。

综上所述，湖泊康养旅游的交通供给，需要具备便利的公路交通网络，提供水上交通、航空交通和公共交通等多种交通方式，以满足游客的出行需求和提高旅游体验。

4. 休闲旅游供给

湖泊康养旅游的休闲旅游供给，是以湖泊独特的景观属性和旅游活动为依托，向游客提供全面的旅游服务产品的。具体而言，湖泊康养旅游的休闲旅游供给包括以下内容。

湖泊景观的欣赏。湖泊康养休闲旅游的重要内容之一，是让游客欣赏湖泊独特的景观，包括湖面、湖岸、湖畔等不同区域的自然风光和人文景观。

湖泊文化的体验。湖泊康养休闲旅游，还需要向游客展示湖泊的文化

---

① 杨秀成、宋立中、钟姚越等：《福建省康养旅游资源空间分布特征及其影响因素研究》，《福建师范大学学报》（自然科学版）2019 年第 5 期。

底蕴，包括湖泊历史、人文、民俗等。通过文化体验活动，让游客更深入地了解和体验湖泊的文化魅力。

湖泊活动的参与。湖泊康养休闲旅游，需要为游客提供各种湖泊活动的参与机会，包括游船、划船、游泳、钓鱼、野餐等。通过参与活动，让游客更加亲近湖泊，体验湖泊旅游的乐趣。

湖泊生态的感知。湖泊康养休闲旅游，还需要通过感知湖泊的生态环境，让游客了解和认识湖泊生态系统的运作机制和保护方式。例如，可以安排游客参观湖泊湿地，了解湿地生态系统等。

湖泊旅游纪念品。为方便游客在旅游过程中随时随地了解和感受湖泊的文化和景观，应当在当地设置多个销售点，销售各类与当地湖泊特色有关的旅游纪念品。例如，手工艺品、地方特产、文创产品等。①

5. 康养供给

湖泊康养旅游的康养要素供给，需要将自然环境、医疗保健、康养理念、养生设施、度假氛围等多方面元素相互融合，为游客提供全面的康养旅游服务。主要包括：自然环境，湖泊康养旅游的自然环境优美，空气清新，水质优良，环境舒适，能够让游客感受到大自然的魅力；医疗保健，湖泊康养旅游的医疗保健要素齐全，一般会提供医疗保健服务，包括中医、西医等，以满足游客的医疗保健需求；康养理念，湖泊康养旅游的康养理念深入人心，以康养为主题，注重游客的身心健康，提供各种养生、健康、美容等服务；养生设施，湖泊康养旅游的养生设施完善，包括健身房、游泳池、温泉、SPA 等，以满足游客的养生需求；度假氛围，湖泊康养旅游的度假氛围舒适、宁静、优美，能够让游客在轻松愉快的氛围中度过假期。

五 湖泊康养旅游供给的意义

（一）满足旅游需求

湖泊康养旅游供给的目的在于满足游客在旅游过程中的各种需求，包

---

① 卢小丽、成宇行、王立伟：《国内外乡村旅游研究热点 近 20 年文献回顾》，《资源科学》2014 年第 1 期。

括旅游路线、交通、住宿、餐饮、购物、文化体验等方面的需求。这些需求的满足程度，直接影响着游客的旅游体验和满意度，进而影响旅游业的声誉和可持续发展。

（二）促进旅游消费

优质的湖泊康养旅游供给，能够激发游客的旅游欲望、提升游客的旅游消费水平、调整当地社区的收入结构、提升当地民众的收入水平、促进湖泊康养旅游地的总体经济发展。

（三）带动产业发展

湖泊康养旅游供给涉及交通、住宿、餐饮、文化、娱乐等多个领域，这些领域的发展相互促进、相互支撑，从而形成一个良性的产业循环。

（四）创造就业机会

湖泊康养旅游供给产业链上的各个行业，都需要大量的人力资源，因此旅游供给能够为社会创造大量的就业机会，提高社会的就业率。

（五）促进文化交流

湖泊康养旅游供给，不仅仅是满足游客的物质需求，更重要的是满足游客的精神需求。旅游供给过程中涉及文化的传承、保护与推广，这有助于促进不同文化的交流与融合，同时也有助于传承和弘扬中华民族优秀的传统文化。

（六）提升区域形象

湖泊康养旅游供给能够提升城市的形象和知名度。游客在旅游过程中，会对城市进行全面的了解和认识，这有助于提高城市的美誉度和知名度，从而为城市的形象塑造和品牌建设提供有力支持。

（七）保护自然环境

湖泊康养旅游供给过程中，需要保护自然环境。科学合理的规划和开发，能够保护景区的生态环境，维护自然生态系统的平衡。这有助于实现旅游业的可持续发展，同时也能够提高游客的旅游体验感和满意度。

（八）促进区域合作

湖泊康养旅游供给能够促进不同地区之间的合作。旅游业是一个跨地区、跨行业的产业，需要不同地区之间的配合与合作。加强区域间的合作，能够实现资源的优化配置和市场的共同开发，推动区域的协同发展。

第二节　湖泊康养旅游供给影响因素分析

湖泊康养旅游供给受到多种因素的影响，包括资源环境、基础设施建设、政策环境、经济因素、科技发展、重大事件等。这些因素之间相互作用，共同影响着湖泊康养旅游的发展。在这些因素中，湖泊康养旅游资源环境是基础，基础设施建设和政策环境是保障，经济因素是支撑，科技发展是催化剂，重大事件是亮点。只有综合考虑这些因素，才能更好地了解湖泊康养旅游的价值和潜力，为游客提供更好的旅游服务和体验。

一　资源要素

环境要素和地区要素对湖泊康养旅游的供给起着重要作用。湖泊本身以及其周边的土地、水、阳光、大气、植物和动物等环境要素，为游客提供了独特的自然环境和生态体验。地区要素则有助于丰富旅游体验，如社区环境、地方性等，可以高效地展示当地的历史文化背景，使游客更好地了解和体验当地文化。总的来说，环境要素和地区要素共同构成了湖泊康养旅游供给的主要来源，二者的合理配置和利用可以提升湖泊康养旅游的吸引力，满足游客的需求，推动其可持续发展。

（一）环境要素

1. 气候

湖泊地区的气候可以影响康养旅游的供给。一些寒冷或炎热的地区，可以为游客提供独特的旅游体验，如冬季的冰雪活动或夏天的避暑旅游。气候还会影响湖泊的水量，如雨水多的季节湖泊的水量会增多，有利于开展水上活动。

2. 地形地貌

湖泊所处的地形地貌以及周边环境，都为康养旅游提供了不同的资源和机会。比如，有的湖泊处于大山之间，有的处于宽阔的草原，有的处于茂密的森林之中，这些不同的自然环境，都为游客提供了不同的观赏价值和探索机会。

3. 水质

湖泊的水质对于康养旅游的供给有重要影响。清澈的水质可以支持各种水上活动，如游泳、划船、潜水等。湖泊的水质还会影响湖泊周边环境的美观度，好的水质能吸引人在湖边欣赏美景，呼吸新鲜空气，从而放松身心。

4. 生物多样性

湖泊地区的生物多样性可以为康养旅游提供丰富的自然资源。各种动植物不仅为游客提供了观赏价值，还提供了生态旅游和科学探索的机会。例如，观鸟旅游、野生动物观察、生态教育等，都是基于生物多样性的康养旅游活动。

（二）地区要素

1. 地方认同感

湖泊地区的地方认同感可以增强湖泊康养旅游的吸引力和特色。当地居民对湖泊的认同和热爱可以传递给游客，提升游客对湖泊地区的归属感和亲切感。① 这种归属感和亲切感，可以促使游客更愿意亲近当地的自然环境，从而增强康养旅游的供给质量和吸引力。

2. 社会和谐与安全

湖泊地区的社会和谐与安全可以提升康养旅游供给的品质和安全性。当地社会的和谐稳定和良好的治安状况，可以为游客提供安全、友好的旅游环境，减少游客的安全顾虑，从而提升湖泊康养旅游的供给质量。具体而言，良好的社会治安状况可以保障游客的人身和财产安全，让游客在旅游过程中更加放心和舒适。

3. 社区参与和发展

湖泊地区的社区参与和发展可以为游客提供更深入、更贴近当地生活

---

① 刘德谦：《亲和力与亲切感：旅游城市有待培育的第一引力——"杭州现象"带来的启示》，《旅游学刊》2012 年第 5 期。

的旅游体验。[①] 当地社区的居民可以参与旅游活动和服务，为游客提供更地道、更丰富的旅游体验，同时也能带动当地经济的发展。例如，当地居民可以开设家庭旅馆、餐馆、特色商品店等，提供具有地方特色的餐饮、住宿和购物服务，让游客更深入地了解和体验当地的文化和生活。

4. 环境保护与可持续发展

湖泊地区的环境保护意识和可持续发展理念，可以塑造更健康、更绿色的康养旅游环境。注重环境保护和可持续发展的湖泊地区，可以为游客提供更安全、更健康的康养环境，提升湖泊康养旅游的供给品质。具体而言，湖泊地区的环保措施可以保障游客的健康和安全，提供清新的空气和优美的自然环境，让游客在旅游过程中感受到身心的愉悦和放松。

二 政策要素

政策可以通过多种方式，影响湖泊康养旅游的产品供给。规划—开发—监管—服务，政策要素贯穿湖泊康养旅游产品供给的全链条，从而促进或制约湖泊康养旅游的发展。[②] 因此，为了推动湖泊康养旅游的健康发展，政府需要制定科学合理的政策，既鼓励创新和多元化发展，又维护游客的权益和市场秩序。

（一）规划与定位

政策的规划与定位，可以明确湖泊康养旅游的发展方向和目标。政府在制定相关政策时，会对湖泊康养旅游进行明确的定位和规划，明确其发展的战略目标、重点领域、产品特色等，以引导湖泊康养旅游的健康发展。

（二）投资与开发

政策的投资与开发，可以促进湖泊康养旅游的基础设施建设和资源开发。政府可以通过出台相关政策，引导资金投入湖泊康养旅游的基础设施

---

① 左冰、保继刚：《制度增权：社区参与旅游发展之土地权利变革》，《旅游学刊》2012 年第2 期。

② 李周、温铁军、魏后凯等：《加快推进农业农村现代化："三农"专家深度解读中共中央一号文件精神》，《中国农村经济》2021 年第 4 期。

建设和资源开发，如景区建设、酒店、餐饮、娱乐设施等，以提高湖泊康养旅游的供给水平和质量。

（三）产业政策

政策中的产业政策，可以促进湖泊康养旅游的产业融合和创新发展。政府可以通过出台相关产业政策，鼓励湖泊康养旅游与相关产业进行融合创新，如文化创意、科技研发、教育培训等，以拓展其产业链和价值链，提高湖泊康养旅游的竞争力和附加值。

（四）监管与规范

政策的监管与规范，可以保障湖泊康养旅游的产品和服务质量。政府可以通过制定各种规范和标准，对湖泊康养旅游的产品和服务进行规范和监管，确保其质量和安全，提高游客的满意度和信任度。同时，对于湖泊康养旅游的从业者，政府也会制定相关的职业规范和标准，以提高其服务质量和水平。

（五）税收与财政

政策的税收与财政，可以激励湖泊康养旅游的创新发展和绿色发展。政府可以通过出台相关税收和财政政策，对湖泊康养旅游进行激励和扶持，如减免税收、提供财政补贴、奖励绿色发展等，以吸引更多的企业和资本进入该领域，推动湖泊康养旅游的创新发展和绿色发展。

三　价格要素

价格对湖泊康养旅游产品供给的影响，主要体现在定价策略、价格竞争力、服务质量、成本考虑、市场需求和产品品质等方面。为了实现湖泊康养旅游产品的持续供给和市场竞争力，企业需要综合考虑这些因素，制定科学合理的价格策略。合理的价格策略不仅可以保障企业的经济收益，还可以提供优质的产品和服务，满足市场需求，推动湖泊康养旅游行业的健康发展。

（一）定价策略

湖泊康养旅游的定价策略，直接影响其供给水平和质量。价格过低可能会导致游客数量增加，但企业的利润空间会相应减小；价格过高则可能使游客数量减少，企业可能会减少对旅游资源的开发和供给。因此，合理的定价策略，需要考虑游客的需求和企业的利益。

（二）价格竞争力

湖泊康养旅游的价格竞争力，对其供给也有很大影响。如果湖泊地区康养旅游价格过高，游客可能会选择其他地区作为旅游目的地；如果价格过低，游客数量可能会增加，但企业的利润空间会相应减小。因此，价格竞争力的提升，需要考虑当地旅游资源的独特性和旅游产品的品质。

（三）价格与服务

价格与服务是相互关联的。如果湖泊康养旅游的价格过高，游客可能会要求更高的服务质量；如果价格过低，企业可能会降低服务质量。因此，价格与服务之间的平衡，对于提高湖泊康养旅游的供给质量和游客满意度非常重要。

（四）价格与成本

湖泊康养旅游的价格与成本密切相关。如果企业的成本过高，可能会导致价格上涨；如果价格过低，企业可能会亏本。因此，价格与成本之间的平衡，对于企业的经营和湖泊康养旅游的供给非常重要。

（五）价格与市场需求

湖泊康养旅游的价格，还受到市场需求的影响。如果市场需求较高，企业可能会提高价格以获得更多的利润；如果市场需求较低，企业可能会降低价格以吸引更多的游客。因此，价格与市场需求之间的平衡，对于湖泊康养旅游的供给非常重要。

（六）价格与品质

湖泊康养旅游的价格，还与其品质密切相关。如果湖泊地区的康养旅游品质较高，游客可能会接受较高的价格；如果品质较低，游客可能会选择其他地区作为旅游目的地。因此，价格与品质之间的平衡，对于提高湖泊康养旅游的供给质量和游客满意度非常重要。

四　经济要素

地区经济实力、投资积极性和资金利用效率，对湖泊康养旅游产品的

供给产生显著影响。经济实力强的地区，能提供丰富的资金和资源，推动湖泊康养旅游业的开发和产品供给；投资积极性高涨的地区，能激发创新和发展，丰富旅游产品和服务；高效的资金利用，能提高投资回报率，维护生态环境和提升旅游体验，从而提供更优质的康养旅游产品。

（一）地区经济实力

湖泊康养旅游的发展，对于地区经济实力有一定的依赖性。[①] 地区的经济发展水平直接影响着政府对于湖泊康养旅游业的投入和政策支持力度，以及企业对于湖泊旅游资源开发和旅游设施建设的投资力度。一般来说，地区经济实力越强，政府就有越多的资金和资源投入湖泊康养旅游的发展中，如建设旅游基础设施、开发旅游资源、提升旅游服务等。[②] 这可以吸引更多的游客来到该地区，提高湖泊康养旅游的知名度和竞争力。

（二）投资积极性

湖泊康养旅游的发展，需要企业的积极参与。企业的投资积极性越高，湖泊康养旅游的供给质量和数量就越有保障。企业可以通过市场调研，了解游客的需求和偏好，根据市场需求进行投资决策，提供符合游客需求的旅游产品和服务。同时，企业还可以通过技术创新和产品研发，提高旅游产品的附加值和市场竞争力，推动湖泊康养旅游的快速发展。[③]

（三）资金利用效率

资金的有效利用，是推动湖泊康养旅游发展的关键。政府和企业需要注重资金的合理分配和有效利用，以提高资金利用效率。具体来说，政府和企业可以通过以下措施提高资金利用效率：①制定合理的投资计划和预算，明确投资目标和重点，避免盲目投资和重复建设；②加强资金的监管和审计，确保资金的合法合规使用和安全性；③推行资金节约和资源循环

① 徐欣然、陈剑峰、沈荷琳等：《茶文化旅游资源深度开发对策与建议——以湖州茶文化旅游为例》，《湖州师范学院学报》2019年第5期。
② 冯炜娟、田世政：《乡村振兴背景下安康市农家乐乡村旅游发展路径研究》，《湖北农业科学》2022年第17期。
③ 沈克印、杨毅然：《体育特色小镇：供给侧改革背景下体育产业跨界融合的实践探索》，《武汉体育学院学报》2017年第6期。

利用的措施，减少浪费和降低成本；④优化资金分配结构，将资金投入重点领域和项目上，提高资金的使用效益；⑤加强与金融机构的合作，争取更多的贷款和融资支持，提高资金筹措能力；⑥推行招商引资优惠政策，吸引更多的外部资金进入湖泊康养旅游领域。

五 科技要素

科技要素对湖泊康养旅游产品供给的影响，主要体现在提升旅游体验、增强旅游营销效果、推动智慧旅游发展和促进可持续发展四个方面。通过引入新技术和创意，可以提高旅游产品的质量和游客的满意度；利用科技手段，可以实现更加精准的旅游营销和个性化服务，提高产品的市场竞争力；通过智慧旅游的发展，可以提高湖泊康养旅游产品供给的效率和便利性，推动旅游业的创新发展；同时，科技创新和绿色发展理念的引入，可以实现更为环保和可持续的旅游开发模式，促进湖泊康养旅游的永续发展。

（一）旅游体验的提升

科技的应用，可以丰富游客的旅游体验，为游客提供更加多元化、个性化的服务。例如，通过虚拟现实（VR）和增强现实（AR）技术，可以让游客在游览湖泊景区时，获得更加逼真、立体的体验。此外，科技还可以为游客提供智能化的导游和导览服务，让他们更加深入地了解湖泊的历史、文化和生态价值。

（二）旅游营销效果的增强

科技可以帮助湖泊康养旅游进行更有效的营销和推广。例如，通过大数据分析，可以了解游客的需求和偏好，为营销策略制定提供依据。同时，互联网技术和社交媒体等平台的应用，可以扩大湖泊康养的知名度和影响力，吸引更多的游客前来。

（三）智慧旅游的发展

智慧旅游是利用科技手段，提升旅游服务和管理效率的重要方式。通过云计算、物联网、大数据等技术，可以实现湖泊康养旅游的智能化管理和服务。例如，智慧旅游可以提供智能化的酒店预订、门票购买、路线规

划等功能，提高游客的旅游便利性和满意度。

（四）可持续发展的促进

科技也可以促进湖泊康养旅游的可持续发展。例如，科技可以帮助湖泊地区优化能源利用和排放管理体系，减少对环境的负面影响。同时，科技还可以促进湖泊地区的生态保护和修复，为湖泊康养旅游的长期发展提供保障。

六　社会要素

社会要素对湖泊康养旅游产品供给的影响，主要体现在社会文化背景、社会经济状况、社会需求与偏好、社会基础设施和社会参与等多个方面。社会文化背景，决定了湖泊康养旅游产品的特色和风格；社会经济状况，直接影响着康养旅游产品的供给质量；社会需求与偏好，反映了公众对健康旅游的需求和关注，引导着康养旅游产品的开发方向；社会基础设施，在湖泊康养旅游产品的供给中扮演着基础角色，协同推进旅游业的健康发展；社会参与，反映了湖泊康养旅游与地区发展的有效协同。

（一）社会文化背景

每个湖泊都有其独特的社会文化背景，包括历史、民俗、传统、价值观等。这些社会文化背景会对湖泊康养旅游的供给产生影响，如某些社会文化背景，可能更有利于发展某种类型的康养旅游项目，而另一些社会文化背景，可能不利于这种类型旅游项目的开展。

（二）社会经济状况

社会经济状况也会影响湖泊康养旅游的供给。当地经济发展水平高、人均收入高，则有更多的资金可以投入湖泊康养旅游的开发和建设中，反之则会制约湖泊康养旅游的发展。

（三）社会需求与偏好

社会需求与偏好也会影响湖泊康养旅游的供给。例如，如果社会上对某种康养旅游项目需求大、偏好强，那么这种类型的旅游项目就可能会得到更多的开发和发展。

（四）社会基础设施

社会基础设施也会对湖泊康养旅游的供给产生影响。例如，如果湖泊地区的社会基础设施比较完善，包括良好的交通、通信、水电等设施，那么就有利于湖泊康养旅游的发展。

（五）社会参与

社会参与对湖泊康养旅游供给的影响也很重要。当地社区和居民的参与，可以提供更多的人力资源和社会资本，支持湖泊康养旅游的发展。同时，社会参与还可以促进湖泊生态环境的保护和可持续发展。

七　重大活动

重大活动对湖泊康养旅游产品供给的影响，主要体现在旅游需求激增、接待压力增加、资金投入增加、旅游服务质量提升和安全管理加强五个方面。重大活动可能激发新的旅游需求，同时也会改变游客的旅游需求，推动湖泊康养旅游产品的创新和升级。接待压力的增加，要求政府和企业加强旅游基础设施建设和提升旅游服务水平，以满足大量游客的需求。资金投入的增加，有助于改善旅游设施、开发新的旅游产品和提高旅游服务水平，推动湖泊康养旅游业的创新发展。同时，重大活动也要求政府和企业加强安全管理，确保游客的安全，提升旅游安全性。

（一）旅游需求激增

重大节事活动往往会引起旅游需求的急剧增加。[1] 例如，大型文化节、音乐节或体育赛事等，可以吸引大量的游客。这种需求激增可能带来临时的旅游高峰，也可能导致长期的旅游需求增加。湖泊康养旅游供给方需要提前预测和规划，以满足突然增加的游客需求。

（二）接待压力增加

重大节事活动可能导致湖泊康养旅游接待压力增加。旅游设施、旅游景区和旅游服务人员，可能面临超负荷运转的情况，这需要湖泊康养旅游供给方提前做好准备，包括提高旅游设施的承载能力、扩充旅游服务人员队伍等，以确保游客的接待质量和效率。

---

[1]　王朝辉、陆林、夏巧云：《国内外重大事件旅游影响研究进展与启示》，《自然资源学报》2012 年第 6 期。

（三）资金投入增加

重大节事活动往往需要大量的资金投入，包括基础设施建设、活动策划和组织、旅游宣传等。这些投入可以刺激当地经济的发展，带来就业机会和商业机会。同时，重大节事活动还可以提高湖泊康养旅游的知名度，吸引更多的游客，从而推动当地旅游业的繁荣发展。

（四）旅游服务质量提升

为了应对重大节事活动带来的挑战，湖泊康养旅游供给方需要不断创新旅游服务方式和提升旅游服务质量。这包括推出新的旅游产品和服务项目、改善旅游设施和提高旅游服务质量等。通过不断创新和提升，可以满足游客不断变化的需求和期望，提高游客满意度和忠诚度。

（五）安全管理加强

重大节事活动可能带来一定的安全与秩序风险。湖泊康养旅游供给方需要加强安全防范措施，保障游客的人身财产安全。同时，也需要加强秩序管理，确保旅游活动的顺利进行，避免发生拥挤、混乱等意外事故。

第三节　湖泊康养旅游供给规律

湖泊康养旅游的供给规律是指导湖泊康养旅游发展的重要依据。[①] 在满足游客需求、提高旅游供给质量、实现供需平衡、应对季节性变化以及发挥地区优势等方面，当地政府和旅游企业需要注重规划和管理，以推动湖泊康养旅游的可持续发展。同时，要注重对当地生态环境的保护和客流量的控制，以实现湖泊康养旅游的绿色发展目标。

一　供给现状

我国湖泊康养旅游的供给存在诸多问题，包括供给意识粗放、供给环境污染严重、缺乏文化保护观念导致文化资源未得到深度挖掘和广泛传播，以及产品供给同质化问题严重等，需要采取相应措施提升康养旅游的质量

---

① 曹雯：《乡村旅游与农业现代化融合发展的路径》，《农村经济》2015 年第 5 期。

和可持续性，如增强环境保护意识、加强文化传承和多元化发展以及创新旅游产品等。

（一）供给意识

随着环保意识的逐步提高，旅游企业在开发和经营湖泊康养旅游产品时，开始注重环保技术的应用，如在旅游设施建设和运营中采用环保材料，或是引入清洁能源交通工具等。但这仍然存在一些问题，如环保意识的普及程度还不够，一些旅游开发者对环保重要性的认识仍显不足，尚未完全将环保理念贯彻到旅游产品的全生命周期中。此外，在一些地方，环保技术与旅游开发需求尚未完全对接。例如，在一些较为偏远的湖泊景区，旅游者可能面临手机信号不稳定、网络覆盖不完全等问题，这对于打造全面的康养旅游体验来说无疑是一种阻碍。

（二）供给环境

湖泊的生态环境，无疑是康养旅游的重要组成部分。然而，由于各种原因，部分湖泊的生态环境遭受了一定程度的破坏。一些大型湖泊的边缘地带和内部小岛上的植被破坏严重，水土流失、泥沙淤积等问题逐渐显现。同时，部分湖泊的水质也开始下降，尤其是那些位于工业区附近的湖泊，受工业废水排放的影响，水质普遍较差。为了保护湖泊的生态环境，需要政府、企业和公众齐心协力，采取切实有效的措施，如严格控制游客数量和旅游活动范围，避免过度开发和破坏环境；加强对湖泊生态环境的监测和管理，确保水质达到国家标准等。

（三）文化供给

每个湖泊都有其独特的历史和文化背景，这是吸引游客的重要因素。然而，在旅游开发过程中，一些湖泊的文化资源遭受了不同程度的破坏。一些开发者为了追求短期经济利益，忽视了对当地文化的保护和传承，即使是一些具有历史文化价值的湖泊，其文化资源的保护也未得到足够的重视。[1] 为了改变这一现状，政府和企业需要树立文化保护观念，采取一系列

---

① 邓燕萍：《江西温泉旅游资源深度开发策略研究——基于旅游转型升级的视角》，《求实》2011 年第 9 期。

措施，来保护和传承湖泊的文化资源。例如，加强对湖泊历史和文化的调查、整理和挖掘工作；在旅游开发中，注重保护原有文化风貌和历史遗迹；加强对当地文化传承人的保护和扶持等。

（四）产品供给

尽管各个湖泊的地理、生态和文化资源都有所不同，但在实际开发中，往往会出现很多同质化的旅游产品。例如，大多数湖泊周边都会开设农家乐、垂钓、游船等常规旅游项目，导致市场上的湖泊康养旅游产品差异化程度较低。这种情况，不仅会使游客产生审美疲劳，也不利于湖泊康养旅游的长期发展。因此，政府和企业应该加强创新和差异化开发，深入挖掘湖泊的特色和优势，结合市场需求，开发具有个性化的康养旅游产品。例如，可以引入高端度假酒店、水上运动、科普教育等多样化服务项目，丰富旅游产品的类型和层次。同时，也可以借助现代科技手段，如虚拟现实、增强现实等，为游客提供独特的沉浸式体验。

二　供给规律

湖泊康养旅游产品的供给规律，可以从供给量、供给能力和供给水平三个角度进行概括。湖泊康养旅游产品的供给量，通常会受旅游旺季和淡季的影响而呈现周期性变化，供给能力则会受旅游地经济状况、资源条件、市场竞争环境以及旅游基础设施等多个因素的影响，供给水平则与基础设施、旅游资源和开发程度等因素密切相关。这些规律对于提高湖泊康养旅游产品质量和游客满意度具有重要意义。因此，在制定湖泊康养旅游开发规划时，应充分考虑旅游地实际情况和游客需求，通过合理配置旅游资源、加强旅游基础设施建设、提升旅游企业管理水平等措施，来提高湖泊康养旅游产品的供给质量和竞争力，实现可持续发展。

（一）湖泊康养旅游产品供给量规律

湖泊康养旅游产品的供给量受到多种因素的影响，主要包括替代品和互补品价格、生产要素价格、旅游需求、旅游产品价格等。

1. 替代品和互补品价格

湖泊康养旅游产品的替代品和互补品价格的变化，会影响湖泊康养旅游产品的相对价格，进一步影响湖泊康养旅游产品供给量。例如，当旅游目的地的交通费用上涨时，旅游产品的相对价格降低，旅游产品供给量可能会减少；反之，当交通费用下降时，旅游产品的相对价格提高，旅游产品供给量可能会增加。

2. 生产要素价格

湖泊康养生产要素价格的高低，直接关系到产品的成本，进而影响湖泊康养旅游供给量。如果各种生产要素价格提高，会导致旅游产品成本增加、利润减少，从而引起旅游产品供给量减少；反之，如果各种生产要素价格降低，则会使旅游产品成本降低、利润增加，从而刺激旅游产品供给量增加。

3. 旅游需求

湖泊康养旅游需求规律指在其他因素不变的情况下，旅游需求与价格成反方向变化，与人们可自由支配收入和闲暇时间成同方向变化。因此，当人们可自由支配收入增加或闲暇时间增多时，旅游需求增加，从而可能引起旅游产品供给量的增加。

4. 旅游产品价格

在其他条件不变的情况下，湖泊康养旅游产品的供给量与旅游产品价格成同方向变化。[1] 价格提高，供给增多；价格下降，供给减少。但同时，旅游产品供给量在一定条件下具有相对稳定性，旅游产品供给量曲线受其他因素影响，会发生左右整体性移动。此外，价格的涨跌会引起供需关系的变化，反过来，供需关系的变化，也会引起价格的变化，从而调节供需矛盾（见图4-3）。

（二）湖泊康养旅游产品供给能力规律

旅游产品供给量与旅游产品价格的同方向变化并不是无限制的，也就是说，湖泊康养旅游产品的供给能力在一定条件下是既定的。在旅游产品供给能力的制约下，旅游产品供给量不能随着旅游产品价格的变动无限变动（见图4-4）。

---

[1]　韩玫丽：《试析不同旅游需求弹性下的企业经营策略》，《北京第二外国语学院学报》1996年第4期。

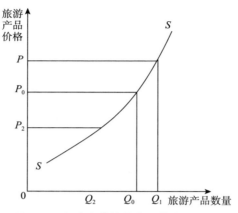

图4-3 湖泊康养旅游产品供给量曲线

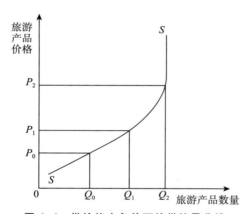

图4-4 供给能力条件下的供给量曲线

旅游产品供给能力与旅游综合接待能力、旅游环境承载能力不同。旅游产品供给能力指在一定条件下（时间和空间），经营者能够提供旅游产品的最大数量，包括旅游综合接待能力和旅游环境承载能力，它在一定条件下是既定的。旅游综合接待能力是指旅游目的地国家或地区通过旅游资源开发、基础设施和接待设施的建设而形成的，能够接待旅游者的数量，它体现了目的地旅游业发展的现实可能性。旅游环境承载能力是指旅游目的地国家或地区在一定时间内，在不影响生态环境和旅游者体验的基础上，能够保持一定水准而接待旅游者的最大数量，它体现了目的地旅游业发展的最大可能性。

（三）湖泊康养旅游产品供给水平规律

在旅游产品价格既定条件下，由于其他因素的影响和作用引起的旅游供给的变动，称为旅游供给水平的变动。[①]

若生产要素价格下降，则旅游产品成本下降，供给会增加；反之，若生产要素价格上升，则成本上升，供给减少（见图4-5）。例如工资、水、电等成本的变化会引起旅游供给水平的变动。

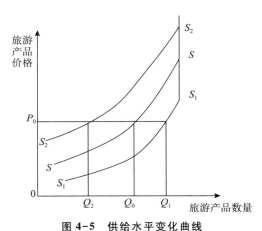

图4-5　供给水平变化曲线

三　供给趋势

（一）由盲目开发到开发与保护并举

1. 循环经济和资源利用

在湖泊康养旅游的开发中，循环经济和资源的有效利用将成为重要的考虑因素。例如，可以对旅游过程中产生的废弃物进行循环处理和再利用，以达到节约资源和保护环境的目的。同时，还可以将废弃的旅游设施再利用，比如将其改造成湖泊生态教育的场所或者公共休闲设施等。

---

① 曾博伟、吕宁、吴新芳：《改革开放40年中国政府推动旅游市场优先发展模式研究》，《旅游学刊》2020年第8期。

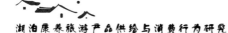
2. 湖泊生态修复和保护

湖泊生态修复和保护是湖泊康养旅游可持续发展的关键。通过采取科学的方法和措施，修复和保护湖泊的生态环境，比如加强水质监测、推进污染治理、保护生物多样性等。同时，在旅游开发和经营过程中，也需要注重减少对湖泊生态的影响和破坏。

3. 绿色产品和有机消费成为主导

随着消费者对健康和环保的关注度不断提高，绿色和有机的旅游产品成为消费主导。在湖泊康养旅游中，有机食品、绿色出行、环保住宿等将成为主导产品。同时，产品的设计也将注重提升游客的身心健康，如有机保健品、中医养生服务等。

4. 生态教育和环保意识深入人心

在湖泊康养旅游的开发中，生态教育和环保意识的深入人心将成为重要的趋势。通过加强环保教育，可以提高游客的环保意识和生态素养，进而促使其在旅游活动中能够更加尊重自然、注重保护环境。同时，也可以提高游客对湖泊康养旅游的认知度和认同感。

（二）由简单业态到各类产业融合

1. 湖泊旅游与健康产业的融合

湖泊康养旅游中，可以与健康产业进行融合，推出健康旅游产品和服务。例如，可以提供健康体检、中医养生、瑜伽健身等健康服务，以满足游客对身心健康的需求。同时，还可以在旅游过程中加入健康元素，比如组织健步走、太极拳等户外活动，以提高游客的身体素质和健康水平。

2. 湖泊旅游与文化创意产业的融合

湖泊康养旅游可以与文化创意产业进行融合，以推出更具文化内涵和特色的旅游产品。例如，可以引入当地的文化元素和传统手工艺术，打造具有地域特色的文化创意产品。同时，还可以举办文化活动和艺术展览，比如音乐节、画展、文化讲座等，以增强游客的文化体验和艺术感受。

3. 湖泊旅游与体育产业的融合

湖泊康养旅游可以与体育产业进行融合，以推出更具体育竞技性和娱乐性的旅游产品。例如，可以组织帆船比赛、划船比赛、户外拓展等活动，以满足游客对体育竞技和身心挑战的需求。同时，还可以提供体育设施，比如健身房、游泳馆、瑜伽馆等，以满足游客对体育锻炼和健康养生的需求。

4. 湖泊旅游与农业产业的融合

湖泊康养旅游可以与农业产业进行融合，以提供更具生态性和乡土性的旅游产品。例如，可以组织游客参观有机农场、品尝当地特色农产品，或者参与农事体验活动，比如采摘水果、蔬菜等。同时，还可以将农业景观和农村文化纳入旅游行程中，比如农村博物馆、传统手工艺作坊等，以增强游客对农业文化和乡村生活的体验和认知。

（三）由单一经营到多元主体合作

1. 政府主导转向市场主导

在湖泊康养旅游的发展初期，政府是主要的供给主体，通过投资、规划和管理等方式，推动旅游的发展。然而，随着市场需求的不断变化和旅游业的不断发展，旅游市场由政府主导逐渐转向由市场主导，通过市场竞争和创新，推动旅游产品的供给和质量的提升。

2. 公有制为主转向多种所有制并存

在湖泊康养旅游的发展初期，公有制企业是主要的供给主体，占据了绝大部分市场份额。然而，随着市场经济的不断深入和旅游业的不断发展，多种所有制企业逐渐兴起，包括民营企业、外资企业等。这些企业的加入，促进了湖泊康养旅游市场的竞争和发展，推动了旅游产品供给的创新和多元化。

3. 本地企业与外地企业共同发展

在湖泊康养旅游的发展初期，本地企业是主要的供给主体，具有地域优势和资源优势。然而，随着旅游业的发展和市场需求的多元化，外地企业也逐渐进入湖泊康养旅游市场，本地企业通过引进先进的管理经验和技术手段，为湖泊康养旅游的供给主体带来了新的活力和机遇。

4. 旅游供给主体与旅游中介合作共赢

在湖泊康养旅游的发展初期，旅游供给主体主要依靠自身的资源和能力提供旅游产品和服务。然而，随着市场的不断扩大和消费者需求的不断

变化，旅游中介逐渐崛起并与旅游供给主体进行合作，通过提供更加多元化和个性化的旅游产品和服务满足市场需求。这种合作模式可以实现供给主体与中介的共赢，推动湖泊康养旅游的可持续发展。

（四）由传统供给到现代科技渗透

1. 旅游服务智能化

通过智能化的设备和系统，提供更加便捷、高效和个性化的旅游服务。例如，可以利用智能化的旅游服务平台，为游客提供在线预订、个性化推荐、语音导览等服务，提高游客的旅游体验和便利度。

2. 旅游产品数字化

通过数字化的技术和手段，将旅游产品进行数字化转化，以提供更加多元化和个性化的产品和服务。例如，可以利用虚拟现实技术，为游客提供沉浸式的旅游体验；利用大数据技术，分析游客的消费行为和兴趣，为其提供更加精准的个性化服务。

3. 旅游营销创新化

通过创新的科技手段和营销方式，提高湖泊康养旅游的品牌知名度和市场竞争力。例如，可以利用社交媒体和短视频平台，进行旅游产品和服务的宣传和推广；利用互联网营销手段，进行精准营销和定制化推广，提高营销效果和潜在游客的转化率。

4. 旅游管理智能化

通过智能化的管理手段和系统，提高湖泊康养旅游的管理效率和服务质量。例如，可以利用智能化的景区管理系统，实现智能监控、人流控制和应急处置等；利用智能化的酒店管理系统，提高酒店服务质量和客户满意度。

（五）由游览观光到康养体验升级

1. 旅游活动的变化

从以自然景观和人文景观的游览观光为主，转变为以健康养生、医疗保健、文化体验等体验式活动为主。[1] 游客在湖泊旅游中，不再仅仅是观赏

---

[1] 王前、唐渝杰、黎邦利：《基于森林康养的乡村旅游规划研究——以金堂县云漫半山森林康养基地为例》，《现代园艺》2023 年第 5 期。

风景、游览景点等，而是更加注重参与和体验各种有益身心健康的活动，这些元素与湖泊的自然环境和特色文化相结合，形成了独具特色的康养旅游产品，为游客提供了更加丰富的旅游体验。例如：瑜伽、冥想、养生膳食体验、中医理疗等。

2. 旅游资源的深度开发

湖泊康养旅游产品的开发，需要充分利用湖泊的生态环境、景观和文化等资源，深入挖掘其对人体健康有益的因素，形成具有康养特色的旅游产品和项目。例如：开发湖泊周边的自然景观和负离子环境，利用水疗设施开展 SPA 服务等。

第四节　湖泊康养旅游供给调控

从旅游供需发展的实证研究来看，目前我国旅游需求系统、旅游供给系统及旅游供需耦合协调系统，发展水平均偏低、稳定性不足、时间与空间差异明显、结构的不匹配问题凸显，旅游供需的不均衡、不和谐发展问题制约着旅游业的高效发展。[1] 湖泊康养旅游需求和供给，作为湖泊康养旅游经济运行中的重要组成部分，既受到彼此的相互作用与影响，又受到来自旅游产业、资源禀赋、市场潜力、经济发展、制度因素、对外开放程度等众多因素的制约与影响，二者在同一时空序列下不断进行物质与能量的交换，进而促进彼此发展，最终达到从无序到有序、从杂乱到和谐、从消耗到共生的发展。[2]

一　湖泊康养旅游供需矛盾的表现

湖泊康养旅游的供需之间存在一定的矛盾。一方面，旅游者对康养旅游的需求日益增长，要求旅游产品能够满足其健康、疗愈和享受的需求，

---

① 范红艳、薛宝琪：《河南省旅游产业与文化产业耦合协调度研究》，《地域研究与开发》2016 年第 4 期。

② 胡亚光：《基于营力系统理论的旅游产业效率提升机制研究》，《企业经济》2019 年第 3 期。

以及对旅游体验品质化和个性化的追求。另一方面，湖泊康养旅游的供给相对滞后，存在供给管理粗放、供给环境不佳、文化供给不足以及产品同质化严重等问题。这导致旅游者的需求无法得到充分满足，且旅游地的经济效益和社会效益也无法得到有效提升。总体上湖泊康养旅游的供需矛盾，主要体现在时间上、空间上、数量上、质量上以及结构上。

（一）供需矛盾的时间表现

1. 季节性供需不平衡

目前，我国湖泊康养旅游的供给和需求，受到季节性因素的影响很大。例如，"二避、三养"的游客，夏季更愿意前往北方，冬季则更倾向于前往南方。因此，湖泊康养旅游的供给和需求，存在季节性的不平衡。

2. 节假日供需不平衡

湖泊康养旅游在节假日期间，可能迎来游客高峰，导致供需矛盾加剧。例如，国庆节、春节等长假期间，游客数量增加，而湖泊康养旅游地的接待能力有限，难以满足所有游客的需求。

3. 淡旺季供需不平衡

湖泊康养旅游可能存在淡旺季之分。在旺季，游客数量较多，供不应求；在淡季，游客数量减少，供过于求。这种供需矛盾，可能导致湖泊康养旅游资源的浪费和游客旅游体验的下降。

因此，为了解决湖泊康养旅游的供需矛盾，需要平衡考虑季节性、节假日、淡旺季等多种因素，采取合理的规划和管理措施，实现湖泊康养旅游的可持续发展。

（二）供需矛盾的空间表现

1. 不同区域间的供需不平衡

湖泊康养旅游可能存在不同区域之间的供需矛盾。一些区域的旅游资源可能较为丰富，游客数量较多，而另一些区域的旅游资源可能较少，游客数量也相对较少。这种供需矛盾，可能导致一些区域的旅游体验不佳，而另一些区域的旅游资源得不到充分利用。

2. 城乡供需不平衡

湖泊康养旅游的供需矛盾可能也存在于城乡之间。一些城市的游客数量可能较多，而一些乡村地区的游客数量可能较少。这种供需矛盾可能导致乡村地区的旅游资源得不到充分利用，而城市的游客则面临旅游压力和交通拥堵等问题。

3. 局部与整体供需不平衡

湖泊康养旅游的供需矛盾也可能存在于局部与整体之间。局部地区可能拥有较好的旅游资源和较多的游客数量，而整个湖泊地区的旅游资源和游客数量则可能较为分散。这种供需矛盾，可能导致局部地区存在旅游压力和环境破坏等问题，而整个湖泊地区的旅游资源却得不到充分利用。

（三）供需矛盾的数量表现

1. 湖泊康养旅游资源开发不足

一是开发不充分。一些湖泊康养旅游资源，可能因为资金、技术、政策等方面的限制，而没有得到充分开发，导致当地湖泊旅游资源浪费，无法充分展现湖泊康养旅游的特色和优势。二是开发过度。与开发不充分相反，一些湖泊康养旅游资源，可能因为追求经济利益而过度开发，破坏了湖泊的自然环境和生态系统，影响了湖泊的生态平衡和旅游价值。三是缺乏整体规划。许多湖泊康养旅游资源的开发是东一榔头西一棒槌，导致不同开发主体之间协调不足，出现了重复建设和资源浪费的现象。四是缺乏创新性。我国湖泊康养旅游资源的开发，长期存在同质化严重的现象，缺乏个性和吸引力。

2. 湖泊康养旅游服务能力不足

一是服务水平不高。湖泊康养旅游景区的服务人员，缺乏专业培训，对湖泊历史文化、民俗风情等方面的了解不足，导致服务水平无法满足游客的需求。二是服务设施不完善。我国许多湖泊康养旅游景区，只有餐饮、住宿、观光等功能，景区内的道路、停车场、洗手间等公共设施建设不足，影响了游客的旅游体验。三是服务内容单一。我国许多湖泊康养旅游景区，对高质量的导览、解说等要素不重视，导致游客体验受限。四是服务管理不规范。湖泊康养旅游景区可能存在安全措施不到位、旅游保险不完善等问题，无法保障游客的安全和利益。此外，一些景区可能存在旅游合同不

规范、旅游投诉处理不及时等问题，影响游客的旅游体验和满意度。

3. 湖泊康养旅游产品供给不足

一是产品结构单一。一些景区可能仅提供传统的湖泊观光服务，缺乏文化体验、户外探险等多元化的旅游服务项目，无法满足游客多元化的需求。二是产品开发深度不够。例如，一些景区在文化体验方面，可能只是简单地介绍一些历史文化知识，缺乏对景区文化更深入的挖掘和展示，无法让游客深入了解当地的文化内涵，导致旅游产品的内涵和特色不够突出，无法吸引到更多的游客。三是产品雷同，缺乏创新。四是品牌不突出，形象不鲜明。很多湖泊型旅游度假区在进行旅游策划时，没有充分显示自身的地理环境特点和规划区自身文化内涵的项目，导致旅游产品的个性不足，没有标识性。

（四）供需矛盾的质量表现

湖泊康养旅游的供需矛盾，在产品质量方面表现为：旅游产品质量参差不齐、旅游产品缺乏特色和创新、服务质量不尽如人意以及旅游资源开发不足或开发过度等问题。

1. 旅游产品质量参差不齐

湖泊康养旅游产品的质量，因旅游地和旅游企业的不同而存在差异。一些旅游企业为了追求经济利益，忽视了对环境的保护和文化传承的重视，导致旅游产品质量低下，无法满足游客的需求。

2. 旅游产品缺乏特色和创新

湖泊康养旅游产品的同质化现象严重，缺乏对湖泊文化的深度挖掘和传播。同时，缺乏创新意识和创新能力，无法推出具有特色和创新性的旅游产品，无法吸引更多的游客。

3. 服务质量不尽如人意

一些旅游企业的服务水平不尽如人意，存在服务态度不佳、服务流程不规范、安全保障不足等问题。这不仅影响了游客的旅游体验，也影响了湖泊康养旅游的形象和声誉。

4. 旅游资源开发不足或开发过度

一些旅游地在开发湖泊康养旅游资源时，存在开发不足或开发过度的问题。开发不足会导致旅游产品无法充分挖掘和利用湖泊文化，开发过度则会导致湖泊环境破坏和生态失衡，严重影响湖泊康养旅游的可持续发展。

（五）供需矛盾的结构表现

旅游供给的稳定性、固定性与旅游需求的复杂性、多样性，造成湖泊康养旅游供给与需求结构方面的矛盾。具体表现在：旅游供给类型或者项目与旅游需求不相适应、旅游供给的档次与旅游需求不相适应、旅游供给的方式与旅游需求不相适应。①

1. 旅游产品内部各要素之间不协调

湖泊康养旅游产品内部结构的混乱表现为：旅游产品内部各要素之间不协调。一些旅游企业为了追求经济利益，忽视了旅游产品内部各要素之间的协调和平衡。例如，只注重基础设施建设，而忽视了环境保护和文化传承等方面，导致旅游产品内部各要素之间不协调。

2. 旅游产品与服务不匹配

一些旅游企业提供的旅游产品与服务不匹配。例如，一些旅游企业推出的旅游路线与旅游主题不匹配，提供的住宿和餐饮等服务与旅游产品的定位不符，导致游客无法获得理想的旅游体验。

3. 旅游产品供给与市场需求不适应

湖泊康养旅游的供需矛盾，在结构上还表现为旅游产品供给与市场需求不相适应。一些旅游企业为了追求经济利益，提供了一些不符合游客需求的旅游产品，导致旅游产品供过于求，无法满足游客的需求。而游客需要的旅游产品，则因为种种原因，无法得到充分的供给，导致旅游产品供不应求。

二　湖泊康养旅游供给需求的均衡

为解决以上矛盾，本书结合系统理论，从不同角度探讨矛盾的类型，厘清矛盾的本质，基于数量、质量、时间、空间和结构的不同层面，提出

---

① 钟林生、马向远、曾瑜皙：《中国生态旅游研究进展与展望》，《地理科学进展》2016 年第 6 期。

解决思路，分析解决路径，为湖泊康养旅游供给的可持续发展提出新的见解。

（一）供需数量的均衡

1. 需求系统的优化

一方面，应该加大力度提高旅游需求的数量，不断刺激旅游者的需求，通过产品策略、价格策略、市场手段，将潜在旅游需求转为现实旅游需求。另一方面，着重提高湖泊康养旅游需求系统的稳定性，避免其受危机事件或突发事件的显著影响。对于湖泊康养旅游需求系统发展水平较低的地区，应该立足于现实旅游需求，不断挖掘潜在旅游需求；对于湖泊康养旅游需求系统发展水平较高的地区，应该创新新兴的旅游需求，引领未来旅游需求，使旅游需求数量全线提高。

2. 供给系统的优化

对于旅游供给水平较高的地区，应该加大提高湖泊康养旅游供给数量，不仅要保持原有旅游产品的供给数量，还要在新兴业态领域开发诸如健康游、中医中药游、体育游、亲子游、蜜月游等新兴旅游产品，增加有效湖泊康养旅游供给数量。对于旅游供给水平较低的地区，要注重弥补湖泊康养旅游供给系统内部环节的不足，增加旅游吸引物系统中星级饭店数量、客房数量、旅行社数量，增加旅游服务子系统中服务人员的数量，提高旅游交通供给的运营能力，切实提高湖泊康养旅游有效供给数量以满足游客需求。

（二）供需质量的均衡

湖泊康养旅游需求的高质量表现为需求的多元化。湖泊康养旅游需求的多元化，可以从旅游者旅游产品选择、旅游服务方式、旅游者范畴、旅游者消费方式等方面来理解。湖泊康养旅游供给的高质量表现为旅游供给的多样化，包括旅游产品供给种类的丰富、供给销售渠道的灵活多样。

面对旅游需求的产品类型、所需服务、购买方式等日益多元化，湖泊康养旅游供给方面也应该不断进行调整，以满足日益多元化的旅游需求。第一，深耕湖泊、康养领域的产品细分及产品的主题化和特色化。将湖泊康养旅游产品，按照不同年龄、不同层次、不同动机等从多种角度进行细分，如体育旅游、修学游、亲子游、美食游、养生游等旅游产品大类，在此基础上针对游客不同需求设计个性化、体验式的创新型旅游产品，满足多种旅游者的旅游需求。细分出的旅游产品均要体现出个性化、主题化、创新创意化的特征，发挥多种效应，满足多种旅游需求。第二，推动信息化与湖泊康养旅游供给的融合发展。在"旅游+""互联网+"大背景下，湖泊康养旅游销售模式，可以有多种组合方式、以多种形式出现，用创新生产和消费模式促进游客深度参与，将为游客提供形态和内容更加丰富的旅游休闲、观光、康养体验。

（三）供需时空的均衡

1. 引导错时旅游，实现供需时间的均衡

旅游需求、旅游供给和旅游供需耦合协调发展，存在明显的时空尺度效应。旅游供需耦合协调在时间演变中，表现出明显的波动性周期，在波动周期内又表现出淡季与旺季的矛盾。旅游淡季景区门可罗雀，而旅游旺季景区门庭若市；旅游淡季供给剩余、闲置，而旅游旺季供给不足、短缺，呈现出时间性过剩与时间性短缺的局面。

形成这样的局面，在很大程度上取决于我国休假和假期制度的不完善，在黄金周、春节假期及寒暑假等公共假期，旅游需求集中释放，旅游供给应接不暇。旅游供给数量严重不足，质量大打折扣，旅游景区拥挤不堪、负荷过重，旅游供给不足带来的是旅游者舒适度不高、体验度不够、满意度下降。于是越来越多工作时间相对自由、宽松的旅游者，改变旅游观念与意识，不再"扎堆"出游，而是青睐于选择较为时尚的、值得推崇的错时旅游，即错峰出行或在旅游淡季出去游玩。错时旅游的旅游者无须在人堆里"披荆斩棘"，而是可以悠哉地寄情于山水之间，不仅缓解了旅游交通、住宿、景区景点的压力，还有利于节约旅游者的旅行成本，提高旅游质量。错时出游期间，旅游供给方接待游客数量较少，可以实现旅游需求和旅游供给的良好匹配。

为更好地引导游客进行错时旅游，缓解旅游供需时间上的矛盾，一方

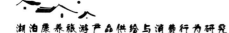

面，需要政府完善节假日制度、企业完善员工年假制度，出台更多的旅游消费相关意见，为旅游者提供更多出游时间，减少旅游停留时间的约束。另一方面，高峰太"热"，低谷太"冷"，旅游企业应该跳出淡旺季的被动状态，通过调整产品价格、优化旅游服务来带动旅游淡季的兴旺化，使旅游供需得到合理匹配。

2. 协调区域发展，实现供需空间的均衡

旅游供需耦合协调度在空间上呈现地带性与省域差异特征，一些地区旅游吸引能力强、基础设施良好、服务水平较高、综合环境效应较好，基本能够满足旅游需求；而一些地区旅游吸引物不足、旅游服务设施不健全、基础设施配备不完善、服务水平参差不齐、综合环境效应较弱，无法满足旅游者的旅游需求，呈现出区域性协调与区域性短缺并存的局面。

第一，加强区域旅游路线的引导。对于旅游供需协调度高的地区，湖泊康养旅游供给能得以较好利用，甚至一定时期内会被过度使用；而对于旅游供需协调度较低的地区，旅游供给数量相对较少，且利用不够充分，存在闲置问题。对于前者应该着重引导出境游、国内长线游，对于后者应该大力倡导周边游、省内游、国内游。第二，调整旅游产业布局。着重对供需协调度低的地区，加大旅游产业要素的投入力度，聚沙成塔、集腋成裘，完善旅游供给。通过旅游产业布局的调整，缩小区域空间结构的差异。

（四）供需结构的均衡

1. 各旅游要素之间的均衡

从旅游需求角度来看，旅游中的六要素缺一不可，旅游供给要围绕旅游需求的要素进行横向结构配置。旅游吸引物、旅游交通、旅游服务、旅游环境四个子系统，是旅游供给系统中必不可少的组成部分。旅游供给系统是一个完整的链条和组合体，该链条中任何环节的不足，都会影响旅游需求的体验。四个子系统在运行中遵循"木桶效应"，即旅游供给的能力与质量，并不取决于供给能力最强的部分，而是取决于供给能力最弱的部分，也可以称为"短板效应"。构成系统的各个部分往往是优劣不齐的，而劣势部分往往决定整个系统的水平。因此，需要对"短板"进行补缺，只有短板水平提高，整个系统的能力才能提高。

湖泊康养旅游需求和旅游供给存在内部结构不均衡、不协调问题，旅游需求和旅游环境、旅游吸引物、旅游交通、旅游服务这四个子系统的协调作用强度依次减弱。同时，湖泊康养旅游需求和旅游供给子系统协调发展的区域不均衡性也较为凸显，从而导致供需错配，旅游者的旅游需求体验不佳，旅游供给的效率较低。湖泊康养旅游供给的四个子系统中，长期偏倚于对旅游景区、旅游住宿、旅游餐饮等核心旅游供给和旅游环境供给的打造，导致旅游交通、旅游服务系统的供给严重不足，且旅游服务已成为当前湖泊康养旅游供需结构的短板。因此，要想提高湖泊康养旅游供给的质量和能力，必须切实提高旅游服务质量，提高旅游交通便捷度，解决游客出行难的瓶颈制约。以供需对接为基础，按照旅游服务—旅游交通—旅游吸引物—旅游环境的序列，有步骤、有节奏地调整湖泊康养旅游供给内部结构，实现旅游供给从节点到全程全域的高效发展，这也正是有效刺激湖泊康养旅游需求的推动力。

2. 旅游产品与服务之间的均衡

旅游产品多样化。为了满足不同游客的需求，湖泊康养旅游应提供多样化的旅游产品和服务，包括养生、医疗、SPA、瑜伽、冥想、太极等。旅游服务个性化。除了多样化的旅游产品和服务，湖泊康养旅游还应该根据游客的需求提供个性化的服务，如定制旅游路线、提供专业医疗咨询、提供健康饮食建议等。产品服务综合化。湖泊康养旅游应该将旅游产品和服务综合起来，为游客提供全面的康养体验。服务质量满意化。湖泊康养旅游应该注重服务质量和游客满意度的提高。为此，可以建立完善的服务质量标准和监督机制，为游客提供专业的医疗服务、周到的旅游服务和舒适的旅游环境。

三 湖泊康养旅游供需均衡的调控

与一般产品的供需平衡性比，旅游供需具有平衡的相对性、不平衡的绝对性、供需交换的随机性等特点。但是，基于旅游供给与需求矛盾的特殊性，旅游供需平衡还具有复杂性的特点。因此，旅游供需平衡是一个相当复杂的问题，需要在一个更大的系统空间中来认识、分析和解决，这给旅游供需平衡的调控增加了难度。所谓调控，总是相对于一定的目标而言的，人们事先赋予指定系统一个目标，然后运作系统，当发现状态偏离目标时，采取一定的方式和手段使系统状态恢复到既定目标，这一过程就是调控。

（一）调控主体

1. 旅游管理部门

一是制定和执行政策。政府旅游管理部门负责制定湖泊康养旅游的相关政策，包括旅游发展规划、旅游市场监管措施等，并确保这些政策的执行和落实，以实现对旅游供需关系的调控。

二是统筹规划。政府旅游管理部门会根据湖泊康养旅游的实际情况，制定全面的旅游发展规划，确定旅游开发的重点和优先发展领域，以促进旅游业的整体发展。

三是市场监管。政府旅游管理部门对湖泊康养旅游市场进行监管，确保市场秩序和公平竞争，防止不正当竞争和侵害消费者权益的行为，同时也会对旅游企业进行评估和评级，以保证旅游服务质量和安全。

四是协调资源。政府旅游管理部门会协调各方面的资源，包括资金、技术、人力等，以支持湖泊康养旅游的发展，同时也会推动相关部门和机构之间的合作，共同促进湖泊康养旅游的发展。

五是品牌推广。政府旅游管理部门还会通过各种渠道和平台，包括国际旅游交流平台、媒体等，积极推广湖泊康养旅游的品牌形象和特色产品，吸引更多的游客前来参观和旅游。

2. 旅游行业协会

一是帮助制定行业标准和规范。旅游行业协会通常会协助政府组织制定旅游的行业标准和规范，包括旅游服务的质量标准、旅游企业的经营规范等，以确保旅游服务质量和安全，保障游客的权益。

二是提供培训和交流平台。旅游行业协会可以为湖泊康养旅游的从业人员提供培训和交流平台，帮助他们提高专业技能和服务水平，增强服务意识，以提升旅游服务的质量和游客的满意度。

三是促进合作和交流。旅游行业协会可以促进各旅游企业之间的合作和交流，推动企业间的信息共享和资源整合，形成旅游行业的合作机制，共同推动湖泊康养旅游的发展。

四是推广旅游产品。旅游行业协会通常会参与到湖泊康养旅游产品的设计和推广中，通过组织各类旅游展览、推介会等活动，帮助旅游企业宣传和推广湖泊康养旅游的产品和特色，吸引更多的游客前来参观和旅游。

五是提供信息和咨询服务。旅游行业协会可以为游客提供信息和咨询服务，帮助游客更好地了解湖泊康养旅游的相关政策和法规，为游客提供旅游攻略和旅行建议等服务，满足游客多样化的需求。

3. 旅游企业

一是提供旅游产品和服务。旅游企业是湖泊康养旅游产品和服务的主要提供者，他们根据市场需求和游客偏好，设计和提供各种旅游产品和服务，包括观光游览、休闲度假、养生保健等，以满足游客的需求。

二是参与行业合作。旅游企业通常会参与旅游行业协会举办的合作和交流活动，与其他旅游企业共同推动湖泊康养旅游的发展，共享资源和信息，共同推广旅游产品和特色。

三是创新发展。旅游企业是湖泊康养旅游业的创新和发展主体。旅游企业通过引入新的技术、创新旅游产品和服务模式、改进旅游设施等方式，提高旅游服务的效率和质量，满足游客不断变化的需求。

四是优化资源配置。旅游企业能够根据市场需求和游客偏好，合理配置旅游资源，包括旅游路线设计、旅游设施建设、人力资源安排等，从而提高旅游服务的效益和游客满意度。

五是促进地区发展。旅游企业通过提供就业机会、增加地方经济收入、推动相关产业的发展等方式，促进湖泊康养旅游地区的发展，提高当地居民的生活水平。

六是反馈市场需求。旅游企业直接面对游客，对市场需求有直观的认

识和了解。旅游企业通过市场调查、游客反馈等方式，及时掌握市场需求的变化，为政府旅游管理部门和行业协会提供参考，共同调整和优化旅游供需关系。

（二）调控手段

1. 规划调控

用控制论的语言来讲，旅游供给规划是一种前馈控制。它对旅游供给提出了目标限定和范围。其内容包括：旅游资源调研和开发、旅游需求预测、旅游区规划和建设、基本旅游供给与相关旅游基础设施的发展计划、人员培训和行业规范等。在我国，制定湖泊康养旅游供给规划的时候，要遵循社会主义市场经济规律、国家方针政策，从社会主义现代化建设的总方针出发，使旅游供给的发展规模和发展速度，既适应社会主义经济发展的需要，又符合国家或本地区的经济实力。

2. 过程调控

过程调控包括宏观和微观两个层次。在宏观层次，国家可以根据旅游经济发展的目标和旅游供需的现实状况，通过政策对旅游供需进行引导或限制，从而使旅游供需实现平衡。在微观层次，对旅游供需平衡的调控，主要是通过市场机制来进行的。当旅游市场上出现供过于求的情况时，旅游产品的价值难以实现，价格不得不下降，生产旅游产品的资金就可能发生转移，从而使旅游供给减少；当市场上出现供不应求时，旅游产品走俏，价格上涨，资金就可能由其他行业流入旅游行业中，从而使旅游供给扩大。为了增加旅游供给，随旅游需求而动态平衡的主动性，就要增加旅游供给能力的储备，根据旅游发展的趋势，适时扩大旅游供给。具体还可以分为以下手段。

旅游发展战略与规划。为保证旅游经济活动的健康发展，弥补市场机制的不足，很多国家或地区的政府，都详细制定了本国或本地区旅游业的发展战略与规划，旨在通过必要的行政、经济和法律手段来调节旅游供需。这些发展战略与规划主要涉及旅游资源的开发、旅游设施的建设、旅游从业人员的培训、旅游业及相关产业的发展规模与发展速度等方面。旅游发展战略与规划，是一种长期性的调节手段，它对旅游供给和旅游需求有着较持久的控制作用。

税收政策。调节旅游供需的税收政策涉及两个方面：一个是对旅游企业实行的税收政策；另一个是向旅游者征收旅游税的政策。当旅游产品供不应求时，通过对旅游企业实行减免税的政策，可以降低生产成本，增加企业利润，吸引多方投资，推动旅游企业扩大再生产，进而刺激旅游供给量的增加。同样，向旅游者直接征税可以减少旅游需求，进而调节旅游供需矛盾。反之，当旅游产品供过于求时，通过对旅游企业增税的政策，则可以抑制旅游供给，使旅游供需达到平衡。

价格政策。在价值规律自发作用的基础上，针对不同形式的供需矛盾，旅游目的地可以采取不同的价格策略，如地区差价、季节差价、质量差价、优惠价、上下限价等，以此来调节供需关系，使旅游供需实现平衡。

营销策略。由于旅游供给的弹性较小，在供给体系既定的情况下，主要依靠刺激旅游需求来调节旅游供需矛盾。旅游营销的特点是见效快、较为直观、易于运用，只要选准目标市场，促销措施到位，短期内便会激发旅游需求。因此，各旅游目的地经常采用市场开发、宣传招揽、产品渗透等营销策略，使旅游供需矛盾较快得到缓解。

四 湖泊康养旅游供需调控的路径

（一）实现旅游供给多样性和可持续性的前提是保护生态环境

习近平总书记"绿水青山就是金山银山"的发展理念以及"绝不能以牺牲生态环境为代价换取经济的一时发展"的重要论断，对于湖泊康养旅游目的地供给的可持续发展至关重要。[①] 让生态环境成为旅游目的地的优质资产，无论是实现旅游相关产业的多样性，还是旅游产品的多样性，都应该以保护生态环境为前提，不能引进与环境保护相悖的产业或产品线，在产业及相关产业链的选择上，尽可能地运用绿色发展理念和环保理念，大力

---

① 马勇、郭田田：《践行"两山理论"：生态旅游发展的核心价值与实施路径》，《旅游学刊》2018年第8期。

发展与当地湖泊康养旅游业相关联的低碳产业和循环经济产业。

（二）积极发挥"有为政府"的作用

发挥湖泊康养旅游的窗口功能和对外开放功能，打造旅游名片，发挥其招商引资作用，完善旅游供应链，利用旅游和贸易的相关关系促进货物贸易和相关产业发展。国际经验表明，对于旅游资源相对丰裕的目的地而言，如果任由自由市场这只"看不见的手"发挥作用，旅游业的发展一般会遵循单一产品生命周期的演化规律走向衰退，一旦旅游业进入衰退期，资本迅速撤离，旅游目的地便会饱受"资源诅咒"之苦。因此，政府应制定产业政策，在湖泊康养旅游繁荣时期，控制总体供给规模，避免发展过热、过度消耗资源。政府还应鼓励和推动创新，培育文化产品和创意产品，引导市场提供多样性的湖泊康养旅游产品，使湖泊康养旅游目的地的生命周期产生叠加效应，保障湖泊康养旅游平稳可持续发展。

（三）遵循要素禀赋的变化配置资源是实现可持续旅游的关键

一般来说，在湖泊康养旅游目的地发展初期，要素禀赋呈现出旅游资源丰裕和劳动力丰裕的特征[1]，湖泊康养旅游产品应当和要素禀赋的结构相匹配，旅游目的地才能产生最大的经济剩余。随着旅游目的地资本的累积和技术的进步，旅游产品应向资本密集和技术密集转变，融入更多文化、技术和创意元素，向多样化转变。

（四）加强与高附加值产业的产业关联

加强与高附加值产业的产业关联，尤其是实现湖泊康养旅游业、信息技术产业和高端制造业的耦合发展。[2] 例如，通过发展智慧旅游，全面提升湖泊康养旅游供给的发展水平，提高旅游满意度，促进新一代信息技术产业的发展。将先进装备制造业应用于湖泊康养旅游场景创新，充分运用虚拟现实、4D、5D 等人工智能技术打造立体、动态展示平台，为游客提供线

[1] 朱鹤、唐承财、王磊等：《新时代的旅游资源研究：保护利用与创新发展——旅游地理青年学者笔谈》，《自然资源学报》2020 年第 4 期。
[2] 李书昊、魏敏：《中国旅游业高质量发展：核心要求、实现路径与保障机制》，《云南民族大学学报》（哲学社会科学版）2023 年第 1 期。

上体验和游览路线选择。通过发展邮轮游艇、大型游船、旅游房车、旅游小飞机、景区索道、大型游乐设施等旅游装备制造业，提升行业的科技水平，不断提升游客的旅游体验，实现旅游的可持续发展。

（五）运用财税金融加大支持推力

财政资金支持。政府可以通过设立康养旅游发展专项资金，以财政拨款、项目补贴、贷款贴息等方式，对湖泊康养旅游项目给予资金支持，以促进康养旅游产品的供给。税收优惠。对湖泊康养旅游相关企业实施税收优惠政策，如减免增值税、企业所得税等税种，以降低企业成本，增强企业盈利能力。金融贷款支持。金融机构可以对湖泊康养旅游项目和企业提供优惠贷款，如降低贷款利率、延长贷款期限等，以支持康养旅游产品的开发与供给。建立湖泊康养旅游产业基金。通过政府引导、企业主导的方式，设立湖泊康养旅游产业基金，吸引社会资本进入，为湖泊康养旅游产品的供给提供稳定的资金支持。创新金融产品与服务。金融机构可以针对湖泊康养旅游产业特点，开发创新金融产品和服务，如康养旅游信用卡、康养旅游保险等，以满足游客的多元化需求。加强政策协调与引导。政府应加强财税金融政策的协调与引导，确保各项政策的有效落地与执行，同时加强对湖泊康养旅游产业的监测与评估，及时调整政策措施，以保障康养旅游产品的有效供给。

（六）落实假日惠民政策，激发需求活力

一是施行假日错峰出游政策，对游客进行分流。一方面能够提高游客的体验感，另一方面也有助于减少湖泊康养景区在节假日期间的接待压力。二是推行优惠政策和活动。在特殊时期，政府和企业可以联合推出各类针对湖泊康养旅游的优惠政策，如门票减免、打折住宿、免费体验活动等，主动引导游客分时分地进行湖泊康养旅游消费。三是鼓励重复消费，如推行积分兑换、会员制度等措施，鼓励游客进行重复消费，既有助于打造景区的品牌效应，又能为景区创造大量的经济效益。

（七）推进城乡联动，释放消费潜力

一是加强城乡统筹规划，将湖泊康养旅游纳入城乡统筹规划中，加强

城市和乡村的联动发展。在城市规划中，应注重保护和利用湖泊资源，为城市居民和游客，提供优质的康养旅游服务和体验。在乡村规划中，应注重发挥湖泊资源的优势，推动乡村旅游和康养产业的发展。二是加强基础设施建设，完善城乡基础设施建设，扩大交通、通信、供水、供电等基础设施的覆盖面。同时，加强与湖泊康养旅游相关的基础设施的建设，如旅游厕所、停车场、游客服务中心等，提升旅游接待能力和服务水平。三是促进居民参与和受益，鼓励当地居民参与湖泊康养旅游的开发和经营，让他们成为旅游业的利益主体。通过居民的参与，可以带动当地经济的发展，提高居民的收入和生活水平，同时也可以增强湖泊康养旅游的本土化和特色化。

（八）发展数字文旅，拓展供给能力

通过发展数字文旅，可以拓展湖泊康养旅游的供给能力，提高旅游服务的品质和效率，满足游客的多元化需求，推动湖泊康养旅游业的可持续发展。

优化数字文旅规划布局。结合湖泊康养旅游的特点和需求，制定数字化发展规划。深入开展全面研究，将重大文化科技项目纳入科技发展规划，明确功能定位、实施路径等，以提升湖泊康养旅游的数字化水平。

强化数字文旅产业要素保障。建立和完善相关规章制度，营造数字文旅产业高质量发展的政策环境。同时，加强数字经济在旅游产业内部的资源整合作用，推动旅游利益主体信息共享能力的提升，进一步优化旅游数字化产品的供给体系。

提升公共数字服务能力。建立公共数字化平台，强化公共数字服务能力，提高旅游信息披露程度。通过优化信息获取和分享的途径，为游客提供更加便捷、高效、精准的旅游服务。

培育数字化企业。积极培育具有影响力的本土旅游数字化企业，搭建旅游服务一体化平台，建立大数据中心，形成旅游数字化产品，提供旅游数字化增值服务。同时，鼓励企业进行技术创新和模式创新，提升数字文旅产业的竞争力。

推进智慧旅游建设。以数字化为突破口，大力提升公共管理服务体系现代化治理能力。通过数字化技术手段，对旅游资源进行深度整合和开发，推动旅游服务的智能化、个性化和高效化。

加强数字文旅人才培养。数字文旅的发展需要具备创新思维、技术能力和管理经验的专业人才。要注重人才的培养和引进，加强与高校、科研机构的合作，提高数字文旅人才的素质和能力。

第五章
湖泊康养旅游需求分析

从需求角度而言，健康长寿是人类追求的永恒目标。受工业化和城镇化进程加快、环境恶化、经济发展水平提升、人均可支配收入增加、社会老龄化结构凸显等因素的影响，大众健康意识和健康需求持续提升，与健康饮食、康养休闲结合的康养旅游，逐步进入大众视野，对人们健康和幸福感具有积极促进作用。可见，健康需求与康养旅游需求紧密相关，且相互促进。在这样的背景下，对湖泊康养旅游需求的研究应进一步拓展和深化，逐步构建系统的湖泊康养旅游需求知识分析体系。

第一节　湖泊康养旅游需求概述

需求和供给是一组相对概念，马克思在《资本论》中最先提出了需求这一名词，认为需求是指在一定时期内不同的价格条件下，消费者愿意而且能够购买的商品或服务的数量。在需求的经济学解析基础上，学者对旅游需求的概念进行探讨，认为旅游需求反映了旅游产品的数量与价格的关系，即一定时期内旅游消费者以一定的价格愿意并且能够从旅游市场购买的旅游产品的数量。伴随旅游业的发展，湖泊康养旅游的需求端的革新也在深入进行，旅行者并不满足于对旅游产品的数量需求，而是在考虑旅游价格与数量关系时，开始注重考虑湖泊康养旅游产品的质量，注重需求的有效性。由此，本章深挖湖泊康养旅游需求的概念内涵，阐述其特征意义，辨别其类型方式，以丰富湖泊康养旅游需求研究的理论成果。

一　湖泊康养旅游需求的概念

国外最早关于旅游需求的研究，是 Vogt 关于年轻游客旅游动机的研究成果。[①] 几十年来，旅游需求一直是旅游研究的重点。国外学者对于湖泊康养旅游需求的研究，主要包括旅游产品、价格、住宿、环境、文化、餐饮、自然景观、地标和交通等对旅游需求的影响。Noonan 研究了欧洲 168 个城市的各种文化设施对旅游需求的影响，认为以景点、地标、博物馆、音乐会和演出为形式的文化设施，对旅游需求有正向影响。[②] Susana 等对西班牙的欧洲旅游需求进行了研究，他们认为无论是在短期还是在长期，国内生产总值（GDP）和住宿床位数与旅游需求均呈正相关。[③] Jorge 以出境康养旅游花费为参考变量，调查了美国 50 个目的地的出境康养旅游需求和物价发展（实际汇率），认为物价发展与出境康养旅游消费，既有长期的相似性，也有短期的相似性。[④] Welling 等评估了冰川退缩对冰川遗址参观需求的影响，研究认为气候变化引起的环境变化极大地影响了以自然为基础的旅游需求，此外，冰川游客对这些变化的反应在不同的访问影响和游客群体中差异很大。[⑤]

在湖泊康养旅游动机方面，Langvinien 认为，康养旅游需求可概括为在国外寻找治疗机会和对健康生活方式的关注两大类[⑥]；Voigt 等提炼了康养旅游的 6 个有益因素，分别是精神超越、身体健康和外貌管理、逃避和放

① Vogt, J. W., "Wandering: Youth and Travel Behaviors", *Annals of Tourism Research*, Vol. 4, No. 1, 1976.

② Noonan, L., "The Role of Culture as a Determinant of Tourism Demand: Evidence from European Cities", *International Journal of Tourism Cities*, Vol. 8, No. 4, 2022.

③ Susana, B. D., Fernando, I. C., Mercede, R. F., "Determinants of Tourism Demand in Spain: A European Perspective from 2000–2020", *Economies*, Vol. 10, No. 11, 2022.

④ Jorge, R., "Measuring Hidden Demand and Price Behavior from US Outbound Health Tourism Spending", *Tourism Economics*, Vol. 29, No. 3, 2023.

⑤ Welling, J., Árnason, Þ., Ólafsdóttir, R., "Implications of Climate Change on Nature-Based Tourism Demand: A Segmentation Analysis of Glacier Site Visitors in Southeast Iceland", *Sustainability*, Vol. 12, No. 13, 2020.

⑥ Langvinien, N., "Changing Patterns in the Health Tourism Services Sector in Lithuania", *Procedia Social&Behavioral Sciences*, Vol. 156, 2014.

松、维系重要的人和新颖事物、重建自尊、放纵①。

在湖泊康养旅游需求影响因素方面，Lee 探讨了消费者的健康知识和人格特质对购买保健旅游产品意愿的影响，结果表明越乐观、健康知识水平越高的消费者，对康养旅游产品的消费意愿越强②；Han 等的研究发现，游客的性别和对健康的重视程度影响其对健康旅游产品的消费，女性和对健康重视程度更高的游客的康养旅游偏好更强③；Aydin 和 Karamehmet 比较了专家和普通消费者在选择国际健康旅游保健设施时考虑的因素差异，发现普通消费者认为目的地政治和经济的稳定性、法律法规及获取服务的便利程度是重要因素，而专家消费者认为这些因素对选择的影响并不显著。④

国内对于旅游需求的研究稍晚于国外，沈玉清在 20 世纪八九十年代，开始了对旅游需求的研究⑤；邱扶东第一次采用定量的方法对旅游需求进行了研究，研究证明人口学特征对旅游需求存在显著性影响⑥。湖泊康养旅游需求是在一定条件和一定价格水平下，湖泊康养旅游消费主体愿意并且能够向旅游市场购买的湖泊旅游产品、康养旅游产品和其他旅游产品的数量，其特点是旅游消费主体一要有购买的意愿，二要有购买旅游产品的实际能力。

二 湖泊康养旅游需求的内涵

（一）湖泊康养旅游需求以供给为前提

湖泊康养旅游供给是在一定时期内，供给方（湖泊康养旅游目的地等）在衡量各种利益后将一定价格的旅游产品投放到市场的数量。湖泊康养旅

① Voigt, C., Brown, G., Howat, G., "Wellness Tourists: In Search of Transformation", *Tourism Review*, Vol. 66, No. 1, 2011.

② Lee, Y. C., "The Influence of Personality Traits, Health Knowledge, and Product Attributes on Intent to Purchase Taiwan's Healthcare Tourism Products", *Social Behavior and Personality: An International Journal*, Vol. 41, No. 3, 2013.

③ Han, J. S., Lee, T. J., Ryu, K., "The Promotion of Health Tourism Products for Domestic Tourists", *International Journal of Tourism Research*, Vol. 20, No. 3, 2017.

④ Aydin, G., Karamehmet, B., "Factors Affecting Health Tourism and International Health-care Facility Choice", *International Journal of Pharmaceutical and Healthcare Marketing*, Vol. 111, No. 1, 2017.

⑤ 沈玉清：《旅游动机初探》，《西北大学学报》（哲学社会科学版）1985 年第 3 期。

⑥ 邱扶东：《旅游动机及其影响因素研究》，《心理科学》1996 年第 6 期。

游供给系统由旅游核心接待（住宿、餐饮、康养、购物等）、旅游服务、旅游交通及旅游环境等要素构成一个大循环闭合系统。通过湖泊康养旅游目的地的季节变化与旅游产品生命周期的更迭，旅游需求与旅游供给子系统能够不断与外界交换能量信息，从而更好地适应湖泊康养旅游供求系统的变化发展。湖泊康养旅游需求与旅游供给，是完整旅游系统中彼此依存、互为对立的两个重要组成部分。湖泊康养旅游供求关系反映了旅游者获取需求与旅游地主动供给的动态平衡，也是维系旅游客源地市场和旅游目的地市场空间匹配的重要载体。[①]

（二）湖泊康养旅游需求以康养为导向

根据马斯洛的需求层次理论，不同的人对湖泊康养的需求是不一样的。有些是维持身体健康的需求，有些是修复身体健康的需求，有些是寻求心理健康的需求，有些是寻求身心健康的需求。因此，湖泊康养需求应该是针对不同人群的、多元化的康养需求。有针对性地设置能够满足不同需求的康养项目，开发不同类型的湖泊康养产品，不同人群的不同湖泊康养需求才能得到满足，这应是湖泊康养旅游产业发展的关键。

（三）湖泊康养旅游需求以产品为核心

湖泊康养旅游产品指旅游者在旅游过程中亲身接触和感受的旅游产品，它包括旅游资源、旅游设施、旅游服务和旅游购物等，是湖泊康养旅游需求的主要内容，也是旅游业的基本内容。湖泊康养旅游产品的主要表现形式为清新的空气、自然和谐的生态、优美的环境、健康的饮食、良好的文化体验等，这些旅游产品，可以满足旅游者保健养生、养颜美体、文化养心和体验养智的康养需求。

三　湖泊康养旅游需求的特征

（一）湖泊康养旅游需求的整体性

湖泊康养旅游产品是一种综合性产品，游客必须同时消费这些产品，

---

① 叶林：《供给侧改革背景下的江西省旅游需求和旅游供给耦合协调发展》，《产业与科技论坛》2019 年第 13 期。

才能完成一次真正的湖泊康养旅游。因此，湖泊康养旅游需求是集行、游、住、食、娱、购、疗养、休憩、放松、食疗等于一体的整体性需求。游客对一个湖泊康养旅游目的地的印象，不仅仅是单一的旅游景区或者是提供旅游住宿服务的地方，而且是所有这些项目的组合地。大多数旅游者在选择湖泊康养旅游目的地时，会将多种有关的旅游产品或康养服务综合起来进行考虑。这种对整体湖泊康养旅游产品的需求，涉及游客在旅游目的地活动期间的行、游、住、食、购、娱、养等各个方面。因而，湖泊康养旅游需求是一个整体性的需求。

（二）湖泊康养旅游需求的敏感性

影响湖泊旅游需求的因素众多，不仅受湖泊自身特性与动物多样性等自然因素的影响，还在一定程度上受社会经济因素的影响，一旦这些影响因素发生变化，旅游需求也会随之发生变化。湖泊康养旅游需求对旅游热点的变化具有很强的敏感性，如 2011~2017 年，我国冬季雾霾较为严重，使得入境湖泊康养游客数量整体减少。

同时，湖泊康养旅游产品的生产和消费不可分割，旅游产品销售伴随着产品信息的销售，而这种产品信息的销售在一定程度上取决于产品对外影响程度和消费者的心理感受。湖泊康养旅游需求极易受到大众媒体广告宣传和亲朋好友舆论导向的影响。

（三）湖泊康养旅游需求的季节性

湖泊康养旅游需求存在很强的季节性，有旅游的旺季和淡季之分。这种季节性是由主客观因素共同决定的。一方面，从旅游供给的角度考虑，湖泊康养旅游目的地的自然气候条件不断变化，有的季节适合进行湖泊康养旅游，而有的季节则不适合，如我国千岛湖冬季气候寒冷，树木与草地枯黄，湖水温度低，导致冬季千岛湖康养旅游项目吸引的游客数量显著减少，形成湖泊康养旅游的淡季。另一方面，从消费者的角度考虑，湖泊康养游客的闲暇时间具有一定的季节性。

（四）湖泊康养旅游需求的多样性

马斯洛的需求层次理论认为，旅游需求是一种高层次的需求。湖泊康养旅游需求受旅游者的受教育程度、兴趣爱好，尤其是身体状况等因素的影响。但是，不同的游客在职业、社会地位、身体状况、消费习惯、年龄、性别、所在国、旅游经历、旅游偏好等方面存在差异，即便是出于同一种湖泊康养需求，其在湖泊旅游目的地的选择、出行方式、旅游时间、旅游类型等方面也必然存在差异，从而导致了市场上湖泊康养需求的多样性。例如，同样是为了缓解紧张的工作和生活压力，一些旅游者选择参加攀岩、温泉、游泳等活动来达到康养的目的，而另一些旅游者则选择观赏湖泊的自然风光、欣赏依附于此的人文景观等舒缓型活动来达到康养目的。

因此，湖泊康养旅游需求是一种受旅游者文化、健康、个性等因素决定的，为满足旅游者不同康养目的的多样性需求。至于湖泊康养旅游市场如何通过旅游产品供给，来尽可能满足消费者的多样化需求，则是一个需要进一步研究的课题。

四　湖泊康养旅游需求的类型

（一）生态养生康养需求

生态养生康养需求主要是通过湖泊旅游目的地丰富的资源和良好的水文形态、自然景观、生态环境和养生保健设施与项目来实现的，进而达到增益身心健康的消费目的。这类湖泊康养旅游产品的特点是，以湖泊和其附带的生态资源为依托，借助体验、观光、学习相关文化等手段，从而满足消费者的需求。例如，湖泊因其独特的气候环境，为生物提供了很好的生存环境，从而逐渐发展成为湖泊生物圈，这种环境也为游客提供了很好的亲近自然、关爱动物的观景场所。

（二）运动休闲康养需求

运动休闲康养需求主要是消费者对以湖泊旅游目的地及其周边的运动资源或者大型的运动活动为依托进行消费的需求。消费者以参与运动或者观赏体育赛事为主要内容，如划船、游泳、攀爬和骑马等运动。同时，配套的休闲、养生设施和项目也是消费者为达到身体健康目的的主要需求对象。这类湖泊康养旅游产品的特点是，以消费者参与赛事或活动组织为主

要形式。一般消费群体主要为身心健康程度较高，对生活质量追求较高的游客。

（三）休闲度假康养需求

休闲度假康养需求主要是指对休闲娱乐设施以及具有高度人性化和个性化的湖泊康养旅游服务的需求。消费主体一般利用闲暇时间参与该类型的湖泊康养旅游活动，通过体验、参与进而实现与自然环境的亲近，实现身体康养和心灵放松。这类湖泊康养旅游活动的消费主体，一般在湖泊及其周边的森林、山体等地点停留时间较长，其主要消费需求是休息放松和享受生活。

（四）医疗康养设施需求

设施是湖泊康养旅游经营者为直接开展旅游经济活动，向旅游者提供食、住、行、游、购、娱等方面服务的凭借物，是旅游企业投资的主体部分，是代表旅游目的地接待能力的硬性指标。[①] 这类湖泊康养旅游者的需求主要是疾病的预防与护理、身体的康养与修复。该类型湖泊康养旅游产品主要依托湖泊康养旅游目的地的医疗保健设施和机构。消费者利用湖泊旅游目的地的医疗保健资源到湖泊康养旅游目的地进行医疗护理、医疗保健、体检、康复活动，以满足自身的康养旅游需求。该类型的湖泊康养旅游需求，对旅游目的地有着很高的医疗水平要求。目前，在我国湖泊康养旅游消费者人群中，较受欢迎的是以传统中医资源为依托的中医药湖泊康养旅游。

（五）文化养生康养需求

这类湖泊康养旅游需求主要包括消费者对康养文化、康养饮食、康养商品以及为进行康养活动而修建的各种设施，如养生民居、养生社区的需求。人文资源是湖泊康养旅游消费者的重要需求面，主体为非物质层面的传统文化养生资源，如禅修、道教以及佛教文化，此类养生文化是文化养生康养需求的核心和灵魂。

---

① 刘龙龙、王颖、邓淑红：《全域旅游视角下秦巴山区旅游精准扶贫研究——以商洛市为例》，《江西农业学报》2019年第2期。

五 湖泊康养旅游需求的意义

（一）促进旅游供给

湖泊康养旅游需求主要包括旅游路线、交通、住宿、餐饮、购物、康养、文化体验等方面的需求。这些需求的满足程度直接影响着游客的旅游体验和满意度，进而影响旅游业的声誉和可持续发展，是湖泊康养旅游供给侧改革的重要推力。

（二）拉动国民消费

湖泊康养旅游需求是综合康、养、文、食、娱、住、行、购等的综合型需求，在社会最终消费中占有重要地位。旅游消费作为第三产业的重要组成部分，拉动了内需和国民消费，是保障国民经济高速持续增长的重要途径。

（三）促进产业升级

湖泊康养旅游需求包含了居民健康和旅游双重需求，将成为促进我国旅游产业发展的新引擎，也为促进我国旅游产业转型升级提供了可行路径。

（四）创造就业机会

随着人民生活水平不断提高，湖泊康养旅游消费需求迅速增长。为了满足这些日益增长的旅游需求，湖泊康养旅游供给产业链上的各个行业都需要大量的人力资源。因此，旅游供给能够为社会创造大量的就业机会，提高社会的就业率。

（五）促进经济发展

湖泊康养旅游需求必定会对当地经济的发展起到一定的促进作用。随着人民生活水平不断提高，大众对借助湖泊旅游进行康养的需求不断增加，湖泊康养旅游即将步入快速扩张阶段，成为带动"消费马车"的新增长点。

（六）提升区域形象

湖泊康养旅游需求，能够提升城市的形象和知名度。在旅游过程中，游客会对城市进行全面的了解和认识，这有助于提高城市的美誉度和知名度，从而为城市的形象塑造和品牌建设提供有力支持。

（七）吸引相关投资

湖泊康养旅游需求的持续增长会掀起新一轮旅游及相关产业投资热潮。旅游投资不足则无法满足日渐增长的湖泊康养旅游需求，不但得不到潜在的旅游收入，而且还会降低游客的消费体验感和重游率，影响旅游目的地的可持续发展能力。资本是具有逐利属性的，湖泊康养旅游市场这一新兴消费市场崛起并迅速实现规模增量，将会直接掀起旅游及相关产业的新一轮投资热潮。

（八）促进产业创新

湖泊康养旅游需求的繁荣会促进旅游业创新发展进入新的阶段。需求与供给是互相作用的两个方面。当前，湖泊康养旅游需求趋势呈现出明显的个性化、多元化、体验化、休闲化、健康化等特征，新需求及其量的增长引领着湖泊康养旅游供给侧结构性改革和产品、业态、服务创新迈入新的阶段。

第二节　城湖共生型淡水湖康养旅游需求分析

随着我国城市经济发展各个阶段的改革和变迁，湖泊对于推动城市经济发展的作用发生了很大的变化，由最初的生产性服务功能，如为城市提供生活饮用水、为农业提供灌溉用水等，逐步转向突出生态和服务的功能，如开展旅游、为居民提供娱乐空间等。因此，湖泊所体现出的价值具有多层次性与动态性，湖泊的发展显得极为重要。城市与湖泊的融合发展，不仅有利于提升整个区域实体经济的发展活力，而且是提升城市形象的重要途径。相应地，城市的快速发展，也为促进湖泊旅游发展提供了较为完善的基础配套设施，有利于促进湖泊旅游的顺利开展。城湖共生指的是城市湖泊旅游产业发展与城市产业融合发展的相互关系，其市场主导地位主要取决于二者的整体比较竞争优势，其实质是城市与湖泊实现共同发展。① 湖泊生态

---

① 宋团团、陈艳杰、闫磊等：《基于城湖共生理念的湖泊旅游开发研究》，《合作经济与科技》2021年第23期。

美化了沿湖区域的整体景观布局，增强了沿湖区域的整体动态感和观赏性；同时，有效优化了沿湖经济区域的旅游产业结构。

消费者网络评价是一种电子口碑，电子口碑（E-WOM）是消费者在网络上发布的关于企业、产品或服务的正面评价或负面评价，消费者通过发布网络评价实现与其他消费者经验、信息的交换和分享，电子口碑直接影响着潜在消费者的质量认知、品牌态度和购买行为。① 本节从游客角度切入，通过游客体验反馈信息，对城湖共生型淡水湖泊——浙江西湖的湖泊康养旅游需求进行研究分析。利用 Python 进行数据抓取、数据筛选和文本处理，对西湖网络评论样本进行基本信息分析，在样本分析的基础上，利用 ROST CM6.0 软件进行游客感知结果分析、游客体验过程分析和消费者行为分析。

一 研究对象

城市中的湖泊所体现出的价值具有多维性与动态性，不仅通过自身的声、形、光、影、色等给人以美感，而且由于城市交通的便利性、城市居民收入的持续提高和对康养旅游的向往，城市湖泊康养旅游成为新兴的旅游消费增长点。因此，城湖共生型湖泊旅游需求市场潜力巨大。本节将选取浙江西湖这一发展较好、国内知名度较高的城湖共生型淡水湖泊康养旅游目的地作为案例进行分析研究。

（一）旅游产品

"西湖十景"环绕湖边，自然景观与人文景观相互映衬，形成了杭州旅行的核心地带。最早的"西湖十景"起于南宋，古人总结的西湖最美的十个景观仍被世人认可，依然是西湖最重要的旅游景观，包括：苏堤春晓、断桥残雪、曲院风荷、花港观鱼、柳浪闻莺、雷峰夕照、三潭印月、平湖秋月、南屏晚钟、双峰插云。"欲把西湖比西子，淡妆浓抹总相宜"，这句诗使西湖成为西施文化的代表景区。白蛇、梁祝、济公、苏东坡等传说的多元业态演绎，进一步塑造了西湖"文化名湖"的形象。杭州西湖是一处

---

① 宋振春：《当代中国旅游发展研究》，经济管理出版社，2006，第 11 页。

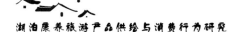

以秀丽清雅的湖光山色与璀璨丰蕴的文物古迹和文化艺术交融为一体的国家级风景名胜区。景区以秀丽的西湖为中心，三面云山，中涵碧水，面积60平方千米，其中湖面为5.68平方千米。沿湖地带绿荫环抱，山色葱茏，画桥烟柳，云树笼纱，逶迤群山之间，林泉秀美，溪涧幽深。90多处各具特色的公园、景点中，有三秋桂子、六桥烟柳、九里云松、十里荷花，更有著名的"西湖十景"以及近年来相继建成开放的十多处各具特色的新景点，将西湖连缀成了色彩斑斓的大花环，使其春夏秋冬各有景色，晴雨风雪各有情致。西湖不但独擅山水秀丽之美、林壑幽深之胜，而且还有丰富的文物古迹、优美动人的神话传说，它将自然、人文、历史、艺术巧妙地融合在一起。西湖古迹遍布，拥有国家重点文物保护单位5处、省级文物保护单位35处、市级文物保护单位25处，还有39处文物保护点和各类专题博物馆点缀其中，为之增色，是我国著名的历史文化游览胜地。杭州西湖位于浙江省杭州市西部，旧称武林水、钱塘湖、西子湖，宋代始称西湖。1982年西湖被确定为"国家风景名胜区"，1985年被选为"全国十大风景名胜"之一。

（二）资源类型

西湖属于城湖共生型淡水湖。西湖汇水面积为21.22平方千米，流域内年径流量为1400万立方米，蓄水量近1400万立方米，水的自然交替为1次/年。西湖的湖体轮廓呈近椭圆形，湖底部较为平坦。湖泊天然地表水源是金沙涧、龙泓涧、赤山涧（慧因涧）、长桥溪四条溪流。湖泊最高水位7.70米，最低水位6.92米，相差约80厘米。库容量约1429.4万立方米。湖泊平均水深为2.27米，最深约5米，最浅不到1米。湖泊年均湖面降水量562.9万立方米。水系冲刷系数为1.49，当枯水季节闸门封闭时，流速几乎为0，即使是洪水期，一般流速也只在0.05米/秒以下。西湖引钱塘江水量约为1.2亿立方米/年。

二　数据抓取

（一）数据来源

通过 Alexa（全球网站排名查询网站）查询中国地区排名靠前的旅游网

站，得到排名最靠前的旅游网站是携程网。携程网是中国领先的旅行服务公司，记录了全球数十万个旅游目的地景点，向 9000 万名会员提供了酒店住宿、订票等服务。

于是，本章主要以携程网上的旅游评论为研究数据来源。

（二）样本选取

本章将选取国内典型城市淡水湖——杭州西湖湖泊康养旅游目的地作为样本。

（三）评论获取

由于本书的研究需要大量的网络评论，所以需要通过简单快捷的方法，来获取网络评论。本书主要利用网络爬虫软件 Python 以及 PyCharm 编辑器，根据需要抓取携程网的数据，快速、广泛获得原始评论，共收集到 4644 条网络旅游评论。

三　数据筛选

由于网络旅游评论数量较多，文本内容质量高低不同，需要进行人工筛选和数据清理，从而保证数据的质量，所以设定以下多项原则进行网络文本数据的初步筛选：①选取 2012 年 4 月到 2023 年 4 月具有一定点赞数和贡献数的所有有效网络评论内容；②网络评论内容要完整，具有一定鲜明性和客观性；③网络评论选取上注重入境游客的国籍分布等基本信息和旅游时间、景点和出游方式选择等入境游客行为信息的多样性；④从景区文化价值、客流量、类型等方面进行衡量。

四　文本处理

利用携程网网络平台，将网络评论的来源、标题、网址等数据进行汇总，之后整理到 Excel 文档中，这样方便后期的统计、查找和核对。然后新建一个 Word 文档，将通过数据清洗方式得到的 4644 条有效点评数据整理至新建的文档之中，接下来对文字进行以下处理。①检查。检查文档中是否出现重复字符以及无用字符，如多余空格、多余标点符号等。②删除。将上一步中检查出来的重复字符及无用字符如"哦""额"等删除以及文本中的冠词、代词等无关词删除。③替换。提取的评论中会出现英文的表述，通过替换将英文表述转化为中文，如"like"替换为"喜欢"等；把表达同一景物或事件的词语换成同一固定词，如美丽、漂亮、靓丽、秀丽等词语统一成"美丽"，风景、景色、景致统一为"风景"；对错别字进行替换，如"实际"替换为"世纪"；对网络用词进行替换，如"灰常"替换为"非常"。④将一些奇怪的标点符号和网络表情删除。⑤删除部分文本内容过少、无意义、带广告性质和全图片的游记或旅游评论。最后，将处理好的文档另存为一个新的文本文档，并以"西湖游客网络评论"命名，最终得到3000条有效评论（见图5-1），为杭州西湖旅游消费者体验要素结构研究做好数据准备。

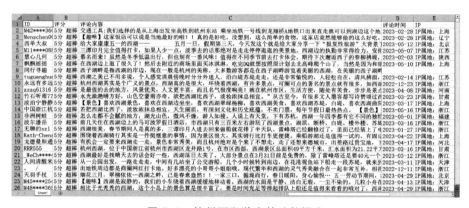

图5-1 杭州西湖游客基础数据库

资料来源：笔者整理。

五 网络评论样本基本信息分析

（一）游客评分结构分析

此部分研究数据主要来自携程网的智能分析数据板块，从表5-1中可以看出游客对西湖湖泊旅游目的地的整体评价比较满意，达到4.7分。景色、趣味性、性价比，是游客在旅游活动中比较关注的3点，其中游客对西湖旅游景色的评分最高，达到4.8分。趣味性和性价比的评分，分别为4.6

分和 4.7 分。总体来看，游客对西湖湖泊旅游满意度较高，其中景色占很大比重。

表 5-1　西湖游客旅游评分

单位：分

类别	分数（总分 5）
景色	4.8
趣味性	4.6
性价比	4.7
整体评价	4.7

　　根据携程网平台的智能分析方法，将游客评论好坏分为"很好""好""一般""差""很差"5 个等级。可以看出，将近 3/4 的游客对西湖的评价为"很好"，表示出积极的正面情绪，17% 的游客对西湖的评论为"好"，同样也表现出比较满意的情绪。现摘选部分评论如下："西湖的美在于自然山水与人文历史的相互交融，每一处景点都有其历史特色，西湖十景自是不必多说，历史文化名人更是给西湖增添了人文色彩""早上在西湖边的茶山散步，空气格外清新，之前每次都在音乐喷泉附近散步，今天换了位置，看到了不一样的美景。秋天已经能在路上闻到桂花香。路边绿化带的小花也特别美。散了会儿步来到路边的早餐店，很有古装剧茶摊的味道。现在的清晨气温低，有点凉，吃了一碗热腾腾的片儿川，非常舒服！整体感觉西湖真是雄伟壮观，山清水秀，令人叹为观止，四天时间很值得，也很愉快，舍不得离开，如果有机会还会再来，这是一个值得推荐的地方"等等。有 4% 的游客表示旅游体验"一般"，如评论"景点及可玩性不够多，55 元船票太贵，一个小岛没什么特色，三潭印月噱头大于一切，小小的三个石碑，没来的就不建议来了，花钱的坑我来踩"等等。除此之外，还是有极少数的游客表示"差"和"很差"，如评论"上岛不排队，出岛排一小时队，没人指挥排队，游客屡屡插队。有几个体弱的老人都晕倒了""第一次来杭州，网上订的民宿差到毁三观，游西湖工作人员好像都很疲惫，耐心都不是很好，也不好好回答你的问题，哎！体验感不好！而且湖上也没有

明确说明游船的标准和返航的路线"和"非常差，管理混乱，找不到地方，没有工作人员指导，秩序混乱，浪费时间的破地方，不会再来第二次"等。

（二）游客客源地分析

本部分对游客的评论地 IP（携程网）进行了数据统计和分析（见表 5-2）。由于 2022 年 7 月之前携程网并未上线 IP 所属地功能，故本章只能对西湖游客的部分评论进行统计和数据分析，最终得到的西湖游客客源地有效数据 2661 条。如表 5-2 所示，其中来自浙江省的游客最多，共 689 人，占所统计总数的 25.9%，其次是来自上海市的游客，共 568 人，占到了所统计总数的 21.3%，来自江苏省、北京市和广东省的游客，分别占到了所统计总数的 10.3%、6.1% 和 5.5%。统计数据中，还有来自海外的游客，但是样本数量过少，并不具备代表性。另需要说明的是，评论数不等于浏览数，存在一人多次评论的情况。

表 5-2　访问西湖的游客客源地统计

单位：条

IP 所在地	评论数	IP 所在地	评论数
福建	34	甘肃	15
广东	147	广西	18
贵州	21	海南	14
河北	45	河南	27
黑龙江	22	湖北	44
湖南	42	吉林	18
江苏	273	江西	25
辽宁	61	内蒙古	25
宁夏	7	青海	3
山东	96	山西	24
陕西	31	上海	568
四川	36	天津	39
西藏	3	云南	36
浙江	689	台湾	3
安徽	76	香港	5
重庆	21	北京	161

IP 所在地	评论数	IP 所在地	评论数
加拿大	1	日本	1
澳大利亚	3	俄罗斯	1
韩国	1	加拿大	5
马来西亚	2	美国	9
土耳其	1	西班牙	1
伊拉克	2	印度尼西亚	3
越南	1	柬埔寨	1

（三）游客到访季节分析

从携程网采集数据中西湖游客评论数量的月际变化来看，来访游客月际旅游时间整体呈"M"形分布特征，即游客评论数在 1~5 月保持在较高的水平，占年来访游客评论总数的 61.4%，其中 3 月达到最高点，共有 450 条评论。其次是 9~12 月的秋冬季节，共有 952 条评论，约占年来访游客评论总数的 31.7%。而 6~8 月夏季的游客评论数，仅占年来访游客评论总数的 6.8%。总的来看，西湖游客评论数量在 3 月和 9 月出现两次峰值，在夏季则评论数量较少（见图 5-2）。因此，可以选择在游客出行高峰期前，加大宣传推广工作力度，设计和开展适合旅游体验的活动和项目，从而使到访客流量回升。

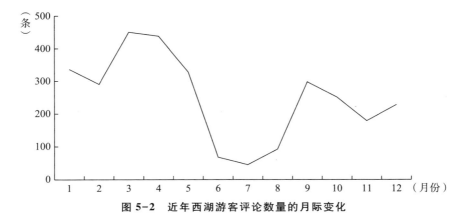

图 5-2　近年西湖游客评论数量的月际变化

（四）游客出游方式分析

在出游方式选择方面，共有 2106 位西湖游客在网络评论中分享了自己的出游方式。其中，选择情侣结伴出游的群体最多，有 654 条评论，占网络评论总数的 31%；其次是选择朋友结伴和家庭出游的群体，分别有 484 条评论和 400 条评论，占网络评论总数的 23% 和 19%；个人和商业出游的群体较少，分别为 263 条评论和 305 条评论，占网络评论总数的 13% 和 14%。

六　游客感知结果分析

（一）游客体验感知高频词分析

关键事件是指受访者讲述的一些印象深刻的事件，本节将频率出现比较高的游客评论作为关键事件。关键事件法是二战期间美国空军为筛选空勤人员实施的航空心理学计划的产物，而后演变成一种广泛应用于护理学、医学、组织管理学以及教育教学等领域的定性研究方法。关键事件法（Critical Incident Technique，CIT）是一种定性研究方法，它是通过设计好的程序，收集频次出现比较高的关键事件，然后利用内容分析法，将事件以及事件中的信息进行分类，简单来说，就是根据资料中词语的频次以及出现的先后顺序进行统计分析，最终达到量化。现如今，许多研究者将重点放在了顾客间的互动行为研究上，尤其是实体服务环境下的顾客互动，大多学者采用了关键事件法进行研究。例如，Martin 和 Pranter 运用关键事件法，将公共场合的顾客间的互动行为归纳为七大类共 32 种具体行为。① Zhang 等选定特定服务场景中的关键事件进行研究，通过对比不同情况发现，互动行为会对同属顾客造成影响，这种影响有可能是直接的，也有可能是间接的，有可能是积极的，也有可能是消极的，最终以餐厅、电影院等服务场景下的研究结果为基础，将顾客间的互动行为分为四大类共 9 种。②

本节的文本分析，主要通过 ROST 内容挖掘系统软件（ROST Content

---

① Martin，C.L.，Pranter，C.A.，"Compatibility Management：Customer to Customer Relationships in Service Environments"，*Journal of Services Marketing*，Vol. 3，No. 3，1989.

② Zhang，J.Y.，Beatty，S.E.，Mothersbaugh，D.，"Investigation of Other Customers' Influence in Services"，*Journal of Services Marketing*，Vol. 24，No. 5，2010.

Mining System Version 6.0）实现。ROST CM6.0 是武汉大学开发出的一款内容分析与词义语义挖掘的软件，主要运用于知识处理，具有文本分析容量大、功能全面、操作简单、易学等特点。首先，将收集到的网络文本转化成文本文档，然后使用 ROST CM6.0 软件，对采集到的 3000 条有效评论进行词频分析，由于软件词库中缺少一些专属词汇或特殊词汇，所以第一次的分词结果并不理想，无法正确分词，这时需要对词库进行补充。补充完词库再次进行分词，第二次的结果稍比第一次好些，但还不符合要求，继续补充词库，如此反复操作，直到最终的分词结果无误。词频的作用主要是反映某个词语在文档中的重要程度，一般来说，词语出现的频次越高，代表这个词语越重要。通过词频分析过滤无关词语，以便得到更有效的分析结果。对分析后出现频次比较高的关键词，进行更改修正。得到高频词后，分析游客对西湖湖泊康养旅游形象的整体感知。从表 5-3 中可初步观测出，游客对西湖旅游景区形象的整体印象，其中有大量词语是关于西湖的湖泊景点，例如"西湖""杭州""雷峰塔""断桥""残雪""苏杭""湖光山色""湖边""三潭""白堤""杨公堤"等等，可见游客对西湖的这些景点关注度更高，这些景点代表了西湖旅游的核心吸引力；从"景色""自然""天堂""漂亮""风景如画""淡妆浓抹""流连忘返""宜人""天气好"等，可以看出游客对西湖的湖泊景观和自然环境评价较高。同时，还涉及"景区""感受""满意""舒服""惬意""开心""热情""舒适""空气""健康"等代表消费者具身体验感受的词语，为后文中游客满意度模型概念和范畴的构建提供了参考。

表 5-3　游客对西湖的评价统计

单位：次

高频词	频次	高频词	频次	高频词	频次
西湖	2626	杭州	927	景色	561
景点	473	风景	366	地方	360
美丽	312	景区	246	值得	201
湖边	189	天堂	188	性价比	180

续表

高频词	频次	高频词	频次	高频词	频次
免费	178	断桥	161	漂亮	158
苏堤	156	三潭	153	苏杭	147
趣味	138	优美	132	方便	124
雷峰塔	118	著名	116	门票	115
游船	109	游玩	108	白堤	104
游客	100	湖面	97	相宜	94
印月	89	西子	88	中国	86
天气好	84	历史	82	公园	78
闲逛	73	适合	72	季节	71
坐船	69	江南	65	风光	64
宜人	64	秀丽	63	文化	62
美不胜收	60	体验	60	传说	59
淡妆浓抹	58	故事	57	周边	57
春天	57	残雪	56	感受	54
舒服	53	服务	53	人文	53
自然	52	荷花	48	杨公堤	45
龙井	43	空气	39	惬意	38
烟雨	36	休闲	36	开心	35
名胜区	35	心情	32	讲解	32
喷泉	32	清新	29	风景如画	28
湖水	28	湖光山色	25	流连忘返	25
迷人	24	舒适	24	文物	22
划船	22	享受	22	满意	22
湖滨	22	夜景	21	胜地	21
放松	20	秀美	19	干净	19
底蕴	19	浪漫	18	味道	18
荡漾	17	韵味	17	尽收眼底	17
美食	17	波光	17	热情	16
水光	15	观赏	15	健康	15
豪华	15				

（二）游客景区环境感知频次分析

内容分析法（Content Analysis）是将符号性内容转化为定量数据，然后结合转化后的数据，对材料内容进行定量分析、判别以及推理。该方法重点在于第一步，即将符号性内容转化为定量数据，只有保证转化后的数据正确，才能确保研究结果的准确性。符号性内容也被称作显性内容，学者们将其定义为外在的、表面的、易于捕捉和传播的内容，而非其内涵，简单来讲，就是可记录、可保存、具有文献价值的资料，例如文字、影响、图片等。因此，采用这种方法时，要先确定外显的内容，作为量化和比较的对象，它在新闻传播学、图书情报学和组织管理学等领域都有着广泛的应用。González 和 Palacios 采用内容分析法对电子商务网站进行定量评估，认为内容分析法有助于挖掘文本信息的隐性内容。[①] Järvelin 和 Vakkari 采用内容分析法，对图书情报领域的文献进行分析研究，认为内容分析法在作为一种客观的研究方法的同时，也可以进行深度推理，有助于挖掘潜在信息价值。[②] 本节将借助 ROST Content Mining 软件作为分析工具，并应用内容分析法对文献及资料进行分析。

根据在携程网统计的高频词和特征词总体情况，结合西湖湖泊康养旅游的具体特点，将西湖游客体验归纳为湖泊环境体验、自然康养体验、历史文化体验、茶饮体验、餐饮服务体验等多个类目。其中，将结合西湖旅游景区景点实际情况，详细分析西湖游客体验结构和内容，对湖泊环境体验、自然康养体验和历史文化体验三个类目进行分析。分析结果表明，西湖景区湖泊环境体验的相关描述被提及了 1311 次，占游客评论总数的43.7%。例如"现代繁华和西湖的灵气秀美融合在一起非常互补，相得益彰，第一天西湖游，环境优美，游船舒适，景色宜人，带着小朋友过来非常兴奋，对西湖里面的一切事物都很感兴趣，人间天堂，唯有苏杭，这话

---

① González, F. J. M., Palacios, T. M. B., "Quantitative Evaluation of Commercial Websites: An Empirical Study of Spanish Firms", *International Journal of Information Management*, Vol. 24, No. 4, 2004.

② Järvelin, K., Vakkari, P., "LIS Research Across 50 Years: Content Analysis of Journal Articles", *Journal of Documentation*, Vol. 78, No. 7, 2021.

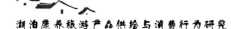

不假""水光潋滟晴方好，山色空蒙雨亦奇。欲把西湖比西子，淡妆浓抹总相宜""在一个秋日的清晨，我踏上了前往西湖的漫漫之旅。此时，晨光微露，满山枫叶犹如火焰般热情燃烧，空气中弥漫着清新的花香。抵达西湖后，一股静谧之气扑面而来，湖面波光粼粼，碧波荡漾，令人心旷神怡"等。自然康养体验的相关描述被提及了 175 次，占评论总数的 5.8%。例如"西湖美景尽收眼底，景色秀丽风光无限，湖面开阔尽收眼底，让人心旷神怡！西湖边走一走，精神状态真的是非常好，看一场西湖边的日落，心都静下来了，天气也好，温度也好，游玩心情自然也好，这种人与自然的和谐共生令人心情非常舒畅，累了坐下喝杯西湖龙井，饿了吃条西湖醋鱼，适合悠闲的夜晚漫步，总之是一个放松疗养的好地方"等。历史文化体验的相关描述被提及了 697 次，占游客评论总数的 23.2%，如评论"西湖不仅风光好，湖边还有很多古人留下的痕迹，文人骚客比比皆是，西湖景区人文景观交相辉映，唐宋历史名人白居易、欧阳修、苏东坡等，神话及爱情故事白蛇传、梁山伯与祝英台等凄美传奇，是度假休闲不可多得的好地方"等。总的来看，所统计到的数据显示游客对西湖湖泊环境体验感知最为突出。

（三）游客网络评价语义网络分析

语义网络分析（Semantic Network Analysis），又称关系内容分析，通过构建语义网络，对文本中高频词组合的语义进行分析，以有向图（Mental Map）来反映游客精神意境，这种方法需要以选取的高频词为节点（Node）、高频词组合共同出现的次数为节点关系（Link）。该方法是目前应用较广泛的文本内容分析方法，具体操作如下：通过 ROST 内容挖掘系统软件（ROST Content Mining System Version 6.0）对所得到的数据进行筛选，此时出现频次低的节点将被过滤掉，接下来对网络图像进行调整就可以生成游客网络评价可视化图像。图像中的逻辑关系释义：节点间的距离反映概念间关系的强弱，节点间连线的粗细以及箭头和线条指向数反映节点关系的加权度。值得说明的是，概念间关系与节点间的距离成反比，即概念间关系越强，节点间距离越近，反之则越远；节点间连线的粗细与节点关系的加权度成正比，连线越粗，关系加权度越大；箭头和线条指向的数量与关系加权度也成正比。

通过将高频词导入 ROST CM6.0 软件，借助 Newdraw 软件生成西湖游客网络评论语义网络图（见图 5-3）。西湖游客评论以"西湖"这个最大的湖泊景点为中心，无规律向外发散，在所提及的话题中，许多与西湖湖泊康养旅游有关，涉及加权度较大的词语有"西湖""杭州"等，包括"断桥""苏堤""公园""游船""湖中""湖边"等湖泊旅游景点，直观地表达出游客在旅行过程中关注的多个层面及本次旅行的偏好。进一步分析语义网络图，可以发现一些高频词语之间的连线包含箭头，说明这些词语是具有方向性的。箭头指向顺序即为词语出现的顺序，如公园—西湖—雷峰塔——"傍晚在西湖湖滨公园（大华饭店）附近，欣赏夕阳西下，是最理想之处。夕阳西下时分，阳光划过雷峰塔，西沉而去，大地沐浴在余晖的红霞之中，人们三三两两地漫步于西湖边，晚风徐来，送来一阵阵梅花的幽香，使人心旷神怡，停下匆忙的步伐，看看人与景，湖边小憩，不失为一件幸福的事情"。

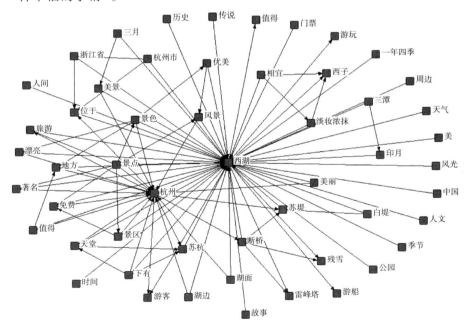

图 5-3　西湖游客网络评论语义分析

从图 5-3 中可知，西湖游客网络评论文本中绝大多数话题以"西湖""杭州"为中心而簇拥，其特点是整体分散、局部集中。其中，"西湖"作为词频出现最高的景点，同时也是西湖湖泊康养旅游的主要景点，几乎与所有话题词语相连接，游客在西湖旅游活动过程中的话题，都与西湖本身紧密相关。例如"淡妆浓抹总相宜！西湖的美在任何时候都让人陶醉，晴湖的壮美、雨湖的忧伤、月湖的唯美、雪湖的浪漫，都会给人不同的体验。个人非常喜欢雨中西湖的感觉，被雨水打湿的断桥让人更加心生感伤，薄雾中的雷峰塔显得更加隐秘，撑上一把雨伞漫步于西湖湖畔，静静地感受着雨水拍打在湖面上泛起的层层涟漪，让人的思绪也随之慢慢飘散开来……"。"西湖"和"杭州"代表游客对这次旅游中旅游景点的点评，"值得"代表游客对旅行过程中所享受到服务的点评。

关于西湖景区湖泊康养具身体验的关键词，涉及"天堂""苏堤""西子""白堤""苏杭""龙井""荷花"等，这类评论主要围绕游客旅行过程中所见景色及当时的心情加以点评，例如"西湖毋庸置疑，是美丽的。它的美，在于一年四季，在于每一个不同的时间段。有时间的话，要慢慢游玩，才能感受得出来，作为中国为数不多的免费 5A 级旅游景点，西湖有着悠久的历史文化底蕴，有着美丽的传说故事。西湖十景是不同季节的，需要多来几次，西湖的风景真的很美啊，我非常享受这里的景色和美食""从少年宫码头上船，到三潭印月岛上自行游玩，然后再坐船回码头。真不如 35 元那种船，至少那种船会环西湖游一圈，船上还有讲解。这种 50 元的船只是交通工具，准确说就是上三潭印月的'敲门砖'，不建议坐"等。另外，关键词还涉及景区的可达性，西湖景区中"苏堤"节点距离西湖最近，说明苏堤与西湖的联系最紧密，例如"我一早八点多来到西湖，非常宁静。近观三潭印月，怎一个美字了得。上岸后去了花港观鱼，随后从南向北漫步苏堤，两侧绿树成荫，不少渔友在钓鱼，于是走过两座桥以后扬手拦了观光车，微风拂面，青草芬芳，很快到达苏堤北端，下车去了曲院风荷，参拜了岳飞像，十一点多打车回酒店休息片刻。随后乘火车离开杭州奔赴上海"。而游客对旅行过程中服务质量的点评大多以"游客"或"旅游"为主题，涉及"行程""司机""安排"等关键词，以旅游过程中吃、住、行、游、购、娱为评价主题，并附带自己的心情进行评价，例如"首先，因为下雨刮风，摇橹船被换成了景观船，还没有退差价；其次，明显在赶时间，每个地方都是急火火的，小跑都赶不上；再次，说是集合时间一点半，结果两点了才凑齐人，那你一开始说一点半干什么？为了赶来，费了多大劲；最后，性价比相当低，就是找人帮忙买票，其他的根本对不起价格。如果不是高峰期，压根没必要找他们"和"景区服务特别差，基本很失望。人生中最失败的一次携程体验，希望你们能人性化一点，都挺不负责"。在与"时间"有关的话题中，往往涉及"排队""景点"等关键词，例如"因为游客实在太多了，全天一半以上的时间都在排队，看个白堤都要排队，坐环湖巴士要排 2 个小时，环湖行车秩序很乱，景区应该反思一下""景区很大，要坐很长时间的区间车，景色宜人"。以上评论说明游客们排队时间较长，影响了游览心情，西湖湖泊康养旅游景区，在信息化和游客秩序的管理中存在问题。网络评价中涉及"方便"的点评中，往往涉及"电子""排队"，如"暑假选择的西湖之旅，据说日均客流量达数万人次，于是果断在携程网提前订票。客服人员主动联系了我们，很热情，服务真的很专业，价格差不多。也可以附带环保车票，第二天起早排队，有专门的电子票通道，真的是十分方便呢，赞赞赞！"，反映了景区购票的方式已经从传统的排队买票转换成网络电子购票，使游客感到便利。

（四）游客网络评价情感分析

利用 ROST CM6.0 软件对西湖网络评论高频词中的情感词进行分析，得出情感分布统计表（见表 5-4）。由表 5-4 可知，游客对西湖湖泊康养旅游的情感评价中，积极情感占比 69.93%，中性情感占比 17.59%，而消极情感占比 12.48%。说明大部分游客对西湖湖泊康养之旅满意。由于中性情感不能明显反映出游客在旅游过程中的情感冲突，下文将重点研究游客的积极情感和消极情感。

1. 西湖网络评论情感的总体特征

表 5-4 的数据显示，所采集的西湖游客网络情感评论的文本中：积极

情感共占 69.93%，中性情感占 17.59%，消极情感占 12.48%，积极情感比重大，占据绝对优势，而消极情感则比重较小。这与上文词频分析的结果相呼应，词频分析中游客以积极的情感表达为主，消极情感词较少。现有研究成果表明，旅游活动中游客的情感以积极情感为主，消极情感比例较少，西湖游客在总体情感分布上符合这一倾向。

表 5-4　西湖游客网络评论游客情感分布

单位：%

情感倾向	比例	强度	比例
积极情感	69.93	一般	28.61
		中度	21.85
		高度	19.47
中性情感	17.59		
消极情感	12.48	一般	9.17
		中度	2.41
		高度	0.90

2. 情感强度以一般和中度为主

表 5-4 的数据显示，积极情感中的一般强度比例达到 28.61%，而中度强度达到了 21.85%，至于高度强度仅占比 19.47%；消极情感中同样是一般强度占据优势，达到 9.17%。因此，西湖湖泊康养旅游游客的情感强度总体上以一般和中度为主，高度情感占比较小。

3. 西湖网络评论的积极情感特征

西湖游客表达的积极情感多为欣赏、开心、舒适、有感悟等，这些积极情感的产生与目的地核心吸引物密切相关。

从西湖游客积极情感网络评论语义结构图可以看出（见图 5-4），"西湖"、"杭州"、"三潭"、"苏堤"、"印月"、"天堂"和"西子"等为核心节点。其中"西湖"主要与"美丽"、"著名"、"免费"、"坐船"、"雷峰塔"、"湖边"、"美景"、"欣赏"、"值得"和"湖面"等词语连接，"三潭"主要与"印月""西湖"等词语连接，而"杭州"和"苏堤"两个词连接的词语基本一致，主要有"苏杭"、"景点"和"景色"等，由此可以看出，游客正面评价的词语多与"西湖"、"苏堤"和"杭州"相连接，反映出了西湖的核心吸引物——西湖湖泊本身和杭州的美景，是使游客产生积极情感的主要原因，而游客产生的积极情感多是对湖泊景色的赞美、欣赏和喜爱以及对文人墨客的追思和崇拜等。同时"免费""门票"等词的出现，也表明西湖湖泊康养旅游景区免门票的政策，让游客产生正面的情感。同样可以看出，"西湖"是游客对于西湖湖泊康养旅游最直接的形象认知，也是对杭州西湖景区旅游特色最直接的概括。以"西湖"为核心，然后向四周辐射，"苏堤""公园""三潭""雷峰塔""白堤"等为次级圈层词，进一步加深了游客对于西湖湖泊康养旅游景区的形象认知。同时，这也表明，游客对于景区上述特征的关注度较高，这一点也得到了情感认知形象的"欣赏""宜人""值得"等高频词的验证。

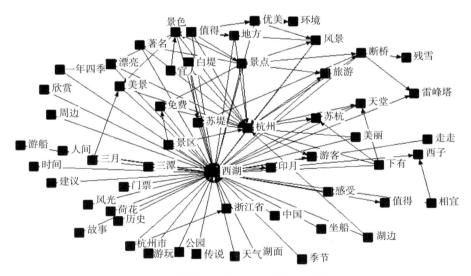

图 5-4　西湖游客积极情感网络评论语义结构

此外，在分析西湖游客积极情感文本中发现，虽然许多游客提到了排队、拥挤、人多等情况，但是这些表述的情感大多是偏中性的，且在整体的表达上，游客的情感仍以积极情感为主。例如有游客评论"西湖是旅游景点中的胜地，上有天堂，下有苏杭，是必去的地方，但是排队的人超多想进去要有耐心"和"免费参观美丽的西湖，但是要排队，去的时候下了毛毛细雨，荷花正好盛开，景色很美，人有点多，但是总体不错"，虽然两则评论都提到了排队、人多，但是整体上其评论依然表达的是积极情感。

4. 西湖网络评论的消极情感特征

游客的消极情感多表现为失望、愤怒、遗憾等，消极情感的产生与旅游服务质量、景区管理以及游客自身认知等多种因素有关。

景区管理方面存在的不足影响了游客的旅游体验效果，导致游客消极情感的产生。消极情感评论所构建的网络语义结构图中（见图5-5），"西湖"、"杭州"和"旅游"构成核心节点，反映出即使是景区核心吸引物，同样与游客消极情感的产生有较大联系。"坐船"和"景区"同样是在消极情感语义结构图中与其他词连接较密集的点，它与"门票""码头""每

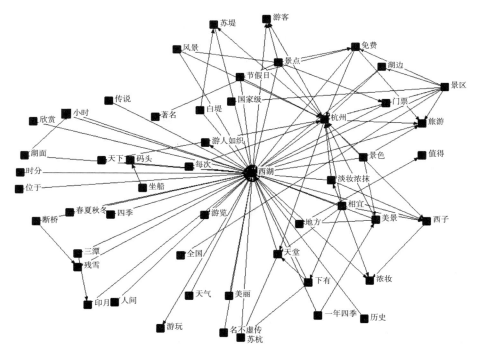

图5-5　西湖游客消极情感网络评论语义结构

次"等词连接，表明长时间排队、拥挤和屡教不改的恶劣旅游服务条件，可能是使游客产生消极情感的重要原因。通过阅读评论发现，与积极情感评论中游客对于排队的态度不同，负面评论中游客对排队表达了较多的消极情感，例如评论"我是十一去的，悔不当初啊，排队俩小时才看了个小水坑，千万千万不要黄金周去，挤死人了"，长时间的排队让其产生了后悔、抱怨的消极情感。

西湖景区服务质量欠佳，是游客产生消极情感的重要原因。消极情感网络评论语义结构图5-5中还出现了"节假日""景点""旅游""游览"等词，这些词语多与各旅游服务要素有关，显示出旅游服务质量差是导致游客消极情感产生的重要因素。通过对原始评论进行梳理后发现，游客抱怨较多的是附近商家宰客、饭店服务质量差且价格高、换乘不便捷、黑车较多、停车困难、商业化严重等现象，这些现象的存在使得游客产生了愤怒、失望、遗憾、生气、抱怨等消极情感。

七 游客旅游体验过程分析

（一）旅游体验诱发阶段

1. 感官感知

最初，人对客观世界的认知来自感觉。西湖游客的旅游体验也是从感觉开始的，这是认识湖泊的一个过程。西湖中的有形要素和无形要素，直接刺激游客的感官，致使游客产生相应的神经反应和冲动，这是人的感觉，也是人对湖泊认识的过程。实际上，这种感觉不会因人而异，如在视觉上，天空是蓝色的，所以游客观察天空所产生的感觉都是蓝色，不会出现其他感觉，但不同的游客对于蓝色的认知并不相同，认知是在大脑中产生的对客观事物的综合反映，比感觉更加复杂和完整。感觉和认知是一个循序渐进的过程。在实际情况下，游客在西湖游玩过程中，对景区的信息摄取约有80%来源于视觉。因此，可以认为视觉是旅游体验产生的主要来源之一。通过数据分析可以发现，游客对颜色、规模的识别最为敏感，在大的视角上，游客会通过长镜头对视角范围内的空间进行感知，例如"师傅专门领我们走有眺望台的那条道，放我们下去。在眺望台上远远地眺望了西湖的景色。这么远远看去有点像照片里的感觉，但因为近视和身高限制也没能看清楚，很遗憾没拍什么照片"。同样，色彩也会对游客产生视觉刺激，例如"西湖的秋天很美，一路原始树林五彩缤纷，尤其是湖中雪白色的荷花，更添一抹亮色。三潭一年四季都有不同风光，看图片尤以春夏百花盛开和冬天白雪皑皑、银装素裹时游玩最佳，秋天会略有失望，而且需要等晴天，可遇而不可求"。游客在旅行过程中，发挥作用的还有听觉、嗅觉和视觉。这些感官体验主要体现在对龙井茶等西湖特色康养食品的描写上，例如"西湖美景，湖上泛舟。烟雨蒙蒙的初夏在船上赏景，喝上一杯龙井茶，别提多悠闲自在了""西湖的名气自有以来，举世无双。新中国成立以后，通过杭州市和浙江省对西湖的治理，使西湖的景色更上了一个台阶。尤其是住在西湖附近的酒店，早晨和傍晚茶余饭后在西湖散步，呼吸着新鲜的空气，看着西湖的美景，那种感觉真的很惬意，这次在西湖待了5天，真的很漂亮。而且把西湖周边很多景点都进行了彻彻底底的一番游览。尤其在西湖旁边那栋楼外楼吃上一顿饭，品尝一下杭州的地方风味，真是发自内心的舒服。超值推荐给大家"等。

2. 身体行动

游客在旅行过程中的某一个"节点"，产生了感官体验，这种感官体验是在某一特定的时空地点产生的。节点与游客的感官体验，并不能相提并论，因为两者的属性不同。节点具有间断、静态等属性，而游客的感官体验具有连续性、完整性和动态性，这就需要游客以自身的行为，将间断不完整的节点串联起来形成完整的画面。游客的行为主要包括空间移动、游玩活动和行程安排，从分析结果来看，游客在旅行过程中的空间移动行为还是很丰富的，如："我们从断桥出发，那里有望湖楼（苏轼）、蒋经国故居（麦当劳），走过白堤，来到平湖秋月，往前有美术馆、博物馆（可以打印书签），到达中山公园（清行宫，孤山），爬上去，沿后山到了西泠印社，出来就是楼外楼，往前还有俞楼、秋瑾墓，出了孤山就是苏小小墓、武松墓，往前先去逛了岳飞庙，回来在曲院风荷坐船到了三潭印月岛，玩完坐船到了花港观鱼，往左拐一面是雷峰塔，一面是净慈寺（南屏晚钟），往右拐是花港观鱼，太子湾公园。一天西湖行程结束。"从样本来看，游客的视角变化，在很大程度上是因为身体在空间的位移而产生的。游玩活动也需要游客的身体行为来实现，这样做可以加强游客的旅游体验，如拍照、观光、消费等等。虽然拍照活动只留下了定格画面，但是旅行结束后游客可以通过照片，产生联想和回忆，使已经发生过的事情再次浮现在游客的脑海中。"上有天堂，下有苏杭。阳春三月，春意盎然，杨柳依依，鲜花怒放。西湖边上游人如织，踏青的游客络绎不绝，纷纷拍照合影留作纪念，用镜头记录下这一刻的美好"！行程安排是旅游者对本次旅游的安排，从出门开始到回家时对空间位移的一个统筹。行程与空间位移紧密相关，如："今天去的白堤，先去的各个小景点，然后去的西湖，最后去的三潭印月，以为不赶在上午去人会少，结果还是很多人！等车很费时间。"由此可以看出，旅游行程也会对游客的旅游体验产生一定的影响。

3. 时间流动

爱因斯坦在相对论中提出时间、空间和物质这三个维度不能分开进行解释。时间与空间一起构成物质存在的形式，时间的一维性与空间的三维性，共同构成四维宇宙空间。可以将旅游者的游玩过程与相对论的观点结合分析，对游客来说无论是否进行了空间位移，时间总是朝着未来方向流动的。一个游客在旅行过程中即使没有位移，随着时间的流逝，他也可以体验到同一景点的白天和黑夜。在西湖游客网络评价中与时间相关的高频词有：下午、白天、傍晚和各种节假日等等。"西湖景区很美也很大，景区内有坐船、坐车、步行三种游玩方式。游客最好上午九点进西湖，按照最美十景路线游览，下午五点出西湖。如果体力好，徒步游西湖更舒适，湖畔两边有很多椅子供游人休息，卫生间也不少。西湖不愧为 5A 级旅游景区，硬件设施齐全很人性化，景区环境优美，非常惬意"。可以看出，在同一地点，因为时间的不同，游客的体验也会产生差异。有的游客甚至会推荐最佳体验时间，例如："我是晚上到的杭州，因为有事只能玩一天，所以准备当天晚上把西湖逛一下，第二天白天去灵隐寺。大家可以选择晚上在青芝坞附近住下，那里离附近的景区比较近，而且有很多旅舍。晚上的西湖很美，不过湖边有好多情侣，看见的狗都是成对的，很虐我这种'单身狗'，晚上苏堤那边比较热闹，白堤那边就有点冷清了，我走了一会一个人都没有，然后感觉不太安全就回去了，虽然可能是我多虑了。"在这种情况下，旅游资源会出现供不应求的现象，而这样会影响游客的旅游体验，例如"春节，正好西湖多个景点免费，西湖边人山人海，苏堤、白堤人潮汹涌，三潭印月岛太小，游船排队非常拥挤，等以后淡季去体验会更好"等。

（二）旅游互动参与阶段

1. 游客与湖泊康养景点的接触

旅游景点是以旅游及其相关活动为主要功能的空间，游客在西湖进行湖泊康养旅游时，旅游景点自然成为游客开展旅游活动的要素。游客与景点之间存在一种特殊的互动，既有主动性的参与，也有被动性的接受。主动性的参与，体现在游客可以自主选择游玩方式方面，例如："私享摇橹船感受非常好，老人家也很喜欢，安静惬意，感受最完整的西湖摇橹。订购私享值得推荐，专人联系预约和接待，摇橹船提前备好上等龙井和茉莉花茶，以及各种新鲜水果。"而被动接受，则是游客直接接受景区策划者为游客安排的旅游活动，例如："导游讲他家走的是小团路线，所以确实团员人数很少，而且和导游接触看来，他们不想走网红路线，主打佛系带团，天气不好，行程有变也会及时跟游客沟通，而且超时也极为耐心。我个人不成熟的小意见，还是应该用那种耳机的讲解器会好点，加一点官方讲解之外的东西会更好！"

2. 游客与湖泊自然资源的共存

西湖湖泊自然风景区，其湖泊自然资源是重要的一部分。游客在旅行过程中遇到的动物、植物和其他自然环境与游客是共存的，他们都是动态的、随机的，无法预料游客会与哪些自然资源要素相遇，还取决于游客是否足够细心，例如"上次来西湖还是五年前，现在变化还蛮大的，树上有小动物，看好多小朋友在和小动物玩，这里除了大还是大，逛了一天，腿好酸，上午十点到，一路走到下午三点，西湖是来杭州旅游散心踏青的好地方"等。通过分析评论样本发现，树木和花卉也广受游客关注，例如："西湖有好几个地方有成片的荷花，7月初是荷花开得最好的时间，虽然没赶上，但还是看到了一些，在荷叶的映衬下特别好看。"但是有时由于季节的因素，也可能会给游客带来不好的体验，例如"建议7月中旬后花期过了去西湖的游客，到白堤游玩就行，我8月中旬来的，没什么景点看，就西湖和三潭是开放的，而且三潭由于下雨没看到最美丽的景色，西湖里的荷花去看了，大失所望，只看到一片花瓣落后留下的光秃秃的杆子"。自然环境主要是除动物以外的客观存在的自然因素，高频词有：湖水、空气、蓝天等等。例如："早上在西湖边的茶山散步，空气格外清新，之前每次都在音乐喷泉附近散步，今天换了位置，看到了不一样的美景。秋天已经能在路上闻到桂花香。路边绿化带的小花也特别美。散了会儿步来到路边的早餐店，很有古装剧茶摊的味道。现在的清晨气温低，有点凉，吃了一碗热腾腾的片儿川，舒服！"由此可以发现，湖泊自然环境与游客体验的关联性较大。

3. 游客与景区群体的交流

通过词频分析结果可以发现，在网络评论样本中，出现了许多与人有关的高频词，如导游、司机、师傅、讲解员、领队、游客、店家、朋友、老人等。这反映出游客在旅行过程中，与景区群体交流也是旅游体验的一种。沟通交流是人类群体的本能，所用的媒介不仅仅是语言和文字，有时还可以通过眼神产生互动。例如："一年四季都有不同的看点，每一次都有不同的体验和感悟，看西湖边大爷大妈表演琴棋书画，看西湖情侣泛舟，看断桥人来人往，看南山北山路上川流不息，这就是生活！"这是游客与景区当地居民的互动，可以看出，西湖景区居民的行为与态度让游客很满意。

景区的导游为游客提供向导服务和帮助，也是游客交流的主要群体之一，因此，旅游从业人员的工作能力和态度，会对游客在西湖产生的湖泊康养旅游体验产生影响。例如："千万不要跑错码头，本来想买休闲船，却不知情跑到了豪华船码头，只能多花15元买了豪华船票，实在不想跑2公

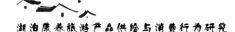

里去休闲船那里了，从三潭印月再次坐船后，却是坐的休闲船，等于 50 元买了半程豪华船、半程休闲船，工作人员服务态度也不好，对我家前来度假疗养的老人和孩子不敬，不管是检票的还是船上的工作人员，都有些不耐烦的感觉，糟糕的服务体验。"从这条评论中可以看出，因为导游缺乏专业素质，对游客缺乏耐心和尊敬，让游客产生了不好的体验感受，直接影响了游客对西湖旅游景区的评价。景区对于商品定价不合理也会影响游客的旅游体验，例如："人太多了，没有服务可言，本来我买的豪华船的票，结果人太多了，工作人员检验过就往里推，根本没有区分普通船和豪华船，问他们还说都是豪华船，一个人多花 15 元。西湖比较小，一会就到三潭印月岛了，岛上拍照写了各种尺寸照片的价格，7 寸的 33 元，结果他们根本就不给洗 7 寸的，最便宜的是 12 寸的 65 元，感觉有点坑，西湖只是名声在外，真没啥玩的，不推荐去。"

（三）游客情感变化阶段

游客的情感变化，是由游客自身的感知体验与景区要素之间相互作用产生的。感知的对象原本是没有感情的客观事物，但由于与游客之间产生了联系，因此，游客会在潜意识里产生相应的态度，随后引起情感的变化。情感在流露的过程中往往很难被察觉，它通常以隐含的形式微妙地流露出来，我们可以在游客的评论中，提取带有情感色彩的词语，以此来把握情感体验，进而研究游客的情感变化。关于情感体验的内容，本章第四节做了详细分析，此处不再赘述。

（四）游客价值判断阶段

对于来西湖进行湖泊康养旅游的游客来说，价值判断是游客在游玩过程中，对周围事物的一种观点评价，如对某件事物的是非好坏评价及看法。游客的价值判断会受到其自身经历及感受的影响，也与其自身的社会观念及背景有关。根据网络评论的结果可知，游客在西湖的旅游过程中的价值判断主要表现为两个方面，一是对事物的评价，二是自我评价。对以湖泊为主的景区的评价非常多，包括很多景区的事物，不同的游客对于同一事物的评价也并不相同，因为游客的观念不同，所以对同一事物的理解不同。根据词频分析的结果，收集的评论中与评价有关的高频词语有："高兴""满意""值得""惊叹""幸运""漂亮""欣赏"等。例如："集自然的河流与人工的湖、溪、泉、瀑于一园，有开阔、有狭窄、有热闹、有幽静、有文雅、有通俗，玩半天一点不觉烦，不觉单调。"游客也会根据自己的感受和理解，提出一些自己的想法和建议，这也属于价值判断的一种表现。"友情提示一下，大家去之前都买好电子票，比去了再买快很多，不用到处排队！暑假还有十一国庆节人相当多，排队的时间比看景的时间多多了""建议在旺季加大宣传，引导和鼓励游客采用手机购票，方便游客的同时缓解景区售票压力"等对西湖景区的建议，这些都是游客根据自身经历提出的优化旅游体验的价值判断、提示和注意事项。游客产生的自我评价，大多是在大自然中产生的感悟。例如"西湖之美已不用多说，个人感觉清晨傍晚时分分外迷人，沿白堤苏堤走走，还是非常愉悦的，人轻松自在，清风拂面，爽朗舒适，乘舟泛湖，悠然自得"。游客是有思想的，在面对大自然时，内心会产生一些敬畏和思考，这些都是属于游客自身的体验。

（五）游客心灵归属阶段

游客的旅行体验可以视为对生命意义的探索，就仿佛在探讨人生、审视内心。旅行不仅会对游客的身体产生影响，还会对游客的思想、精神以及内心产生一定程度的影响。当旅游体验到达最终环节时，心灵也会达到最高层次的归属。例如："挺好的，可以提前进入。带着孩子、陪着老人，方便了很多，科技改变生活！"游客对于现代科技的发达产生感叹。"骑车时可以随时下车拍摄雾气缭绕的西湖山水美景，沿途无数摄影爱好者，皆在追逐西湖晨曦之美"。从评论可以看出，当场景发生变化时，游客的心境也会随之变化，这种变化可以视为游客对城市景观意蕴的解读和领悟。例如，"在一个秋日的清晨，我踏上了前往西湖的漫漫之旅。此时，晨光微露，满山枫叶犹如火焰般热情燃烧，空气中弥漫着清新的花香。抵达西湖后，一股静谧之气扑面而来，湖面波光粼粼，碧波荡漾，令人心旷神怡"等。

八　旅游消费者行为分析

（一）消费前决策行为

动机是指主体通过接收外部信息，经过一番自我认知和选择等主观评价，从而形成认知并激发行动。旅游动机是旅游者选择出游的地点、时间、方式等的前提，也是做出旅游决策行为的驱动力。一般在网络评论的题目或开头会写明出游目的和原因，通过对初始资料的分析，可以得到西湖旅游者的出游动机（见表5-5）。

表5-5　西湖游客网络评论游客出游动机分布

单位：次

出游动机	高频词	总词频
社交动机	孩子、朋友、亲子、家庭、团队	213
康养动机	健康、自然、湖泊、舒适、舒服、龙井、空气、环境、散步	382
休闲体验动机	生态、休闲、体验、放松、美景、趣味、惬意、湖泊、天然、观赏、天堂、优美、秀丽、漂亮、健康、美丽、享受、拍照、湖光山色、风景如画、流连忘返等	1802

综上，西湖旅游者的出游动机可归纳为3种类型：社交动机（213次）、康养动机（382次）和休闲体验动机（1802次）。根据表5-5的词频分析结果可以看出，休闲体验动机是最主要的动机，这是由西湖湖泊旅游特点决定的。

（二）旅游中消费行为

西湖本身是免门票的湖泊康养旅游景区，所以此部分的分析主要围绕游客的住宿、饮食和购物行为展开。

网络评论中提及的饮食，以龙井茶、西湖醋鱼和东坡肉为主，"佳肴"和"美味"等是对菜品口感的评价，如"我最喜欢杭州西湖春天的风景，柳叶随风飘舞的姿态；我最喜欢西湖边绿茵茵的草地，可以在上面尽情地晒着太阳；我最喜欢西湖醋鱼和东坡肉，美味赞不绝口；西湖最美的免费景点快来玩啊"等内容，皆为对西湖餐饮和食疗产品的正面评价。

购物行为则是指旅游者在旅游过程中购买商品，包括旅游纪念品、旅游工艺品、当地特产等，不含餐饮和服务费用。对网络评价内容分析后发现，游客的购物行为主要集中在购买纪念品和购买"船票"上，如"从苏堤上船，现在成人都是35元，很方便"和"1月的西湖有很多收门票的景点都免费了，这次坐船进岛来回船票加上门票在携程网订票只需15元，推荐"等。

（三）旅游后心理行为

如本章第二节游客感知结果分析中表5-3所示，"享受""开心""满意"等与旅游后满意度有关的词语，表现出西湖游客精神层面的满足，"自然""迷人""美丽""风光"等词语，表现出西湖游客物质层面的满足。且前100个高频词中并未出现负面词语。

在重游和推荐意愿方面，"推荐"这个高频词出现了107次，"值得"和"值得一游"两个高频词共出现了344次，如"人不算太多，不用排长队的感觉太爽了，体验感一级棒，我宣布从此我就是你们的自来水，非常满意，希望以后能一直保持高品质，第一次体验就觉得非常满意，确实是放松的好地方，今后会常来的，环境非常不错，很出片，推荐想拍照的姐妹来"等一些推荐意向明显的语句。尽管有极少部分游客表示自己不会再来，但他们大都持积极态度并在网络评论中进行推荐。

第三节 火山型湖泊康养旅游需求分析

随着互联网的发展与普及，网络文本分析法更适用于湖泊康养旅游需求和形象感知等的研究。本书从游客角度切入，选取 Tripadvisor（猫途鹰）网站上的游客体验反馈信息，对典型的火山型湖泊——日本芦之湖的湖泊康养旅游需求进行研究分析。利用 Python 进行数据抓取、数据筛选和文本处理，对芦之湖游客网络评论样本进行基本信息分析，在样本分析的基础上，利用 ROST CM6.0 软件，进行游客感知结果分析、游客体验过程分析和消费者行为分析。

一 研究对象

火山型湖泊康养旅游需求，除了对火山活动带来的山川、流泉、湖泊、森林等丰富的自然景观进行观赏这一消费目的之外，还包括对火山湖周边的休闲娱乐旅游产品，火山文化与节日特色，火山湖中富含矿物的温泉、促进血液循环的盐泉和具有一定康复疗养功效的硫酸盐泉、硫黄盐泉等的消费需求。这类湖泊康养旅游需求以健康为主导，以清新空气、自然生态、优美环境、健康饮食、文化、温泉为载体，注重卫生条件、产品"颜值"和品质。本节将选取日本芦之湖这一发展较好、海内外知名度较高的火山型湖泊康养旅游目的地作为案例地进行分析研究。

（一）旅游产品

芦之湖背倚着富士山。湖山相映，不同的季节有不同的景致和情趣。环湖步道遍植青松翠杉，景致十分怡人，湖中有很多黑鲈鱼和鳟鱼，许多日本人经常在此泛舟垂钓和游泳。湖的北岸有两个幽静美丽的小镇——湖尻和桃源台，游客可以在此搭乘游湖的观景船，游览湖光山色，并到湖滨南方的箱根町（Hakone-machi）、元箱根（Moto-Hokone）等景点，中途还可顺道游览箱根园（Hakone Garden）。箱根芦之湖有游览船运营，从湖面上欣赏箱根富士的自然景色更是迷人。芦之湖游览船有多种外观的船型，游客可选择"箱根观光船"的海盗船、外轮船和"伊豆箱根铁道"（伊豆箱根船舶）的双体客船。箱根芦之湖是3000年前火山爆发形成的破火山口湖，海拔725米。环湖一周约21千米，湖水面积6.8平方千米，最深处达40.6米。湖里有鲫鱼、鲤鱼、虹鳟鱼、黑鳗鲡、公鱼等多种淡水鱼可以垂钓。芦之湖周围绿荫簇拥，风景秀丽。由元箱根眺望富士山，湖面上的树木倒影，富士山美丽的山姿，令人难以忘怀。由芦之湖南岸的杉树街道，还可眺望"富士山倒影"。箱根富士是日本百景之一，乘坐古色古香的"海盗船"，从湖面上欣赏箱根富士的自然景色，更是迷人。

（二）资源类型

芦之湖隐藏在箱根的中心位置，位于箱根町西方，驹形岳的南边山脚。

3000 年前，箱根山发生了最后一次火山喷发，形成芦之湖。经湖水冲刷的河谷，是箱根最迷人的旅游景点。

二　数据抓取

日本芦之湖湖泊康养旅游的网络评论信息来源于 Tripadvisor 网站。Tripadvisor 是全球知名的旅游网站，网站集合了全球旅游目的地的酒店、景区、餐厅、交通等相关信息，集搜索引擎、行程规划、线上预订、在线评论、旅游论坛等多种功能于一体。网站公开信息显示，Tripadvisor 网站集合了全球 800 万家旅游相关企业的信息，评论数量超过 9.88 亿条，覆盖全球 49 个市场，提供 28 种语言服务。猫途鹰在全球范围覆盖较广，在全球旅行者中的知名度较高。于是，本章主要以 Tripadvisor 网站的旅游评论为研究数据来源。

本书的研究需要大量的网络评论，所以需要通过简单快捷的方法来获取网络评论。本书主要利用网络爬虫软件 Python 以及 PyCharm 编辑器，根据需要抓取 Tripadvisor 网站的数据，快速、广泛获得原始评论，收集到 3041 条网络旅游评论。

三　数据筛选

由于网络旅游评论数量较多，文本内容质量高低不同，需要进行人工筛选和数据清理，从而保证数据的质量，所以设定以下多项原则进行网络文本数据的初步筛选：①选取 2012 年 4 月到 2023 年 4 月的达到一定点赞数和贡献数的所有有效网络评论内容；②网络评论内容要完整，具有一定鲜明性和客观性；③网络评论选取上注重入境游客的国籍分布基本信息和旅游时间、景点和出游方式选择等入境游客行为信息的多样性；④从景区文化价值、客流量、类型等方面进行衡量。

在 Tripadvisor 中文官网"猫途鹰"上，把日本芦之湖（Lake Ashinoko）作为旅游目的地进行搜索，共得到 3041 条游客在线评论，且英语网络评论占据最多，超过第二名的日语评论和第三名的西班牙语评论，已累积了一

定数量。因此，将 Tripadvisor 网站上，针对日本芦之湖的英语评论作为本研究的基础数据来源，在获取上具有便利性，在数据上具有代表性。这些英语国家游客的点评，不仅数据丰富翔实，而且许多用户还晒出了自己在日本芦之湖旅游时拍摄的照片，内容可信程度很高；其次，语言表达是旅行者的自我表述，能够直观反映旅行者的意见，并且提供的参考意见较为客观。通过收集和整理，最终筛选 3041 条有效网络评论内容及其用户 ID、国籍、旅游时间、旅游方式等信息（见图 5-6）。手动提取评论文本的过程，也是对文本进行初步筛选的过程，既可以避免内容重复，也可以在筛选过程中，剔除复制粘贴等无关内容、凑字数的评论，商家刻意宣传或故意抹黑的评论以及与种族歧视相关的评论。首先，确定论文研究的评论时段是从 2012 年 4 月至 2023 年 4 月。在手动提取所需的评论信息后，逐一对文本进行翻译。为了最大程度还原评论者语义，提高翻译的准确性，在翻译过程中采用 Google 翻译和百度翻译两种软件，对翻译结果进行比对修正，并将相同对象的不同翻译名称进行统一化处理，如巴士、公交车统一为公交车。最终，共采集 1263 条网络有效评论。

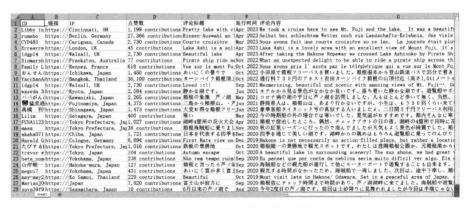

图 5-6　日本芦之湖游客基础数据库

资料来源：笔者整理。

手动提取的文字字段中，用户名称是游客在进行网络点评时使用的网名，评论对象是英语游客在日本芦之湖旅游的具体体验对象，包括景区、公共旅游区、酒店、餐厅等（见图 5-7）；游览时间是英语游客在日本芦之湖旅游度假的年份和月份；评星级别是用户对目的地对象 1～5 分的打分，表示用户满意程度；客源地是指英语游客具体的 IP 所属地；评论内容和对象类型则为用户针对某一具体景点或者酒店、交通等提出的具体点评。本书主要分析评价内容，利用词频等级获取重视程度等级，借助其他字段筛选和整理评论。

Pretty lake with views of Mt. Fuji, but skip the cruise as it is too short.

Apr 2023 • Friends

We took a cruise here to see Mt. Fuji and the lake. It was a beautiful sunny day, but very windy. The views were lovely, but we thought we would be spending some time on the cruise. It lasted all of 20 minutes which was enough time to take photos of Mt. Fuji and to get off for lunch. Cruise wasn't really worth it.

Written May 10, 2023

This review is the subjective opinion of a Tripadvisor member and not of Tripadvisor LLC. Tripadvisor performs checks on reviews. Tripadvisor performs checks on reviews as part of our industry-leading trust & safety standards. Read our <u>transparency report</u> to learn more.

Erreerre
London, UK • 45 contributions   👍 0   •••

●●●●○

Lake Ashi is a solid option for a half day detour.

Apr 2023 • Couples

Lake Ashi is a lovely area with an excellent view of Mount Fuji. It's not as cool as Lake of Como, but it's still charming and worth a quick visit. Not sure about going uphill, it would be a solid time investment for time-pressed tourists. Half a day was enough for us, even skipping the hours-long line for the torii gate picture...

Written April 24, 2023   截图(Alt + A)

This review is the subjective opinion of a Tripadvisor member and not of Tripadvisor LLC. Tripadvisor performs checks on reviews. Tripadvisor performs checks on reviews as part of our industry-leading trust & safety standards. Read our <u>transparency report</u> to learn more.

Neco D
62 contributions   👍 0   •••

●●●●●

Very Beautiful Place

May 2022 • Family

On oir trip to Japan this was one of the places we visited after our tour in Mt. Fuji and Hakone. We took a boat trip along the lake and the view was spectacular even if it was raining that time.

图 5-7 Tripadvisor 网站日本芦之湖（Lake Ashinoko）的英语游客评论示例

四 文本处理

在使用 ROST CM6.0 软件进行文本内容分析前，由于日本芦之湖的网络旅游评论语言非简体或繁体中文，所以应着重对日本芦之湖的网络旅游评论内容进行文本预处理。①使用谷歌翻译软件和人工翻译结合的方式，将多国语言的网络文本内容翻译为中文，翻译为中文内容之后共计 103394 字。②删除网络评论中的图片、表情符号等与文本内容分析无关的信息。③使用 Word 文档的替换同义词功能：将"Ashi""Ashinoko""The Lake"等统一替换为"芦之湖"。④将一些信息如旅游时间、景点选择和出游方式选择等记录在 Excel 表格中，建立英语国家旅游者基本信息数据库。⑤将预处理之后的旅游网络评论内容转化为文本文档.txt 格式。⑥本书以 HowNet 词典为基础词库，结合 Tripadvisor 实际网络文本数据内容，建立包括景点、人名等在内的芦之湖湖泊康养旅游自定义词典。⑦编制过滤词表：将"然后"、"因为"和"这次"等与芦之湖湖泊康养旅游体验文本分析无关的词语纳入过滤词表。

网络评论文本数据内容，预处理工作完成之后，利用 ROST CM6.0 软件和 Ucinet6.0 软件进行高频特征词分析、情感分析和共现词网络分析。①编制高频词汇表：导入待分析的.txt 文档，使用"分词"功能，对 1263 条有效网络评论内容的 103394 字文本数据信息进行分词；人工分批量对网络文本数据进行"词频分析"，得到日本芦之湖旅游消费者体验高频特征词和词频统计结果。②运用 ROST CM6.0 软件，对网络文本内容进行情感分析，得到入境游客日本芦之湖湖泊康养旅游体验的情感分段统计结果。③将所选旅游者的网络评论内容情感分段统计结果录入 Excel 表格中，建立日本芦之湖湖泊康养旅游情感性体验分析数据库。④共现词网络分析。对 1263 条所选游客网络评论内容高频特征词之间的共现次数进行统计，特征词的共现次数表示两者的关联程度，多条评论累积出总共现频次，为日本芦之湖旅游消费者体验要素结构研究做好数据准备。

五　网络评论样本基本信息分析

（一）游客评分结构分析

此部分研究数据，主要来自 Tripadvisor 网站的智能分析数据板块，从评级可以看出游客对芦之湖旅游目的地的整体评价比较满意，达到 4 级，高于网站平均水平。历史与文化（歴史と文化）、观光（観光）和景色，是英语游客进行旅游活动最关注的三点，总体来看，游客对芦之湖湖泊康养旅游的满意度较高。

根据 Tripadvisor 网站的智能分析方法，将游客评论好坏等级分为"非常好""好""一般""差""非常差"五个等级（见表 5-6）。从网站数据评级中可以看出，四成游客对芦之湖的评价为"非常好"，表示出积极的正面情绪，42% 的游客对芦之湖的评价为"好"，同样也表现出比较满意的情绪，如评论"这是我们在箱根之旅中第二次参观这个湖。美丽而独特的海盗船，芦之湖背倚着日本'圣岳'富士山，如果你在箱根附近，一定要去。如果你有箱根通行证，你可以乘坐箱根周围的所有交通工具，包括海盗船、缆车、箱根索道和当地的公共汽车等。从靠近箱根古港的步道上拍下湖、鸟和富士山的照片是非常好看的，在晴朗的日子里，你可以乘坐日本海盗船看到富士山。欣赏风景和宁静的芦之湖"，"我们乘船游览了芦之湖，这是一个被美丽风景包围的美丽湖泊（包括富士山）。沿着湖边也有几个很棒的小镇站点，那里有不错的餐馆和商店。是一次非常放松的体验"，"我是同我的妻子和岳母一起坐船去的，我非常享受在芦之湖上的风景和冒险，并花了一点额外的钱去了头等舱。美丽的景色，虽然由于云层覆盖没有看到富士山，但仍然是愉快的一天"及"湖周围环境优美，当秋天的色彩和富士山可见时，尤其是冬春两季的雪帽，它将是壮观的。你可以乘坐游船穿越湖泊，也可以自己租船游览湖泊。南岸有许多餐馆"等等。15% 的游客对芦之湖的评价为一般，如评论"虽然这是一个雾蒙蒙的阴天，但我们确实拍了一些红门和石湖的好照片……没什么可说的。在云层覆盖整座山之前，我瞥见了富士山"和"不幸的是，这是一个旅游陷阱。没什么可看的，如果你以前在船上和湖泊上待过，这将是相当平淡无奇的。如果你从大流谷出发，那么富士山就在你身后，距离很远，所以不值得拍照。请注意，最后一艘船会在光线减弱前停靠，所以请在下午早些时候到达这里。我们在4点左右结束了乘船之旅，不得不排了大约30分钟的队等公共汽车回火车站。坐公共汽车回火车站大约需要35分钟"等等。除此之外，还有极少数游客对芦之湖的评价很低，如评论"不会推荐这次旅行，无聊又缺乏实质内容，甲板上没有位置，人群挤得像沙丁鱼""别来这里，我们试着在两家不同的商店租船，他们告诉我们他们关门了，然后把船租给当地人，真替他们感到羞愧"等。总体上，英语游客消费者，对芦之湖之行的评价趋于满意。

表 5-6　芦之湖（Lake Ashinoko）游客旅游评级

单位：条，%

评级	评论数量	所占比重
非常好	1077	40
好	1202	42
一般	438	15
差	52	2
非常差	16	1

（二）游客客源地分析

由于 Tripadvisor 网站用户隐私条款原因，部分用户并未公开自己的 IP 所属地，所以只能采集到部分游客客源地数据和信息。

通过对 Tripadvisor 网站上关于日本芦之湖游客 IP 所属地的数据统计和分析（见表 5-7）发现，来自欧洲的游客评论数占评论总数的 25.8%，来自美洲的游客评论数占所统计评论数的 14.0%，来自亚洲（包含美国关岛）的游客评论最多，占所统计评论数的 51.4%，来自大洋洲（含美国夏威夷州）的游客评论数占所统计评论数的 8.3%，而来自非洲的游客评论数较少，仅占统计评论总数的 0.5%。按游客的国籍来看，评论数较多的游客主要来自日本、新加坡、法国、美国和英国、澳大利亚、加拿大等英联邦国家。

表5-7　访问日本芦之湖（Lake Ashinoko）的游客客源地统计

单位：条

地理区域	国家/地区	评论数	国家/地区	评论数
欧洲 （518，25.8%）	英国	159	法国	84
	葡萄牙	5	波兰	2
	爱尔兰	5	安道尔	1
	斯洛文尼亚	1	芬兰	1
	拉脱维亚	1	立陶宛	2
	卢森堡	2	罗马尼亚	2
	马耳他	1	挪威	1
	挪威	1	波黑	1
	塞尔维亚	1	塞浦路斯	1
	冰岛	1	保加利亚	1
	意大利	52	荷兰	27
	德国	27	奥地利	4
	丹麦	2	捷克	3
	比利时	13	土耳其	4
	俄罗斯	29	西班牙	53
	希腊	2	瑞士	23
	瑞典	6		
亚洲 （1031，51.4%）	日本	603	中国大陆	12
	中国台湾	55	中国香港	38
	韩国	15	沙特	1
	卡塔尔	1	科威特	1
	巴基斯坦	1	印度	38
	印度尼西亚	50	迪拜	6
	卡特尔	1	科威特	1
	马来西亚	36	缅甸	1
	新加坡	94	越南	2
	泰国	38	菲律宾	25
	斯里兰卡	4	孟加拉国	1
	巴林	5	关岛（美）	2

续表

地理区域	国家/地区	评论数	国家/地区	评论数
大洋洲 （166，8.3%）	澳大利亚	142	斐济	1
	瓦努阿图	1	新西兰	14
	夏威夷（美）	8		
美洲 （281，14.0%）	美国	190	加拿大	44
	墨西哥	10	波多黎各	1
	哥伦比亚	3	哥斯达黎加	2
	巴西	28	秘鲁	1
	危地马拉	1	智利	1
非洲 （11，0.5%）	南非	7	埃及	2
	坦桑尼亚	1	尼日利亚	1
总评论数	2007			

（三）游客到访季节分析

从 Tripadvisor 采集数据中，芦之湖到访英语游客评论数量的月际变化来看，来访游客月际旅游时间整体呈"W"形分布特征，具体表现为英语游客评论数在 4~6 月保持在较高的水平，共 446 条英语游客评论，占年到访游客评论总数的 35.3%。其中 4 月达到最高点，共有 176 条评论数。其次是 10~12 月，共有 349 条英语评论数，约占年到访游客评论总数的 27.6%。而 1~3 月的游客评论数，仅占年到访游客评论总数的 15.1%。总的来看，芦之湖游客评论数量，在 4 月和 11 月出现两次峰值，在第一季度则评论数量较少（见图 5-8）。

（四）游客出游方式分析

在出游方式选择方面，共有 1128 条英语评论分享了自己的出游方式。其中选择情侣结伴出游的群体最多，有 511 条评论，占总英语网络评论数的 45.3%，其次是选择朋友结伴和家庭出游的群体，分别有 221 条评论和 302 条评论，占总英语网络评论数的 19.6% 和 26.8%，个人和商业出游的群体较少，分别有 84 条评论和 10 条评论，占总英语网络评论数的 7.4% 和 0.9%。

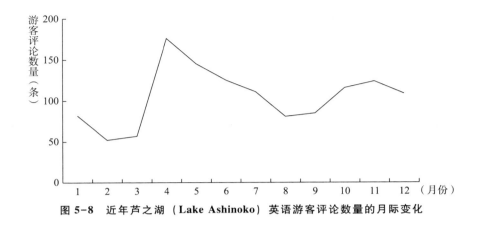

图 5-8　近年芦之湖（Lake Ashinoko）英语游客评论数量的月际变化

六　游客感知结果分析

（一）游客体验感知高频词分析

同样，首先将收集到的网络文本转化成文本文档，然后使用 ROST CM6.0 软件对所采集到的芦之湖 1263 条英语评论进行词频分析，由于软件词库中缺少一些专属词汇或特殊词汇，所以第一次的分词结果并不理想，无法正确分词，这时需要对词库进行补充。补充完词库再次进行分词，第二次的结果稍比第一次好些，但还不符合要求，继续补充词库，如此反复操作，直到最终的分词结果无误。词频的作用主要是反映某个词语在文档中的重要程度，一般来说，词语出现的频次越高，代表这个词语越重要。通过词频分析过滤无关词语，以便得到更有效的分析结果。对分析后出现频次比较高的关键词进行更改修正。得到高频词后，分析游客对芦之湖湖泊康养旅游形象的整体感知，如表 5-8 所示。从表 5-8 中可初步观测出游客对芦之湖旅游景区形象的整体印象，其中有大量词语是关于芦之湖的湖泊景点的描述，例如"富士山""海盗船""芦之湖""箱根""元箱根""神社""索道""缆车""火山""海岸"等等，可见游客对芦之湖的这些景区关注度更高，这些景点是芦之湖旅游的核心吸引物；从"美丽""风景""伟大""壮观""风景如画""可爱""惊叹""神奇""明媚""环境""干净""天气"等形容词可以看出，游客对芦之湖的湖泊景观和自然环境评价较高。同时还涉及"幸运""高兴""体验""灿烂""美妙""安静""自由""空气""凉爽"等消费者具身体验感受的词语，为后文中游客满意度模型概念和范畴的构建提供参考。

表 5-8　访问芦之湖（Lake Ashinoko）的游客网络评价高频词统计

单位：次

高频词	频次	高频词	频次	高频词	频次
箱根	718	富士山	645	美丽	350
海盗船	340	芦之湖	312	旅行	259
巡航	227	风景	210	天气	207
索道	174	乘船	170	缆车	139
鸟居	135	日本	127	地区	122
享受	118	值得	117	神社	113
晴朗	112	免费	110	愉快	107
湖边	106	通行证	96	幸运	91
有趣	91	可爱	87	惊人	85
东京	77	欣赏	75	伟大	74
火车	71	游客	71	放松	70
游船	70	鲁斯	67	游轮	66
阳光	65	酒店	65	商店	64
宁静	63	不幸	62	火山	62
平静	62	甲板	61	观光	60
散步	58	拥挤	54	美景	53
推荐	50	巴士	49	湖泊	48
景点	47	壮观	47	航行	47
餐馆	47	自由	43	渡轮	41
座位	41	码头	40	阴天	39
孩子	39	寒冷	39	船只	38
山脉	36	体验	35	和平	34
美好	31	干净	31	港口	30
自然	29	博物馆	29	明媚	28
湖面	28	清晰	28	完美	27

高频词	频次	高频词	频次	高频词	频次
空气	27	帆船	27	惊叹	26
神奇	26	火山口	26	咖啡馆	26
云层	26	公园	26	湖中	25
餐厅	25	环境	25	凉爽	24
森林	23	迷人	23	风景如画	23
历史	22	路线	22	元箱根	21
安静	21	灿烂	21	美妙	21
遗憾	21	高兴	21	城镇	20
海岸	19				

（二）游客景区环境感知频次分析

同样，根据在 Tripadvisor 统计的高频词和特征词总体情况，结合芦之湖湖泊康养旅游的具体特点，将芦之湖游客体验归纳为湖泊风景体验、自然康养体验、特色轮渡体验、历史文化体验、火山体验、户外运动体验和餐饮服务体验等多个主要类目，本节对其中的湖泊风景体验、自然康养体验和特色轮渡体验进行重点分析，结合芦之湖旅游景区景点实际情况，来详细分析其游客体验结构和内容。分析结果表明，芦之湖景区湖泊风景体验的相关描述被提及了 573 次，占游客英语评论总数的 45.3%，如评论"和大多数游客一样，在参观完小涌谷后，我们从小涌谷站出发，继续乘坐箱根索道，经过宇巴古，到达最后一站——东源台站。整个旅程耗时约 16 分钟。风很大，我们能感觉到并听到风的声音。由于索道的设计（车厢两边都有缆索），在强风的情况下，乘坐并不可怕。当我们接近东源台车站时，我们看到了美丽的芦之湖和 2 艘箱根观光游轮（芦之湖海盗船）。我们冲到登机口，幸运的是我们是最后几名登机的乘客。我们没有早上那么幸运，在索道和大涌谷都看到了令人惊叹的富士山。云雾遮住了富士山的视线。当你在观光游船上时，不要待在下层船舱里。你应该到顶层去呼吸新鲜空气，欣赏湖上的美景。该游轮服务于芦之湖的三个港口——东源台港、箱

根町港和本箱根港。从东源台港到箱根町港大约需要30分钟。我们在箱根町地区吃了一顿日式午餐,并参观了历史悠久的箱根关卡。下一个港口是本箱根港口,在那里你可以参观著名的箱根真家神社。下午回到东源台港时,天气起了风和雾,当我们乘坐索道返回酒店时,我们注意到由于天气状况恶化,索道将在不到30分钟内停止服务。顺便说一下,游轮为那些需要更轻松旅程的人提供头等舱,但要收取附加费。箱根观光游轮正在庆祝其运营50周年。如果你想以轻松的方式参观这个地区,你应该准备一整天的时间。您可以乘坐箱根索道或公共汽车到达芦之湖。如果您在箱根逗留超过一天,您应该获得箱根免费通行证。一定要穿舒适的鞋子,因为你需要走很多路,才能看到每个港口附近的景点"等;自然康养体验被提及了17次,仅仅占总评论数的约1.3%,如评论"这是一个晴朗的日子,我能得到一个清晰的富士山!很放松和享受。新鲜的空气令人神清气爽心情愉悦!"等;特色轮渡体验的相关描述被提及了327次,占游客评论总数的25.8%,如评论"这个湖长11千米,除了富士山之外,周围所有火山的美景都令人惊叹,但你可以从湖的西侧看到尖端。游船根据天气情况,每天从早上8点到晚上5点30分,每30分钟往返3艘大型海盗船。我们乘坐海盗船从山的一边游到另一边,感觉非常好,这是一个很好的方式……但也可以花时间在湖的部分地区散步,特别是箱根园,因为你可以乘坐另一辆缆车到komagatake山"等。综上所述,所统计到的数据显示游客芦之湖的湖泊风景体验感知最为突出,而对自然康养体验感知较少,对当地的特色轮渡体验的感知多于对自然康养体验的感知。

(三)游客网络评价语义网络分析

同上,通过将高频词导入ROST CM6.0软件,借助Newdraw软件生成日本芦之湖英语游客网络评价语义网络图。芦之湖游客评论以"箱根"景点为中心,无规律向外发散,在所提及的话题中,许多与芦之湖湖泊康养旅游有关,涉及加权度最大的词语有"芦之湖"和"海盗船"等,"缆车"、"巡航"、"富士山"、"东京"、"神社"和"湖边"等景点,直观地表达了游客在旅行过程中关注的多个层面及本次旅行的偏好。进一步分析语义网络图，可以发现一些高频词之间的连线包含箭头，说明这些词语具有方向性。箭头指向顺序即为词语出现的顺序，如芦之湖—箱根—富士山，"作为JTB（Japan Travel Bureau）之旅的一部分，我们被带到芦之湖去体验几个世纪前三位大师的复制品之一。船是有动力的，我们沿着湖游到箱根，半个小时的旅程很放松，可以看到很多树木。不幸的是，低云层影响了观赏体验，所以我们无法从缆车上看到富士山，也许在晴朗的日子里，你会看到远处的富士山"。

关于日本芦之湖景区湖泊康养具身体验的关键词涉及"风景"、"晴朗"、"幸运"、"观点"、"天气"、"愉快"、"欣赏"和"值得"等，这类评论主要围绕游客旅行过程中，所见景色及当时的心情加以点评，例如："游览芦之湖并不是为了刺激；它是关于自然美景和宁静——在繁忙的旅行中，这两者都是相当缺乏的。天气有点影响。在山上雾很浓，但在水上却很宜人。我只买过一次门票，但希望等待也能很有趣。海盗主题的船对孩子们来说很棒，还提供了一些很酷的拍照机会。元箱根有一些非常好的餐馆和商店，还有大山酒店的杜鹃花花园——如果你喜欢那样的东西，它从5月到9月都在开花。沿着湖边的老路走到水中的鸟居门是神奇的，爬上神社是美丽的。拥有箱根免费通行证，如果你有时间的话，这里是一个特别好的一日游旅游目的地，值得花时间。"

另外，关键词还涉及景区的可达性和湖泊内部及其环湖旅行路线，芦之湖景区中"海盗船"节点距离芦之湖最近，说明海盗船与芦之湖的联系最紧密，如"我们乘坐索道到湖边，然后步行到船坞。这艘游轮是一艘双体船，在通往顶层甲板的坡道上，设有露天看台座位。不幸的是，天气很朦胧，所以我们只能偶尔看到富士山的影子。根据我的经验，这类游船总是在风景秀丽的地区，这次没有辜负我的期望。我把它评为一般，只是因为它在我乘坐过的游轮中没有脱颖而出。不过，如果你在这个地区，我还是推荐你去""芦之湖本身很美。它是一个火山口湖（海拔725米，位于平均海平面以上），周围是树木茂密的陡峭山脉。空气清新凉爽。宣传册上说，从南岸可以看到富士山（在西北方向），但绝对不是在多云、细雨的日

子。至少有两艘（也许是三艘）俗气的'海盗'船沿着一个三角形的路线在湖中航行，这条路线被称为（1）箱根町子，（2）本箱根子，（3）Togen-da-ko。如果您有小田急铁路的箱根免费通行证，则包括乘船旅行。航线最长的一段从（2）到（3）大约需要30分钟。虽然船有帆，但从来没有展开过。这些船使用发动机，而不是风力。如果你是从东京出发的短途旅行（1、2或3天），在东京新宿站的小田游柜台买一张箱根免费通行证可能会很划算。2天通票（5140日元）包括海盗船之旅和箱根地区的许多不同交通：一些巴士、观光火车、索道铁路和穿越大流谷火山的缆车（索道）。箱根免费通票还包括从新宿到箱根汤本镇（箱根地区的主要入口）乘坐慢速列车的回程列车。这列慢速列车（2小时）可能会在小田原换车。如果您想乘坐从新宿到箱根汤本的直达快车RomanceCar（75分钟），则需要额外支付单程1090日元（预留座位）的附加费。2天通票价格为5140日元（不包括浪漫车附加费），可以让你在箱根的一家温泉旅馆过夜。您需要在自己选择的旅馆单独预订。箱根免费通行证不包括过夜。从箱根-汤本火车站（浪漫车的终点站）到湖边，可以乘坐箱根-托山"H"形巴士。巴士站就在箱根汤本火车站前面的路上（对面），巴士经过蜿蜒的山路（40~45分钟）到达芦之湖南岸。那里有两个港口村，本箱根村和箱根町村。这两个地方都可以看到美丽的湖景，你也可以从那里登上海盗船。回新宿时，要仔细看钟。晚上7点以后只有1~2趟火车离开箱根汤本（周末可能更多），所以提前询问最后一班火车的时间，并做出相应的计划。这意味着如果你从东京来这里一日游，你应该早点出发。确保你能从新宿站坐上早上9点的浪漫列车。箱根地区在周末和假期是出了名的受欢迎的地方，人们排着长队等公交车和缆车"。而芦之湖游客对旅行过程中服务质量的点评，大多以"游客"或"旅游"为主题，涉及"行程""司机""安排"等关键词，以旅游过程中吃、住、行、游、购、娱为评价主题，并附带自己的心情进行评价，例如："尽管有保证，但如果你行动不便，这趟旅行并不容易。我们去了富士山，大巴停在离市中心180多米远的地方，所以我们没有下车。然后我们去吃'午餐'，这是不包括在我们的套餐中的，我们知道，但后来我们没有任何机会购买午餐。当我们到达酒店时，导游问我们是否可以坐在楼下，我们以为他们会给我们提供午餐，却只给了我们两杯水。我非常生气，我向导游抱怨，他说当我们去芦之湖时，我们可以乘船游览，在箱根吃点零食。然而箱根所有的咖啡馆都关门了，所以我们喝了一杯热巧克力吃了一个羊角面包！！雪上加霜的是，我们被扔在最近的高铁车站，让我们自己坐上高铁去东京，再从那里去池步子。唯一的好处是有一位来自新加坡的女士和她的女儿住在我们酒店，她们帮助我们回到了酒店。当地几乎没有人会说英语，我认为我们不应该被遗弃，尤其是在行动不便，找不到回酒店的路的时候。"此外，关键词节点中含有多个如"咖啡馆"、"餐厅"和"乌冬"的节点，这也是当地湖泊康养旅游的具体体验，例如："我们在早上做了一次快速旅行，因为下午早些时候预报会有暴风雨。我们仍然被阵雨和足以吹走雨伞的大风所困。箱根神社、箱根检查站和公园都是散步的好地方。沿湖有步行道。箱根检查站附近有一些不错的餐饮。一家乌冬店在一些国际比赛中获得了第三名。红汤看起来很辣，其实不然。独特的乌冬汤，非常美味！"

（四）游客网络评价情感分析

利用 ROST CM6.0 软件，对伊塞克湖网络评论高频词中的情感词进行分析，得出情感分布统计表（见表5-9）。由表5-9可知，游客对芦之湖湖泊康养旅游的情感评价中，积极情感占比78.38%，中性情感占比9.81%，而消极情感占比11.81%。说明大部分游客对芦之湖（Lake Ashinoko）湖泊康养之旅基本满意。由于中性情感不能明显反映出游客在旅游过程中的情感冲突，下文将重点研究游客的积极情感和消极情感。

表5-9　芦之湖（Lake Ashinoko）网络评论游客情感分布

单位：%

情感倾向	比例	强度	比例
积极情感	78.38	一般	21.14
		中度	22.72
		高度	34.52

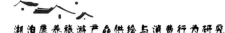

续表

情感倾向	比例	强度	比例
中性情感	9.81		
消极情感	11.81	一般	8.30
		中度	2.61
		高度	0.90

1. 芦之湖网络评论情感的总体特征

表5-9的数据显示，所采集的芦之湖游客英语网络情感评论文本中的积极情感，相比于西湖网络情感评论文本中积极情感所占比重更高，达到了78.38%，中性情感与西湖中性情感对比占比更小，仅占了9.81%，而消极情感占11.81%，与西湖网络情感评论中消极情感占比接近。数据表明，芦之湖游客英语网络情感评论的文本中的积极情感比重较大，占据绝对优势，而消极情感则比重较小。这与上文词频分析的结果相呼应，词频分析中，游客以积极的情感表达为主，对消极情感词语的使用较少。现有研究成果表明，旅游活动中游客的情感以积极情感为主，消极情感比例较少，芦之湖英语网络情感评论文本中的游客，在总体情感分布上符合这一倾向。

2. 情感强度以一般和高度为主

表5-9的数据显示，芦之湖游客英语网络情感评论的文本中，积极情感中的高度强度比例达到34.52%，中度强度达到了22.72%，而一般强度仅占21.14%；消极情感中的分布则相反，一般强度占据优势，达到8.30%，中度和高度消极情感分别仅占2.61%和0.90%。因此，芦之湖湖泊康养旅游游客的情感强度，与西湖湖泊康养旅游游客的情感强度差别较大，后者总体上以一般强度和中度强度为主，高度强度情感占比较小，前者的积极情感中高度强度占比较高，而消极情感中则是一般强度占据绝对比重。

3. 芦之湖网络评论的积极情感特征

芦之湖游客表达的积极情感多为"享受""幸运""欣赏""愉快"等，这些积极情感的产生，与目的地核心吸引物密切相关。

　　从芦之湖游客英语网络评价积极情感的语义网络结构示意图可以看出（见图5-9），"箱根""芦之湖""富士山""海盗船"等，为湖泊康养旅游的核心节点。其中"箱根"主要与"缆车"、"风景"、"幸运"、"晴朗"、"愉快"、"天气"、"美丽"、"免费"和"湖边"等词语连接，"芦之湖"主要与"乘船""索道""美丽"等词语连接，而"海盗船"和"富士山"两个词连接的词语基本一致，主要有"乘坐"、"缆车"、"地区"、"风景"和"值得"等，由此可以看出，游客正面评价的词语多与"箱根"、"芦之湖"和"富士山"相连接，反映出了芦之湖的核心吸引物是湖泊本身和一旁的富士山、湖上的海盗船和箱根的美景，是使游客产生积极情感的主要原因，游客产生的积极情感，多是对湖泊景色的赞美、享受和欣赏以及对湖光山色、水天一画的惊叹等。同时"公共""汽车"等词的出现，也表明芦之湖湖泊康养旅游景区箱根通行证的出行政策使游客产生了正面的情感。同样可以看出，"箱根"是游客对于芦之湖湖泊康养旅游最直接的形象认知，也是对芦之湖景区旅游特色最直接的概括。与西湖单核心向四周辐射

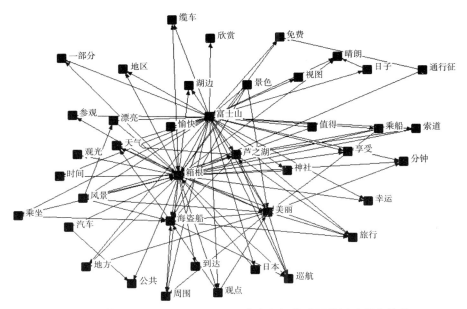

图5-9　芦之湖（Lake Ashinoko）游客积极情感网络评论语义结构

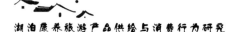
的特点不同，芦之湖并非仅以"箱根"为核心，"芦之湖""富士山""海盗船"等均为核心圈层词，共同向四周辐射，"乘船""神社""天气"等为次级圈层词。进一步加深了游客对于芦之湖湖泊康养旅游景区的形象认知。同时，这也表明，游客对于景区上述特征的关注度较高，这一点也得到了情感认知形象"愉快""享受""值得"等高频词的验证。

4. 芦之湖网络评论的消极情感特征

与西湖游客的消极情感表现不同的是，芦之湖游客的消极情感表现更多的是不幸、遗憾、寒冷和失望等这种更加抽象的感情，消极情感产生的原因，与旅游服务质量、旅游时所遇到的天气、当地居民、景区管理以及游客自身认知等多种因素有关。

景区服务质量欠佳、当地多云的天气和湖泊周围较低的温度，影响了游客的旅游体验效果，这是游客产生消极情感的原因。芦之湖消极情感评论所构建的网络语义结构图中（见图5-10），"富士山"、"天气"、"海盗船"和"箱根"构成核心节点，反映出即使是景区核心吸引物，同样与游客负面情感的产生有较大联系。同时，天气和温度也是游客负面情感产生的主因。如评论："我们把整个旅行都放在了海盗船上，但不幸的是暴风雪开始了，毁了一切。如果天气预报不好，请避开。""俗气"和"失望"同样是在消极情感语义结构图中与其他词连接较密集的点，与"乘船""旅行""甲板"等词连接，表明长时间排队、拥挤和屡教不改的恶劣旅游服务态度，可能是使游客产生负面情感的重要原因。通过阅读评论发现，在西湖游客积极情感文本中，虽然许多游客提到了排队、拥挤、人多等情况，但是这些表述大多是偏中性的，且在整体的表达上游客的情感仍以积极情感为主，虽然很多评论都提到了排队、人多，但是整体上其评论依然表达的是积极情感。但在芦之湖负面评论中游客对乘船排队和拥挤表达了较多的消极情感，例如有游客评论"虽然它环境很好——森林很茂密（更绿），游客们很文明，只在湖的两端有一艘时髦的现代海盗船可供乘坐，但日本人莫名其妙地称之为'维京船'，顺便说一下，有两种类别的服务是收费的，我看不出有什么理由选择更好的服务，除非排队的队伍很长。另外下层会变得非常拥挤，这是一次'一劳永逸'（不会再来）的体验，长时间的排队让我产生了后悔、抱怨的消极情感"和"我们把海盗船开到元箱根，这是我们箱根环路的第四部分，很有趣，但是景色很普通。这里没什么特别的，只不过是一辆交通工具，游客们在这个甲板上拥挤得就像罐头里的沙丁鱼，并且被像牛一样赶着下船"等。

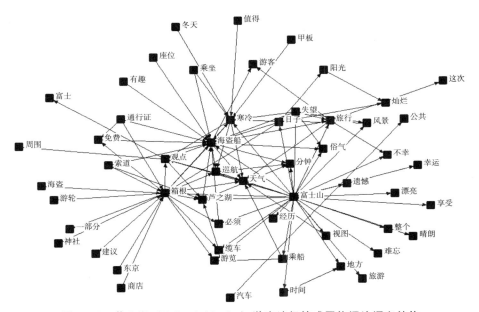

图5-10　芦之湖（Lake Ashinoko）游客消极情感网络评论语义结构

芦之湖游客对湖泊康养旅游的认知，也是导致消极情感产生的一个重要因素。在消极情感高频词中，出现"不幸"和"失望"等词，而这些词多与"海盗船"、"神社"、"芦之湖"和"富士山"等词连接，反映了一些游客对芦之湖和箱根等核心吸引物以及景区环境的失望。通过对原始评论分析，发现这些游客大多属于典型的观光旅游者，其更关注优美的风景和有震撼力的建筑等，对当地"休闲"文化、"食养"等湖泊康养作用的认知较为浅显，所以在面对"芦之湖"、"神社"和"富士山"等芦之湖景区核心吸引物时，容易产生消极的情感。

七　游客旅游体验过程分析

（一）游客体验诱发阶段

1. 感官感知

同样，芦之湖游客的旅游体验，也是从感觉开始的，这是认识湖泊的一个过程。芦之湖中的有形要素和无形要素直接刺激游客的感官，致使游客产生相应的神经反应和冲动，这是人的感觉，也是人对湖泊认识的过程。例如，色彩也会使芦之湖游客产生视觉刺激，如"在一个美好的日子里进行了一次愉快的巡航——富士山的景色非常壮观。水是如此的蓝，非常平静。我绝对推荐这次旅行。这个地区很平静"。游客在旅行过程中，发挥作用的还有听觉、嗅觉和视觉。听觉主要体现在对芦之湖积雪的描写，例如"这个时候富士山上还是有雪的，真是一个神奇的地方，估计很少有人感受过夏天踩在雪上吱吱的响声吧"。还有嗅觉，例如"芦之湖面积很大，乘贡多拉过火山口的感觉很奇妙，硫黄的气味相当浓烈，乘贡多拉到湖的一边，然后登上海盗船到湖的另一边"等。

2. 身体行动

同上文一样，芦之湖游客的行为也主要分为空间移动、游玩活动和行程安排，从分析结果来看，游客在旅行过程中的空间移动行为同样是很丰富的，例如："我们乘坐海盗船从湖的北部航行到湖的南部。我们一大早就到了那里，阳光灿烂，富士山一览无余。我们到达对岸后不久，那座山就消失在云后，一整天都不见了。湖周围的景色美极了。"

同样，从样本来看，游客的视角变化，在很大程度上是因为身体在空间的位移而产生的。游玩活动也需要游客的身体行为来实现，这样做可以加强游客的旅游体验，例如拍照、观光、消费等。虽然拍照活动只留下了定格画面，但是旅行结束后，游客可以通过照片产生联想和回忆，使已经发生过的事情，再次浮现在脑海中。"这里非常适合全家人出游。夏季多风，但值得从湖上欣赏箱根市。在冬季，富士山大部分时间都可以看到。不幸的是，夏天不是这样。希望能看到富士山，遗憾的是，那天天气是多云，富士山隐藏在云中，我们只拍了一些美丽的湖泊和山脉的照片，但在'海盗船'上的愉快巡航，弥补了大部分的失望。当天气晴朗，阳光明媚的时候，富士山在湖中的倒影一定很壮观"。从这些相似的评论中可以发现，芦之湖的游客非常重视拍照画面的美感。

3. 时间流动

在芦之湖游客网络评价中，与时间相关的高频词有夏天、冬天、清晨、傍晚等，如"甲板上的冬天很冷，没有多少人停留在上层甲板，非常安静。推荐你喝一杯热饮料。喝一些茶，享受风景，如果你幸运的话你会发现富士山"！在同一地点，因为时间的不同，游客的体验也会产生差异。有的游客甚至会推荐最佳体验时间，如"乘坐箱根汤本对面的巴士，使用箱根免费通行证即可到达元箱根。在那里你会看到美丽的芦之湖。你需要走一段路，才能看到坐落在湖中的著名鸟居门。我在 2011 年 12 月中旬参观了这个湖，天气凉爽，风景迷人！这是我的一个很棒的地方经验，周围的景观——芦之湖自然漂亮"。在这种情况下，芦之湖的旅游资源同样可能会出现供不应求的现象，而这样会影响游客的旅游体验，例如"5 月底去的，从拥挤的'海盗船'上俯瞰富士山的壮丽景色和芦之湖中的巨大倒影，这艘船已经疯狂地变得珠光宝气了。如果你是一个 4 岁的孩子可能会觉得这很棒，否则，如果你负担得起的话，就去坐私人游轮吧"和"芦之湖很美，空气超级好，但人太多了，进大门排队，等车排队，坐船还要排队，时间都花在排队上了"等。

（二）旅游互动参与阶段

1. 游客与湖泊康养景点的接触

旅游景点是以旅游及其相关活动为主要功能的空间，游客在芦之湖进行湖泊康养旅游时，旅游景点同样成为游客重点参与的对象。游客与景点之间存在一种特殊的互动，既有主动性的参与，也有被动性的接受。主动性参与，体现在游客可以自主选择游玩方式，例如："海盗船对我来说太夸张了，但我可以看到这对孩子们来说会有很多乐趣。湖面似乎很平静，很柔和。"而被动接受，则是游客直接接受景区策划者为游客安排的旅游活

动，例如："在我们吃完独特且具有疗养价值的乌冬面午餐后，我们的导游让我们下车乘坐旅游巴士进行巡航。克鲁斯花了大约 15 分钟，我想这就是我们之后去 Komagatake 索道的方式吧。"

2. 游客与湖泊自然资源的共存

芦之湖是湖泊自然风景区，湖泊自然资源是其重要的一部分。游客在旅行过程中遇到的动物、植物和其他自然环境与游客是共存的，它们都是动态的、随机的，无法预料游客会与哪些自然资源要素相遇，有些还取决于游客是否足够细心，例如："芦之湖很美，美得没法形容，很幸运，天气很好，我们看到了富士山。更幸运的是，我们刚看完，就起雾，又是大雨又是冰雹的，看着那些淋雨淋冰雹还看不到富士山的那些人，我的心里真是有点'骄傲'！"同样，树木和花卉，也受到了芦之湖游客的关注，例如："我们共 30 分钟船程，真的很高兴从湖这个角度看到富士山。从'海盗船'上还能看到一些可爱的樱花和比基尼女孩，拍出了一些令人惊奇的照片。"但是有时由于季节的因素，也可能会给游客带来不好的体验，例如"参观了湖，在那里吃了午餐，然后走绳道。这是一个美丽的地方，但在冬天，没有什么可看的"。

关于芦之湖自然环境的高频词主要有：湖水、空气、山等。例如"富士山附近的美丽地区。你可以跳上观光船（海盗船）过河。在另一边，从 A 点走到 B 点观光很容易，然后再回去。如果你是一个自然爱好者，在五大湖地区中，我更喜欢芦之湖，自然环境更好，远足地点更容易找到"等。

3. 游客与景区群体的交流

芦之湖英语游客在旅行过程中，与景区群体的交流也是旅游体验的重要一环。沟通交流是人类群体的本能，所借用的媒介不仅仅是语言和文字，有时还可以通过眼神产生互动，相较于西湖而言，芦之湖英语游客更在意沟通所获得的体验。例如："最近一次访问日本时，我们乘船在芦之湖旅游。湖是可爱的，行程很愉快，尽管云笼罩富士山。难以理解的是这艘船的主题：17 世纪英国三桅的帆船。带干酪的万圣节服装与当地海军元帅服装。日本的文化是如此独特和有趣。为什么不考虑日本同期红海豹船与上将和船员的日本传统服装呢?"这是游客与景区表演人员的互动,可以看出,芦之湖景区策划的民族特色主题湖上船舶景点,游客很满意。

湖泊旅游景区的人员,也是与游客交流的主要群体。游客接触比较多的人员有景区的个体经营户和行业工作人员。例如:"在芦之湖游船玩得很开心。周围的景色是如此美丽。向日本人致敬,他们保护自然,到处都很干净。湖周围的开发受到控制,一切都井然有序。印度尼西亚的多巴湖更大,但被居民扔进去的垃圾弄得很脏。来日本欣赏一下这里的人是多么细致、高效和有礼貌。"同样,景区的商品定价不合理也会影响游客的旅游体验,例如:"从东京到银座,我们坐了 2.5 小时的火车,之后转乘本地的火车,再之后搭乘了一辆公共汽车。我们最终选择了乘坐出租车度过旅途的最后一部分,速度更快但显然是更昂贵的,大部分的景点在湖周围,湖周围阴雨天气不断,所以肯定不是值得徒步长途跋涉的。箱根 2-day-pass 的价格是 4000 日元,请仔细选择来这里旅行时的日期,确保天气良好。"

(三)游客情感变化阶段

游客的情感变化是由游客自身的感知体验与景区要素之间相互作用产生的。感知的对象原本是没有感情的客观事物,但由于与游客之间产生了联系,因此,游客会在潜意识里产生相应的态度,随后引起情感的变化。情感在流露的过程中往往很难被察觉,它通常以隐含的形式微妙地流露出来,可以在游客的评论中,提取带有情感色彩的词语,以此来把握情感体验,进而研究游客的情感变化。关于情感体验的内容,本章第四节做了详细分析,此处不再赘述。

(四)游客价值判断阶段

对于来芦之湖进行湖泊康养旅游的游客来说,价值判断同样是游客在游玩过程中对周围事物的一种观点评价,如对某件事物的是非好坏评价及看法。游客的价值判断会受到其自身经历及感受的影响,也与其自身的社会观念及背景有关。例如:"我们乘坐游船去赶缆车,壮观的景色和风景,你不觉得你是在日本更像是在欧洲,我们喜欢水的景色,很高兴我们选择游船穿越到湖的另一边去赶缆车。"同样,游客也会根据自己的感受和理解，提出一些自己的想法和建议，这也属于价值判断的一种表现，如"坐着一艘海盗船进行游览观光是很有趣的。如果你买了箱根 FreePass，就可以坐着海盗船'巡航'。然而，建议升级到贵宾客舱，并且给克鲁斯售票柜台一些小费，这样你就不需要与其他乘客争抢有良好视野的座位了"等对其他游客的建议，这些都是游客根据自身经历提出的优化旅游体验的价值判断、提示和注意事项。游客产生的自我评价，大多是在大自然中产生的感悟。例如"虽然芦之湖最好是通过观光游轮来欣赏，但我也强烈建议你沿着湖岸散步，因为你可以看到一些非常惊人的景色。比如，在 Mokohakone-ka 下游轮后，沿着岸边漫步到不远的箱根神社。箱根神社里也有一些地方，可以让你接近这个湖，如建在水中的壮观的鸟居。另一个不错的地方是 Mokohakone-ka 附近 7-11 店前的露天看台。下午的阳光、云彩和湖周围的天气，可以创造一些最令人叹为观止的景色"。游客是有思想的，在面对大自然时，内心会产生一些敬畏和思考，这些都是属于游客自身的体验。

（五）游客心灵归属阶段

游客的旅行体验，可以视为对生命意义的探索，就仿佛在探讨人生、审视内心。旅行不仅仅会对游客的身体产生影响，也会对游客的思想、精神以及内心产生一定程度的影响。当旅游体验到达最终的环节时，心灵也会达到最高层次的归属。例如："芦之湖太美了，让人心灵受到震撼，一开始下着小雨，箱根云雾缭绕的，什么也看不到，突然间云开雾散，富士山出来了，大家惊喜异常，这种感觉只有身临其境才会感觉到，太可贵了！"从评论中可以看出，当场景发生变化时，游客的心境也会随之变化，这种变化可以视为游客对城市景观意蕴的解读和领悟。"有船载着游客在芦之湖上下穿梭，有些船的形状像海盗船。但我们并没有为此烦恼。最好是沿着绿树成荫的湖边散步，欣赏白雪皑皑的富士山的景色——无论日出、日落还是两者之间的任何时候。这些是日本的标志性景点，值得深思。沿着湖岸有公共花园，皇室过去常常在那里度过暑假，箱根神社下面的水中有一个漂亮的鸟居。坐在水边听着轻柔的拍打声，或者看着水鸟在水面上俯冲，这是一种非常舒缓的度过几个小时的方式"。

八　旅游消费者行为分析

（一）消费前决策行为

同样，芦之湖游客在网络评论的题目或开头，会写明出游目的和原因，通过对初始资料的分析，可以得到芦之湖旅游者的出游动机。综上，芦之湖旅游者的出游动机可归纳为 3 种类型：文化动机（105 条）、康养动机（409 条）和休闲体验动机（1473 条）。根据表 5-10 的词频分析结果可以看出，休闲体验动机是最主要的动机。

表 5-10　芦之湖游客网络评论出游动机分布

单位：条

出游动机	高频词	总词频
文化动机	日本、神社、鸟居、巴士、东京、博物馆	105
康养动机	空气、散步、阳光、放松、宁静、平静、舒适、午餐	409
休闲体验动机	旅行、巡航、风景、天气、索道、漂亮、参观、享受、可爱、有趣、通行证、拍照、游轮、甲板、湖泊	1473

（二）旅游中消费行为

芦之湖英语网络评论中，涉及大量旅游项目的消费情况。对网络评价内容分析后发现，游客在芦之湖的消费行为主要集中在"箱根通行证"、"索道"和"海盗船"这些旅游体验项目上，如"海盗船非常酷，花了约 25 分钟，头等舱是 15 美元"和"如果你有箱根免费通行证，这将为箱根之旅锦上添花——海盗游轮是免费的。花 4000 日元升级到头等舱，可以享受更好的座位和更少的人群。在晴朗的日子里，富士山的景色很好，你也会经过箱根神社的鸟居，这是花 30 分钟去箱根环线下一站的好方法"等。

在住宿相关的消费行为中，游客评论多涉及"箱根王子酒店"和"凯悦酒店"，但由于"箱根王子酒店"在 Tripadvisor 网站上也是一个独立的旅游景点评价页，所以本章的多数网络评论并未提到价格，如"我们在箱根王子酒店住了三天，利用这段时间开车游览了芦之湖，并欣赏了富士山的景色。我们度过了多么美好的时光啊"等。

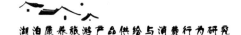

在芦之湖英语网络评论消费行为分析中，英语游客格外注重"咖啡"和"餐馆"这两个饮食消费项目，分别共出现了 37 次和 73 次，且负面评论较多，如"很多餐馆（尤其是荞麦面馆）和咖啡馆，量很小。许多景点在湖边，如特别著名的海盗船、克鲁斯和箱根神社鸟居""我们认为巡航在湖上很无聊，因为它多雨和多雾，我们没有看到富士山。如果你习惯待在湖泊、水中等，绝对没有特殊的巡航。我们在 Moto 箱根下了船，走了约 40 分钟，在当地的咖啡馆吃了一顿令人作呕的午餐，吃完黏糊糊的乌冬面后坐着非常拥挤的公共汽车回旅馆"等。

（三）旅游后心理行为

同样，如本章第三节表 5-8 游客网络评价高频词统计所示，"值得""幸运""有趣""神奇"等与旅游后满意度有关的词语，表现出游客精神层面的满足，"伟大""湖泊""美丽""富士山"等词语，表现出游客物质层面的满足。且前 100 个高频词中并未出现负面词语。

在重游和推荐意愿方面，"推荐"这个高频词出现了 50 次，"值得"出现了 117 次，如"小天堂的宁静时光。在清晨的小船上发现了美丽的湖泊和渔夫。扎博贾德在这次旅行中留下了一件奇妙的纪念品，并向任何想来富士山观光、放松身心、享受日光浴的游客推荐它。天气晴朗的扎博贾德在湖上拍下了富士山最好的照片"等一些推荐意向明显的语句。同样，尽管有极少部分游客表示自己不会再来，但持积极态度并在网络评论中进行推荐的游客占绝大多数。

第四节　高山咸水湖康养旅游需求分析

随着互联网的发展与普及，网络文本分析法更适用于湖泊康养旅游需求和形象感知等的研究。本书从游客角度切入，选取 Tripadvisor（猫途鹰）网站上的游客体验反馈信息，对典型的高山咸水湖——吉尔吉斯斯坦伊塞克湖的湖泊康养旅游需求进行研究分析。利用 Python 进行数据抓取、数据筛选和文本处理，对伊塞克湖的网络评论样本进行基本信息分析，在样本分析的基础上利用 ROST CM6.0 进行游客感知结果分析、游客体验过程分析和消费者行为分析。

一　研究对象

高山咸水湖（Salt Water Lake）是位于高山和高原上含盐度超过 1‰的湖泊。其中，含盐度在 1‰~24.7‰的为微咸水湖，大于 24.7‰的为咸水湖。高山咸水湖泊康养旅游需求，主要是指对高山咸水湖白雪皑皑的壮丽景色、与众不同的原始湖景、独特的高山民族文化、多样性的动植物资源、自然生态等的观赏需求，和对高原地区干净清新的空气、清澈且富含营养物质的高山咸水、健康饮食等的健康需求。本节将选取世界第二大高山咸水湖——吉尔吉斯斯坦伊塞克湖作为案例地进行分析研究。

（一）旅游产品

位于天山北麓的伊塞克湖是吉尔吉斯斯坦人的骄傲。唐代文献称其为热海、大青池，清代称其为特穆尔图淖尔、图斯池，是今吉尔吉斯斯坦最重要的旅游景区和中亚地区旅游疗养的胜地，也是文化遗产集中分布区。已被列入世界文化遗产丝绸之路"起始段和天山廊道路网"吉尔吉斯斯坦的 3 处遗迹都在伊塞克湖之滨。

吉尔吉斯斯坦 3 处丝绸之路遗迹，分别为阿克·贝希姆遗址（碎叶城）、布拉纳遗址（碎叶新城）、科拉斯纳亚·瑞希卡遗址（裴罗将军城）。它们从西到东，分布于伊塞克湖之滨的楚河（碎叶河）两岸，三座古城相距甚近。它的名字源自吉尔吉斯语，意为「热湖」，清澈澄碧，终年不冻（入湖径流以冰雪融水补给为主，泥沙含量少；湖水处于静水环境，泥沙大量淤积；北部山脉阻挡了冷空气的侵入，冬季水温较高；湖水盐度较高，不易结冰；湖泊深度和容积较大，不易结冰），暗示这是一个在冬天不冻的湖。伊塞克湖湖水清澈透明，湖中有 20 种以上的鱼，湖岸生活着上百种鸟类和几十种哺乳动物等。

梦幻、神秘，这是到过伊塞克湖的人形容它时用得最多的词语。站在湖边远眺，湛蓝宽广的湖面宛如大海。南岸连绵的雪峰在云雾中时隐时现，

犹如海市蜃楼一般。阳光从云缝间射下，照在湖面上，湖水呈现蓝、绿两色，仿佛相互交融的宝石。在伊塞克湖，雪山、湖水、蓝天勾勒出大自然最美的画卷。

根据吉尔吉斯斯坦政府公布的数据，截至 2018 年 12 月，旅游业收入仅占吉尔吉斯斯坦国内生产总值的 4%。所以，未来吉尔吉斯斯坦的旅游业发展潜力巨大，但是如何有效地发展吉尔吉斯斯坦的旅游产业，将会成为吉尔吉斯斯坦国家发展重点考虑的一件事。通过对吉尔吉斯斯坦游客的考察，可以看出旅游观光是大家出行的主要目的。到吉尔吉斯斯坦旅游的游客，大部分来自前苏联加盟共和国。来自哈萨克斯坦的游客占 30.4%、俄罗斯的占 14.6%、乌兹别克斯坦的占 11.4%，这些游客总共占 56.4%。在众多的游客中，其中大多数是来自独联体国家的游客，约为 102586 人，占旅游总人数的 57.6%，其他国家的游客约有 75579 人（2018 年游客总数为 178165 人）。这些数字表明，吉尔吉斯斯坦的旅游业逐渐成为主要的经济市场。来自独联体国家的游客中 23.8% 的人是来旅游观光的，而其余游客的出游意向是商业性的。旅游观光及商业出游，来自其他国家的入境人数占比分别为 24% 和 83%。大多数前往吉尔吉斯斯坦的游客，被吉尔吉斯斯坦的母亲湖伊塞克湖所吸引。每年的 7 月和 8 月，是伊塞克湖度假村的旅游旺季。

（二）资源类型

伊塞克湖属内陆高山咸水湖，伊赛克湖是仅次于南美洲的的喀喀湖的世界第二大高山湖泊，湖水深度位居高山湖泊第一，其东西长约 182 千米、南北平均宽约 35 千米，总面积约 6370 平方千米，相当于我国青海湖的 1.44 倍、鄱阳湖的 2.02 倍、洞庭湖的 2.47 倍。不仅如此，伊赛克湖还是世界上蓄水量较大的一个"盐湖"，按照平均深度为 278 米计算，总蓄水量约为 1.77086 万亿立方米，约为贝加尔湖蓄水量的 1/13，也几乎相当于我国面积排名前三的青海湖、鄱阳湖、洞庭湖总蓄水量的 12.5 倍，可以说在中亚较为干燥的气候环境下，有一个如此大面积的湖泊实属一个奇迹。

二 数据抓取

（一）数据来源

吉尔吉斯斯坦伊塞克湖湖泊康养旅游的网络评论信息来源于 Tripadvisor 网站。Tripadvisor 网站是全球知名的旅游网站，网站集合了全球旅游目的地的酒店、景区、餐厅、交通等相关信息，集搜索引擎、行程规划、线上预订、在线评论、旅游论坛等多种功能于一体。网站公开信息显示，Tripadvisor 集合了全球 800 万家旅游相关企业的信息，评论数量超过 9.88 亿条，覆盖全球 49 个市场，提供 28 种语言服务。猫途鹰网站在全球范围覆盖较广，在全球旅行者中的知名度较高，因此，本章主要以 Tripadvisor 网站的旅游评论为研究数据来源。

（二）样本选取

本章将选取国外典型高山咸水湖泊——吉尔吉斯斯坦伊塞克湖湖泊康养旅游目的地作为研究样本。

（三）评论获取

由于本书的研究需要大量的网络评论，所以需要通过简单快捷的方法，来获取网络评论，本书主要利用网络爬虫软件 Python 以及 PyCharm 编辑器，根据需要抓取的 Tripadvisor 网站的评论进行程序编码，快速、广泛获得原始评论，共收集到 556 条网络旅游评论。

三 数据筛选

由于网络旅游评论数量较多，文本内容质量高低不同，需要进行人工筛选和数据清理，从而保证数据的质量，所以设定以下多项原则进行网络文本数据的初步筛选：①选取 2012 年 4 月到 2023 年 4 月，具有一定点赞数和贡献数的有效网络评论内容；②网络评论内容要完整，具有一定鲜明性和客观性；③网络评论选取上注重入境游客的国籍分布基本信息和旅游时间、景点和出游方式选择等入境游客行为信息的多样性；④从景区文化价值、客流量、类型等方面进行衡量。

在 Tripadvisor 中文官网“猫途鹰”网站上，将吉尔吉斯斯坦伊塞克湖作为旅游目的地进行搜索，目前共有 556 条游客在线评论，且俄语网络评论占据最多，超过第二名的英语和第三名的日语，已累积了一定数量。这些不同国家游客的点评，不仅数据丰富翔实，而且许多用户还晒出了自己在吉尔吉斯斯坦伊塞克湖旅游时拍摄的照片，内容可信程度很高；此外，语言表达是旅行者的自我表述，能够直观反映旅行者的意见，并且提供的参考意见较为客观。通过收集和整理，最终筛选包括俄语、英语、韩语、德语、葡萄牙语（巴西）、波兰语、丹麦语、土耳其语等语言的 556 条有效网络评论。网络评论内容和撰写者相关的用户 ID、国籍、旅游时间、旅游方式等信息如图 5-11 所示。手动提取评论文本的过程，也是对文本进行初步筛选的过程，既可以避免重复内容，也可以在筛选过程中剔除复制粘贴等无关内容、凑字数的评论，商家刻意宣传或故意抹黑的评论和与种族歧视相关的评论。首先，确定研究的评论时段是从 2012 年 4 月至 2023 年 4 月。在手动提取所需的评论信息后逐一对文本进行翻译。为了最大程度还原评论者语义，提高翻译的准确性，在翻译过程中采用 Google 翻译和百度翻译两种软件，对翻译结果进行比对修正，并将相同对象的不同翻译名称进行统一化处理，如将巴士、公交车统一为公交车，将伊塞克库尔湖翻译为伊塞克湖等。

	A	B	C	
1	评论来源地	旅游时间	评论内容	评论时间
2	Almaty, Kazakhstan	Jul 2018	Я родился в Киргизии, каждый год отдыхал на Иссык-Куле ли	Written July 26, 2018
3	Almaty, Kazakhstan	Aug 2017	Не зря называют его Жемчужиной Средней Азии. Красивое, ч	Written February 27,
4	Almaty, Kazakhstan	Jul 2017	Удивительное место для семейного отдыха. Очень чистый в	Written August 8, 201
5	Almaty, Kazakhstan	Aug 2016	Поездки в Киргизию всегда для меня радость.Замечательн	Written November 5, 2
6	Almaty, Kazakhstan	Aug 2016	Конечно, все условия для отдыха на этом прекрасном озере	Written August 31, 20
7	Almaty, Kazakhstan	Jun 2016	Рискнули поехать на Иссык-куль в конце июня, обычно отды	Written July 7, 2016
8	Almaty, Kazakhstan	Aug 2015	10 лет назад сервис был аховый, сейчас немного улучшился,	Written March 10, 201
9	Almaty, Kazakhstan	Sep 2015	Каракол уникален. Можно сходить в трекинг в горы летом. Н	Written December 30,
10	Almaty, Kazakhstan	Jul 2015	В каком бы пансионате, отеле Вы не поселились, озеро всег	Written December 19,
11	Almaty, Kazakhstan	Jul 2015	Удивительное голубое чудо в горах Киргизии -уникальное	Written July 8, 2015
12	Almaty, Kazakhstan	Apr 2014	Хорошее место для семейного отдыха или отдыха в кругу др	Written March 4, 2015
13	Almaty, Kazakhstan	Jun 2013	Действительно очень красивое и уникальное озеро! всякий	Written July 2, 2013
14	Arkhangelsk, Russia	Jul 2018	Озеро с необычайно красивым цветом воды: оттенки от нежн	Written October 14, 2
15	Arkhangelsk, Russia	Aug 2016	Побывав в Кыргызстане,вам захочется возвращаться туда	Written February 26,
16	Asia	Jun 2016	Обожаю это место. Во первых, до городского пляжа очень жи	Written June 29, 2016
17	Astana, Astana, Kazakhsta	Jul 2013	Хотелось бы, чтобы люди знали что такое пансионат "Алмаз	Written July 15, 2013
18	Astana, Kazakhstan	Jul 2015	Чистый воздух, чистое озеро. Мне очень понравилось приро	Written January 14, 2
19	Astana, Kazakhstan	Jan 2016	Добрый день, природа озера Иссык- куль озера красивая и н	Written January 11, 2
20	Astana, Kazakhstan	Aug 2014	Природа, воздух, чистая вода, безопасность. Еда вкусная,	Written June 22, 2015
21	Baku, Azerbaijan	Nov 2013	Была в командировке в ноябре и удалось съездить на Иссык	Written November 30,
22	Bangkok, Thailand	Aug 2016	На Иссык-Куле не первый раз. Но первый раз для нас этот от	Written April 19, 201
23	Barnaul, Russia	Jul 2016	В этом кризисном году пришлось выбрать более бюджетный	Written July 28, 2016
24	Barnaul, Russia	Jun 2014	Озеро, безусловно, впечатляет размерами, прозрачностью	Written June 22, 2014
25	Bishkek, Kyrgyzstan	Aug 2018	Это озеро находиться в горном массиве на высоте 1500 метро	Written February 2, 2
26	Bishkek, Kyrgyzstan	Aug 2017	Замечательное озеро с морской водой, чистая прозрачная	Written September 14,
27	Bishkek, Kyrgyzstan	Aug 2016	Озеро Иссык-Куль - самое изумительное, освежающее, отрез	Written October 6, 20

Sheet1

图 5-11　吉尔吉斯斯坦伊塞克湖游客基础数据库

资料来源：笔者整理。

手动提取的文字字段中，用户名称是游客在进行网络点评时使用的网名，评论对象是各国游客在吉尔吉斯斯坦伊塞克湖旅游的具体体验对象，包括景区、公共旅游区、酒店、餐厅等（见图 5-12）；游览时间是各国游客在吉尔吉斯斯坦旅游度假的年份和月份；评星级别是用户对目的地对象的 1~5 分的打分，表示用户满意程度；客源地是指评论的各国游客具体的 IP 所在地；评论内容和对象类型则为用户针对某一具体景点或者酒店、交通等提出的具体点评。论文主要分析评价内容，利用词频等级获取重视程度等级，借助其他字段筛选和整理评论。

aysha
Manama, Bahrain • 3 contributions

⬤⬤⬤⬤⬤

لا يوجد ثلج و انا احب الثلج مع المشروبات ، كما يجب الحذر من الاطفال الحاملين للطيور الجارحه كل طفل سيضع الطائر على يدك سيطلب مق

Aug 2023 • Family

المكان جميل جدا فيه فعاليات و انشطه ترفيهيه لجميع الاعمار ، جربت العجله الدواره جدا ممتع تكشف المكان كامل ، و يوجد سفن لجولات سياحيه كل رحله مدتها ساعه ، و يوجد باراشوت و فعاليات مائيه جت سكي و بدانا و عبر السباحه و العاب الرمل و انشطه في اكتشاك مختلفه مثل الرمايه و العاب بسيطه و كذاك المحال بيع المؤكولات الخفيفه و سندويشات و الاسعار جدا ممتازه و رخيصه كما يوجد بيع الاساور و الاشغال اليدويه البسيطه

Google Translation

Written August 1, 2023

This review is the subjective opinion of a Tripadvisor member and not of Tripadvisor LLC. Tripadvisor performs checks on reviews as part of our industry-leading trust & safety standards. Read our transparency report to learn more.

LittleThings23
8 contributions

⬤⬤⬤⬤⬤

Big beautiful blue lake!
Jun 2023 • Couples

Such a big beautiful lake. Never knew lake can give you the exact same feeling as sea. Beach is full of vibe and nicely developed with food stalls, games, shopping, rides, restaurants, open bars, live music. Many accomodation options nearby. Stay cost for two - 2000 soms

图 5-12　Tripadvisor 网站吉尔吉斯斯坦伊塞克湖游客评论示例

四 文本处理

在使用 ROST CM6.0 软件进行文本内容分析前,由于吉尔吉斯斯坦伊塞克湖的网络旅游评论语言为非简体或繁体中文,所以应着重对吉尔吉斯斯坦伊塞克湖的网络旅游评论内容进行文本预处理。①使用谷歌翻译软件和人工翻译结合的方式,将多国语言的网络文本内容翻译为中文,翻译为中文内容之后共计 52215 字。②删除网络评论中的图片、表情符号等与文本内容分析无关的信息。③使用 Word 文档的替换同义词功能:将"Issyk""Issyk-kol""The Lake"等统一替换为"伊塞克湖"。④将一些信息如旅游时间、景点选择和出游方式选择等,记录在 Excel 表格中,建立英语国家旅游者基本信息数据库。⑤将预处理之后的旅游网络评论内容,转化为文本文档.txt 格式。⑥以 HowNet 词典为基础词库,结合 Tripadvisor 实际网络文本数据内容,建立包括景点、人名等在内的伊塞克湖湖泊康养旅游自定义词典。⑦编制过滤词表:将"然后"、"因为"和"这次"等与伊塞克湖湖泊康养旅游体验文本分析无关的词语,纳入过滤词表。

网络评论文本数据内容预处理工作完成之后,利用 ROST CM6.0 软件和 Ucinet6.0 软件,进行高频特征词分析、情感分析和共现词网络分析。①编制高频词汇表:首先导入待分析的.txt 文档,使用"分词"功能,对 556 条有效网络评论内容的 52215 字文本数据信息进行分词;人工分批量对网络文本数据进行"词频分析",得到吉尔吉斯斯坦伊塞克湖旅游消费者体验高频特征词和词频统计结果。②运用 Rost CM6.0 软件对网络文本内容进行情感分析,得到入境游客吉尔吉斯斯坦伊塞克湖湖泊康养旅游体验的情感分段统计结果。③将所选旅游者的网络评论内容情感分段统计结果录入 Excel 表格中,建立吉尔吉斯斯坦伊塞克湖湖泊康养旅游情感体验分析数据库。④共现词网络分析。对 556 条所选游客网络评论内容高频特征词之间的共现次数进行统计,特征词的共现次数表示两者的关联程度,多条评论累积出总共现频次,为吉尔吉斯斯坦伊塞克湖旅游消费者体验要素结构研究做好数据准备。

五 网络评论样本基本信息分析

(一)游客评分结构分析

此部分研究数据主要来自 Tripadvisor 的智能分析数据板块,从评级可以看出游客对伊塞克湖旅游目的地的整体评价比较满意,达到 4 级,高于网站平均水平。Yurt camp(蒙古包)、Horse riding(骑马)、bishkek(比什凯克)和 salty(咸水)是游客旅游活动最关注的四点,总体来看,游客对伊塞克湖湖泊康养旅游满意度较高。

根据 Tripadvisor 平台的智能分析方法,将游客评论好坏等级分为"非常好""好""一般""差""非常差"五个等级(见表 5-11)。

表 5-11 伊塞克湖游客旅游评级

单位:条,%

评级	评论数量	所占比重
非常好	369	66
好	149	27
一般	30	5
差	5	<1
非常差	3	<1

从网站数据评级中看出,近七成的游客对伊塞克湖的评价为"非常好",表示出积极的正面情绪,27%的游客对伊塞克湖的评级为"好",同样也表现出比较满意的情绪,如评论"大海很美丽,如果天气晴朗你会看到令人印象深刻的山脉。湖周围有许多小城镇、酒店和宾馆,甚至疗养院供游客留宿。推荐 Cholpon-Ata""伊塞克湖被吉尔吉斯斯坦人民视为一个神圣的地方。它有自己的光环和能量。每一个游客,根据古代柯尔克孜族传统,来到岸边,洗他/她的脸和手。不要忘记参观神圣的湖""奇妙的风景。可惜 Raguda 中央度假胜地这么穷。如果你访问伊塞克湖请留在 Raduga 中心以外的地方""在旅行中,合作伙伴展示了伊塞克湖。多么幸运的人——他

们可以在周末来这里。可惜游泳太冷了。但是水的清晰度，山的坐标系，永远不会被忘记"等等。5%的游客对伊塞克湖的评价为一般，如评论"虽然见到了大自然的奇妙之美，但活跃的娱乐仍然是一个问题。在去湖边的路上，风景很糟糕"等等。除此之外，还有极少数游客对伊塞克湖的评价很低，如评论"俄罗斯人，无论你做什么，都不要来伊塞克湖度假！这将是一个糟糕的假期，太可怕了！这不仅仅是我的意见。许多人在Cholpon-Ata度假。湖水很冷，海滩很泥泞、干燥、杂草丛生，直到凌晨2点，咖啡馆里还响着刺耳的音乐，食物的价格是俄罗斯的两倍，野樱桃25卢布。到处都是污秽，谁想去看看""我要警告伊塞克湖的露营者，去年我们在阳光寄宿学校被抢劫了，房间里没有强行进入的迹象，所以我们认为是潘索尼塔（干的）。抢劫案发生后，每个人（管理员、警卫、警察）都试图忽视这种情况，迅速摆脱我们。警方发表声明，但没有发现被盗物品或小偷本人"等。但总体上，游客消费者对伊塞克湖之行的评价趋于满意。

（二）游客客源地分析

由于Tripadvisor网站用户隐私条款等原因，部分用户并未公开自己的IP所属地，所以只能采集到部分游客客源地数据和信息。

通过对Tripadvisor网站上关于伊塞克湖游客IP所属地的数据统计和分析（见表5-12），发现来自亚洲的游客评论数占总评论数的29.5%，来自美洲的游客评论数占总评论数的6.8%，来自欧洲的游客评论最多，共占所统计评论数的58.4%，来自大洋洲的游客评论数占所统计评论数的2.9%，而来自非洲的游客评论数较少，仅占总评论数的2.4%。按游客的国籍来看，评论数较多的游客主要来自吉尔吉斯斯坦、俄罗斯、哈萨克斯坦、日本、美国和英国、澳大利亚、加拿大等英联邦国家。

表5-12　访问伊塞克湖的游客客源地统计

单位：条

地理区域	国家/地区	评论数	国家/地区	评论数
欧洲	英国	23	法国	18
（265，58.4%）	葡萄牙	2	波兰	15

地理区域	国家/地区	评论数	国家/地区	评论数
欧洲 （265，58.4%）	奥地利	2	西班牙	10
	德国	17	拉脱维亚	1
	挪威	2	荷兰	8
	意大利	13	瑞士	3
	白俄罗斯	2	丹麦	3
	斯洛伐克	1	捷克共和国	4
	希腊	1	比利时	4
	乌克兰	2	俄罗斯	134
亚洲 （134，29.5%）	哈萨克斯坦	21	塔吉克斯坦	2
	吉尔吉斯斯坦	37	阿美尼亚	1
	以色列	7	中国	4
	伊朗	1	印度	11
	菲律宾	1	新加坡	4
	阿联酋	4	土耳其	9
	韩国	4	泰国	2
	卡塔尔	1	日本	25
大洋洲 （13，2.9%）	澳大利亚	11	新西兰	2
美洲 （31，6.8%）	美国	20	加拿大	6
	巴拿马	1	巴西	4
非洲 （11，2.4%）	南非	10	尼日利亚	1
总评论数	454			

（三）游客到访季节分析

从 Tripadvisor 网站采集的数据中，伊塞克湖到访游客评论数量的月际变化来看，来访游客月际旅游时间整体呈 "A" 形分布特征，具体表现为英语游客评论数在 1~4 月保持在较低水平，共 116 条游客评论，占年到访游客评论总数的 20.9%，其中 3 月达到最低点，仅有 18 条评论。而 6~9 月的游客评论数占年到访游客评论总数的 51.4%。总的来看，伊塞克湖游客评论数量，在 8 月达到峰值，第一季度评论数量整体较少（见图 5-13）。

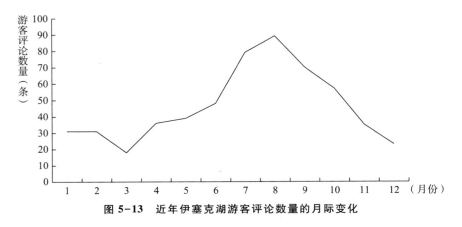

图 5-13　近年伊塞克湖游客评论数量的月际变化

（四）游客出游方式分析

在出游方式选择方面，共有 475 名游客分享了自己的出游方式。其中选择与朋友结伴出游的群体最多，有 175 条评论，占网络评论总数的 37%，其次是选择家庭和情侣出游的群体，分别有 104 条评论和 99 条评论，占网络评论总数的 22% 和 21%，选择个人和商务出游的群体较少，分别有 67 条评论和 30 条评论，仅占网络评论总数的 14% 和 6%（见图 5-14）。

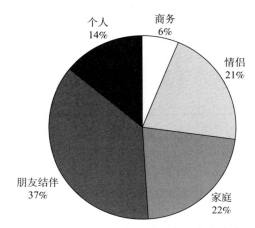

图 5-14　近年伊塞克湖游客出行方式统计

六　游客感知结果分析

（一）游客体验感知高频词分析

同样，首先将收集到的网络文本转化成文本文档，然后使用 ROST CM6.0 软件对所采集到的伊塞克湖 556 条网络评论进行词频分析，由于软件词库中缺少一些专属词汇或特殊词汇，所以第一次的分词结果并不理想，无法正确分词，这时需要对词库进行补充。补充完词库再次进行分词，第二次的结果稍比第一次好些，但还不符合要求，继续补充词库，如此反复操作，直到最终的分词结果无误。词频的作用主要是反映某个词语在文档中的重要程度，一般来说，词语出现的频次越高，代表这个词语越重要。通过词频分析过滤无关词语，以便得到更有效的分析结果。对分析后出现频次比较高的关键词进行更改修正。得到高频词后，分析游客对伊塞克湖湖泊康养旅游形象的整体感知，如表 5-13 所示。从表 5-13 中，可初步观测出游客对伊塞克湖旅游景区形象的整体印象，其中有大量词语是关于伊塞克湖湖泊景点或旅游产品的，如"伊塞克湖""游泳""峡谷""比什凯克""卡拉科尔""海岸""度假村""沙滩"等，可见游客对伊塞克湖的这些景区或旅游产品关注度更高，它们是伊塞克湖旅游的核心吸引物；从"美丽""空气""自然""干净""清澈""漂亮""最好""风景""新鲜"等词，可以看出游客对伊塞克湖的湖泊景观和自然环境评价较高。同时还涉及"平静""纯净""美味"等消费者具身体验感受的词语，为后文中游客满意度模型概念和范畴的构建提供了参考。

表 5-13　伊塞克湖游客网络评论高频词统计

单位：次

高频词	频次	高频词	频次	高频词	频次
吉尔吉斯斯坦	215	美丽	212	地方	199
伊塞克湖	162	游泳	103	山脉	80
旅行	73	干净	72	度假	71
清澈	69	峡谷	68	海岸	64

续表

高频词	频次	高频词	频次	高频词	频次
空气	62	周围	56	湖边	53
酒店	49	许多	48	时间	48
最好	47	自然	46	访问	46
建议	44	湖泊	44	夏天	44
比什凯克	43	漂亮	42	卡拉科尔	41
附近	40	风景	40	休息	39
参观	39	任何	37	房间	36
地区	35	服务	35	设施	35
北岸	35	沙滩	35	胜地	34
天气	34	食物	33	享受	31
宾馆	30	当地	30	巨大	30
晚上	29	寄宿	29	南岸	29
有趣	28	当地人	27	舒适	27
度假村	27	阳光	26	选择	26
北部	25	开车	25	新鲜	25
游客	25	山上	24	帐篷	24
海拔	24	覆盖	24	几乎	23
真正	23	神奇	23	温暖	23
大自然	22	本身	22	旅馆	22
南部	22	俄罗斯	22	必须	22
苏联	21	美元	21	瀑布	21
天山	21	颜色	21	国家	21
独特	20	放松	20	徒步	20
太阳	20	值得	20	咖啡馆	19
人们	19	假期	19	伟大	19
健康	18	孩子	17	学校	17
中亚	17	大海	17	美味	17
家庭	17	纯净	17	温度	17
绿色	16	城镇	16	湖水	15
平静	15				

（二）游客景区环境感知频次分析

同样，根据在 Tripadvisor 统计的高频词和特征词总体情况，结合伊塞克湖湖泊康养旅游的具体特点，将伊塞克湖游客体验归纳为湖泊风景体验、自然康养体验、历史文化体验、户外运动体验和餐饮服务体验等多个主要类目，本节对其中的湖泊风景体验、自然康养体验和户外运动体验进行重点分析，结合伊塞克湖旅游景区实际情况来详细分析其游客体验结构和内容。分析结果表明，伊塞克湖景区湖泊风景体验的相关描述被提及了 296次，占游客评论总数的 53.2%，如评论"伊塞克湖是吉尔吉斯斯坦的国宝（当地语言）。里海是世界上第二大盐湖。它位于海拔较高的山上（海拔1609 米），在沟渠底部，没有任何流出物。无尽的水，四面包围着被雪覆盖的天山山峰，但从不结冰。山脉保护伊塞克湖免受寒冷的风和干燥的影响。伊塞克湖的出现仍然是一个'地质难题'。从比什凯克到湖边，我们乘出租车穿过孟买峡谷，只用了四个小时，停了两站。这里 2/3 的道路非常现代化，相比从前焕然一新，这些道路在 2018 年完成了建设，从吉尔吉斯斯坦的首都一直延伸到独特的水生态系统——伊塞克湖。幸运的是，湖边没有工厂或多层超级酒店，我希望以后也不会有。除了动植物自然生态，这里还有许多其他有趣的：独特的海上草原、山地气候、常年冰川、华丽的沙滩、阿尔卑斯草地和针叶林、最高的山峰和天山冰川，还有无限的水空间"等。自然康养体验被提及了 57 次，约占评论总数的 10.3%，如评论"傍晚在湖里游泳，晚上在海滩漫步，不仅浪漫而且健康，因为在下午 5 点以后湖泊会释放特殊的化学物质，是很好的呼吸机会"等。户外运动体验的相关描述被提及了 175 次，占游客评论总数的 31.5%，如评论"水很冷但浅滩部分可以游泳。这里有很多灌木丛，要小心蚊子"等。综上所述，所统计到的数据显示，游客对伊塞克湖湖泊风景体验感知最为突出，而对自然康养体验感知较少，对户外运动体验的感知多于对自然康养体验的感知。

（三）游客网络评价语义网络分析

同上，将高频词导入 ROST CM6.0 软件，借助 Newdraw 软件生成伊塞克湖游客网络评论语义分析图（见图 5-15）。伊塞克湖游客评论以"伊塞克

湖"景点为中心，无规律向外发散，在所提及的话题中，许多与伊塞克湖湖泊康养旅游有关，涉及加权度最大的词有"吉尔吉斯斯坦"和"游泳"等，"湖边"、"比什凯克"、"海岸"、"北岸"和"峡谷"等词语直观地表达出了游客在旅行过程中关注的多个层面及本次旅行的偏好。进一步分析语义网络图，可以发现一些高频词之间的连线包含箭头，说明这些词语是具有方向性的。箭头指向顺序即为词语出现的顺序，例如：俄罗斯—伊塞克湖—天山—比什凯克——"这个标志性的湖，是世界上第二大高山湖泊，吸引了世界各地的人群。我乘坐的公共汽车载满了友好的俄罗斯游客。宁静的色彩，美丽的伊塞克湖被雪覆盖，山脉环绕，美丽的天山山峰是最难忘的景色，我永远珍惜。有许多餐厅、纪念品商店和冒险活动。到达比什凯克的车程很长，建议带着足够的零食和饮用水。这里是值得每一位旅行者来访问的地方"。

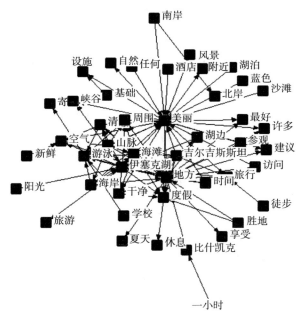

图 5-15 伊塞克湖游客网络评论语义分析

关于伊塞克湖景区湖泊康养具身体验的关键词涉及"风景"、"太阳"、"自然"、"独特"、"蓝色"、"干净"和"值得"等，这类评论主要围绕游客旅行过程中所见景色及当时的心情加以点评，例如："美丽的湖泊，美丽的夏天，这里的每个人都是美丽的。阳光灿烂的沙滩湖。"

另外，关键词还涉及景区的可达性和湖泊内部及其环湖旅行路线，伊塞克湖景区中"山脉"节点距离伊塞克湖最近，说明山脉与伊塞克湖的联系最紧密，例如："我们不仅要去伊塞克湖寄宿学校，还要去那里旅行。在一千公里的旅程中，我们看到了天山北部美丽的自然，我们见到了不同的气候区域：绿色山谷、针叶林、高原和雪峰、绵延的山脉和清澈的湖泊，我们在丘陵和伊塞克山谷看到了吉尔吉斯斯坦人民的历史和文化，看到了历史遗迹。第一日。来比什凯克住在山上的旅馆里。这家旅馆距离比什凯克30千米，位于吉尔吉斯斯坦阿拉图山脉脚下的高地，风景如画。第二日。从比什凯克出发到凯格特峡谷（90千米），然后是一个短的过渡（7千米）到下一个峡谷，这个峡谷是凯格特大峡谷的一个分支，但它比大峡谷更有趣、更舒适。那是我第一次在帐篷里过夜。第三日。去凯尔特-凯捷廷斯基峡谷的山顶，去一个美丽的紫外线湖，这个湖面积大约为28万平方米，海拔2600米。到湖边去要花很长时间走蜿蜒的山路。周围的一切都被新鲜的雪覆盖着。寒冷的空气使我浑身发冷。在夜晚黑暗的山顶上仿佛云在融化，明亮的星星在闪烁。美丽非凡。"而伊塞克湖游客对旅行过程中受到服务质量的点评，大多以"游客"或"旅游"为主题，涉及"行程""寄宿"等关键词，以旅游过程中吃、住、行、游、购、娱为评价主题，并附带自己的心情进行评价，例如："我们一直想去伊塞克湖。我们听到了很多路线，但我们已经确定了路线。从新西伯利亚乘火车去阿拉木图时，我们被告知可以在楚伊下车，但我们到达了哈萨克斯坦的首都。在公共汽车站，我们坐了一辆长途出租车，车程大约8个小时。但是我们绕着山转，心情很好，旅途似乎并不那么累。住在 Cholpon-Ata 的一家旅馆里，没有早餐的价格是800卢布，这里给人的印象是舒适的、安静的。和孩子们在一起特别好。市中心太吵了，但好的一面是，这个地区有一家咖啡馆，这里的服务员用新鲜的食物做饭。在度假村吃饭要小心，特别是那些喜欢在市场上尝试各种各样东西的人。在吉尔吉斯斯坦，贸易和我们20世纪90年代初在俄罗斯的情况一样。他们在每个摊位、每个汉堡店都卖酒。但我得说，价格是合理的。当地的啤酒装在瓶子里非常美味——再也没有这样的了。闻起来像大麦，像雪花……这让我想起了小时候买香肠奶酪的日子。不要急着走进任何一家咖啡馆，尤其是湖边的帐篷，那里不卫生。嗯，最引人注目的是这个湖，它非常干净，令人耳目一新。温柔而发人深省的是戈尔的故事和世代相传的传说。亚速湖和其他许多湖泊和河流都比不上它的能量，这就是为什么我们要去吉尔吉斯斯坦的原因。我们被告知可以住在城外的好旅馆里，去卡拉科尔需要 1500 美元。"

（四）游客网络评价情感分析

利用 ROST CM6.0 软件，对伊塞克湖网络评论高频词中的情感词进行分析，得出情感分布统计表（见表 5-14）。由表 5-14 可知，游客对伊塞克湖湖泊康养旅游的情感评价中，积极情感占比 78.06%，中性情感占比 1.18%，消极情感占比 20.76%。说明大部分游客对伊塞克湖湖泊康养之旅满意。由于中性情感不能明显反映出游客在旅游过程中的情感冲突，下文将重点研究游客的积极情感和消极情感。

表 5-14　伊塞克湖游客网络评论游客情感分布

单位：%

情感倾向	比例	强度	比例
积极情感	78.06	一般	16.37
		中度	17.81
		高度	43.88
中性情感	1.18		
消极情感	20.76	一般	14.22
		中度	5.28
		高度	1.26

1. 伊塞克湖网络评论情感的总体特征

表 5-14 的数据显示，伊塞克湖游客网络情感评论文本中的积极情感比重较大，占据绝对优势，而消极情感则比重较小。这与上文词频分析的结

果相呼应，词频分析中游客以积极的情感表达为主，对消极情感词语的使用较少。现有研究成果表明，旅游活动中游客的情感以积极情感为主，消极情感比例较小，伊塞克湖游客网络情感评论对文本显示游客在总体情感分布上符合这一倾向。

2. 情感强度以一般和高度为主

表 5-14 的数据显示，伊塞克湖游客网络情感评论文本中积极情感中的高度强度比例达到 43.88%，中度强度达到了 17.81%，而一般强度仅占比 16.37%；消极情感中的分布则相反，一般强度占据优势，达到 14.22%，中度和高度消极情感仅占 5.28% 和 1.26%。因此，伊塞克湖湖泊康养旅游游客的情感强度与西湖湖泊康养旅游游客的情感强度差别较大，后者总体上以一般和中度为主，高度强度情感占比较小，前者的积极情感中高度强度占比较高，而消极情感中则是一般强度占据绝对比重。

3. 伊塞克湖网络评论的积极情感特征

伊塞克湖游客表达的积极情感多为"享受""平静""欣赏"等，这些积极情感的产生与目的地核心吸引物密切相关。从伊塞克湖游客网络评价积极情感的语义网络结构示意图中可以看出（见图 5-16），"吉尔吉斯斯坦"、"伊塞克湖"、"海滩"、"地方"、"旅游"、"空气"和"峡谷"等为其湖泊康养旅游的核心节点。其中"伊塞克湖"主要与"山脉"、"旅游"、"旅行"、"峡谷"、"空气"、"清澈"、"享受"和"湖边"等词连接，"吉尔吉斯斯坦"主要与"美丽""新鲜""访问"等词连接，而"山脉"和"峡谷"连接的词语基本一致，由此可以看出游客正面评价的词语多与"伊塞克湖"、"山脉"和"峡谷"相连接，反映出了伊塞克湖的核心吸引物——湖泊本身和一旁的山脉、峡谷、湖水和干净的美景是使游客产生积极情感的主要原因，游客产生的积极情感多是对湖泊景色的赞美、享受和欣赏以及对湖光山色、水天一画的惊叹等。同时"徒步""度假"等词的出现也表明伊塞克湖湖泊康养旅游景区的出行环境让游客产生正面的情感。同样可以看出，"美丽"是游客对于伊塞克湖湖泊康养旅游最直接的形象认知，也是对伊塞克湖景区旅游特色最直接的概括。与西湖单核心向四周辐射的特点不同，伊塞克湖并非仅以"伊塞克湖"为核心，"吉尔吉斯斯坦""美丽""峡谷"等均为核心圈层词，共同向四周辐射，"山脉""游泳"等为次级圈层词，进一步加深了游客对于伊塞克湖湖泊康养旅游景区的形象认知。同时，这也表明游客对于景区上述特征的关注度较高，这一点也得到了情感认知形象"享受""值得"等高频词的验证。

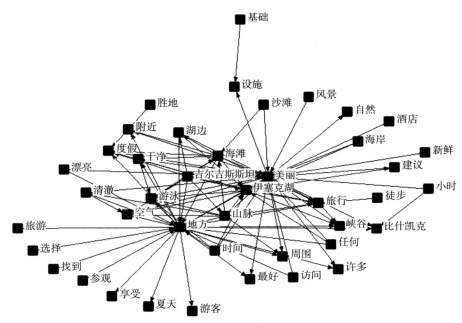

图 5-16　伊塞克湖游客积极情感网络评论语义结构

4. 伊塞克湖网络评论的消极情感特征

伊塞克湖游客的消极情感表现更多的是糟糕、失望、有意见等这种更加抽象的感情，消极情感产生的原因与旅游服务质量、旅游时所遇到的天气、海关、政策、当地居民、景区管理以及游客自身认知等多种因素有关。

吉尔吉斯斯坦为前苏联成员国，独立后基础设施常年无人管理和更新，景区服务质量欠佳、当地多云的天气和湖泊周围较低的温度影响了游客的旅游体验效果，这是导致游客消极情感产生的原因。伊塞克湖消极情感评论所构建的网络语义结构图中（见图 5-17），"公寓"、"地方"、"伊塞克湖"和"旅行"构成核心节点，反映出即使是景区核心吸引物同样与游客负面情感的产生有较大联系。此外，天气和温度也是游客负面情感产生的主要影响因素，如评论"这是一个非常美丽的湖，这里群山环绕，对我来说，这里是纯粹的天堂！我们的酒店位于海滩上（是的，湖滩），很平静。我们参观时水太冷了，所以我没能进去，但是在天气转好时，我强烈推荐它！"。"公寓"同样是在消极情感语义结构图中与其他词连接较密集的节点，它与"地方""寄宿""学校"等词连接，表明低质量的住宿服务以及恶劣的旅游服务态度，可能是使游客产生负面情感的重要原因。例如一位游客评论："水很好，但行程很贵。服务糟透了！晚上 8 点以后，你不能穿着长袜搭乘出租车。咖啡馆里有些食物很好，而有些则很差。只有一两家咖啡馆，分布在 cholpon-otta 中心，食物是正常和美味的。除了酒，这家金鱼咖啡馆什么都没有，领班经理和酒保甚至不知道一升酒的价格。他们的烤肉串是干的，没有腌泡汁，服务员服务不到位，我甚至得自己去拿叉子和盘子。"

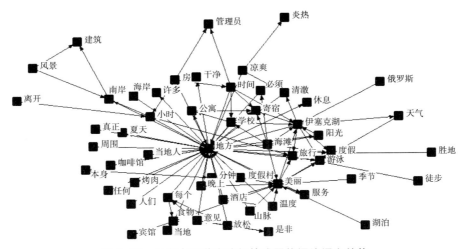

图 5-17　伊塞克湖游客消极情感网络评论语义结构

伊塞克湖游客对湖泊康养旅游的认知，也是导致其消极情感产生的一个重要因素。在消极情感高频词中，出现"基础设施"和"意见"等词，而这些词多与"酒店""伊塞克湖""吉尔吉斯斯坦"等词连接，反映了一

些游客对核心吸引物以及景区环境的失望。通过分析原始评论，发现这些游客大多属于典型的观光旅游者，其更关注优美的风景和有震撼力的建筑风格等，对当地饮食和高山咸水疗养等湖泊康养作用的认知较为浅显，所以在面对"伊塞克湖"、"吉尔吉斯斯坦"和"山脉"等核心吸引物时，容易产生消极的情感。

七　游客旅游体验过程分析

（一）游客体验诱发阶段

1. 感官感知

同样，伊塞克湖游客的旅游体验也是从感觉开始的，这是认识湖泊的一个过程。伊塞克湖中的有形要素和无形要素直接刺激游客的感官，致使游客产生相应的神经反应和冲动，这是人的感觉，也是人认识湖泊的过程。例如："这个湖的水色彩异常优美，从浅蓝色到深蓝色，有时是深绿色，从浅白色到深红色。再加上海岸上明亮的绿色，有果树和金字塔白杨树，还有高耸入云的雪山。在山上，不断移动的云被阳光或晚霞照亮。这幅画很难描述，但很容易看到！"游客在旅行过程中，发挥作用的还有听觉、嗅觉和触觉。例如"这水的味道很好，水质很软，荒野海滩上的沙子很好，走在柔软的沙滩上，令人惊讶"等。

2. 身体行动

同上文一样，伊塞克湖游客的行为也主要分为空间移动、游玩活动和行程安排，从分析结果来看，游客在旅行过程中的空间移动行为同样是很丰富的，如："从新西伯利亚乘火车去阿拉木图，我们被告知可以在楚伊下车，但我们到达了哈萨克斯坦的首都。在公共汽车站，我们坐了一辆长途出租车，大约围着山转了8个小时，心情很好，旅途似乎并不那么累。"

同样，从样本来看，游客的视角变化，在很大程度上是因为身体在空间的位移产生的。游玩活动也需要游客的身体行为来实现，这样做可以加强游客的旅游体验，如拍照、观光、消费等。虽然拍照活动只留下了定格画面，但是旅行结束后游客可以通过照片产生联想和回忆，使已经发生过的事情再次浮现在脑海中。"这里群山连绵！可以在湖中游泳。休息时可以在湖边烧烤，品尝民族美食，拍美丽的照片"。从这些相似的评论中可以发现，伊塞克湖游客同样非常重视拍照画面的美感。

3. 时间流动

在伊塞克湖游客网络评价中与时间相关的高频词有：夏天、冬天、六月等。例如："我们在六月底冒险去伊塞克湖，通常在七月中旬，八月初休息。今年阿拉木图的夏天很冷，人们担心伊塞克湖会很冷。但是我们整个星期都处在阳光明媚的天气里，我们每天都在最干净的湖水里游泳，令人惊讶的是，湖很暖和。"在同一地点，因为时间的不同，游客的体验感也会产生差异。有的游客甚至会推荐最佳体验时间，如："伊塞克湖不仅在夏天很美，而且在冬天也很美。在寒冷的天气里，湖上的海湾会在短时间内冻结。其他地方没有这样的冰！"

（二）旅游互动参与阶段

1. 游客与湖泊康养景点的接触

旅游景点是以旅游及其相关活动为主要功能的空间，游客在伊塞克湖进行湖泊康养旅游时，旅游景点同样成为游客重点参与的对象。游客与景点之间存在一种特殊的互动，既有主动性的参与，也有被动性的接受。主动性参与体现在游客可以自主选择游玩方式，如："你不可能不去吉尔吉斯斯坦参观世界上最干净的咸水湖之一。在夏天，这是唯一一个你不仅可以放松、游泳，还可以在附近闲逛的地方。湖周围的山很漂亮，就像在湖中央划船一样。我爱这个地方，推荐给大家。价格是不同的，这取决于你的选择。在 Cholpon-Ata 有很多私人酒店，有很多亚洲美食，我喜欢待在里面。"

2. 游客与湖泊自然资源的共存

伊塞克湖作为高山咸水湖，其湖泊自然资源是其重要的一部分。游客在旅行过程中遇到的动物、植物和其他自然环境与游客是共存的，他们都是动态的、随机的，无法预料游客会与哪些自然资源要素相遇，有些取决于游客是否足够细心。例如："一个独特的湖，如此之大，以至于你看不到海岸。今年1月，我们在伊塞克湖和附近的温泉游泳。水是干净的，健康

的，有很多稀有的鱼。"同样，树木和花卉也受游客关注，如："秋天大多数树是黄色或金色的叶子，杏树的叶子是红色的，为伊塞克湖景区添加了一道色彩亮丽的风景。在一个又冷又有风的日子，我认为没有人会考虑去海边，如果有，我肯定那是一个愉快的当地人。"但是有时由于季节的因素，也可能会给游客带来不好的体验，如"最好的季节是八月，因为那里很凉爽，但妇女和儿童不应该游泳，有可能会感冒。水很清澈，水质很好，气候温和。我们应该一起去"。

关于伊塞克湖自然环境的高频词主要有：湖水、空气、山脉等。例如"我来自吉尔吉斯斯坦，那里的山脉中有一颗珍珠，就像一个湖。水是咸的，所以冬天不会结冰。在夏天，水的温度不会超过 21 摄氏度，这是令人振奋的。水是清澈的、蓝色的、透明的，游泳是一种乐趣！湖周围有很多美丽的地方。大自然是如此迷人，总有一天会有人想再来这里"等。

3. 游客与景区群体的交流

伊塞克湖游客在旅行过程中，与景区群体的交流也是旅游体验的重要一环。沟通交流是人类群体的本能，所采用的媒介不仅仅是语言和文字，有时还可以通过眼神产生互动。例如"伊塞克湖被吉尔吉斯斯坦人民视为一个神圣的地方，它有自己的光环和能量。每一个游客，根据古代柯尔克孜族的传统，来到岸边，洗他/她的脸和手。不要忘记参观神圣的湖"。这是游客与景区表演人员的互动，可以看出，伊塞克湖的民俗传统受游客欢迎。

湖泊旅游景区的人员也是与游客交流的主要群体，游客接触比较多的人员有景区的个体经营户和行业工作人员。例如："这是一个非常有趣的湖。这里四面环山，没有河流出来，湖水有点咸。海滩上充满了当地人，他们非常友好。"此外，景区商品定价不合理也会影响游客的旅游体验，如："这是一个美丽的大山湖。湖水有点儿咸，很冷（6月温度不超过 17 摄氏度），鱼很少。基础设施是如此的简陋，你可能会认为它已经消失了。Cholpon-Ata 度假村很贵，然而，这并不能掩盖这个湖的美丽。"

（三）游客情感变化阶段

游客的情感变化是由游客自身的感知体验与景区要素之间相互作用产

生的。感知的对象原本是没有感情的客观事物，但由于与游客之间产生了联系，因此，游客会在潜意识里产生相应的态度，随后引起情感的变化。情感在流露的过程中往往很难被察觉，它通常以隐含的形式微妙地流露出来，我们可以在游客的评论中提取带有情感色彩的词语以此来把握情感体验，进而研究游客的情感变化。关于情感体验的内容，本章第四节做了详细分析，此处不再赘述。

（四）游客价值判断阶段

对于来伊塞克湖进行湖泊康养旅游的游客来说，价值判断同样是游客在游玩过程中对周围事物的一种观点评价，如对某件事物的是非好坏评价及看法。游客的价值判断会受到其自身经历及感受的影响，也与其自身的社会观念及背景有关。例如："这是一个美丽的山湖。旅游业的基础设施还不发达，更像是前苏联时期留下来的。湖的颜色和周围的雪峰形成了美丽的景色。"同样，游客也会根据自己的感受和理解提出一些自己的想法和建议，这也属于价值判断的一种表现，如："我们在北岸度假，沿着海岸一直走到加拉加斯，很漂亮。当我们往南走的时候，大自然正在发生变化。参观了普日沃斯基博物馆和他的坟墓。一切都很好，但一切都毁在了糟糕的道路上，可以说几乎没有路可走。所以对我们来说，这似乎比攀登瀑布更极端。这一切都被大自然的美丽和当地人民的善意所掩盖。"游客是有思想的，在面对大自然时内心会产生一些敬畏和思考，这些都属于游客自身的体验。

（五）游客心灵归属阶段

游客的旅行体验可以视为对生命意义的探索，仿佛在探讨人生、审视内心。旅行不仅仅会对游客的身体产生影响，也会对游客的思想、精神以及内心产生一定程度的影响。当旅游体验到达最终环节时，心灵也会达到最高层次的归属。例如："你感觉自己就像在真正的海洋里——水是咸的，能量是海洋赋予的，非常神奇！当地人从不生病，他们被湖和山以及咸咸的空气所治愈。至于避难所，最好选择小型的私人住宅，通常是家庭度假屋。客人像家人一样受到欢迎，吃得很好，而且是免费的，这里就像彼得罗夫斯基码头寄宿学校一样。更大的（超过 100 个地点）的酒店就不一样了，这里的厨房很特别——融合了邓肯、维吾尔族、韩国、欧洲和吉尔吉斯斯坦的厨房的特点，它很特别，很有趣。最好在八月底到达这里，因为这时会有美味的水果——桃子、苹果、葡萄。吉尔吉斯斯坦一侧的道路是一条很好的四车道道路！最好不要越过边境哨所。"从评论可以看出，当场景发生变化时，游客的心境也会随之变化，这种变化可以视为游客对城市景观意蕴的解读和领悟。"我八月份和一个朋友去了伊塞克湖，正好是旅游旺季。我们绕着湖走。但我要讲的是南方。因为这部分在露营者中不太受欢迎，所以这里更狂野、更干净、更安静。今年的水已经达到了最舒适的温度。水是如此纯净，你可以透过湖水看到底部的一枚硬币。如果这个湖不是咸的，你可以把它当作饮用水。哦，多么神奇的日落啊！湖岸上有很多地方可以搭帐篷。不要错过参观七头公牛谷、峡谷童话、许多泉水、死水、塞米诺夫斯克和格里戈里耶夫峡谷以及在野生动物康复中心看到雪豹的机会。"

八　旅游消费者行为分析

（一）消费前决策行为

伊塞克湖游客在 Tripadvisor 网站进行网络评论的题目或开头，会写明出游目的和原因，通过对初始资料的分析，可以得到伊塞克湖旅游者的出游动机。

综上，伊塞克湖旅游者的出游动机，可归纳为 3 种类型：文化动机（81 条）、康养动机（249 条）和户外体验动机（227 条）。根据表 5-15 的词频分析结果可以看出，康养动机为最主要的出游动机。

表 5-15　伊塞克湖网络评论游客出游动机分布

单位：条

出游动机	高频词	总词频
文化动机	列宁纪念碑、国家英雄纪念碑、博物馆、穆斯林文化、苏联、中亚等	81

出游动机	高频词	总词频
康养动机	空气、徒步、阳光、健康、盐水、矿物质、不冻湖、平静、清澈、温泉、药物	249
户外体验动机	旅行、水上运动、骑马、生态徒步、驾车、潜水、射箭等	227

（二）旅游中消费行为

伊塞克湖网络评论中，涉及大量旅游项目的消费情况。对网络评价内容分析后发现，游客在伊塞克湖的消费行为主要集中在"潜水""出行""娱乐"这些旅游体验和住宿项目上，如"我们刚度假回来，一切都很好。孩子们都很兴奋！我们骑着马沿着湖岸走了 4 个小时，最初的价格是 500 美元，但我接受了。然后我们去潜水，在水下潜了 20 分钟，他们会给你拍摄照片和视频，所以你最好带上闪存盘（如果你想保存这些照片的话）。我们花了 800 美元买了这些东西，最初的价格是 1000 美元。接下来是岸上的娱乐活动，降落伞 1500 索姆，摩托车 500 索姆，蒸汽机车 1500 索姆，但都值得一试！在 300 索姆并且漏水的船上航行，并没有给人留下深刻的印象，有几个醉醺醺的吉尔吉斯斯坦人在他们的船上狂欢。他们住在 Cholpon-Ata，这条路一直到 bosteri，没有停车的地方，他们会举手，有时公共汽车会自己停下来。bosteri 海滩上的摩天轮每人 150 索姆，其余的就像去了乔邦塔一样。就在蓝色伊塞克湖对面的海滩上，每个人都在化妆、打包行李，中央海滩的中心就是蓝色的伊塞克湖。住宿费用各不相同，我们在小屋住宿花了 700 索姆，住了 5 天，然后又以 600 索姆的价格加了 7 天，有热水，床垫很好，有淋浴间和浴室，还有 Wi-Fi，大家共用一个巨大的阳台。附近民宿有自己的海滩，但我们花了更多的时间在玩泥巴和娱乐上。在比什凯克 3 个公交车站停留，花费 10 索姆。每辆出租车 700 美元，如果你不介意的话。科迪和我的花费是一样的，但他们的旅行很糟糕，他们的驾照是批量购买的，他们嘲笑自己。总之在乘 обум 的过程中，大家觉得不后悔。我们花的钱让我们感觉很舒服，如果你讨价还价，不愉快会一直困扰着你！他们在 dordoe 的鲇鱼市场停留了 24 小时"等。

在住宿相关的消费行为中，游客评论多涉及"寄宿"和"Cholpon-Ata"。如"伊塞克湖有各种各样的娱乐方式。你可以在一个村庄租一张床，每晚100卢布，或者住一间5000美元的五星级套房。最重要的是，在一天之内，你可以潜入湖底，爬上3000~4000米的山顶，但村庄里的服务很平庸。最好是住在Cholpon-Ata，那里有很多私人的、舒适的住宿，商店的价格会更低。寄宿学校的管理人员服务太差，不太建议住在那里"等。

在伊塞克湖网络评论消费行为分析中，游客格外注重"咖啡馆"和"餐馆"这两个饮食消费项目，分别共出现了26次和19次，且负面评论较多，如"在当地的商店里，价格高得离谱，蛋黄酱100索姆，香肠450索姆，一块奶酪100索姆，茶150索姆，甚至一张电话卡100索姆。在寄宿学校的前面，有一家咖啡馆，名字很响亮，我想是皇帝用的。不要去那里，不要花你的钱。我们点了价值300索姆的贝什巴尔马克，仅仅是一层黏稠的面糊、一层透明的肉汤与4块瘦肉"等。

（三）旅游后心理行为

同样，如本章伊塞克湖游客网络评论高频词统计表5-13所示，"享受""有趣""神奇"等与旅游后满意度有关的词语，表现出伊塞克湖游客精神层面的满足，"伟大""湖泊""美丽""清澈"等词语，表现出伊塞克湖游客物质层面的满足，且前100个高频词中并未出现负面词语。

在重游和推荐意愿方面，"值得"这个高频词出现了20次，如"非常喜欢伊塞克湖的气氛——干净的空气、清澈的湖水、温暖的沙滩、新鲜的微风、风景优美的湖面。在任何时候、任何天气都美味的天然食物能给灵魂带来能量和安慰！LK的领土是绿色的，为露营者提供现代化的豪华别墅、餐厅、澡堂、体育场馆、儿童游乐设施。我们推荐所有热爱自然、热爱运动的人来这里欣赏山湖的美丽"等一些推荐意向明显的评论。同样，尽管有极少部分表示自己不会再来，如"我的意思是，你需要一辆车，你可以和当地人谈谈，但要小心，不要把所有的钱都给他们。我们推荐热爱山脉、自然和异国情调的人来这里，但我不会再来这里了"。但持积极态度，并在网络评论中推荐伊塞克湖的游客占大多数。

第六章
湖泊康养旅游测评体系

本章主要介绍的是湖泊康养旅游测评体系中，相关指标体系的构建原则、指标获取、指标量化、权重计算方法以及具体的指标情况，然后就是湖泊康养旅游的各种测评指标模型，如指数模型、综合模型、维度模型。最后，是我国湖泊康养旅游的时空分析。

第一节　指标体系

湖泊康养旅游是一种融合了健康、养生、旅游等多种元素的综合性旅游方式。近年来，随着人们生活水平的提高和健康意识的增强，湖泊康养旅游越来越受到广泛的关注和喜爱。为了规范湖泊康养旅游的发展，提高旅游质量，本节将重点探讨湖泊康养旅游指标体系。

一　构建原则

（一）科学性和实用性原则

科学性指的是事物是否符合客观实际，是否可以反映出事物的本质和内在规律，一切科学工作都必须遵循科学性原则。[①] 在这里，可以把科学性理解为在构建指标体系时，需要以客观事实为依据、以科学思想为指导，

---

① 《刘嘉麒：科学性是科学普及的灵魂》，中国科学院，https://www.cas.cn/zjs/201710/t20171027_4619421.shtml。

遵循科学的程序、运用科学的思维方法来分析解决问题。评价指标体系的构建,需要具备一定的科学内涵,要能够反映湖泊康养旅游设计的优良状况,同时满足后续工作对于指标数据的相关要求。① 评价指标体系的构建,应当具备一定的实用性,要可以解决或有助于解决特定的实际问题,也就是说构建的指标体系,要能够反映出湖泊康养旅游的整体状况以及其优势和劣势,对其规划决策者有一定的帮助和指导作用,对其使用者有一定的实际益处。总而言之,无论是评价指标的选取,还是评价指标体系的构建,都需要遵循科学性和实用性原则。

（二）全面性和典型性原则

影响湖泊康养旅游产品供给和消费行为的因素有很多,测评指标体系的构建,应当全面反映湖泊康养旅游产品与消费行为的整体情况,想要对湖泊康养旅游进行科学的评价,就必须具备全面、典型的相关因素。构建测评指标体系,需要从全过程全方位选取指标,其指标体系须具备综合性和典型性,一方面可以简化指标体系的构建,避免过于烦琐,另一方面可以较为全面精准地体现湖泊康养旅游的相关特征。因此湖泊康养旅游测评指标体系的构建,应当遵循全面性和典型性原则。

（三）系统性和可操作性原则

湖泊康养旅游测评是一个综合各个方面相关因素,并最终达成相关测评目的的过程,各个因素之间在相互独立的同时,必定存在着一定的逻辑联系,只有将这些因素按照相应的逻辑,联系整合成一个完整的体系,才能够做到覆盖整个测评过程。② 这样的测评指标体系,才可以较为真切地反映出指标体系中各个指标的具体关系以及内在联系,并且可以从不同方面展现出湖泊康养旅游的特点和状态。湖泊康养旅游测评指标体系的构建,既需要探究其理论意义和理论价值,还需要探究其实际应用意义和价值,所以在构建测评指标体系时,就需要考虑到指标体系构建的可操作性③,其

① 蔡碧凡:《乡村旅游示范区评价指标体系与标准的构建研究》,硕士学位论文,中南林学院,2005,第31页。

② 杜燕:《重庆城市形象的评价指标体系研究》,硕士学位论文,重庆工商大学,2012,第19页。

③ 孟秋莉:《基于PSR模型的乡村旅游环境保护评价指标体系研究》,《生态经济》2017年第4期。

中包括：指标的可获得性、可采集性以及指标体系的可使用性。

（四）层次性和相关性原则

湖泊康养旅游测评指标体系的构建，应当遵循层次性原则。测评指标体系的构建，应当按照自上而下、由内而外、从宏观向微观层层递进、层层深入的原则，通过分析其层次性，区分其主要、次要部分，重点、次重点部分，从而构建一个阶层性的功能群体。测评指标体系的相关性原则，指的是在各个层次之间一方面既保持相互独立，另一方面又相互联系，上一层次的指标对下一层次的指标具有一定指导作用，而下一层次指标又与上一层次的指标相互适应，从而构成一个系统性的有机整体。

（五）逻辑一致性和内在完整性原则

湖泊康养旅游测评指标体系的构建，应当遵循逻辑一致性原则。测评体系中指标的设置、各指标间权重的设计、评价内容的相关标准等，都应当互相适应，也就是说应当在逻辑上经得起推敲，前后、上下逻辑保持一致性。除此之外，测评指标体系的构建，不仅需要考虑到其内部之间的联系，而且还需要注重测评指标体系的整体作用和目的，也就是说指标设置的相关内容，不应当太过烦琐、细碎，不应当过于庞杂、啰嗦，但是要保持指标内容的完整性，注意重点指标不能缺失，需要从客观方面，较为完备地反映湖泊康养旅游的特征和状况。

（六）动态性和可持续改进原则

一般来讲，测评指标体系在构建时，默认部分指标是相对稳定的，并且其相应的权重在短期之内也是稳定不会变化的，但是在现实生活当中，湖泊康养旅游产品以及消费行为等因素，必定是会随着社会的变化而不断发生变化的。因此，测评指标体系不应是静态不变的，而应当是伴随客观因素的调整而动态变化的，保持随时更新，以此来适应客观现实，只有及时更新测评标准，才可以更加精准地掌握湖泊康养旅游的状况以及其改造升级的必要方向。除此之外，测评指标体系中的各个要素，也必定会因自然、社会、政治、经济等方面的动态变化，而不断地变化调整，其重要程度也会不断地发生变化，所以，需要为了应对动态变化，提前预留出可持续改进的空间，建构一个有生长变化空间的动态测评指标体系。

二　确定依据

湖泊康养旅游测评体系的确定依据分为：指标获取、指标量化、权重计算等方面。以下将分别从这三个方面展开分析。

（一）指标获取

在查阅文献及国家标准、收集政策文件的基础上，运用知网、万方等论文查询网站，搜索康养旅游的相关文献，并对文献进行分析整理，本书初步识别、筛选出湖泊康养旅游测评的相关指标。

然后采用专家调查的方法，邀请几十名康养旅游领域的专家、机构负责人对初步筛选的指标进行打分，利用李克特五点量表量化打分规则，分析湖泊康养旅游评估初选指标的合理性和科学性，从而筛选出符合湖泊康养旅游评估的最终指标。具体如图6-1所示。

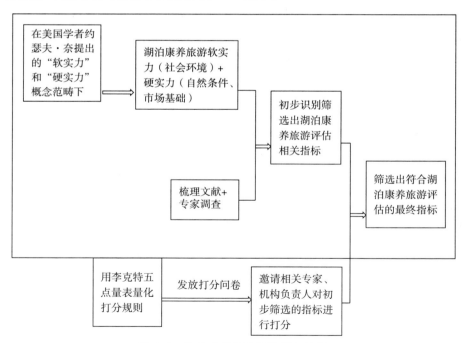

图6-1　构建康养旅游评估指标流程

（二）指标量化

指标量化指的是将指标用具体的数据体现出来，使得指标定量化，可以更加客观、有说服力地体现各个指标之间的比重以及重要程度。可以使用正向化处理和模糊综合评价法对选取得到的指标进行量化处理。

在各类指标中，对湖泊康养旅游的发展起到正向促进作用的指标被称为正向指标，这类指标所占比重越大，对湖泊康养旅游的发展就越有益；在湖泊康养旅游中对其发展起到阻碍、负作用的那些指标，被称为逆向指标，这类指标所占的比重越小，对湖泊康养旅游的发展越有益。逆向指标可以进行正向化处理，需要使用到倒数变换公式 $X^* = 1/X'$，逆向指标在经过正向化处理之后，其作用方向便会与正向指标保持一致。[①]

在公式 $X^* = 1/X'$ 中，X' 代表逆向指标的最初数值，X^* 代表该指标正向化处理之后的数值。

模糊综合评价法指的是一种以模糊数学为基础的综合评价方法。该方法根据隶属度理论，将定性评价转化为定量评价，从而解决一些较为模糊、难以量化的问题。该方法的具体步骤主要包括以下四步，第一步需要明确被评价对象的评价因素集，第二步需要建立各个评价因素的评价语等级，也就是建立评语集，第三步是使用层次分析法计算出各个指标的具体权重，以此来确定权重集，第四步是建立评分标准，计算出各个评价指标的最终分数，然后将评价分数和评语相互对应，最终达到定性评价和定量评价相结合的目的。[②]

采用式 $I_{ij} = a_{ij}/\max\{a_{ij}\}$ 对可度量指标进行量化及标准化处理。式中：I_{ij} 为 i 旅游区 j 因子的评分值；a_{ij} 为 i 旅游区 j 因子的实际调查值；i 为旅游区个数；j 为评价因子个数。若是评价某一特定的旅游区，即以全国该类型旅游区某指标的最大值即 $\max\{a_{ij}\}$ 作为评价的标准值。

对于定性评价指标，首先将每个指标都分为极佳、很好、较好、一般、不好五个等级，每个等级分数分别为 9~10（分）、7~8（分）、5~6（分）、

---

① 何成军、李晓琴、银元：《休闲农业与美丽乡村耦合度评价指标体系构建及应用》，《地域研究与开发》2016 年第 5 期。

② 翟瑞雪：《基于 AHP-模糊综合评价法的南漳县政府应急管理能力评估研究》，硕士学位论文，湖北大学，2023，第 8 页。

3~4（分）、0~2（分）。然后由评估专家（至少5人）按照评价指标所考核的内容进行打分，根据"定性指标评分值=每位评议专家选定等级系数/评议专家人数"计算该评价指标的评分值。[①]

在指标体系中，各个指标往往具有不同的计量单位，即不同的评价指标具有不同的量纲和量纲单位，为了消除量纲与量纲单位的影响，在构建综合指数时，应将不同单位表示的指标进行转换，即做无量纲化处理。

无量纲化处理，也即对评价指标数值的标准化、正规化处理，它是通过一定的数学变换，来消除指标量纲影响的方法，即把性质、量纲各异的指标转化为可以进行综合的一个相对数——"量化值"。这个评价值是一个相对数，它表示被评价对象的相对地位。指标转换的方法很多，且各有不同的特点和应用场合。依据本书研究内容，考虑到是动态的效益变化，为了得到统一量纲，本书用其增长率或减少率作为其效益值。

正效益指标（对评价系统起积极作用的指标）的计算：

$$R_{ij} = \frac{R1_{ij} - R0_{ij}}{R0_{ij}}（指标数据呈正相关关系）$$

$$R_{ij} = \frac{R0_{ij} - R1_{ij}}{R0_{ij}}（指标数据呈负相关关系）$$

其中，R_{ij}——第 i 层第 j 个指标的效益，$R0_{ij}$—— R_{ij} 的前期值，$R1_{ij}$—— R_{ij} 的后期值。

负效益指标（对评价系统起消极作用的指标）的计算：

$$R_{ij} = \frac{R1_{ij} - R0_{ij}}{R0_{ij}}（指标数据呈正相关关系）$$

$$R_{ij} = \frac{R0_{ij} - R1_{ij}}{R0_{ij}}（指标数据呈负相关关系）$$

其中，R_{ij}——第 i 层第 j 个指标的效益，$R0_{ij}$—— R_{ij} 的前期值，$R1_{ij}$—— R_{ij} 的后期值。

---

① 王良健：《旅游可持续发展评价指标体系及评价方法研究》，《旅游学刊》2001年第1期。

（三）权重计算

在确定指标权重之前，由于指标数值和方向不同，必须进行指标的正向化和无量纲化处理。采用倒数变换法对逆向指标进行正向化处理。采用归一化方法对指标进行无量纲化处理。在评价过程中，指标权重的确定，对评价结果有着非常重要的影响，层次分析法（AHP）和数据包络分析法（DEA）是确定权重的常用主要方法，前者在一定程度上反映了决策者的主观偏好，后者完全依赖客观数据，不能反映决策者主观上的偏好。[1]

权重是指某一具体指标相对于某一事物的重要程度，权重与一般意义上的比重不同，权重不仅指某一具体指标所占的比例，而且强调了该指标的相对重要程度，更加倾向于重要性。有关权重计算方面，较为常用的方法有层次分析法、定量统计法、专家评价法、矩阵分析法等方法。

首先，层次分析法是参照心理学研究规律，根据分析对象的多项数据性质，采用一致矩阵法，将其重要性进行两两比较，将决策过程层次化、系统化呈现，并通过构建判断矩阵，运算获得最大特征值及最大特征向量，得出各项数据权重，从而建立体系完整、结构清晰的指标评价体系的方法。采用层次分析法来确定指标的权重，将复杂问题中的各种因素，通过划分出相互联系的有序层次，对所列指标重要程度进行两两比较逐层判断评分，利用计算判断矩阵的特征向量，确定下层指标对上层指标的贡献程度，利用数学方法计算其权重，从而得到指标在总体目标或综合评价指标重要性中的排列结果。

假定评价目标为 A，评价指标集 $F = \{f_1, f_2, \cdots, f_n\}$ 构造判断矩阵 P（A-F）为：

$$P = \begin{bmatrix} f_{101} & f_{102} & \cdots & f_{10n} \\ f_{201} & f_{202} & \cdots & f_{20n} \\ \vdots & \vdots & & \vdots \\ f_{n01} & f_{n02} & \cdots & f_{n0n} \end{bmatrix}$$

---

[1]　吴普、周志斌、慕建利：《避暑旅游指数概念模型及评价指标体系构建》，《人文地理》2014 年第 3 期。

f_{ij} 表示因素的相对重要性数值（$i=1$, 2, $\cdots$, n; $j=1$, 2, $\cdots$, n）（见表 6-1）。

表 6-1 f_{ij} 的取值及其含义

f_{ij} 的取值	含义
1	f_i 与 f_j 同等重要
3	f_i 较 f_j 稍微重要
5	f_i 较 f_j 明显重要
7	f_i 较 f_j 相当重要
9	f_i 较 f_j 极其重要
2, 4, 6, 8	分别介于 1~3、3~5、5~7、7~9
$f_{ij} = 1/f_{ij}$	表示 j 比 i 不重要程度

相对于总体目标而言，四大要素（F）之间的相对重要性，由专家评判得到构造评判矩阵，根据几何平均法，可以获得各准则的重要性：$f_n = \sqrt[4]{a_{n1} \times a_{n2} \times a_{n3} \times a_{n4}}$（$n=1$, 2, 3, 4）。为此可以得到 $\sum f = f_1 + f_2 + f_3 + f_4$，同时作为归一化处理后的重要性即权数 $w_1 = f_{n1} / \sum f$。[①]

接下来，我们先来了解专家评价法。

假设请 3 位专家对 4 个湖泊康养旅游方面的指标进行评价，结果如表 6-2 所示。

表 6-2   专家评价结果

指标	专家 1 的评价	专家 2 的评价	专家 3 的评价	3 个专家评价的平均值
1. 空气质量	30	40	20	30
2. 地表水质量	20	20	40	26.67
3. 土壤质量	40	10	20	23.33
4. 气候舒适度	10	30	20	20
总和	100	100	100	

---

① 陈冬梅、卞新民：《高原湖泊旅游资源的生态可持续利用评价研究》，《资源调查与环境》2005 年第 4 期。

权重计算步骤如下：

第一步，请每位专家给 4 个指标的重要程度打分，4 个指标的分数总和为 100；

第二步，根据专家的打分，计算出每一个指标的平均值，列在最后一列；

第三步，使用每一个指标的平均值来计算出 4 个指标的具体权重。

指标 1. 空气质量的权重：$30 \div 100 = 0.30$。

指标 2. 地表水质量的权重：$26.67 \div 100 = 0.27$。

指标 3. 土壤质量的权重：$23.33 \div 100 = 0.23$。

指标 4. 气候舒适度的权重：$20 \div 100 = 0.20$。

因此，我们可以使用专家评价法计算得出每一个具体指标的实际权重，且有指标 1 空气质量的权重>指标 2 地表水质量的权重>指标 3 土壤质量的权重>指标 4 气候舒适度的权重。

另外，也可以使用矩阵分析法来计算具体指标权重大小，矩阵分析法计算步骤如下。

第一步，例如现有指标 A 绿地覆盖率，指标 B 负氧离子，指标 C 声环境质量，指标 D 康养人文氛围等四个数据指标。

第二步，采用 1/0 式思维方式开展团队投票，当纵向指标比横向指标重要时，填写"1"，反之填写"0"。

第三步，将每行数字相加，根据计算结果（见表 6-3）进行排序。

表 6-3　矩阵分析结果

指标	A	B	C	D	合计	排序
A	无	0	1	1	2	2
B	1	无	1	1	3	1
C	0	0	无	1	1	3
D	0	0	0	无	0	4

第四步，根据公式"指标权重=（指标的合计得分/所有指标的合计得分之和）×100%"计算各指标权重，由于表 6-3 中指标 D 的合计得分是 0，为了方便计算，可以将各个指标合计得分分别加 1，也就是指标 A 合计得分为

2+1=3，指标 B 合计得分为 3+1=4，指标 C 合计得分为 1+1=2，指标 D 合计得分为 0+1=1。

由此可得：指标 A 绿地覆盖率的权重 = 3/10×100% = 30%，

指标 B 负氧离子的权重 = 4/10×100% = 40%，

指标 C 声环境质量的权重 = 2/10×100% = 20%，

指标 D 康养人文氛围的权重 = 1/10×100% = 10%。

因此，使用矩阵分析法可以得出，指标 B 负氧离子的权重（40%）>指标 A 绿地覆盖率的权重（30%）>指标 C 声环境质量的权重（20%）>指标 D 康养人文氛围的权重（10%）。

三 具体指标

湖泊康养旅游测评体系的具体指标包括湖泊旅游指标、康养旅游指标和湖泊康养旅游指标。

（一）湖泊旅游指标

湖泊的类型多样，是一种重要的旅游资源，湖泊旅游活动的开展离不开对湖泊水体以及湖滨区域的开发利用。湖泊旅游可以从客源地和旅游目的地两个角度来进行解读。从旅游企业的角度看，湖泊旅游是利用一切与湖泊相关的旅游吸引物，包括湖泊的水域风光以及旅游区的自然景观、人文景观、生态环境、接待设施设备等，为旅游者提供各类旅游产品和旅游服务的活动；从旅游者的角度看，湖泊旅游可以让旅游者体验湖泊的特殊景观环境，是一种依托湖泊开展各种活动的旅游经历。它包含了在湖区开展旅游活动、提供各类设施和服务以及与游客互动三方面的内容。

20 世纪 90 年代前，我国的湖泊旅游度假区以官办的疗养院等为主（如太湖、滇池附近的疗养院）。1992 年后，我国建立了国家级、省级的湖泊旅游度假区，当时，国内对度假旅游普遍还不了解，尤其不了解国际上同类产品的发展情况，大多数湖泊旅游度假区缺乏统一的规划或直接套用城市规划，短期内大规模地建设了许多低标准、高密度的宾馆、度假村、招待所等；湖岸被划为各单位的自用地，旅游产品仅仅只在水上做文章，不能开发环湖徒步旅行、自行车旅行等旅游项目，形成了许多各自为政、杂乱无章的湖泊旅游度假区。

受湖泊区位、自身资源禀赋、市场条件与开发投入力度等因素影响，国内湖泊旅游发展较不平衡，总体上呈现东强西弱的态势。很多湖泊处于向休闲度假区的转型期，开发层次不高，开发方向各异。

湖泊旅游是利用湖泊水文形态、自然人文景观、生态环境等旅游资源，配以旅游服务设施，以体验湖泊景观环境和进行湖泊旅游活动为目的的旅游经历。[1] 湖泊旅游系统包括湖泊、湖滩和周边地区以及支持湖泊作为旅游地的基础服务设施，它的环境支持系统，通常比湖泊旅游系统大得多，甚至包括湖泊整个流域，湖泊旅游的经济效应涉及整个流域经济的发展。

我国湖泊众多，是一个湖泊旅游资源大国。随着国内旅游的快速发展，以观光游览、水上运动、休闲垂钓、餐饮美食、游船休闲、湖滨度假为代表的湖泊旅游，越来越受到旅游者的欢迎（见表6-4）。我国130多个省级以上旅游度假区中1/3是湖泊型的，首批12个国家级旅游度假区中有4个是以湖泊为依托的，湖泊旅游已经蓬勃发展起来了。[2]

表6-4　国内湖泊旅游度假区开发功能导向

湖泊名称	开发导向	开发现状
杭州西湖	观光休闲	以园林湖泊观光游览为主要功能定位，利用苏堤和白堤进行水面的黄金分割，将两条堤坝建成休闲游憩与观光游览的平台，配合湖心三岛的布局，形成了静态的点与线的景观展示模式
浙江千岛湖	度假休闲	国家级旅游度假区、国家级重点风景名胜区、国家5A级旅游景区、国家级生态示范区。物产丰富，生态环境良好。已发展成集旅游观光、娱乐休闲、文化寻根于一体的旅游景区
新疆喀纳斯湖	探险观光	因为"湖怪"传说而日益火爆，在追寻"湖怪"踪迹的同时，也可以游山玩水、休闲度假
江苏太湖	综合模式	国家级旅游度假区，配套设施齐全，已经初步建成集旅游观光、度假、休闲于一体的旅游胜地
云南滇池	体育训练	国家级旅游度假区。冬暖夏凉的气候条件，适宜开发休闲度假与避暑旅游产品；度假区海拔为1888米，具有良好的高原训练条件

① 周玲强、林巧：《湖泊旅游开发模式与21世纪发展趋势研究》，《经济地理》2003年第1期。

② 朱茜：《国内湖泊旅游研究进展与启示》，《中国商界》2010年第9期。

在研究湖泊区域旅游开发模式中，制定评价指标必须考虑该湖泊区域旅游开发条件的影响因素。对于一个特定的风景旅游区，决定其旅游业发展潜力的因素十分复杂，选取的指标是否具有代表性至关重要。邵晓梅和王清廉认为，对于一个湖泊型旅游区，其旅游功能有水上活动、游览观光、会议度假和青少年野营等4项。[①] 针对不同的旅游功能，其所要求具备的资源要素也不相同，但必有几个资源要素对功能本身起决定性作用。因此，确定以下指标：①水上活动（water sport），选取水深（WH）、水温（WT）、洁净度（WC）和水域面积（WA）4个指标；②游览观光（sight seeing），选取植被覆盖率（VC），自然、人文景观美感度（CC），湖水的透明度（TP）和最适环境容量（BC）4个指标；③会议度假（meeting-vacation），选取适宜旅游活动期（TT）、环境质量（EQ）、居民人均纯收入（NI）、交通用地（TP′）和接待能力（EC）5个指标；④青少年野营（camping）：选取植被覆盖率（VC）和环境质量（EQ）两个指标。[②]

人工神经网络是20世纪80年代以来得到迅速发展，并应用于众多学科的非线性模拟技术，具有大规模并行处理、分布式储存、自适应性、容错性等优点，被广泛应用于模式识别、智能控制、知识处理和预测等众多领域，是目前最活跃的前沿学科之一，尤其适用于处理非线性系统，这些特性正是综合评价所要求的。[③]

BP神经网络模型对于湖泊资源的评价多集中于湖泊富营养化评价方面。郭宗楼和刘肇选用叶绿素（Chla）、总磷（TP）、总氮（IN）、化学需氧量（CODMn）、透明度（SD）等5个参数作为基本评价因子（网络输入），建立了一个三层前向式神经网络，并以改进的BP算法对网络进行了训练，并用训练好的网络模型对国内11个湖泊的富营养化程度进行了评价。结果表

① 邵晓梅、王清廉：《西大洋旅游开发的神经网络技术应用研究》，《地理学与国土研究》1998年第4期。

② 邵晓梅、王清廉：《西大洋旅游开发的神经网络技术应用研究》，《地理学与国土研究》1998年第4期。

③ 陈莉：《基于BP神经网络的湖泊旅游资源综合评价——以杭州西湖为例》，《科技广场》2014年第12期。

明，BP 人工神经网络用于湖泊的富营养化程度评价简便实用，具有客观性和通用性，有广阔的应用前景。① 胡明星和郭达志提出了基于多准则学习的模糊神经网络湖泊水质营养化评价模型（4 输入），该模型应用于我国五大主要湖泊水质营养化的评价，结果表明，模糊神经网络用于湖泊水质营养化评价具有简便、实用、客观性和通用性。② 谢宏斌在采用权重贡献率分析法，优选因子和确定因子权值的基础上，应用 BP 人工神经网络，对南湖水质富营养化进行综合评价，并将 BP 法评价结果与分级评分法的评价结果进行了比较，其结果与目前通用的评分法的评价结果一致，该方法适用性强、通用性好。③ 任黎等建立了 5 输入的 BP 人工神经网络模型，用来自动地对湖泊富营养化程度做出正确的评价，并用该模型对太湖 1994～2000 年的富营养化状况进行了评价。④

湖泊旅游资源综合评价指标体系的建立，需要以湖泊景区为基准点，对其旅游资源综合评价系统进行设计。由于湖泊旅游资源综合评价是一个非常复杂的过程，从不同侧面对其进行评价的指标非常多。因此，陈莉将其评价指标体系分为自然环境指标、社会支持系统指标和社会文化环境指标，如图 6-2 所示。⑤

陈冬梅和卞新民为评价高原湖泊旅游资源的可持续发展性，根据湖泊旅游资源及其开发利用的层次组织结构，即"旅游资源景点—环境氛围—区域开发条件—客源市场"，引申出四大因素 32 项因子作为评价指标体系（见表 6-5）。⑥

① 郭宗楼、刘肇：《人工神经网络在环境质量评价中的应用》，《武汉水利电力大学学报》1997 年第 2 期。

② 胡明星、郭达志：《湖泊水质富营养化评价的模糊神经网络方法》，《环境科学研究》1998 年第 4 期。

③ 谢宏斌：《南湖富营养化的人工神经网络评价》，《广西科学院学报》1999 年第 1 期。

④ 任黎、董增川、李少华：《人工神经网络模型在太湖富营养化评价中的应用》，《河海大学学报》（自然科学版）2004 年第 2 期。

⑤ 陈莉：《基于 BP 神经网络的湖泊旅游资源综合评价——以杭州西湖为例》，《科技广场》2014 年第 12 期。

⑥ 陈冬梅、卞新民：《高原湖泊旅游资源的生态可持续利用评价研究》，《资源调查与环境》2005 年第 4 期。

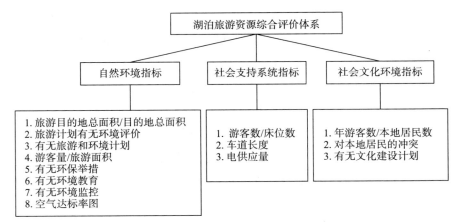

图 6-2　湖泊旅游资源综合评价体系

表 6-5　指标因素及各评价因子的权重

指标因素	权重	评价因子	权重
旅游资源条件（共 10 项）	0.555	沙滩面积	0.0379
		美学观赏价值	0.2144
		康娱价值	0.2896
		科考价值	0.0193
		水域规模	0.1103
		湖泊水质	0.1559
		景象组合	0.0773
		湖泊自净能力	0.0773
		湖泊特色物种	0.0268
		湖泊富营养化面积	0.0146
生态环境质量及保护条件（共 9 项）	0.279	景区森林覆盖率	0.1084
		景区三废处理	0.0247
		气候舒适度	0.2235
		环境容量	0.3081
		区域环境噪声	0.0779
		景点保护度	0.1570
		社区安全性	0.0509
		湖滨带生态建设	0.0743
		空气负离子浓度	0.0352

续表

指标因素	权重	评价因子	权重
旅游软、硬件环境建设力度（共8项）	0.116	社区人口环保意识	0.0723
		投资条件	0.3285
		依托城市	0.1565
		可进入交通条件	0.2319
		旅游基础设施条件	0.0479
		社区参与程度	0.1585
		旅游业从业人员基本素质	0.0327
		娱乐安全性	0.0232
客源市场条件（共5项）	0.050	与相邻旅游地关系	0.2634
		宣传力度	0.1602
		价格可接受程度	0.0975
		客源地	0.0615
		品牌知名度	0.4174

（二）康养旅游指标

康养旅游是目的地环境与个人需求达成一致时产生的旅游活动。[1] 国内关于康养旅游产品已有初步探索。李济任和许东根据需求将康养旅游划分为修身、养境、修心、育智和育德产品等五大类。[2] 周晓琴等根据康养旅游产品功能进行划分。[3]

国家旅游局颁布的《国家康养旅游示范基地》行业标准提出，康养旅游是通过采用多种方法，包括修身养性、养颜健体、保护环境以及均衡饮食等，使人的身心达到和谐状态的旅游项目。康养旅游是一种达到身心健康状态的旅游或者是达到养生目的的旅游，康养旅游包括养生旅游与健康旅游，应综合多个方面考虑，不得出现产品过于同质化以及盲目投资等情况。《中国康养旅游发展报告》将康养旅游定义为：通过营养膳食、养颜健

---

[1]　何莽：《基于需求导向的康养旅游特色小镇建设研究》，《北京联合大学学报》（人文社会科学版）2017年第2期。

[2]　李济任、许东：《森林康养旅游产品体系开发研究》，《旅游发展研究》2018年第4期。

[3]　周晓琴、明庆忠、陈建波：《山地健康旅游产品体系研究》，《资源开发与市场》2017年第6期。

体、修身养性等多元化的手段，让人们在进行旅游活动时，身体和精神都能达到自然和谐的状态。张溶和陈亚鞶指出，昆明石林彝族自治县发展康养旅游有着宜居的生态环境[①]，这里四季如春，气候宜人，年平均气温为17.3℃，2020年降水量为864毫米，全年平均风速较小，日照充足，拥有最适宜人居住的生态环境；平均海拔为1679.8米，气候舒适，空气中负氧离子浓度较高，空气质量好，对人体神经系统、血液系统、心血管系统等具有一定改善作用，有益于身体健康，是"中国天然氧吧"。冬暖夏凉、常年舒适的康养气候，成为石林彝族自治县发展康养旅游的最大优势。

　　袁琴婷通过文献法和专家打分法，对成都市明月村乡村康养旅游指标进行了筛选，并通过对指标进行归纳，总结出了自然条件、市场基础、社会环境3个一级指标，自然资源、乡村环境等10个二级指标，以及气温、纬度等57个三级指标，建立了明月村乡村康养旅游评估最终体系。[②] 具体如表6-6所示。

表6-6　明月村乡村康养旅游评估体系

一级指标	二级指标	三级指标
自然条件 A1	自然资源 B1	气温 C1
		纬度 C2
		湿度 C3
		海拔 C4
		空气质量 C5
		绿地覆盖率 C6
		地貌类型 C7
		林盘面积 C8
		土壤质量 C9

① 张溶、陈亚鞶：《新流动性背景下昆明石林县康养旅游产品体系构建研究》，《边疆经济与文化》2023年第8期。
② 袁琴婷：《成都市明月村乡村康养旅游发展研究》，硕士学位论文，云南财经大学，2022，第47页。

一级指标	二级指标	三级指标
自然条件 A1	乡村环境 B2	乡村容积率 C10
		人口密度 C11
		昼夜噪声量 C12
		农产品优度 C13
		农事体验感 C14
		村容村貌洁净度 C15
		特色建筑 C16
		健康农业发展规模 C17
		生活垃圾无害化处理 C18
市场基础 A2	区位条件 B3	交通通行条件 C19
		距离综合医院远近程度 C20
		客源地距离远近程度 C21
	经济发展 B4	村民人均可支配收入 C22
		年接待旅游人次 C23
		旅游带动就业人次 C24
		第三产业集群度 C25
	基础设施 B5	新型基础设施建设 C26
		医疗设施水平 C27
		公共厕所 C28
		健身绿道 C29
		公共体育设施 C30
		生态停车场 C31
		水、电、气、通信设施 C32
	接待服务设施 B6	健康餐饮场所 C33
		住宿经营单位 C34
		儿童服务接待设施 C35
		购物场所 C36
		公共文化服务空间 C37
		康养文化体验场馆 C38
		24 小时药店 C39
		运动健身场馆 C40
		金融服务站 C41

续表

一级指标	二级指标	三级指标
社会环境 A3	康养意境 B7	当地居民幸福指数 C42
		清新自然程度 C43
		游客舒适度感知 C44
		地方文化特质 C45
		美誉度 C46
	文化活动 B8	康养文化品牌活动 C47
		游客参与特色文化活动 C48
		公益养生培训活动 C49
	社会治理 B9	社会治安秩序 C50
		旅游投诉办理效能 C51
		当地居民参与度 C52
		旅游经营者参与度 C53
	地方支持 B10	国有建设用地指标 C54
		集体建设用地入市交易 C55
		财政支持 C56
		人才保障 C57

经济发展 B4 的评估指数最高为 47.78，说明明月村整体经济发展水平较高，具备康养旅游发展基础条件。文化活动 B8 的评估指数最低为 44.82，说明明月村康养文化活动具有较大提升空间。具体分析如下。

自然条件方面。明月村平均海拔为 534 米，村内片状分布的马尾松乔木林、有机雷竹园区和茶叶种植区是其生态特色。村内绿色防控工程开展较好，土壤有机质含量达到 3.0%，自然条件好。此外，村内饮用水源安全性高，标准化污水处理和生活垃圾处理模式是明月村生态健康的有力支撑。但目前，明月村存在冬冷夏热的自然现象，需要不断提升旅游接待设施水平，在乡村环境方面还应着重增加农事体验项目。

市场基础方面。明月村经济发展水平较高，产业集群程度高，有四个旅游核心区，旅游区之间相互联系，融合发展，形成了集聚效应。2020 年人均可支配收入达 27000 元，游客 23 万人次，旅游收入达 33000 万，旅游总收入超过了 1 亿元（含文创收入），为乡村康养旅游发展带来了便利。同时，明月村交通通行条件好，基础设施完善。但是，明月村在康养旅游接待服务上仍有较大提升空间。旅游服务者健康餐饮意识不足，村内儿童服务接待设施水平低下、对康体医疗旅游的游客考虑不周、缺乏药店等经营场所。

社会环境方面。由模糊评价结果可知，明月村社会环境处于较好水平。明月村是远近闻名的旅游村和艺术村，其休闲、安逸、雅致的康养文化特质吸引了游客来此体验休闲度假生活。在这里，游客通过参与艺术品生产过程、参观文化展品、体验文化创意，从而达到放松身心、净化心灵，以及改善精神状态的目的，但是配套的康养文化品牌活动数量较少，种类单一，有待进一步开发完善。虽然明月村的艺术美誉度很高，但是乡村康养旅游美誉水平的发展还处于初级阶段。此外，当地村民的参与度也不高。

李东在分析国内外康养旅游的内涵和影响因素的基础上，考虑医疗、保健设施与服务对健康的作用，结合国家对国内康养旅游在旅游、林业、中医药等部门的政策支持和引导，将康养与传统产业、现代科技、智能技术等融合，建立了康养旅游评价指标体系。[1] 具体如表 6-7 所示。

表 6-7　康养旅游评价指标体系

目标层	准则层	指标	指标层含义	单位
康养旅游评价指标体系	自然生态环境	X1	年平均气温	℃
		X2	空气优良率	%
		X3	森林覆盖率	%
	医疗服务设施	X4	卫生机构数	个
		X5	卫生人员数	个
		X6	总诊疗人数	人次

---

① 李东：《康养旅游评价指标体系构建研究——基于四川省 21 个市州的面板数据》，《江苏商论》2021 年第 9 期。

续表

目标层	准则层	指标	指标层含义	单位
康养旅游 评价指标 体系	休闲文化环境	X7	旅游资源丰度	个
		X8	旅游资源垄断度	个
		X9	公共图书馆、文化馆、博物馆数	个
		X10	公园数	个
	经济发展条件	X11	人均地区生产总值	元
		X12	第三产业占地区生产总值的比重	%
		X13	城镇化率	%
	旅游市场需求	X14	餐饮、住宿业从业人数	人
		X15	星级饭店数	个
		X16	旅游人数	万人次
		X17	旅游收入	亿元

注：旅游资源丰度用 A 级及以上旅游景区个数表示，旅游资源垄断度用 4A 级及以上旅游景区个数表示。

自然生态环境分析。人体健康、长寿与资源环境要素密不可分。具备适宜人类生存、健康和长寿的温度、海拔、湿度、洁净度和森林覆盖率等独特的自然生态环境是开展康养旅游的先天条件。这些有益人类健康长寿的自然生态环境，为人类提供了特殊的自然疗养因子，能够有效改善人体健康状况，提高人体机体功能，抵抗疾病，防止衰老，并且对人体寿命的延长起到有效的促进作用。因此，选取年平均气温 X1、空气优良率 X2 和森林覆盖率 X3 作为反映自然生态环境的指标。

医疗服务设施分析。康养旅游的主要群体是老年人、亚健康人群和病患群体。优越的康养医疗条件，能有效地提升他们对健康需求的获得感、幸福感和安全感，开展名副其实的康养旅游。否则康养就是"靠天吃饭"，旅游产品的附加值也难以实现。因此，以卫生机构数 X4、卫生人员数 X5、总诊疗人数 X6 作为反映医疗服务设施的指标。

休闲文化环境分析。康养旅游群体与一般旅游消费群体相比，更重视健康及心理感受，康养旅游群体不仅关注生活质量的提高，更注重生命质量的提升，包括生命的长度和丰度，生活质量和生命质量的"双提升"能够给他们带来从物质到心理以及精神等各个层面的健康养护，获得心情放松、心理健康、积极向上的心理体验，得到思想、信仰、价值观念等精神层面的慰藉。因此，他们在一地居住的时间越长、重复消费比例越高，其对旅游目的地的设施、项目、产品、服务、组织、管理等各环节、各方面要求就会越高，越重视身体素质的锻炼和提高、心理上的愉悦和享受以及精神上的升华和满足。本研究选取旅游资源丰度 X7，旅游资源垄断度 X8，公共图书馆、文化馆、博物馆数 X9 和公园数 X10 作为反映休闲文化环境的指标。

经济发展条件分析。康养旅游发展的好坏高度依赖当地的经济条件。经济发展水平反映了当地经济发展状况和发展前景以及当地居民的生活水平、消费习惯，决定了当地居民休闲产业的成熟度和休闲文化生活的氛围。同时，第三产业占地区生产总值的比值也反映了当地第三产业特别是旅游业的发展成熟度，直接决定了当地旅游业的发展水平、接待能力和服务质量。经济越发达，越有利于康养旅游的发展。因此，选取人均地区生产总值 X11、第三产业占地区生产总值的比重 X12、城镇化率 X13 作为反映经济发展条件的指标。

旅游市场需求分析。康养旅游作为新的旅游形式，生存和发展离不开市场。稳定的客源是旅游地旅游业能否持续发展的关键。市场需求反映了康养旅游市场的规模、市场购买力和旅游消费动机，决定着旅游地的规划目标、开发方向和规模等。因此，以餐饮、住宿业从业人数 X14，星级饭店数 X15，旅游人数 X16，旅游收入 X17 作为反映旅游市场需求的指标。

康养旅游作为一种新的旅游方式，理论和实践研究都处于起步阶段。本书在分析国内外康养旅游影响因素理论研究和实践的基础上，通过定量分析的方法，在构建康养旅游评价指标体系方面做了新的尝试和探索。构建的评价指标体系，有效验证了国内外关于康养旅游内涵和影响因素的理论研究成果，充实了我国康养旅游评价指标体系理论研究成果。

康养旅游代表着未来旅游业和健康产业发展的方向，具有非常广阔的旅游市场和发展前景。各地要充分发挥自身气候资源和自然生态环境优势，

深入挖掘这些"先天资源"的疗养因子。坚持以市场为导向，深度调研和掌握旅游者的康养旅游需求，加强医养结合，加大休闲文化娱乐设施建设力度。加快气候资源、自然生态环境同医疗设施与服务、休闲文化设施与服务等不同要素的融合，形成个性化、多样化的康养旅游新业态，形成类型多样、功能互补的康养旅游实体经济体系。扩大康养旅游产品和服务的有效供给，提高康养旅游供给的质量和效率，刺激和引领康养旅游消费，满足人们对美好健康生活的需求。

（三）湖泊康养旅游指标

康养旅游是依托优良的自然环境、传统与现代养生文化，通过运动、情感沟通、膳食、环境保护、瑜伽、冥想等体验项目，使游客释放压力，调整心态，促进身心健康，实现与自然和谐相处的旅游活动总和。康养旅游包括健康旅游和养生旅游，讲究游客主动通过旅游活动实现身心舒适，注重人与自然的和谐关系，关注人与人、人与自己的关系，无论瑜伽、膳食、冥想还是宗教康养旅游项目都是实现游客身心健康、与自然融为一体的方式。

湖泊旅游利用湖泊作为旅游资源开展旅游活动，包括湖面与湖中岛屿观光、湖滨观光、渔业观光、湖滨休闲度假、水上体育运动与娱乐活动等各种旅游活动。

康养旅游包括：森林康养旅游、水体康养旅游、乡村康养旅游、传统文化康养旅游、民族康养旅游等。其中水体康养旅游是依托水资源，如温泉、湖泊、海洋、河流等，在旅游过程中实现调养身体、改善亚健康状态、放松身心的旅游活动。适当泡温泉对人体的皮肤有杀菌消炎作用，能够增强人体抵抗力，促进身体的新陈代谢能力，使人体身心彻底放松；水上活动的开展能使人体得到锻炼，身心得以放松。常见的水体康养形式包括温泉 SPA，水疗；水面活动包括漂流、游泳等强身健体的项目。湖泊康养旅游就是指依托湖泊开展的旅游活动。

健康是生命之本，是人类享有的基本权利，但近年来人类的健康面临着重大考验。人口老龄化速度加快、慢性病增加且逐渐扩散至青年群体、亚健康比重增加，使得人们对健康的关注度越来越高，健康意识逐渐增强。2016 年在全国卫生与健康大会上，人民健康被放在优先发展的战略地位，中共中央、国务院印发的《"健康中国 2030"规划纲要》指出，要从普及健康的生活方式、优化健康服务、完善健康保护、建设健康环境、发展健康产业等方面提升健康水平，"防-治-养"成为保护健康的新模式，旨在提高人们生命的长度和丰度。湖泊的休闲、养生功能显著，湖泊旅游度假区所营造出的时尚、活力和健康的氛围，将绿色、低碳、环保的理念传递给旅游者[①]，让旅游者可以在美好的度假环境中，预防疾病、保养身体、恢复身心健康，满足旅游者的健康需求。

随着我国居民消费水平的提高以及带薪休假制度的实施，大众化旅游时代已经来临，有能力进行度假旅游的群体也在逐步壮大。此外，城市化发展进程的加快，使人们生活压力变大，他们希望可以到慢节奏的地方放松身心，释放生活和工作的压力。与此同时，旅游者的旅游需求层次也在不断提高，旅游者不再满足于传统的观光旅游模式，旅游方式逐步向休闲度假模式转变，更希望拥有品质高、互动性强、体验感好的旅游经历。湖泊度假旅游集水、陆、空旅游产品于一体，产品类型丰富多样，可以舒缓身体和心灵的疲惫感，为旅游者带来身心的愉悦，能很好地满足旅游者高层次的旅游需要。

我国是一个湖泊旅游资源大国，湖泊数量多、面积大。现有湖泊总量近 25000 个，总面积约 91000 平方千米，其中面积在 1 平方千米以上的湖泊有近 3000 个。2015 年国家文旅部公布的第一批国家级旅游度假区有 17 个，其中有 7 个是依托湖泊开发建设的，占比超过 40%（见表 6-8）。在省级旅游度假区中，湖泊型旅游度假区的数量同样约占总量的 1/3，湖泊型旅游度假区是开展度假旅游的典型。由此可见，不论在国家级还是省级旅游度假区中，湖泊型旅游度假区都有着重要的地位。

---

①　刘嘉龙：《中外湖泊休闲旅游经验借鉴与启示——以世界三大千岛湖旅游度假发展为例》，《浙江学刊》2012 年第 6 期。

湖泊康养旅游产品供给与消费行为研究

表6-8　湖泊型旅游度假区在各批次国家级旅游度假区总数中的占比

单位：个，%

年份	国家级旅游度假区总数	湖泊型旅游度假区数量	占比
2015	17	7	41.18
2018	26	7	26.92
2019	30	9	30.00
2020	45	14	31.11

　　近年来，旅游业热度持续高涨，各地都在努力尝试开发各类旅游资源，将旅游业作为战略性支柱产业，以期带动当地的经济发展。湖泊是一种遍在性旅游资源，大多分布在城镇内部及其周边，依山傍水的湖泊旅游有效弥补了滨海旅游和山地旅游的缺陷[①]，人类以水为伴的原始天性和湖泊的易进入性，使其成为居民日常休闲的最佳选择[②]。梭罗曾说过湖泊是"大地的眼睛"，它是最美的风景，湖泊自身旖旎的风光和鲜明的特色，吸引着各地政府和众多企业的目光，为湖泊旅游发展带来了巨大的机遇。

　　瞿晓敏从中医学"天人合一"的角度出发，结合人与自然和谐共生的哲学思想，提出在探讨健康时，需要将人的生命机体与生命活动结合起来，用整体的观念来认识健康。[③]王阶和汤艳莉的研究指出中医学中的健康理念包括"天人相应"的整体观，即人与自然需和谐相处；"形神合一"的和谐观，即身体与精神状态和谐统一，紧密依存；"以人为本"的价值观，即注重生命质量和人文关怀；"气血阴阳"的平衡观，即平衡是健康的关键。[④]曾晓进从文化学的角度出发，认为健康是一种文化现象，并按照文化的结构层次将健康由内而外划分为核心层次、中间层次、外层次。核心层次指的是健康的精神层面，中间层次指的是促进健康的理论知识和技能等，外

① 刘嘉龙：《中外湖泊休闲旅游经验借鉴与启示——以世界三大千岛湖旅游度假发展为例》，《浙江学刊》2012年第6期。
② 许峰：《可持续旅游开发多中心管理模式研究——以湖泊旅游为例》，《旅游学刊》2006年第10期。
③ 瞿晓敏：《中西健康疾病观的哲学基础》，《医学与社会》2001年第14期。
④ 王阶、汤艳莉：《试论中医学健康观》，《中医杂志》2011年第12期。

层次是健康参与、健康行为以及健康促进的具体方式。[①] 范崇峰和卞雅莉介绍了《尚书·洪范》中对健康的论述——"寿、富、康宁、攸好德、考终命"五福，即身体康健、生活富足、平静安乐、德行高尚、终其天命，并以健康的中医学内涵和语义为基础，结合 WHO 对健康的相关定义，提出健康是人体正常的生理、心理活动与自然、社会相适应所呈现的稳定有序状态。[②] 赵利和陈金泉认为"平人"（即阴阳平和）高度概括了中医学对健康内涵的认识，并指出阴阳平衡是健康的生理要素、形神统一是健康的心理要素、天人统一是健康的自然要素、人与社会统一是健康的社会要素。[③]

王艳和高元衡把健康旅游产品分为温泉类、森林类、水体类、山地类四大类型，其中将水体类旅游产品又细分为湖泊、河流、海洋、冰雪旅游产品。湖泊旅游产品中，核心层用于水上康体运动，周边层用于观光休闲，扩散层用于休养、会议和考察活动等。[④] 吴计生等从 4 个准则层（水文、湖滨带、水质、水生物）和 13 个指标层评价了 2015 年松花湖的生态健康状况，并根据现有问题提出了湖泊健康管理的若干措施。[⑤] 邓敏和韩少卿梳理了金沙江流域主要的旅游资源，结合健康旅游的概念和分类，对金沙江健康旅游开发模式进行探究，并将该模式分为四类，分别以湖泊资源、森林资源、体育资源、温泉资源为依托开发旅游项目。[⑥] 于福兰根据全国技术标准和辽宁省湖泊特点，提出了湖泊健康评价指标体系，以此对卧龙湖湖泊生态和社会服务功能进行湖泊健康评价，并从水文水资源、物理结构、水质、水生物、社会服务功能五个方面分析卧龙湖的健康问题，提出了保护性对策和建议。[⑦] 任可心等以国内外水生态健康评价的相关研究为基础，结合升钟湖

---

① 曾晓进：《健康内涵的文化学诠释》，《当代体育科技》2013 年第 10 期。

② 范崇峰、卞雅莉：《"健康"名义考》，《中医药文化》2018 年第 13 期。

③ 赵利、陈金泉：《中医健康概念》，《医学与哲学》2003 年第 12 期。

④ 王艳、高元衡：《健康旅游概念、类型与发展展望》，《桂林旅游高等专科学校学报》2007 年第 6 期。

⑤ 吴计生、吕军、刘洪超等：《松花湖生态健康评估》，《中国水土保持》2019 年第 9 期。

⑥ 邓敏、韩少卿：《金沙江流域健康旅游开发模式探究》，《旅游纵览》（下半月）2017 年第 24 期。

⑦ 于福兰：《卧龙湖健康评价与生态保护对策分析》，《水土保持应用技术》2015 年第 5 期。

的自身特点选取评价指标，通过分析评价结果找到了升钟湖主要存在的环境问题，以及影响其健康状况的主要因素，并有针对性地提出了改善水质环境的建议。① 冷辉等以湖泊平面形态特征和湖泊形态动态变化特征为切入点，构建了湖泊形态健康综合评价指标体系，并以此评价分析了大纵湖的形态健康。②

　　湖泊康养旅游是一项新兴的发展业态，目前尚处于研究和发展的起步阶段，其界定、分类、评价及指标体系等相关深入而成熟的研究成果尚少。因此湖泊康养旅游评价指标体系的指标选取，需要立足于前人的优秀成果，从而构建出湖泊康养旅游评价指标体系框架，具体如表 6-9 所示。

表 6-9　湖泊康养旅游评价指标体系框架

目标层 A	一级指标层 B	二级指标层 C	三级指标层 D	指标性质
湖泊康养旅游发展评价 A	湖泊康养环境 B1	自然环境 C1	绿地覆盖率 D1	正指标
			空气质量 D2	正指标
			地表水质量 D3	正指标
			土壤质量 D4	正指标
			负氧离子 D5	正指标
			气候舒适度 D6	正指标
			海拔 D7	逆指标
		人文环境 C2	民俗养生文化 D8	正指标
			宗教养生文化 D9	正指标
			建筑景观 D10	正指标
			声环境质量 D11	正指标
			康养人文氛围 D12	正指标
			无污染工业企业 D13	逆指标

---

① 任可心、蒋祖斌、文刚等：《基于水质与生物指标调查的四川升钟湖水生态健康评价》，《绿色科技》2020 年第 22 期。

② 冷辉、张凤太、王腊春等：《湖泊形态健康内涵及其集对分析评价——以大纵湖为例》，《河海大学学报》（自然科学版）2012 年第 40 期。

续表

目标层 A	一级指标层 B	二级指标层 C	三级指标层 D	指标性质
湖泊康养旅游发展评价 A	湖泊康养产品与活动 B2	湖泊康养旅游资源 C3	康养资源的规模 D14	正指标
			康养资源的品质 D15	正指标
			康养资源的独特性 D16	正指标
			康养资源的多样性 D17	正指标
			具有显著文化价值的其他资源 D18	正指标
		湖泊康养旅游产品体系 C4	康养产品的规模 D19	正指标
			康养产品的品质 D20	正指标
			康养产品的体系化 D21	正指标
			康养产品的精细化开发 D22	正指标
			康养产品的地方特色 D23	正指标
		湖泊康养旅游活动 C5	运动健身类活动 D24	正指标
			休闲养生类活动 D25	正指标
			美食体验类活动 D26	正指标
			康体疗养类活动 D27	正指标
			康养旅游节庆活动 D28	正指标
	湖泊康养设施与服务 B3	旅游基础设施 C6	旅游交通 D29	正指标
			游憩设施 D30	正指标
			景观设施 D31	正指标
			安全设施 D32	正指标
			卫生设施 D33	正指标
		旅游服务设施 C7	住宿设施 D34	正指标
			餐饮设施 D35	正指标
			购物设施 D36	正指标
			娱乐设施 D37	正指标
		健康医疗设施 C8	合作医院 D38	正指标
			医疗及救护设施 D39	正指标
			医疗保健品供应场所 D40	正指标
		康养旅游服务 C9	信息咨询服务 D41	正指标
			健康服务 D42	正指标
			服务品质 D43	正指标

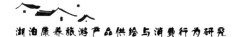
续表

目标层 A	一级指标层 B	二级指标层 C	三级指标层 D	指标性质
湖泊康养旅游发展评价 A	湖泊康养管理 B4	专项规划 C10	规划制定 D44	正指标
			规划实施 D45	正指标
		产业融合度 C11	与农业的融合 D46	正指标
			与林业的融合 D47	正指标
			与商业的融合 D48	正指标
			与服务业的融合 D49	正指标
			与医疗业的融合 D50	正指标
		管理机制 C12	管理机构 D51	正指标
			管理制度 D52	正指标
			营销管理 D53	正指标
			智慧管理 D54	正指标
		培训与教育 C13	湖泊康养培训 D55	正指标
			科普教育 D56	正指标
		湖泊康养旅游成效 C14	旅游成本 D57	正指标
			游客满意度 D58	正指标

第二节　模型构建

通过查阅湖泊旅游和康养旅游的相关论文，综合众多学者的研究方法，本节从指数模型、综合模型、维度模型等方面展开分析。

一　指数模型

指数能用简单的数字解释复杂的现象，并且实现不同对象之间的相对客观的比较。因此，指数的应用，已经从经济学领域延伸到其他各个学科领域。[①]

---

① 董志文、孙静、李钰菲：《我国沿海城市海洋旅游发展水平测度》，《统计与决策》2018年第19期。

（一）主成分分析法

主成分分析（Principal Component Analysis，PCA），是一种统计方法，其原理是设法将原来的变量重新组合成一组新的相互无关的几个综合变量，同时根据实际需要，从中取出几个较少的综合变量，尽可能多地反映原来变量的信息，是数学上处理降维的一种方法。其主要思想是将数据投影到一个低维空间，并保留数据中的主要变化方向，可在降低数据维度的同时，不丢失原始数据表达的信息，以实现降维。而实现该过程的主要困难在于减少由于降维产生的信息损失，即找到投影的方法。降维后的新变量，即为主成分，它们能充分解释原始数据的变化。主成分分析法具体步骤如下。

1. 对原始数据进行标准化处理

假设进行主成分分析的指标量有 m 个，分别为 X_1，X_2，$\cdots$，X_m，共有 n 个评价对象，第 i 个评价对象的第 j 个指标的取值为 a_{ij}。将各指标 a_{ij} 转化成标准指标 $\bar{a}_{ij}$：

$$\bar{a}_{ij} = \frac{a_{ij} - \mu_j}{S_j} \tag{6-1}$$

其中：

$$\mu_j = \frac{1}{n} \sum_{i=1}^{n} a_{ij}$$

$$S_j = \sqrt{\frac{1}{n-1} \sum_{i=1}^{n} (a_{ij} - a_j)^2} \tag{6-2}$$

得出标准化指标变量：

$$\tilde{x}_j = \frac{x_j - \mu_j}{S_j}, \quad j = 1, 2, \cdots, m \tag{6-3}$$

2. 计算相关系数矩阵 R

$$R = \begin{pmatrix} r_{11} & r_{12} & \cdots & r_{1p} \\ r_{21} & r_{22} & \cdots & r_{2p} \\ \vdots & \vdots & & \vdots \\ r_{p1} & r_{p2} & \cdots & r_{pp} \end{pmatrix} \tag{6-4}$$

r_{ij}（i，$j = 1$，2，$\cdots$，p）为标准化后变量 $\tilde{x}$ 与 x 的相关系数，$r_{ij} = r_{ji}$，其计算公式为：

$$r_{ij} = \frac{\sum\limits_{k=1}^{n} (x_{ki} - \overline{x_i'})(x_{kj} - \overline{\tilde{x}_j})}{\sqrt{\sum\limits_{k=1}^{n} (x_{ki} - \overline{x_i'})^2 \sum\limits_{k=1}^{n} (x_{kj} - \overline{\tilde{x}_j})^2}} \tag{6-5}$$

$$R = (r_{ij})_{m \times n} = \frac{\sum\limits_{k=1}^{n} \tilde{a}_{ki} \cdot \tilde{a}_{kj}}{n-1} (i，j = 1，2，\cdots，p) \tag{6-6}$$

3. 计算特征值和特征向量

计算相关系数矩阵 R 的特征值，且 $\lambda_1 \geqslant \lambda_2 \geqslant \cdots \geqslant \lambda_m \geqslant 0$，以及对应的特征向量 μ_1，μ_2，$\cdots$，μ_m，$\mu_i = [\mu_{1i}，\mu_{2i}，\cdots，\mu_{mi}]^T$ 由特征向量组成 m 个新的指标变量，即 m 个主成分：

$$y_1 = \mu_{11}\tilde{x}_1 + \mu_{21}\tilde{x}_2 + \cdots + \mu_{m1}\tilde{x}_m$$
$$y_2 = \mu_{12}\tilde{x}_1 + \mu_{22}\tilde{x}_2 + \cdots + \mu_{m2}\tilde{x}_m$$
$$\vdots$$
$$y_m = \mu_{1m}\tilde{x}_1 + \mu_{2m}\tilde{x}_2 + \cdots + \mu_{mm}\tilde{x}_m \tag{6-7}$$

通过计算特征值与特征向量，寻找因素的主轴。建立 R 的特征方程 $|R - \lambda E = 0|$，应用雅可比法求出特征值 λ_1，λ_2，$\cdots$，λ_m，根据特征值 λ_i 求出相应的特征向量 $\|e_i\|$。

4. 计算主成分贡献率及累计贡献率

$$贡献率计算公式：\frac{\lambda_i}{\sum\limits_{k=1}^{p} \lambda_k} (i = 1，2，\cdots，p) \tag{6-8}$$

$$累计贡献率计算公式：\frac{\sum\limits_{k=1}^{i} \lambda_k}{\sum\limits_{k=1}^{p} \lambda_k} (i = 1，2，\cdots，p) \tag{6-9}$$

5. 计算主成分载荷和主成分得分矩阵

降维后的主成分（综合评价指标）用成分载荷公式 $l_{ij} = p(z_i，x_j) = $

$\sqrt{\lambda_i}\,e_{ij}$ (i, $j=1$, 2, $\cdots$, p) 计算每一项因素的成分载荷。

$$z_{ij} = l_{ij} / \sqrt{\lambda_i} \tag{6-10}$$

根据式（6-10），计算各成分的得分系数，并结合式（6-11），计算每一个样本的因素综合得分 F_i。

$$F_i = z_{1i}\tilde{x}_1 + z_{2i}\tilde{x}_2 + \cdots + z_{pi}\tilde{x}_p \tag{6-11}$$

综合得分是对各因素加权求得的衡量潜变量的一个指标，综合得分越高，样本所反映的效果越好。

（二）熵值法

熵值法是客观分析方法中一种重要的综合评价法，熵值法确定的指标权重能够科学、客观地评价研究对象。熵值法中的"熵"代表数据间的差异程度，熵值越小，表明数据间的差异性越大，离散度也越高，那么其反映的信息量就越大。简单来说，熵值法就是根据数据所反映的信息量，来确定熵权的大小，赋予反映信息量较多的指标相应重要的权重，然后根据各指标的熵权计算综合熵值，最后根据得分进行综合评价。熵值法的计算步骤如下。

1. 建立原始数据矩阵

设有 m 个评价对象，n 个评价指标，依据各评价对象和各评价指标所收集到的原始数据，形成一个原始指标矩阵 $X = (x_{ij})_{mn}$，其中，$1 \leq i \leq m$，$1 \leq j \leq n$；i，j，m，$n \in \mathrm{N}^*$，x_{ij} 即为第 i 个评价对象的第 j 个评价指标值。如下所示：

$$X = \begin{bmatrix} x_{11} & x_{12} & \cdots & x_{1n} \\ x_{21} & x_{22} & \cdots & x_{2n} \\ \vdots & \vdots & & \vdots \\ x_{m1} & x_{m2} & \cdots & x_{mn} \end{bmatrix} \tag{6-12}$$

2. 数据的标准化和改进熵值法

标准化处理。在多个指标构成的评价体系中，鉴于评价指标各异的属性，通常会出现不同的量纲，这样在收集各个评价指标的原始数据时，往往往会出现一些异常的数值，比如逆指标（数值越小越好）以及指标异常值（数值异常，无法计算；或数值差太大无对比意义）等。因此，为了保证分析结果的可靠性，就有必要对数据进行标准化处理。标准化处理的方法很多，文章在此介绍本书标准化处理的方法，即"最小-最大标准化法"。

"最小-最大标准化法"分为两类：一类是对正指标的变换；另一类是对负指标的变换。对正负指标的变换公式如下。

正指标：

$$\tilde{x}_{ij} = \frac{x_{ij} - \min\{x_{1j},\ x_{2j},\ \cdots,\ x_{mj}\}}{\max\{x_{1j},\ x_{2j},\ \cdots,\ x_{mj}\} - \min\{x_{1j},\ x_{2j},\ \cdots,\ x_{mj}\}} \qquad (6-13)$$

负指标：

$$\tilde{x}_{ij} = \frac{\max\{x_{1j},\ x_{2j},\ \cdots,\ x_{mj}\} - x_{ij}}{\max\{x_{1j},\ x_{2j},\ \cdots,\ x_{mj}\} - \min\{x_{1j},\ x_{2j},\ \cdots,\ x_{mj}\}} \qquad (6-14)$$

通过"最小-最大标准化法"，完成了对原始数据的线性变换，将不同量纲的数值统一地映射到了 [0，1] 这个区域，也就实现了不同量纲值之间的统一的比较。

改进熵值法。在数据经过"最小-最大标准化法"进行标准化处理后，为了避免在后期熵值的计算中，出现对数为负值或为 0 的情况，就需要对熵值法进行改进。这种改进一般有两种方法。第一种是功效系数法[1]，第二种是指标平移法[2]。但由于在实际运行过程中，功效系数由研究者视研究情况而定，具有很大的主观性，容易出现由于研究者选定的功效系数不同而使研究结果呈现显著差异的情况。为了避免这种主观性的出现，本书选用了指标平移法。

指标平移法的计算公式为：

$$\hat{x}_{ij} = c + d \times x_{ij}^* \qquad (6-15)$$

———————————

[1]　郭显光：《改进的熵值法及其在经济效益评价中的应用》，《系统工程理论与实践》1998 年第 12 期。

[2]　孙利娟、邢小军、周德群：《熵值赋权法的改进》，《统计与决策》2010 年第 21 期。

其中，x_{ij}^* 为上述最小-最大标准化法后的值，c 值和 d 值的计算公式如下：

$$c = \sum_{i=1}^{m} x_{ij} / \sqrt{\sum_{i=1}^{m} (x_{ij} - \bar{x}_{ij})^2} \qquad (6-16)$$

$$d = 1 / \sqrt{\sum_{i=1}^{m} (x_{ij} - \bar{x}_{ij})^2} \qquad (6-17)$$

在形式上，指标平移法和功效系数法的变换方法接近，不同的是，指标平移法主要依靠客观的数据，避免了研究者的主观性，保证了研究结果的客观性。

3. 数据的归一化处理

在对原始数据进行了标准化处理，并经过指标平移法的计算之后，为了计算各指标的熵值，还需要对各指标进行同度量化处理，或者说要在熵值计算之前进行归一化处理。实际上，归一化也就是计算指标的比重。同度量化的运算公式为：

$$p_{ij} = \frac{\hat{x}_{ij}}{\sum_{i=1}^{m} \hat{x}_{ij}} \qquad (6-18)$$

经过该公式的计算后，原始矩阵 $X = (x_{ij})_{mn}$ 变为一个新的标准矩阵 $P = (p_{ij})_{mn}$。

4. 熵值和差异性系数的计算

第 j 项指标的熵值计算公式为：

$$E_j = -K \sum_{i=1}^{m} p_{ij} \ln p_{ij} \qquad (6-19)$$

式（6-19）中，E_j 即第 j 项指标的熵值，p_{ij} 为指标数据进行归一化处理后的数值，K 为一个常数，一般取 $K = 1 / \ln z$，其中，z 为研究对象的个数，当各研究对象的第 j 项指标数值完全相等时，该指标的熵值达到最大值 1。理论上，当指标数值的差异越大时，熵值越小，对于评价的效用价值越高；当指标数值的差异越小时，熵值越大，对于评价的效用价值越低；当指标数值全部相等（也就是差异最小）时，熵值达到最大，此时对于评价的效用价值为零。

某项指标信息效用价值的大小，取决于该指标信息的熵值 E_j 与 1 之间的差值。该差值越大，指标的效用价值越大，该指标的重要性越高，权重也就越大。因此，在计算指标权重之前，需要计算该指标 x_{ij} 的差异性系数。对于给定的指标 j，该指标的熵值越大，说明各研究对象的该指标值之间的差异越小，对于评价的效用价值也就越低。差异性系数 G_j 的计算公式为：

$$G_j = 1 - E_j \qquad (6-20)$$

差异性系数 G_j 能更直观地反映出该指标效用价值的大小，即差异性系数越低，其效用价值也就越低。

5. 计算综合得分

要计算综合得分，首先需要在所得熵值和差异性系数的基础上计算出各指标的权重值 W_j，然后通过模糊综合评价法就能完成对待评对象综合得分 C_j 的计算。计算公式分别为：

$$W_j = \frac{G_j}{\sum_{j=1}^{n} G_j} \qquad (6-21)$$

$$C_j = \sum_{j=1}^{m} W_j p_{ij} \qquad (6-22)$$

二　综合模型

（一）计量经济模型方法

1. SBM 方向性距离函数

作为非参数方法中的一种，SBM 与 CCR、BCC 等模型有着紧密的关系。根据 Fukuyama 和 Weber 以及王兵等的思想，SBM 方向性距离函数定义如下[1]：

---

[1]　Fukuyama, H., Weber, W. L., "A Directional Slacks-based Measure of Technical Inefficiency", *Socio-Economic Planning Sciences*, Vol. 43, No. 4, 2009；王兵、吴延瑞、颜鹏飞：《中国区域环境效率与环境全要素生产率增长》，《经济研究》2010 年第 5 期。

$$\overline{D}_v^t(X_K^T,\ Y_K^T,\ B_K^T;\ g^x,\ g^y,\ g^b) = \max_{s^x,\ s^y,\ s^b} \frac{\dfrac{1}{N}\displaystyle\sum_{n=1}^{N}\dfrac{S_n^x}{g_n^x} + \dfrac{1}{M+L}\left(\displaystyle\sum_{m=1}^{M}\dfrac{S_m^y}{g_m^y} + \displaystyle\sum_{l=1}^{L}\dfrac{S_l^b}{g_l^b}\right)}{2}$$

$$\text{s.t.}\ \sum_{k=1}^{K}\lambda_k^t x_{kn}^t + S_n^x = x_{kn}^t,\ \forall n;\ \sum_{k=1}^{K}\lambda_k^t y_{km}^t - S_m^y = y_{km}^t,\ \forall m;\ \sum_{k=1}^{K}\lambda_k^t b_{kl}^t + S_l^b = b_{kl}^t,\ \forall l;$$

$$\sum_{k=1}^{K}\lambda_k^1 = 1,\ \lambda_k^t \geqslant 0,\ \forall k;\ S^x \geqslant 0;\ S^y \geqslant 0;\ S^l \geqslant 0 \qquad (6\text{-}23)$$

式（6-23）中，$\overline{D}_v^t$ 表示方向性距离函数，$S^x = (S_1^x,\ \cdots,\ S_n^x,\ \cdots,\ S_N^x)$ 表示投入变量的松弛；$S^b = (S_1^y,\ \cdots,\ S_m^y,\ \cdots,\ S_M^y)$ 表示"好"产出的松弛；$S^b = (S_1^b,\ \cdots,\ S_l^b,\ \cdots,\ S_L^b)$ 表示"坏"产出的松弛；$(g^x,\ g^y,\ g^b)$ 表示方向向量，$(-g^x,\ -g^y,\ -g^b)$ 表示投入变少、"好"产出变多、"坏"产出变少的方向。如果松弛变量为零，意味着该集团生产效率与最优经营前沿边界重合。参考传统方向距离函数，SBM 方向性距离函数最后计算出来的值越大，代表企业效率水平越低，所以，最后模型计算出的值所衡量的是某一决策单元缺乏经营效率的程度。根据 Cooper 等基于三种不同松弛的思路[1]，我们可以分解无效率值，结果如下：

$$\text{投入无效率} = \frac{1}{2N}\sum_{n=1}^{N}\frac{S_n^x}{g_n^x}$$

$$\text{好产出无效率} = \frac{1}{2M+L}\sum_{m=1}^{M}\frac{S_m^y}{g_m^y} \qquad (6\text{-}24)$$

$$\text{坏产出无效率} = \frac{1}{2M+L}\sum_{l=1}^{L}\frac{S_l^b}{g_l^b}$$

2. Luenberger 生产率指标

式（6-24）所定义的 SBM 方向性距离函数能够对各个具体横截面不同单元之间的效率进行比较，但是，这个方法不能比较纵向的经营效率，解决这一问题的常用方法是采用 Malmquist 指数法进行全要素生产率变动的分解，按

---

① Cooper, W. W., Seiford, L. M., Tone, K., *Data Envelopment Analysis（2nd ed.）*, Boston: Kluwer Academic Publisher, 2007.

照 Boussemart 等①的观点，相比起 Malmquist 指数法，Luenberger 指数更加有效。因此，本书采用 Chamber 等②定义的 Luenberger 指数：

$$LTFP_t^{t+1} = \frac{1}{2}\{[\bar{D}_c^t(X_k^t, Y_k^t, B_k^t; g) - \bar{D}_c^t(X_k^{t+1}, Y_k^{t+1}, B_k^{t+1}; g)] +$$

$$[\bar{D}_c^{t+1}(X_k^t, Y_k^t, B_k^t; g) - \bar{D}_c^{t+1}(X_k^{t+1}, Y_k^{t+1}, B_k^{t+1}; g)]\} \qquad (6-25)$$

其中，$\bar{D}_c^t(X_k^{t+1}, Y_k^{t+1}, B_k^{t+1}; g)$ 代表决策单元 k 在 $t+1$ 时刻的投入产出值相较于 t 时刻的经营生产前沿面方向距离函数的结果，其余类似。根据 Grosskopf③的分析思路分解，我们可以将 Luenberger 生产率分解为四个指标：纯效率变化（LPEC）、纯技术变化（LPTP）、规模效率变化（LSEC）以及技术规模变化（LTPSC），公示如下：

$$LTFP = LPEC + LPTP + LSEC + LTPSC \qquad (6-26)$$

$$LPEC_t^{t+1} = \bar{D}_v^t(X_k^t, Y_k^t, B_k^t; g) - \bar{D}_v^{t+1}(X_k^{t+1}, Y_k^{t+1}, B_k^{t+1}; g) \qquad (6-27)$$

$$LPTP_t^{t+1} = \frac{1}{2}\left\{ \begin{matrix} [\bar{D}_v^{t+1}(X_k^t, Y_k^t, B_k^t; g) - \bar{D}_v^t(X_k^t, Y_k^t, B_k^t; g)] + \\ [\bar{D}_v^{t+1}(X_k^{t+1}, Y_k^{t+1}, B_k^{t+1}; g) - \bar{D}_v^t(X_k^{t+1}, Y_k^{t+1}, B_k^{t+1}; g)] \end{matrix} \right\} \qquad (6-28)$$

$$LSEC_t^{t+1} = \frac{1}{2}\left\{ \begin{matrix} [\bar{D}_c^t(X_k^t, Y_k^t, B_k^t; g) - \bar{D}_v^t(X_k^t, Y_k^t, B_k^t; g)] + \\ [\bar{D}_c^{t+1}(X_k^{t+1}, Y_k^{t+1}, B_k^{t+1}; g) - \bar{D}_v^{t+1}(X_k^{t+1}, Y_k^{t+1}, B_k^{t+1}; g)] \end{matrix} \right\} \qquad (6-29)$$

$$LTPSC_t^{t+1} = \frac{1}{2}\left(\begin{matrix} \left\{ \begin{matrix} [\bar{D}_c^{t+1}(X_k^t, Y_k^t, B_k^t; g) - \bar{D}_v^t(X_k^t, Y_k^t, B_k^t; g)] - \\ [\bar{D}_c^t(X_k^t, Y_k^t, B_k^t; g) - \bar{D}_v^t(X_k^t, Y_k^t, B_k^t; g)] \end{matrix} \right\} + \\ \left\{ \begin{matrix} [\bar{D}_c^{t+1}(X_k^{t+1}, Y_k^{t+1}, B_k^{t+1}; g) - \bar{D}_v^{t+1}(X_k^{t+1}, Y_k^{t+1}, B_k^{t+1}; g)] - \\ [\bar{D}_c^t(X_k^{t+1}, Y_k^{t+1}, B_k^{t+1}; g) - \bar{D}_v^t(X_k^{t+1}, Y_k^{t+1}, B_k^{t+1}; g)] \end{matrix} \right\} \end{matrix} \right)$$

$$(6-30)$$

① Boussemart, J. P., et al. "Luenberger and Malmquist Productivity Indices: Theoretical Comparisons and Empirical Illustration", *Post-Print*, Vol. 55, No. 4, 2003.

② Chamber, R. G., et al. "Productivity Growth in APEC Countries", *Pacific Economic Review*, No. 1, 1996.

③ Grosskopf, S., "Some Remarks on Productivity and Its Decompositions", *Journal of Productivity Analysis*, Vol. 20, No. 3, 2003.

（二）空间技术分析方法

1. 空间面板数据模型

面板数据（Panel Data）是指多个指标变量在不同时点上多个地点的观测值。它具有截面数据和时间序列数据的双重特性，包含更丰富的信息。在诸多关于地域的实际问题研究中，若简单将各地区看作相互独立的个体单元，就忽略了各地区的空间相关性，易导致统计推断结果的精度降低。随着空间计量经济学的发展，空间面板数据模型的应用也越来越广泛，它主要是通过空间权重矩阵来体现地区之间的空间相关性，可具体划分为静态和动态两种形式。本书重点研究静态空间面板数据模型，主要包含如下三种形式。

在经典的线性回归模型中加入被解释变量的空间滞后项 WY，即为空间滞后模型（SLM），其形式为：

$$Y = \rho WY + \beta X + \eta + \varepsilon, \ \varepsilon \sim \mathrm{N}\ (0, \sigma^2 1_n) \tag{6-31}$$

式（6-31）中 Y 是 $nT \times 1$ 维向量，X 是 $nT \times k$ 维矩阵，W 是 $n \times m$ 维空间权重矩阵，是 $nT \times 1$ 维个体固定效应向量，1_n 是元素均为 1 的 n 维列向量，β 为参数向量，ε 为随机扰动项（其中 n、T 和 k 分别是空间个体单元数、时间单位数和解释变量的个数）。

在经典线性回归模型中加入随机扰动的空间滞后项，即为空间误差模型（SEM），其形式为：

$$Y = \beta X + \eta + \mu, \ \mu = \lambda W\mu + \beta X + \varepsilon, \ \varepsilon \sim \mathrm{N}\ (0, \sigma^2 1_n) \tag{6-32}$$

在空间滞后模型的基础上加入解释变量的空间滞后项，即为空间杜宾模型（SDM），其形式为：

$$Y = \rho WY + \beta X + \theta WX + \eta + \varepsilon, \ \varepsilon \sim \mathrm{N}\ (0, \sigma^2 1_n) \tag{6-33}$$

2. 地理加权回归模型（GWR）

传统线性回归模型是建立在空间上的单一水平模型，因变量 Y 和自变量 X_i（$i = 1, 2, \cdots, p$）之间的关系是固定不变的，拟合回归系数是常数。线性回归系数表征的是整个研究区的平均情况。然而在实际研究中发现，因变量和自变量间的回归系数在不同地理位置上是不一致的，两者间的线性回归系数会随地理位置的变化而发生变化，采用线性回归模型拟合的回归系数无法反映区域内真实的空间特性。为解决这一问题，Brunsdon 等[①]在空间变异系数回归模型基础上，利用局部光滑思想提出了 GWR 模型。GWR 模型是局部模型，可用于表示自变量和因变量在空间上的非稳定关系。GWR 模型将地理空间距离作为权重引入线性回归模型中。在 GWR 模型中，因变量 Y 和自变量 X_i 的关系可以表示为：

$$Y_j = \beta_0(u_i, v_i) + \sum_{i=1}^{p} \beta_i(u_i, v_i) X_{ij} + \varepsilon_j \qquad (6-34)$$

式（6-34）中，$\beta_0(u_i, v_i)$ 和 $\beta_i(u_i, v_i)$ 分别表示 j 点的回归模型的截距和斜率，ε_j 表示 j 点的回归误差，(u_i, v_i) 表示 j 点的坐标值。与常规的全局回归模型不同，式（6-34）中系数 $\beta_0(u_i, v_i)$ 和 $\beta_i(u_i, v_i)$ 由 j 点周边一定数量的样本点估计得到，而且用样本点与 j 点之间的距离作为权重来表示样本点对系数估计的影响程度。因此，系数 $\beta_0(u_i, v_i)$ 和 $\beta_i(u_i, v_i)$ 的计算公式可以表示为：

$$\hat{\beta}(u_i, v_i) = \{X^{\mathrm{T}}[W(u_i, v_i)]X\}^{-1}X^{\mathrm{T}}W(u_i, v_i)Y \qquad (6-35)$$

式（6-35）中，$\hat{\beta}(u_i, v_i)$ 表示 j 点的估计系数，X 和 Y 表示自变量和因变量的输入矢量，$W(u_i, v_i)$ 表示权重矩阵，计算公式如下：

$$\begin{cases} [1 - (d_{ij}/b)^2]^2 & d_{ij} \leqslant b \\ W_{ij} = 0 & d_{ij} > b \end{cases} \qquad (6-36)$$

式（6-36）中，d_{ij} 表示待估算 j 点与周边 i 样点之间的距离，b 是核半径。

三　维度模型

（一）经济效益指标

湖泊康养旅游经济效益指标，包括直接经济效益与间接经济效益、未

---

①　Brunsdon, C., et al. "Geographically Weighted Regression: A Method for Exploring Spatial Nonstationarity", *Geographical Analysis*, Vol. 28, No. 4, 1996.

来经济效益和近期经济效益、旅游经济的正效益和负效益、旅游的微观经济效益和宏观经济效益。旅游经济效益的衡量标准是多方面的，容易忽略未来经济效益和间接经济效益，未来经济效益可以通过可行性论证获取，间接经济效益可以通过项目支出的投入所带来的影响来分析和测算。

（二）社会效益指标

湖泊康养旅游社会效益是指旅游者及其活动对旅游地文化、宗教、道德、治安等诸方面的综合影响。旅游社会效益主要表现在提供游览、娱乐、休息和体育活动的良好场所，丰富生活，提供就业机会。当旅游者人数及其旅游活动量低于旅游环境的承受能力时，旅游社会效益一般随旅游者人数的增加而增加；反之，社会效益随旅游者人数的增加而下降。

（三）生态效益指标

旅游的生态效益主要是为了实现旅游发展与环境保护的双赢目标。因此，旅游生态效益测度和管理的重要工作之一，就是科学评估生态旅游对社会、经济与生态环境的影响性质（积极的或消极的）、表现形式（显性的或隐性的）、范围及频度大小，研究生态旅游与生态环境互动机制，进而从管理规章制度、科学管理方法、技术手段等方面，提出有效减缓负面影响的措施。

第三节 我国湖泊康养旅游时空分异

近年来，生态环境、人口亚健康、老龄化等问题日益凸显，康养需求与旅游消费急速膨胀，为满足人民群众对美好生活的追求，国家大力推进健康产业与旅游业的深度融合。《"健康中国2030"规划纲要》指出：积极促进健康与养老、旅游、健身休闲融合，催生健康新产业、新业态、新模式；打造具有国际竞争力的健康医疗旅游项目，大力发展中医药健康旅游。但在各地康养旅游迅猛发展的过程中，景区布局不合理、项目盲目跟进、特色不突出、资源与健康养生匹配度不高等问题频发。康养旅游地是一种新

兴的空间地域单元，对其空间分布格局和影响机理的有效分析，对优化康养旅游地空间布局和促进康养旅游业健康可持续发展具有重要的实践意义。

目前国内外有关康养旅游的研究主要基于经济管理学或行为学的分析角度，虽有少数研究涉及其地理空间分布，但研究的空间尺度多局限于城市、小型城市群等中观、微观尺度，缺乏宏观层面对全国康养旅游地空间分布格局的系统梳理；在此基础上，对影响康养旅游地空间分布格局要素的研究不够深入，并未形成科学化的测度指标。鉴于此，本书对国家级品牌康养旅游地进行系统梳理，依据其成因和现状确定康养旅游地类型，通过平均最近邻指数和核密度分析法刻画国家和省域康养旅游地空间分布状况和集散特征，并运用熵值赋权法和地理探测器模型辨识其影响空间分布的驱动因素，以期为我国未来康养旅游空间布局的优化和健康发展提供对策。

一　研究方法

（一）平均最近邻指数

最近邻距离能衡量康养旅游地在空间分布中的相互邻近程度[①]，最近邻点指数能反映康养旅游地的空间集散特征，即实际最近邻距离与理论最近邻距离的比值，公式如下：

$$R = \frac{\overline{r_1}}{\overline{r_E}} = 2\sqrt{D} \times \overline{r_1} \tag{6-37}$$

式（6-37）中：R 为最近邻点指数；$\overline{r_1}$ 为最近邻点之间距离的平均值；$\overline{r_E}$ 为理论最近邻距离；D 为近邻点密度。

其中：

$$\overline{r_E} = \frac{1}{2\sqrt{\dfrac{n}{A}}} = \frac{1}{2\sqrt{D}} \tag{6-38}$$

---

① 王兆峰、史伟杰、苏昌贵：《中国康养旅游地空间分布格局及其影响因素》，《经济地理》2020 年第 11 期。

式（6-38）中：A 为区域面积；n 为康养旅游地个数。当 $R=1$ 时，即 $\overline{r_1} = \overline{r_E}$，点状事物呈随机分布状态；当 $R<1$ 时，即 $\overline{r_1} < \overline{r_E}$，点状事物呈集聚分布状态；当 $R>1$ 时，即 $\overline{r_1} > \overline{r_E}$，点状事物呈均匀分布状态。

（二）核密度分析法

核密度分析法是利用一个移动的单元格对点、线格局密度进行量化估计的方法。其样本点的核密度分析式为：

$$\int_h^{\wedge}(x) = \frac{1}{nh}\sum_{i=1}^{n} K\left(\frac{x-x_i}{h}\right) \tag{6-39}$$

式（6-39）中：$K\left(\dfrac{x-x_i}{h}\right)$ 表示核函数；h（$h>0$）为带宽；n 为样本点个数；$x-x_i$ 为样本点 x_i 与估值点 x 的距离。运用核密度分析法能更直观地反映康养旅游地空间分布状况。

（三）熵值赋权法

熵值法是一种十分重要的赋权法，它根据各项指标数据提供的信息大小客观地确定指标权重。本书运用熵值法定量衡量我国各省份的自然资源禀赋、环境质量状况、潜在康养人口、交通运输能力、经济发展水平和旅游投资水平，为精确分析各影响因素对康养旅游地空间布局的影响力提供了前提和基础。

首先，对不同数量级和量纲的原始数据进行极差标准化处理，公式为：

$$正向指标：z_{ij} = \frac{X_{ij} - \min X_i}{\max X_i - \min X_i}$$

$$负项指标：z_{ij} = \frac{\max X_i - X_{ij}}{\max X_i - \min X_i} \tag{6-40}$$

式（6-40）中：z_{ij} 为标准化处理后的数据值；X_{ij} 为原始数据值，其中 $i(i=1,2,\cdots,m)$ 为评价指标的序列数，$j(j=1,2,\cdots,n)$ 为点位数；$\max X_i$ 和 $\min X_i$ 分别为原始数据第 i 个指标的最大值和最小值。

其次，对含有 m 个指标，n 个样本的数据集的第 i 个指标权重进行计算，公式为：

$$W_i = \cfrac{1 + \cfrac{1}{\ln n} \sum\limits_{j=1}^{n} \left(\cfrac{z_{ij}}{\sum\limits_{j=1}^{n} z_{ij}} \ln \cfrac{z_{ij}}{\sum\limits_{j=1}^{n} z_{ij}} \right)}{m + \sum\limits_{i=1}^{m} \left(\cfrac{1}{\ln n} \sum\limits_{j=1}^{n} \cfrac{z_{ij}}{\sum\limits_{j=1}^{n} z_{ij}} \ln \cfrac{z_{ij}}{\sum\limits_{j=1}^{n} z_{ij}} \right)} \qquad (6\text{-}41)$$

最后，对各指标进行求和，公式如下：

$$U_{ij} = \sum_{i=1}^{m} W_i \times Z_{ij} \qquad (6\text{-}42)$$

式（6-42）中：U_{ij} 为康养旅游地空间布局影响因素的综合评价值。

（四）地理探测器

地理探测器能探测地理要素的空间分异性并揭示其背后相关的驱动因子[①]，其核心思想是：若某自变量对其因变量有重要影响，则自变量与因变量的空间分布应该存在相似性。由于我国康养旅游地存在空间差异性，因此本书利用地理探测器探测我国康养旅游地空间分布的影响因素，其模型如下：

$$q = 1 - \cfrac{1}{N\delta^2} \sum_{h=1}^{L} N_h \delta^2_{\ h} = 1 - \cfrac{SSW}{SST} , \quad SSW = \sum_{h=1}^{L} N_h \delta^2 ; \quad SST = N\delta^2 \qquad (6\text{-}43)$$

式（6-43）中：q 为影响因素的探测力值；N 和 N_h 分别为整体和次一级区域内的所有样本数；L 为各因素的分类；δ^2 和 $\delta^2_{\ h}$ 分别为整体、次一级区域因变量的样本离散方差；SSW 和 SST 分别为层内方差之和与全区总方差。q 的取值区间为 ［0，1］，q 值越大，说明该因素对康养旅游地空间布局的影响力越大。

二　康养旅游时空分异

"健康中国"已上升为国家战略，康旅耦合协调发展成为产业耦合协调发展的重要方向。本节在构建康旅耦合协调发展评价指标体系的基础上，

---

① 王兆峰、黄冬春：《中国省域康养旅游竞争力空间分异及其影响因素》，《攀枝花学院学报》2022 年第 2 期。

借助耦合协调度模型、标准差椭圆分析、空间自相关等方法，探讨 2009～2018 年中国康旅耦合协调发展的时空态势与演化特征。

（一）我国康旅耦合协调发展时空演化特征

康旅产业整体呈现良好的耦合协调发展态势，耦合协调等级由 2009 年的中度失调演变为 2018 年的初步协调（见表 6-10）。尽管康旅产业耦合协调度呈现稳步上升态势，但其耦合协调发展仍处于较低水平，大部分省域处于初步协调状态，个别省域处于勉强协调水平。2009～2012 年健康产业滞后和旅游业滞后均有发生，2013 年及以后一直呈旅游业滞后发展状态，这可能是因为大健康产业作为一个新兴产业，近年来发展势头强劲。

表 6-10　2009～2018 年我国康旅耦合协调发展情况

年份	U_1	U_2	D	耦合协调类型	耦合协调等级
2009	0.090	0.152	0.242	健康产业滞后型	中度失调
2010	0.189	0.169	0.299	旅游业滞后型	中度失调
2011	0.249	0.255	0.355	健康产业滞后型	轻度失调
2012	0.297	0.309	0.389	健康产业滞后型	轻度失调
2013	0.574	0.354	0.475	旅游业滞后型	濒临失调
2014	0.591	0.502	0.522	旅游业滞后型	勉强协调
2015	0.670	0.639	0.572	旅游业滞后型	勉强协调
2016	0.741	0.690	0.598	旅游业滞后型	勉强协调
2017	0.798	0.745	0.621	旅游业滞后型	初步协调
2018	0.869	0.864	0.658	旅游业滞后型	初步协调

1. 时间演化特征

由表 6-11 可知，2009～2018 年康旅耦合协调等级有所提高，由初期的严重失调、中度失调、轻度失调和濒临失调，逐步发展成为勉强协调与初步协调，表明康旅耦合协调发展态势良好。天津、上海、福建和甘肃等的康旅耦合协调等级在 2015 年为勉强协调，是最早进入协调行列的省域。这主要是由于天津是近代工业的起源地，工业发展迅速，经济基础良好，可以为健康产业和旅游业的发展提供完备的资金支持；上海的医疗旅游产品在 2009 年起步，2010 年相应的平台开始问世①，健康产业发展迅速；福建森林覆盖率居全国前列，森林康养旅游发展起步较早；甘肃是中国文化的发祥地之一，古迹与建筑类旅游资源丰富，旅游业发展基础良好。然而，天津在 2018 年仍停留在勉强协调状态，协调等级并未得到进一步提升，可能是天津工业污染问题显现，由《天津统计年鉴》可知，集中治理设施从 2016～2018 年呈现先升后降趋势，影响了环境治理水平，进而影响到健康产业和旅游业的发展。另外，我国康旅耦合协调发展呈明显的空间移动性，高耦合协调区域由东部沿海向西部转移。

表 6-11　2009～2018 年不同耦合协调等级的区域分布

耦合协调等级	2009 年	2012 年	2015 年	2018 年
严重失调	贵（1）			
中度失调	内蒙古、苏、皖、闽、赣、豫、鄂、粤、桂、渝、川、云、陕、甘、青、宁、新（17）			
轻度失调	京、冀、晋、辽、吉、黑、沪、浙、鲁、湘、琼、藏（12）	内蒙古、鄂、粤、渝、贵、云、藏、陕、青、宁（10）		
濒临失调	津（1）	京、津、冀、晋、辽、吉、黑、沪、苏、浙、皖、闽、赣、鲁、豫、湘、桂、琼、川、甘、新（21）	晋、辽、宁（3）	
勉强协调			京、津、冀、内蒙古、吉、黑、沪、苏、浙、皖、闽、赣、鲁、豫、鄂、湘、粤、桂、琼、渝、川、贵、云、藏、陕、甘、青、新（28）	津、辽、黑、浙、藏（5）

① 宋欣阳：《上海推进医疗旅游发展战略研究》，《科学发展》2018 年第 7 期。

续表

耦合协调等级	2009 年	2012 年	2015 年	2018 年
初步协调				京、冀、晋、内蒙古、吉、沪、苏、皖、闽、赣、鲁、豫、鄂、湘、粤、桂、琼、渝、川、贵、云、陕、甘、青、宁、新（26）

2. 空间演化特征

标准差椭圆分析表 6-12 显示，2009～2018 年我国康旅耦合协调发展的标准差椭圆重心变化不规则，2009～2014 年位于河南省洛阳市，2015～2018年位于河南省南阳市，2010～2011 年、2013～2015 年、2017 年重心均呈现向西南偏移趋势，在一定程度上说明我国康旅耦合协调趋势正从东部向西南扩张，这可能缘于西南地区拥有优质的康旅资源，如广西巴马的优质健康环境、云南独具特色的林下种养和高原特色农业、贵州的地热温泉等。另外，2009～2018 年，康旅耦合协调发展的标准差椭圆的长轴（Y 轴）、短轴（X 轴）均缩短，旋转角由 51.502°变为 55.250°，表示康旅耦合协调发展态势在南北和东西方向上收缩。

表 6-12　2009～2018 年我国康旅耦合协调发展的标准差椭圆分析

年份	重心坐标	Y 轴/km	X 轴/km	旋转角/°	偏移距离/km	偏移方向
2009	112.087°E，34.260°N	1247.488	1097.301	51.502		
2010	111.914°E，34.139°N	1243.584	1085.152	52.741	20.812	西南
2011	111.746°E，34.105°N	1236.152	1090.491	55.509	15.720	西南
2012	111.798°E，34.038°N	1228.235	1090.949	52.045	8.924	东南
2013	111.602°E，33.842°N	1220.789	1095.046	54.125	28.383	西南
2014	111.543°E，33.754°N	1217.997	1092.780	55.540	11.305	西南
2015	111.371°E，33.688°N	0221.035	1094.055	57.368	17.405	西南
2016	111.389°E，33.698°N	1216.729	1091.279	56.353	1.997	东北
2017	111.155°E，33.696°N	1214.105	1091.853	55.916	6.957	西南
2018	111.092°E，33.733°N	1213.268	1094.271	55.250	5.976	西北

空间自相关测度康旅耦合协调发展的 Moran's I 指数（见表 6-13）表明，除 2013～2016 年、2018 年外，其他年份均通过显著性检验（P ≤ 0.05），表明康旅耦合协调发展呈现一定的空间自相关，即康旅耦合协调发展在空间上呈现集聚状态，但由于康旅耦合协调发展仍处于起步阶段，各省域对其发展的投入不一，造成各省域康旅耦合协调发展水平、发展速度不同，不具备时空稳定性，导致多数省域局域空间自相关不显著。

表 6-13　康旅耦合协调发展的 Moran's I 指数

指标	2009 年	2010 年	2011 年	2012 年	2013 年	2014 年	2015 年	2016 年	2017 年	2018 年
Moran's I	0.311	0.175	0.259	0.226	0.044	−0.040	−0.003	0.072	0.180	0.121
P	0.000	0.022	0.001	0.004	0.903	0.943	0.738	0.240	0.019	0.087

由表 6-14 可知："高-高"关联省域由 2009 年的 3 个减至 2018 年的 1 个，空间分布变化明显，由东部沿海地区向西部地区转移，2009 年包括天津、辽宁和山东，三省省域形成相互毗邻、彼此促进的联动区域，溢出效应明显，是拉动其他地区发展的重要增长极；2009～2012 年山东一直位于"高-高"关联区，康养旅游在山东拥有广阔的发展市场，且山东有康养旅游所需的充足的人力资源；2018 年则只有四川位于"高-高"关联区，可能是因为其温泉旅游发展迅速。"高-低"关联省域在 2009 年为 0 个，2010 年、2013～2015 年和 2017 年均只包含 1 个不固定的省域。"低-高"关联省域只在 2014～2015 年包含湖南，湖南在 2010 年位于"高-低"关联区，这种转变可能是因为康旅耦合协调的重心逐渐由东部沿海向西部转移，湖南的康旅耦合协调水平相比周边省域先高后低。"低-低"关联省域在 2009 年包括重庆、四川、贵州、云南和广西，这 5 个省域康养旅游资源比较丰富，由于资源开发利用不充分，康养旅游发展水平较低，但 2013～2014 年西部地区全部退出"低-低"关联区，康旅耦合协调发展水平逐渐好转。2015～2018 年辽宁一直处于"低-低"关联区，2017 年增加了吉林和黑龙江，可能是东北地区康养旅游资源开发较早，但后续投资力度不足，使得康旅耦合协调发展水平逐渐落后。

表6-14　2009~2018年我国康旅耦合协调发展的局部空间自相关

年份	高-高	高-低	低-高	低-低
2009	津、辽、鲁			渝、川、贵、云、桂
2010	鲁	湘		渝、川、贵
2011	津、鲁			渝、贵、云、桂
2012	辽、鲁			云
2013		甘		
2014	闽	津	湘	
2015		陕	湘	辽
2016	渝			辽
2017	川	内蒙古		辽、吉、黑
2018	川			辽

（二）长江经济带康养旅游资源时空分异

长江经济带是以长江为轴带、以城市为节点的带状经济区，是我国国土空间开发的重要战略区域，与京津冀、粤港澳大湾区、长江三角洲、黄河流域共同构成了国家空间发展战略的支柱。长江经济带覆盖川、渝、云、黔、鄂、湘、赣、苏、沪、浙、皖共9省2市，相较珠三角、京津冀等地区覆盖范围更广，是中国康养旅游发展最好的地区之一。该地区自然条件优越、物候条件良好，契合康养旅游发展的"排他性"要求，本节以长江经济带的康养旅游示范基地（简称"康养基地"）为研究对象，从时空角度分析其演化过程。

1. 空间分布类型

类型划分有助于识别当前各类康养旅游资源的开发现状，在提升产品丰度、层次上意义重大。故在试点、正式康养基地的分类外，进一步参考王兆峰和梁志强[1]的分类方法，对长江经济带康养基地的类型和数量进行划分，得到6类共962处康养基地（见表6-15）。结合表6-15可知，森林康

---

[1]　王兆峰、梁志强：《长江经济带文旅产业融合发展水平的时空演化及影响因素》，《陕西师范大学学报》（自然科学版）2023年第6期。

养基地主要分布在四川省，省域森林面积达 1703.74 万公顷，仅次于云南省；中医药康养基地以浙江省和安徽省居多；各类康养产业发展较均衡的省份以浙江省为代表，康养基地数量排名第二，康养城市、中医药康养基地建设数量名列前茅，且较早发现老年养生旅游市场，2014 年起陆续公布大批以村为单位的老年养生旅游示范基地；长江经济带各省市康养基地建设差距较大，以森林、中医药和康养城市等发展为主，水文等重要康养旅游资源尚未得到有效开发，主营温泉仅 13 处，多分布在浙江、贵州两省。

表 6-15　长江经济带康养基地类型及数量

单位：处

康养基地类型	川	渝	云	黔	湘	鄂	赣	苏	沪	浙	皖
森林	283	13	24	58	29	43	47	3	0	49	11
水文	2	0	0	8	1	3	2	1	0	4	0
养生文化（园）	7	0	0	0	0	1	0	0	0	17	0
中医药	8	1	2	2	1	1	3	3	2	43	31
公司（企业、机构）	7	6	16	29	16	13	7	6	1	13	4
康养城市（市、区、镇、村、乡）	17	1	10	6	6	3	6	1	0	87	3
正式	35	17	48	84	48	57	17	7	0	29	10
试点	289	4	4	19	6	7	48	7	3	184	39

2. 时间分布类型

长江经济带康养基地的最近邻指数均小于 1，Z 检验值均小于 -10.84，空间分布始终保持凝聚状态。分开来看，2015 年试点、正式康养基地的最近邻指数值大于 1，空间分布上呈均衡状态，早期康养基地为以浙江省为代表的正式中医药康养基地和以四川省为代表的试点森林康养基地。随着 2016 年康养旅游相关政策的公布，康养基地的评选标准不断完善，各省市康养基地数量增速迅猛。2017 年试点、正式康养基地数量均突破百位，空间分布达到凝聚状态。2020 年试点、正式康养基地数量持续增加，长江经济带康养基地数量在全国处于领先水平。

核密度分析。由图 6-3 可知，2015 年长江经济带康养基地空间特征为

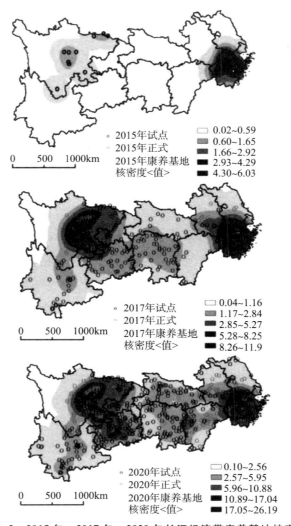

图 6-3　2015 年、2017 年、2020 年长江经济带康养基地核密度

单核双中心，依托经济、区位和资源优势，浙江、四川两省率先开展康养基地建设，形成以浙江省绍兴市、金华市、杭州市等城市为代表的单核聚集区和由四川省成都市、眉山市以及巴中市构成的双中心区。该时期试点、正式康养基地在省域范围内没有并存，说明发展初期，各省偏向以单一标准建设康养基地。2017 年康养基地的分布为双核多中心式，四川省康养基

325

地建设速度加快，德阳市、成都市、眉山市等城市形成又一最高级别核密度聚集区。同时，该阶段长江经济带 11 省市全面发展康养旅游的格局基本形成。2020 年康养基地的空间特征表现为双核全面扩散，围绕江西省萍乡市和贵州省贵阳市、安顺市等的新聚集区逐渐成形。位于核心圈层的四川省和浙江省已基本完成试点康养基地到正式康养基地的转化，成为康养旅游大省。其余省市起步较晚，康养基地建设以试点类型为主，多处于探索阶段。

标准差椭圆分析。由图 6-4 可以看出，总康养基地标准差椭圆中心点向西南方向偏移，早期集中在长江经济带东南部，后期稳定在四川、重庆、贵州、湖南、湖北、江西和安徽等省市附近。试点康养基地标准差椭圆在 2015~2017 年呈顺时针旋转状态，长、短轴明显拉长并向东南方向扩散；2017~2020 年轻微逆时针旋转，长、短轴增幅较小，分别在 101.45°E ~ 117.09°E 和 24.51°N~31.57°N。试点康养基地数量增长以中部地区为主，集中在贵州、湖南、湖北、江西和重庆等省市。正式康养基地标准差椭圆的中心点逐渐向西北转移，2015 年围绕在浙江省附近，2017~2020 年正式康养基地数量剧增，截至 2020 年末其数量是 2015 年的 12 倍。正式康养基地多分布在浙江省、四川省和其周边省市，中部地区数量较少，呈高-高、低-低相邻状态，表明康养旅游发展好的地区，其周边省市对康养基地建设的重视程度较高，具有区域辐射效益。试点、正式康养基地在标准差椭圆内的占比随时间推移增加，但总康养基地的占比呈下降趋势，这可能与位于长江经济带东北角的江苏省和西南角的云南省建设起步晚、开发程度低、聚集性弱有关，两省的试点康养基地均未建成省级康养基地。

康养旅游是旅游细分市场中的重要分支，市场潜力巨大。长江经济带康养基地建设已初具规模，但仍存在有待改进的地方。

丰富康养旅游业态，促进康养基地多元化发展。康养产品同质化现象广泛存在，各地应通过市场细分选择符合区域特性的特色康养旅游发展模式，避免同地区同类型康养旅游产品间的竞争。康养旅游市场中各类旅游资源发展差异大，森林、中医药旅游等欣欣向荣，心理、温泉、体育旅游等在建设中受到忽视，所以应针对性开发精品康养旅游项目。

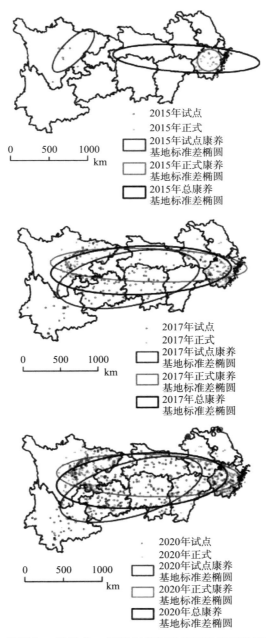

图 6-4　2015 年、2017 年、2020 年长江经济带康养基地标准差椭圆

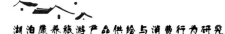
打造康养旅游品牌，提高品牌识别度。当前各地对康养旅游的开发程度迥异，游客难以快速、有效、准确地识别康养旅游产品，存在旅游信息不对称现象。所以应在做好康养旅游产品的前提下，加大宣传力度，多渠道推广本土特色康养旅游产品，线上线下同步发力，扩大康养旅游品牌影响力，提高其在周边、全国乃至世界的知名度和美誉度。

合作开发旅游产品，用全域视角指导康养旅游发展。康养旅游受地域限制小，用全域视角发展康养旅游有利于区域旅游资源配置的合理化和康养产业的集群化。实践证明，康养旅游发展好的地区能发挥示范效应，带动邻近地区发展。同时，跨区域康养旅游产品联动能增强地区整体吸引力，拓宽旅游范围，延长游客停留时间，拉动 GDP 增长。

第七章
湖泊康养旅游产品开发

湖泊康养旅游开发是近年来备受关注的旅游发展领域之一。湖泊康养旅游产品是湖泊康养旅游发展的物质基础。其产品开发的成功与否，是湖泊康养旅游能否成功开展的关键，直接关系着湖泊康养经济的长远发展。湖泊康养旅游产品开发不仅是对现有湖泊及康养旅游资源的改造、重组，而且是对新的湖泊康养旅游资源以及新的旅游产品的挖掘与开发。湖泊康养旅游产品的成功开发，对促进对外交流、提升旅游目的地形象、改善产业结构、增强临湖城镇活力、带动农民致富、平衡临湖城镇发展有巨大的推动作用。因此，湖泊康养旅游产品在湖泊康养旅游发展乃至临湖城镇发展中，具有决定性作用。

第一节　开发概述

湖泊康养旅游产品开发是湖泊康养旅游发展的重要一环。如何适应湖泊康养经济、湖泊康养旅游的发展现状及未来趋势，是湖泊康养旅游产品开发必须考虑的问题。本节从湖泊康养旅游产品开发的概念界定、影响因素、开发原则及产品开发体系出发进行分析，为后续湖泊康养旅游产品开发奠定基础。

一　概念界定

市场学将产品定义为"向市场提供的，以满足人们某种欲望或需要的

任何东西，包括各种有形物品、服务、地点组织和想法"。旅游产品是旅游学中的一个基本概念，由于旅游产品在要素构成方面的广泛包容性和开放性特征，以及不同学科或学者对旅游产品考察角度不同，学界对旅游产品概念，存在着不同的理解和认识，至今也没有定论。① 目前康养旅游产品概念尚未有清晰的界定，按照字面意思，可以将康养旅游产品理解为"康养"和"旅游产品"的组合，因此"旅游产品"是界定"康养旅游产品"的核心。

综合前人对于旅游产品概念的研究，结合康养旅游、康养旅游资源概念，本研究认为湖泊康养旅游产品是以湖泊康养旅游市场为导向，以湖泊康养旅游者所需为指引，为满足康养旅游者需求而面向旅游者提供的各种产品和服务的总和。具体指满足旅游者"养肺""养颜""养脑""养心""养胃""养生""康体""养神"等康养需求，且对旅游者有康养吸引力，并促使其产生旅游驱动力的环境、事物和服务，是康养旅游资源开发利用后的"成品"。② 湖泊康养旅游产品的构成要素主要包括旅游吸引物、旅游设施、可进入性和旅游服务。

二　影响因素

（一）客观因素

1. 湖泊康养旅游资源

湖泊康养旅游资源是湖泊康养旅游产品开发的物质基础和动力，是湖泊康养旅游业赖以存在和发展的基本条件。2016 年国家旅游局发布的《国家康养旅游示范基地》行业标准中康养旅游被定义为：通过养颜健体、营养膳食、修养身性、关爱环境等手段，使人在身体、心智和精神上都达到与自然和谐的优良状态的各种旅游活动的总和。③ 因此，任何满足这种定义

---

① 程金龙、王淑曼：《县域旅游理论与实践》，社会科学文献出版社，2022，第 230 页。
② 吴广凤：《滇中地区康养旅游资源的地域特征及其开发利用途径研究》，硕士学位论文，云南师范大学，2021，第 11 页。
③ 《旅游行业标准 LB/T 051-2016 国家康养旅游示范基地》，文化和旅游部网站，https://zwgk.mct.gov.cn/zfxxgkml/hybz/202012/t20201224_920050.html。

的旅游资源都可以被认为是康养旅游资源。

目前，国内鲜有对康养旅游资源进行系统分类和空间分布特征的相关研究，对康养旅游产品分类的研究较多。康养旅游产品依据资源类型分为温泉、山岳、森林、宗教、养生美食、水域、山地等[1]，以及山地型、乡村型、水体型、养生文化型等健康休闲旅游产品[2]；依据产品效用分为康体健身、休闲养心、保健疗养等[3]。此外，中国康养产业发展报告将康养旅游产品分为森林康养、海洋康养、温泉康养和阳光（气候）康养四类。本书参考上述分类，依据资源性质将我国湖泊康养旅游资源分为森林类、气候类、温泉类、海滨类、湖泊类、康养小镇类、中医药类和宗教文化类等八大类别。

2. 空间集聚与竞争

湖泊属于普遍性旅游资源，具有共性多、独特性少、空间竞争替代性强的特点。我国地区之间经济发展不平衡，并且经济发达的长江中下游和东部地区湖泊较多。中西部地区的湖泊很难吸引到东部地区的度假游客，主要吸引了本地游客。另外，湖泊康养度假区和滨海康养度假区的相似性较多，在旅游地空间竞争中，湖泊康养度假区容易被经济发达、交通便捷的滨海度假区所替代，出现长江中下游和东部地区的湖泊康养旅游，吸引了较多观光游客、少量度假游客的状况。湖泊康养旅游产品的竞争力是由区域产品的可替代性决定的，湖泊康养旅游产品各自的吸引力，往往会导致市场结构的变化和再组合。因此，湖泊康养旅游产品的开发，一定要避免空间替代效应，要发挥区域旅游联合开发的优势，化竞争为合作，互惠互补。一方面，在对同一区域不同湖泊康养旅游资源进行开发时，一定要异常慎重，防止因湖泊康养旅游产品同质化现象严重，而导致的恶性竞争；

---

① 董晓英、赵欢、赖伯年：《基于 RMP 分析的终南山地带养生旅游产品开发研究》，《湖北农业科学》2014 年第 8 期。

② 顾晓艳、郑炜曼、李天佑等：《临安健康休闲旅游产品开发研究》，《安徽农业科学》2010 年第 18 期。

③ 周晓琴、明庆忠、陈建波：《山地健康旅游产品体系研究》，《资源开发与市场》2017 年第 6 期。

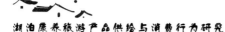
另一方面，对不同湖泊康养旅游资源进行开发时，要突出重点，打造具有特色和新意的产品，避免形成"千里同质、万里同景"的现象。此外，在开发不可替代产品时，也要精心策划，避免粗放式开发和经营，造成资源浪费。

3. 湖泊康养环境

一是经济环境。首先，湖泊康养旅游目的地的经济环境。如果该目的地经济发达，对外联系密切，那么居民到访率就高，湖泊康养旅游产品销售率就高。反之，湖泊康养旅游产品销售率就低。其次，国家的经济环境或经济政策环境。从宏观层面看，对湖泊康养旅游消费者影响最直接的是国家经济体制和政策。在计划经济体制下，我国呈现低工资、低福利、低消费的特征，消费者长期采用和限于被动式、无选择的消费方式，消费观念也停留在初级阶段，重实物消费、轻精神消费，不愿意"负债消费""超前消费"。在市场经济体制下，我国消费市场向卖方市场转变，国家积极引导消费者转变观念，逐步完善以个人消费为主的消费体系，消费者的消费信心逐渐增强。

二是湖泊康养旅游目的地的社会政治环境。如果湖泊康养旅游区域内安全不能得到保障，偷盗、欺诈事件多发，居民冲突不断，社会动荡不安或者出现严重的社会政治事件，游客的财产和人身安全无法得到保障，其消费信心势必会剧烈减弱，消费需求将会受到严重抑制。反之，湖泊康养旅游产品销售量自然增加。

三是湖泊康养旅游目的地的自然生态环境。无论是地域性的自然生态环境，还是全球性的自然生态环境，都在很大程度上影响着人类的消费行为。如果湖泊康养旅游目的地生态恶化、气候恶劣，那么游客到访率就低，湖泊康养旅游产品可持续开发将受到威胁。反之，如果湖泊康养旅游目的地山清水秀、环境优美，产品消费市场开拓成本低，那么湖泊康养旅游对游客的吸引力就大，游客的到访率就高。

4. 可进入性

可进入性是指游客在进入和离开湖泊康养旅游目的地时的方便、快捷、通畅程度，具体表现为进出旅游目的地的难易程度和时间长短。影响可进入性的因素主要是：地理位置、交通基础设施状况、通信条件、湖泊康养旅游政策等。湖泊康养旅游目的地可进入性越强，交通通达度越高，越有利于湖泊康养旅游产业的发展。比如：我国湖泊康养旅游产业发展较为成熟的杭州，西湖景区内设有环湖电瓶车，游客可以随时招手上下车，到达湖边任何景点；景区周围设有众多的自行车租赁点；景区周边公交网络发达，同时还开设旅游专线、微型公交等。便捷的道路交通加强了湖泊景区的可进入性，增强了游客对湖泊康养旅游的良好体验感。

5. 客源市场

湖泊康养旅游产品的客源市场，可以分为国内客源市场和国外客源市场，也可以划分为第一客源市场、第二客源市场和机会客源市场。距离客源市场的远近和客源市场的大小，是影响湖泊康养旅游产品开发能否顺利进行的重要因素，也是决定客流的重要因素。空间跨度大，意味着地理和文化差异大，这一方面对旅游者构成了强烈吸引，另一方面也意味着交通费用高、交通占用时间长，给旅游者开展旅游活动造成了阻碍。所以，各国各地的旅游区均率先将其周边地区作为主要客源地，由此构成了客源市场的圈层结构。湖泊康养旅游也是如此，一个湖泊康养旅游目的地，如果距离发达国家或地区较近，特色鲜明，旅游产品开发就比较顺利，容易取得成功。反之，即使湖泊康养旅游资源特色鲜明，湖泊康养旅游产品开发也将受到制约。吴必虎等的研究早已表明，80%的出游市场集中在距城市500千米以内的范围，随着空间旅游距离的增加，游客出游率递减现象越来越明显，500~1500千米的出游率低至5%~30%。[1]

6. 基础设施

湖泊康养旅游基础设施指为了满足湖泊旅游需求而建设的各种基础设施和设备，包括交通设施、住宿设施、餐饮设施、娱乐设施、卫生设施、安全设施以及供水、供电设施和通信设施等，是游客进行湖泊康养旅游活

---

[1] 吴必虎、唐俊雅、黄安民等：《中国城市居民旅游目的地选择行为研究》，《地理学报》1997年第2期。

动的凭借物。旅游者的活动，需要住宿设施、娱乐设施等来保障。旅游设施的完善与否，在很大程度上影响着旅游地的可进入性，完善的湖泊康养旅游基础设施，可以提升湖泊康养旅游目的地的吸引力和竞争力，为旅游者提供更好的服务体验。日渐兴起的高质量、现代化、特色化的旅游设施，是湖泊康养旅游产品开发的必需品。

此外，湖泊的知名度、旅游形象等因素，也是影响湖泊康养旅游产品开发的重要因素。

（二）主观因素

1. 开发者

湖泊康养旅游产品的开发者，可以是政府、企业、个体，也可以是一个整体，包括地方政府、规划设计人员、投资经营者和当地居民。在整体开发过程中，地方政府的职责是，提供政策支持和湖泊康养旅游产品开发的基础设施、维护市场秩序、提高当地形象等。规划设计人员在整个湖泊康养旅游产品开发群体中，居于核心组织地位，主要是结合湖泊康养旅游资源的特色和市场需求，进行科学规划设计与产品创新，创造、加工、提炼旅游资源的艺术成果，形成旅游"意境"。投资经营者重在追求经济效益最大化，主要提供住宿、餐饮和湖泊康养旅游商品、旅游项目等服务及设施。当地居民则是湖泊康养旅游产品开发的幕后受益者，或是得益于经济收入增加，或是得益于生态效益，从而在精神上获得愉悦。

2. 消费者

从理论上讲，湖泊康养旅游产品具有生产与消费的同步性，与消费者密不可分。产品只有被购买，才能算完整的旅游产品。因此，湖泊康养旅游产品开发，必须从多角度研究消费者行为。如果消费者行为没有差异，就不会有形式多样、内涵丰富、富有竞争力的湖泊康养旅游产品。

从主体因素方面看，个体能否成为湖泊康养旅游者，即能否产生湖泊康养旅游产品需求与行为，取决于多种社会、经济和心理因素。一是可随意支配收入。可随意支配收入是开展旅游活动的基础，决定着旅游者的旅游消费水平。社会经济越发达，人们可自由支配的收入越多，旅游产品的消费就越多。二是可随意支配时间。游客须支付一定的时间成本，才能完成湖泊康养旅游产品消费行为。三是旅游动机，其与游客受教育程度、偏好、回归自然的意愿有关。四是健康状况。每个居民都向往健康的生活方式，希望享受健康带来的幸福和欢乐，但是体质虚弱或者有严重疾病者，即使拥有大量的闲暇时间和金钱，并具有强烈的旅游动机，也会因难以适应旅途劳累，而无法进行湖泊康养旅游，消费内容、活动范围和消费方式也受到限制。此外，旅游消费也与游客性格、性别、职业、年龄等有关。

3. 旅游形象

（1）旅游地形象

旅游地形象也称"旅游形象"。Mackay 和 Fesenmaier 认为，旅游形象是由各种旅游产品（旅游吸引物）和要素组成的总体印象。[①] 彭华认为，旅游形象是旅游资源（包括人造景观）的本体素质及其媒体条件（服务环节）在旅游者心中的综合认知印象。[②] 马勇和舒伯阳认为，旅游形象是在一定地理范围内公众对旅游目的地的总体认识和评价，是旅游目的地的历史、现实与未来的一种理性再现。[③] 白凯认为，旅游形象是全体旅游者对某一旅游目的地所持有的一种认知，该认知随着个人的旅游经历、价值观念和外界信息刺激的方式与程度等因素的变化而变化。[④] 何春萍和李萌认为，旅游形象是旅游产品的"外壳"，是一种具体而强劲的旅游吸引力。[⑤] 窦开龙认为，旅游形象是旅游地通过总体旅游产品及其开发条件与环境所构成的对游客具有吸引力的总体印象，是游客心中对旅游目的地历史形象、现实感和未来发展趋势的一个感性与理性的认知，包括有形形象（服务质量、旅游资源、人员行为、接待设施）和无形形象（精神面貌、社会风气、社会治安）。[⑥]

[①] Mackay, K. J., Fesenmaier, D. R., "Pictorial Element of Destination in Image Formation", *Annals of Tourism Research*, Vol. 24, No. 3, 1997.

[②] 彭华:《关于旅游地文化开发的探讨》,《旅游学刊》1998 年第 1 期。

[③] 马勇、舒伯阳:《区域旅游规划——理论·方法·案例》,南开大学出版社, 1999, 第 76 页。

[④] 白凯:《旅游目的地意象定位研究述评——基于心理学视角的分析》,《旅游科学》2009 年第 2 期。

[⑤] 何春萍、李萌:《论旅游地形象建设的内容与方法》,《商业研究》2002 年第 13 期。

[⑥] 窦开龙:《民族旅游形象概念及其定位原则》,《消费导刊》2008 年第 14 期。

（2）湖泊康养旅游形象

湖泊康养旅游形象这一概念，从更广的角度考虑形象对旅游产品开发的意义。一般认为，湖泊康养旅游形象是游客对某个湖泊康养旅游目的地的产品及其开发条件的总体、抽象、概括的认识和评价，是对旅游产品开发地的历史影响、现实感与未来信息的一种理性思考，有助于增强区域凝聚力、优化旅游产品开发环境、发挥区域优势。

对于旅游产品开发者而言，湖泊康养旅游形象有两方面意义。一方面旅游产品具有无形性，消费者在消费之前只能通过图片或文字介绍了解其特性、想象其外观与品质，因此旅游产品的形象和声誉比其本身更重要，良好的形象能够大幅提升其价值和档次，增加心理附加值。因此，湖泊康养旅游产品开发者便有了明确的开发目标和市场开拓方向，即策划与开发湖泊康养旅游形象。另一方面可以通过树立形象对消费者进行心理诱导，这比单纯进行产品广告宣传效果要好。

对于旅游区居民而言，研究表明，旅游形象塑造存在"皮格马利翁效应"[①]，即湖泊康养旅游地形象评价和期待越高，东道主旅游区成员越能产生自豪感和使命感，越为自己作为旅游区成员感到光荣和自豪，反之则不然。因此，鲜明的形象，可以帮助湖泊康养旅游区居民更好地了解本区域湖泊康养旅游产品开发的潜力和前景，增强产品开发和建设意识，自觉珍惜和维持良好旅游形象。

对于产品消费者而言，湖泊康养旅游形象起到两种作用。一是诱导作用。旅游经济的繁荣、产品信息的日益丰富，使消费者能够选择的产品越来越多，但由于市场信息的不对称性、隐蔽性，消费者尝试、判别、选择的能力相对降低，常常会犹豫不决。鲜明的湖泊康养旅游形象，能够有效提高消费者对产品的认同感和识别度，从而使消费者做出购买计划，让自己旅有所值。二是规范作用。一旦湖泊康养旅游目的地建立某个形象或者"形象穿"，游客就不得不在"形象压感"的作用下约束自己的行为。

---

① 张安：《论旅游地形象发生发展中的几个"效应"问题及其实践意义》，《旅游学刊》2001年第3期。

对于湖泊康养旅游目的地而言，形象是在整合湖泊康养旅游产品和市场的基础上形成的，把湖泊康养所在区域作为一个整体进行推广销售，能够形成合力，有助于整合湖泊康养旅游竞争力。

三　开发原则

在开发湖泊康养旅游产品的过程中，要注意结合湖泊康养旅游地的特色、挖掘旅游地开发潜力，发挥其资源优势，具体主要有以下几个原则。

（一）有序开发原则

有序开发原则指在开发空间与范围的选择上，实施"非均衡战略"。鉴于湖泊康养经济发展基础薄弱，基础设施较不配套，康养旅游产品开发不能急于求成全面开发，必须实事求是，从实际出发，分阶段、分步骤进行。在开发目标上，首先以特色、优势康养旅游产品开发为主，树立产品形象，增加产品知名度，开拓市场；其次追求湖泊康养旅游产品的升级与整合，注重产品研发和创新，出精品、出绝品、出极品、出特品，扩大客源市场。

（二）市场导向原则

开发湖泊康养旅游产品，需要以目标市场需求为导向，在充分的市场调研和论证基础上进行市场细分，多维度分析旅游者活动，深层次挖掘旅游资源与消费者需求，针对各个年龄阶层的旅游者，提供多样化、个性化的湖泊康养旅游产品，以满足其康养需求，如运动类的参与体验型湖泊康养旅游产品更受青年群体青睐，风景秀丽的观光游览型湖泊康养旅游产品，以及少数民族中医药特色医疗产品，更受中老年和亚健康群体的喜爱。[1]

（三）突出特色原则

湖泊康养旅游资源特色是湖泊康养旅游产品产生和保持吸引力的关键和源泉。失去特色，湖泊康养旅游也就失去存在的基础。因此，湖泊康养旅游产品的开发，不能只停留在简单模仿和重复层面而放弃特色和优势，一定要在认识本地旅游资源特色和发展条件的基础上，正确把握国内外旅

---

[1]　曾游：《基于 P-RMP 模式的乡村康养旅游产品开发研究——以广西巴马为例》，《北方经贸》2022 年第 10 期。

游市场需求和旅游产品变化趋势，对湖泊康养旅游产品开发的目标、所面向的市场做到科学定位，突出重点，突出特色，突出湖泊康养资源的不可替代性、差异性、代表性特点，发展有特色的湖泊康养旅游产品体系。湖泊康养旅游产品开发，要坚持"人无我有，人有我优，人优我特"原则，树立鲜明的湖泊康养旅游形象，尽量避免与其他旅游产品的雷同与冲突，使旅游者产生难以忘怀的印象，提升湖泊康养旅游产品市场竞争力。

（四）优先体验原则

在体验经济时代，人们越来越重视在旅游活动中的参与体验，通过亲身参与旅游活动享受其带来的愉悦感，旅游者在旅游活动中获得的体验感直接影响整个旅游活动的质量。前往湖泊康养旅游目的地进行康养旅游的游客，大部分是银发群体、亚健康人群以及追求生活品质的高收入群体，他们更注重追求高质量的旅游体验，因此需要打造参与体验性高的湖泊康养旅游产品，使游客在康养活动中得到深度体验，满足其康养需求，从而激发旅游者重游故地的意愿。

（五）生态保护原则

湖泊康养旅游的发展，对生态环境的要求极高，人们进行康养旅游，一方面是为了满足自身强身健体、医疗复健等身体需求；另一方面是为了满足其身心放松、修身养性等精神需求。空气清新、景色宜人的生态环境，是湖泊旅游目的地重要的康养旅游资源与市场吸引物。① 湖泊康养旅游资源地在开发湖泊康养旅游产品过程中，应遵循旅游发展与环境保护相统一的原则，自觉贯彻落实科学发展观，科学合理地把当地的绿水青山变成"金山银山"，走新时代湖泊康养旅游绿色、健康的可持续发展道路，打造出自然美景与人文风情相交融的新风貌。

四 产品开发体系

湖泊康养旅游资源与产业基础，涉及山水生态、养生文化、食品药品生产、餐饮、医疗及健康器械等多个与人类健康养生紧密相关的生产和服

---

① 何莽、彭菲：《基于流动性与健康关系的康养旅游学体系建构》，《旅游学刊》2022年第3期。

务领域，它们是相互关联、相互配套和相互补充的，由健康养生这一核心主题统领与引导。按照"湖泊康养+"的旅游发展模式，加快市场挖掘，将湖泊康养旅游资源与产业基础融合，形成多元化、特色鲜明的湖泊康养旅游产品体系，这一体系主要包括"湖泊+特色医疗"康养旅游产品、"湖泊+养生养老"康养旅游产品、"湖泊+文化养生"康养旅游产品、"湖泊+运动健体"康养旅游产品、"湖泊+生态休闲"康养旅游产品及"湖泊+健康美食"康养旅游产品六类产品开发体系。

（一）"湖泊+特色医疗"康养旅游产品开发体系

"湖泊+特色医疗"康养旅游产品开发体系，是指医疗产业、文化产业与湖泊康养旅游业融合的产品开发体系，构建健康旅游资源统筹配置机制，强化医疗健康与旅游产业的整合。在我国湖泊旅游资源丰富、医疗基础雄厚的地区，往往拥有悠久的传统养生文化（如中医养生文化和宗教养生文化），可以将传统养生文化的精髓融入现代医疗服务的发展之中，依托综合医疗保健和健康管理机构，开发特色医疗旅游产品，提供完备的健康诊疗康复服务，以弘扬中医养生文化和宗教养生文化。将医疗、养生、旅游三大功能融为一体，是特色医疗旅游产品的最大亮点，也是发展湖泊康养特色医疗旅游的精髓，不仅可以满足游客的需求，还可以满足当地人的医疗需求。

（二）"湖泊+养生养老"康养旅游产品开发体系

"湖泊+养生养老"康养旅游产品开发体系，要依托优良的生态环境，挖掘宜人的空间资源，推动文化养生、养老服务与湖泊康养旅游地产品的集成发展，融合中医养生文化和宗教养生文化，积极推动以老年医疗服务、老年健康服务、老年体育健身、老年文化娱乐、老年教育等为特色的老年湖泊康养旅游产品的开发，满足老年人多元的养生养老服务需求，养生养老旅游的目的在于提高老年群体的生活质量。在开发此类湖泊康养旅游产品时，可以结合湿地、森林、温泉等资源，开发以休闲、保健、养生为主题的特色湖泊康养旅游产品，可以增加以中医药文化养生和宗教文化养生为特色的养生养老旅游项目和针对老年人的健康娱乐服务项目，以满足现

代老年人的多元养生需求。

（三）"湖泊+文化养生"康养旅游产品开发体系

"湖泊+文化养生"康养旅游产品开发体系，是依托湖泊旅游资源，结合养生文化而进行产品开发的康养旅游体系，中医药养生文化和道教养生文化是我国养生文化的核心。文化养生旅游产品依托湖泊康养旅游目的地的山水资源，挖掘当地关于健康养生的独特人文资源和文化元素，大力弘扬地方特色养生文化，加强养生文化研究，积极挖掘整理传统养生文化和养生经验，推进传统养生理论的系统化、科学化发展。积极促进湖泊康养旅游与特色养生工艺文化体验、地方特色养生文化表演、养生文化创意、养生文化会展、养生文化交流等活动融合，推进养生文化活动经常化和群众化。开发"湖泊+文化养生"康养旅游的重点在于，围绕当地中医文化、宗教养生文化等开发特色文化体验养生旅游产品，增强湖泊康养旅游目的地的文化内涵，以中医养生堂、中医药养生文化展览馆、养生会展、宗教养生交流会等形式，进行养生文化的传播与交流，让有形的养生旅游商品更好地满足各年龄层人群休闲养生的消费需求。

（四）"湖泊+运动健体"康养旅游产品开发体系

"湖泊+运动健体"康养旅游产品开发体系，是依托天然的湖、河资源，将湖泊旅游产业、运动健体产业与调理养生文化融合，打造"运动处方"系列的湖泊康养旅游产品开发体系。大力向上下游发展，以湖泊康养旅游为基础、以延展运动产业链为手段，促进运动产业向上游运动健康管理、运动健康教育，以及下游运动赛事、体育运动会展等方向发展。

"湖泊+运动健体"康养旅游产品，不仅仅是体育和湖泊康养旅游的结合，更重要的是人们在把体育和旅游结合的过程中，既领略了秀美山川的魅力，又在体育运动中陶冶情操强健体魄，达到了健康养生的目的。

（五）"湖泊+生态休闲"康养旅游产品开发体系

"湖泊+生态休闲"康养旅游，主要是把自然风光、风景河段、湖泊水库、森林公园等山水生态资源与养生文化结合，以湖泊康养旅游产业为引导，开发集湖泊旅游观光、生态休闲、美食养生于一体的一种湖泊康养旅游形式。

"湖泊＋生态休闲"康养旅游产品，是以养生文化为灵魂，以湖泊康养自然生态为依托，以美食餐饮为特色，以湖泊康养旅游产业为载体，注重养生产业文化内涵深度挖掘的湖泊康养旅游产品。湖泊康养旅游目的地，可以结合自身的资源条件，将湖泊旅游与中医养生文化、宗教养生文化结合，打造生态休闲养生、美食养生、中医养生、情志养生（静修禅修）等生态休闲类的湖泊康养养生旅游区，并完善相关服务配套设施，如建设湖泊康养养生会所、SPA会馆、中医馆、湖泊康养养生堂、湖泊健康管理中心、湖泊养生度假酒店、温泉疗养会馆等。

（六）"湖泊＋健康美食"康养旅游产品开发体系

"湖泊＋健康美食"康养旅游产品的开发理念主要来源于中华健康养生中的"食养"，依托湖泊康养旅游目的地优质食材、药材资源及食品药品生产企业，融合中华医派的中医养生文化和宗教养生文化，积极推出具有地方特色的健康餐饮和功能型养生餐饮或健康系列食谱等。比如，我国太湖所在地江苏省常州市的传统菜"竹香风鹅""沙河湖畔""砂锅鱼头""炝虾"等都具有良好的养生功效。①

第二节　开发模式

为了实现旅游经营目标，湖泊康养旅游发展必须选择适当的旅游产品开发模式和经营项目，提供相应的旅游服务，充分发挥自身优势，吸引目标客户群体。因此，研究湖泊康养旅游产品开发模式，具有重要的意义。湖泊康养旅游产品的开发模式，根据开发主体、开发要素、开发结构和城湖关系划分为不同类型。在湖泊康养旅游开发过程中，构建兼顾多方利益主体的运营管理模式、设计湖泊康养旅游收益构成及收益分配方式、策划湖泊康养旅游品牌，都是湖泊康养旅游开发成功的关键环节。

---

① 戴金霞：《常州市康养旅游产品开发与产业发展对策研究》，硕士学位论文，南京师范大学，2017，第33页。

一　依据开发主体划分

从湖泊康养旅游开发主体的角度来说，有政府主导型、企业主导型、社区参与型以及股份合作制四种开发模式（见表7-1）。[①]

表 7-1　四种不同开发主体的开发模式

类型	优点	缺点
政府主导型	能最大限度地改善当地湖泊康养旅游地的基础设施、保护生态环境；宣传力度大；聘请专家进行统一规划；开发周期短	旅游业牵涉部门众多，经营过程中很多管理缺位或是越位；面对更新换代市场时缺乏灵活性；政府管理旅游产业缺乏专业性；资金短缺
企业主导型	先进的管理营销经验；强大的资金后盾；灵活的市场运作；开发周期短	因过度开发而忽视了湖泊生态环境保护；只选择具有强烈资源优势和区位优势的项目；偏向旅游项目的开发；旅游主要收益外流
社区参与型	提高当地居民收入；激发当地居民参与湖泊康养旅游管理的热情	增加了管理的难度
股份合作制	均衡了各主体的利益，使大家在协商合作的基础上实现共赢	实施难度大

针对湖泊保护发展背景下的旅游目的地的湖泊与沿湖城镇两种要素，笔者认为应该采取政府主导型、企业主导型、社区参与型开发模式（见图7-1）。

（一）政府主导型

政府主导，保护优先。湖泊保护发展背景下旅游小镇的发展，需要政府的主导。由于更多企业的入驻，旅游小镇的商业管理变得更加科学有效，但是企业毕竟都是以获取经济利益为首要目标的，所以有可能做出一些对生态环境不利的事情。如果湖泊区域的环境和古镇的风土人情受到了影响，想恢复原貌是很困难的。政府要更加严格地监督开发的实际过程，在具体工作过程中要以保护为重点，让湖泊区域的环境和古镇的风土人情更原始

① 傅求妹：《湖泊资源背景下的旅游小镇开发模式研究》，硕士学位论文，昆明理工大学，2019，第37~38页。

的保存下来。通过制定旅游发展规划以及生态保护规划，合理计划和控制旅游小镇的发展规模、开发强度，以协调好湖泊资源的保护和利用的关系。政府还要进行更加细致的指导，而且要强化管理手段，保证发展的平稳性，让旅游业成为整个地区经济发展的引擎。

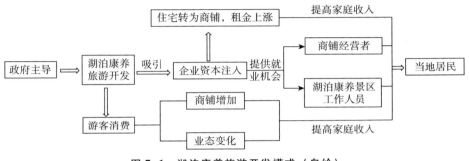

图7-1 湖泊康养旅游开发模式（自绘）

（二）企业主导型

企业运营，统一管理。企业市场运营的主要内容是旅游小镇从市场挑选开发公司，让开发公司承担资金并且由管理机构开展经营活动。在这种模式下旅游小镇是非常依赖市场的，应让市场发挥出它本身的作用。政府发挥的是潜在作用，如保护湖水区域的生态资源以及完善各项基础设施等。企业投入的资金是旅游小镇开发的基础。此外，企业有先进管理经验，实行统一管理，为旅游小镇的有序开发提供了保障；还具有先进的营销经验，可以帮助旅游小镇迅速打开市场。

（三）社区参与型

社区主动参与。社区参与理论，主要强调要将旅游区域内的居民作为规划方案里的重要内容，居民也是旅游开发的重要参与者，应更加全面地认识到当地居民在旅游开发进程中的关键地位。当地居民参与到旅游开发中来，能让我们了解到当地居民对旅游开发的意见和想法，可以更大程度地避免居民出现排斥心理。另外，社区居民参与旅游小镇的开发，能从中获得收益，有助于居民意识到湖泊资源的重要性，让他们从被动保护湖泊资源转为主动参与保护。此外，这种相似的聚集特点，进一步加强了湖泊和社区的内在联系，湖泊旅游地区的人口发展情况以及基础设施情况，都是非常关键的因素。所以，依托湖泊的旅游小镇要想得到健康持续的发展，就必须依靠社区的主动参与。

二 依据开发要素划分

从湖泊康养旅游依托要素的角度来说，有资源依托型单一开发模式、景区依托型复合开发模式以及城市依托型综合开发模式这三种开发模式（见表7-2）。

表7-2　三种不同依托要素的开发模式

类型	模式介绍	开发措施	适用条件
资源依托型单一开发模式	单一的依托湖泊资源的旅游开发模式，水体自净能力强，周围景观多样、生态环境良好，交通条件好、可进入性强。旅游小镇发挥接待功能	需要强大的创新能力以吸引游客的注意。发展出更加符合当地文化氛围的品牌文化，让当地的老百姓具备更强的文化观念，让湖泊资源融入老百姓的生活中	水体自我修复力强，周围自然环境健康，交通便利，游客数量保持稳定
景区依托型复合开发模式	"湖泊+X"开发模式，以湖泊为主，借助周围景区，融入商务、运动、季节、游乐、养生等不同产业的项目	深入挖掘当地的旅游资源与地方特色；加强沟通合作进行产业融合	以周边景区及相关产业的配套设施为支撑；产业之间的融合是"湖泊+X"模式发展的关键
城市依托型综合开发模式	以城市的发展为基础，充分发挥配套设施的作用，对湖泊进行全面的开发	政府在政策层面和经济层面进行布局，加快城市基础设施建设，促进地区经济发展	不能单纯考虑某一个产业，而是要用整体的眼光进行规划，离不开政府的支持

基于对湖泊资源保护的背景，不适宜进行深度开发，需联合其他特色产业，进行旅游资源重组，这样才能开拓湖泊旅游的新市场。根据湖泊区域周边的资源以及当地的实际情况，对旅游资源进行充分有效的开发，根据市场环境确定战略重心，开发出更多种类的旅游产品，更好地满足市场需求。品牌是企业竞争力的重要支撑，依托湖泊资源形成当地具有旅游特色的品牌形象，是湖泊康养旅游发展的根本。比如湖水区域的休闲农业很

常见，城市休闲农业和规模化的蔬菜基地以及农业种植园区越来越多，可以发展"湖泊+生态农庄"康养旅游；或者根据湖泊周边具体的资源，发展"湖泊+会议""湖泊+高尔夫""湖泊+温泉康养"旅游等。甚至可以是多产业组合，如"湖泊+古镇+温泉""湖泊+生态农业+古镇"等。

三　依据开发结构划分

从湖泊康养旅游开发结构的角度来说，有综合旅游开发、观光旅游开发、度假旅游及休疗养开发、体育训练及水上运动开发、探险旅游开发、生态养生开发这六种开发模式。

（一）综合旅游开发模式

综合旅游开发模式的特点是具有多功能性，集观光、休闲、度假、运动、娱乐、疗养等功能于一体，设置的项目种类较多，需要深度挖掘并有效利用各种旅游资源，此种开发模式对湖泊、周边环境、所处区位等都有较高的要求。对于湖泊，需要有较大的水域面积，且对湖水的自净能力有一定要求；对于周边环境，要求周边有较为复杂的地形且生态环境良好；对于区位，要求有比邻近客源市场更好的地理位置，同时当地有较为发达的经济、良好的交通可达性，且周围有可以作为游客接待集散中心的城镇。综合旅游开发模式的代表有，位于美洲的五大湖群和位于东亚的波门湖。旅游规划者在某些城镇沿岸开发了湖滨旅游区，以慢节奏为基调，在此开展闲适的水上游乐项目，极好地迎合了旅游者休闲观光的旅游需求，在景色秀美的幽静处，建造了疗养中心和度假区，并将水域分为空中、水面、水底三个层次，在水面之上、水面、水面之下开展了种类多样的水上运动项目，如水上芭蕾、花样滑水等表演类节目，在湖岸地势平台开阔的区域，还建设了高尔夫球场、网球场等休闲娱乐设施，旨在满足不同需求层次旅游者的旅游需要。

（二）观光旅游开发模式

观光旅游开发模式，比较适合景观观赏价值高的湖泊，如有些湖泊有独特的自然景观，有些湖泊有悠久的历史文化等，这类湖泊水质级别较高，

湖滨的生态环境比较脆弱，为防止水体和生态环境遭到破坏，它们对旅游活动的要求较高，因此不适合开展水体和环境参与性太强的项目。比如，洱海、青海湖、长白山天池等，这类湖泊所处地势较高、水域宽广、面积大、水质好，生态环境优良但脆弱，不适宜开发游客参与性太强的旅游活动。作为城市园林类湖泊，西湖的湖泊观光旅游开发模式极具代表性，其主要功能是赏和玩，不同季节、不同时间、不同视角，都能发现西湖多元化的美。苏堤和白堤是亲近西湖、游览西湖、观赏西湖的两条陆上游线，在布局上环绕着由湖心岛屿构成的点，点线结合，尽展西湖之美。

（三）度假旅游及休疗养开发模式

适宜的天气条件、宽广的水域、良好的水质，是开展度假旅游及休疗养旅游活动的基础。有些湖区拥有对保养身体极具益处的特色资源，如温泉和冷泉，这类对治疗疾病有一定帮助的湖泊通常会打造休闲度假和休疗养类旅游产品，十分适合度假旅游和休疗养开发模式。日本芦之湖因其周边拥有丰富的温泉资源，成为国际上著名的度假旅游及休疗养目的地。中国黑龙江五大连池矿泉、法国维希矿泉、俄罗斯北高加索矿泉是世界三大冷泉，极具稀缺性，五大连池的药泉，以其较高的医疗养生价值，成为许多有康养需求顾客的追捧之地。

（四）体育训练及水上运动开发模式

水体自净能力强、水质不易被污染、水域面积宽广、水深适度，是开展多种水上运动的前提条件，符合上述条件的自然湖泊和因多种功能需求而建设的人工湖泊，都适合体育训练及水上运动开发模式，水上运动爱好者十分青睐这类湖泊。昆明湖是一个人工湖，水域面积宽广，清华大学和北京大学两大高校每年定期在这里举行赛艇运动，引起了全国人民的广泛关注，这两大高校还对外国高校发出邀请，使这项运动逐步成为一项促进世界大学生交流的国际赛事。南京玄武湖景区总面积5.13平方千米，湖面面积3.78平方千米，水域辽阔、水质清澈，湖泊被环洲、樱洲、菱洲、梁洲、翠州分为三大块，景区在项目开发上结合水陆空立体式布局建设，水面项目有快艇、水上火车道，陆地上建有片石路、木栈道等步游路，空中项目有环湖观光列车，水上运动与观光旅游的完美结合，使游客可以通过不同的游乐方式，来体验玄武湖的魅力。

（五）探险旅游开发模式

某些湖泊因其特殊的构造，或特殊的水生生物，或不时有奇异的现象发生，或极具研究价值，对热衷探险人士和科考人士具有极大吸引力，是开展探险旅游和科考活动的理想场所。例如新疆的罗布泊，罗布泊曾是一个漂移湖，以雅丹地貌为主，其附近有曾经植被茂密的楼兰古国，楼兰古国消失后留下了古遗址、古墓群和古钱币，独特的地形资源和丰富的人文历史资源等形成了得天独厚的旅游资源，使罗布泊拥有了开展探险旅游活动的首要条件，素有"死亡之海"之称的罗布泊，吸引着愈来愈多的探险爱好者们前往此地并试图征服它。英国的尼斯湖很早开始就有水怪的传闻，相关图像证据增加了传闻的真实性，水怪传闻不但没有让人们对此地避之不及，反而吸引了更多的探险者来此寻找水怪的踪迹，热度一直未降，为当地开展探险旅游活动带来良机。[1]

（六）生态养生开发模式

生态养生开发模式有着独特优势，生态森林中的负氧离子、温泉中的矿物质元素等，都能促进人的身体健康。"生态养生"模式的核心是让游客参与到生态养生的情景中，体会生态资源养生疗效，最终达到放松心情的目的，突出生态以及地区人文特色，打造和康养旅游相关联的形态，促进康养旅游可持续发展。[2]

站在湖泊康养旅游开发的角度，以旅游休闲为重点的开发模式，是湖泊旅游开发的发展方向。但从前面的分析来看，以湖泊保护为前提的旅游小镇的湖泊生态敏感性明显，针对湖泊保护发展背景下旅游小镇对保护湖泊资源的第一要求，不应该采取综合开发模式。可以在保护湖泊核心层与周边层的基础上，对扩散层资源进行组合开发，采取度假休闲疗养开发模

---

① 李化金：《基于健康理念的湖泊旅游度假区开发研究》，硕士学位论文，华中师范大学，2021，第22页。

② 焦玲玲：《健康养生视角下康养旅游开发研究》，《旅游纵览》2021年第14期。

式，还应当对其他适宜模式有选择地加以借鉴运用，如旅游地产开发模式、体育训练及水上运动开发模式等。

实际上，无论是国内还是国外，在旅游开发的历程中，湖泊都经历过观光和休闲旅游的过程。以太湖和千岛湖为代表的一些湖泊，很早就经历了观光旅游的阶段，从最初的萌芽状态到现在的成熟壮大，从观光阶段进入休闲度假阶段，这些湖泊不再是以观光旅游为重心的旅游地，而是以度假为主要内容，既能休闲又能开会，还能进行观光和体育活动的、功能丰富的旅游地。

因此，湖泊康养旅游开发模式的选择，与湖泊本身的资源特征以及所在区域的经济发展情况等密切相关，湖泊康养旅游开发模式应与湖泊资源的特征相匹配。此外，部分湖泊的资源优势较强，适合不同的多种开发模式。例如，千岛湖可以同时采取观光旅游开发模式与休闲度假旅游开发模式，在旅游开发起步阶段主要为观光旅游，逐渐根据市场需求的变化，有计划地向休闲度假方向转型。[①]

四 依据城湖关系划分

从滨湖城镇与湖泊康养旅游开发关系角度来说，总结出三种模式：以城带湖模式、以湖扬城模式和城湖共生模式。

城湖联动指的是湖泊康养旅游发展与城市产业发展的相互关系。但这两者的关联具有动态性，且两者之间的主导地位取决于其比较优势：湖泊知名度较高，旅游发展较为成功，则湖泊处于主导地位；城市知名度高，第三产业发达，则城市处于主导地位；湖泊康养旅游与城市发展相互交融，两者处于同等地位。因此，从发展的主导地位上，总结出以下三种城湖联动开发模式。

（一）以城带湖模式

"以城带湖"模式是指城市的知名度较高，城市的发展带动了湖泊康养

---

① 傅求妹：《湖泊资源背景下的旅游小镇开发模式研究》，硕士学位论文，昆明理工大学，2019，第 42 页。

旅游的发展，形成了"以城扬湖，以湖优城，城湖交融，城湖并进"的发展模式，如瑞士日内瓦湖。日内瓦湖是瑞士第一大湖，也是西欧最大的淡水湖，自然资源独特，人文底蕴深厚，生态环境宜人，旅游项目丰富。湖滨的洛桑镇与依云镇旅游业发展较好，洛桑镇位于日内瓦湖北岸瑞士境内，交通便利，为区域性交通枢纽，这里的节庆旅游开展得如火如荼；依云镇位于日内瓦湖南岸法国境内，被称为鲜花最多的城市，是法国人休闲度假的理想去处，同时依云矿泉水在世界上得到许多机构的认可与赞许。日内瓦湖附近城市拥有较高的知名度，人文环境氛围浓郁；坐落在阿尔卑斯山麓，自然环境优美。这些都推动了城市旅游的发展，也促进了湖泊康养旅游的兴起。总之，城市的发展能带动湖泊康养旅游的发展，同时，湖泊康养旅游的繁荣，也能使第三产业的结构更加均衡。

（二）以湖扬城模式

"以湖扬城"模式是指湖泊本身的文化底蕴深厚，自然景观优美，湖泊知名度较高，通过康养旅游名片的传播，城市的知名度开始提高，如杭州西湖。西湖位于杭州城西，三面环山，东面濒临市区，是一个湖泊型的国家级风景名胜区，已被列入世界文化遗产名录，人文景观丰富、自然景观多样，如岳庙、六和塔、西湖十景等。自然环境方面，西湖作为重要的城市湿地，不仅为杭州提供了水源，而且改变了城市气候，调节了城市中的水循环与大气循环。人文氛围方面，西湖增添了杭州的浪漫气氛，塑造了更为典型的江南城市意象。功能性方面，西湖增加了城市美感，强化了城市的动感，同时，优化了城市的景观格局，为城市居民休闲活动的开展提供了更为广阔的空间。

（三）城湖共生模式

"城湖共生"模式是指城市的服务功能与湖泊的生态康养服务功能相互交融，如琵琶湖。琵琶湖位于日本境内，是日本最大的淡水湖，琵琶湖历史悠久，自然资源丰富。琵琶湖形成于400万年前，湖中生态物种复杂多样：鱼类46种、贝类40余种、水草70余种。琵琶湖周边大多为人文景观，如彦根城、大通寺、博物馆等。沿湖开展的康养旅游项目有：湖上游船观

光、泡温泉、参观美术馆与博物馆、琵琶湖山谷滑雪、歌剧院观演出、拜访寺社等。琵琶湖康养服务功能与湖滨城市的服务功能相互交融，共促发展，形成"城湖共生"模式。[①]

第三节 开发内容

湖泊康养旅游产品开发应以"湖泊"为主线，不断满足人们对改善身体机能、保持身体健康、提升生活水平的需求。湖泊康养旅游产品的开发包括两个方面，一是对已有湖泊康养旅游产品功能的改进，增加医疗、养生等康养元素，实现对已有湖泊康养旅游产品新价值和新功能的分析。二是直接开发新型的湖泊康养旅游产品，湖泊康养旅游相关企业综合市场对康复、休闲、养生等需求的新方向，提供相应产品或服务，最大限度地满足人们对湖泊康养旅游的需求，为特色性产品开发提供更可靠的方向支持。[②] 本节将详细介绍湖泊康养旅游产品开发的内容，并提出开发所需要的保障措施。湖泊康养旅游产品的开发，主要包括两个方面的内容：一是对旅游地的规划和开发，二是对旅游路线的设计和组合。

一 产品开发规划

湖泊康养旅游地是湖泊康养旅游产品的地域载体，是游客开展旅游活动的区域。湖泊康养旅游地开发，是指在旅游经济发展战略指导下，根据湖泊康养旅游市场需求和旅游产品特点，对旅游地湖泊康养旅游资源进行规划，建造旅游吸引物，建设旅游基础设施，完善旅游服务，落实湖泊康养旅游发展战略的具体措施等。因此，湖泊康养旅游地开发，就是在一定湖泊地域空间中，开展湖泊康养旅游吸引物建设活动，使之与其他相关旅游条件有机结合，成为旅游者停留、活动的目的地。

① 吕明红：《基于国内外湖泊旅游发展案例的城湖联动模式研究》，《经济研究导刊》2012 年第 17 期。

② 李丽：《海南康养旅游产品开发策略研究》，硕士学位论文，海南大学，2023，第 13 页。

（一）开发类型

1. 以自然型湖泊康养旅游资源为主的开发

这类开发主要是对湖泊康养自然景观进行开发、修复以及环境绿化、景观保护等，针对的是如特殊的人文、地貌、生物群落、生态特征等可供开发的旅游资源。自然景观式景点的开发或修复，必须以严格保持自然景观原有面貌为前提，并控制景点的建设量和建设密度，自然景观内的基础设施和人造景点，应与自然环境协调一致。比如我国黑龙江长白山天池，它是目前国内最深的火山口湖，其所处的长白山区植被垂直分布明显，自下而上分布着针阔叶混交林带、针叶林带、岳桦林带和高山冻原带，自然景观极为丰富。在自然景观的独特性上，长白山天池极具优势。[1] 因此，可以根据长白山天池优越的自然资源，发展湖泊康养旅游，突出富有区域特色的康养主题，打造核心湖泊康养产品。

2. 以人文型湖泊康养旅游资源为主的开发

这类开发主要是对沿湖分布的人文景观进行开发、修复、改造以及进行交通、食宿、娱乐等配套设施建设，一般需要较大的投资规模和较高的技术，最终对旅游者起到文化康养的目的。比如，对湖泊所在区域具有重要历史文化价值的古迹、故居、遗址、园林、建筑等，运用现代建设手段，对其进行维护、修缮、复原、重建、扩建等工作，使其恢复原貌后具备旅游功能，成为湖泊康养旅游吸引物。但是人文景观的开发，一定要以史料为依据、以遗址为基础，切忌凭空杜撰。比如太湖，太湖是中国五大淡水湖之一，北临江苏无锡，南濒浙江湖州，西依江苏宜兴，东近江苏苏州。太湖及周边旅游资源类型丰富，且文化底蕴深厚，区域周边有古建筑、古遗址、构筑物、建筑小品等文化遗存，积淀了丰富的历史文化内涵。[2] 在湖泊康养旅游开发的过程中，应重视地方历史文化遗产的保护与修复，以文促旅，以人文型旅游资源的开发与完善，促进当地湖泊康养旅游的发展。

---

① 冒宇晨、王腊春、陈昌春：《长白山天池湖泊旅游地的特色与发展分析》，《南京林业大学学报》（自然科学版）2009 年第 4 期。

② 李叶舟：《西安昆明池片区核心旅游产品的开发策略研究》，硕士学位论文，西安建筑科技大学，2021，第 22 页。

（二）开发策略

湖泊康养旅游地开发最直接的表现形式是景区、景点的开发建设。湖泊康养旅游要进行旅游产品开发，首先必须凭借其旅游资源的优势，或保护环境，或筑亭垒石，或造园修桥，使湖泊康养旅游地成为一个艺术化的统一游赏空间，为原有风光增辉添色，使其更符合美学欣赏和旅游功能的需要。湖泊康养旅游地开发的策略，根据人工开发的强度及参与性质，可分为以下两种。

1. 自然资源保护型开发策略

对于罕见或出色的湖泊康养自然景观，要求完整地、绝对地进行保护或维护性开发。有些湖泊景观因位置特殊而不允许直接开发，它们只能作为观赏点被欣赏，其开发效用只能在周围景区的开发中得以体现，对这类湖泊康养旅游地的开发要求就是绝对地保护或维持原样。

2. 人文资源修饰型开发策略

对一些湖泊康养旅游地的开发，主要是充分保护和展现原有的人文景观，允许通过人工手段适当修饰和点缀，使康养文化更加突出，起到"画龙点睛"的作用。比如在湖泊景区的某些地段小筑亭台，在人文古迹中配以环境绿化。滨湖城镇或乡村的古建筑、古遗址、非遗等文化遗存等的开发，都属于这类开发。

（三）开发内容

湖泊康养旅游产品开发内容，指以满足游客养身、养心、养神三大层次需求为出发点，结合康养旅游市场发展，从时间、空间两个维度对湖泊康养旅游产品进行开发的内容。开发内容的总体设计如图7-2所示。

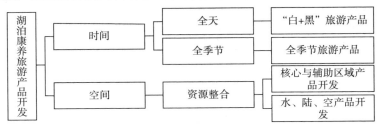

图7-2　湖泊康养旅游产品开发内容总体设计

1. 时间维度的湖泊康养旅游产品开发

从时间维度出发对湖泊康养旅游产品进行开发，是在产品开发过程中，填补季节性和昼夜性湖泊康养旅游产品的空白，对其进行充分开发，使游客无论在什么季节、什么时刻，都能体验湖泊康养旅游产品。不同地区的湖泊康养旅游，季节性特点显著且差异很大，开发全季节湖泊康养旅游产品，以填补湖泊旅游淡季市场的空白，让游客体验到淡季旅游的另一番风味；开发湖泊康养全天候的旅游产品，丰富夜晚湖泊康养旅游的内容，让游客感受到不一样的氛围和独特的湖泊康养地风俗民情，满足游客对摆脱日常环境、调节精神生活、体验新鲜刺激感受的需求。基于以上论述，从时间维度出发，对湖泊康养旅游产品进行开发的内涵是：整合湖泊康养资源开发和优化湖泊康养旅游产品配置，建立多条全季节性、全天候的旅游路线，让游客体会到不同时间、不同季节的湖泊康养旅游体验，满足游客对摆脱日常环境、调节精神生活、体验新鲜刺激感受的需求。

（1）打造"白+黑"模式的湖泊康养旅游产品

湖泊康养旅游目的地夜晚的灯光率，可以反映当地湖泊康养旅游的发展水平。一般情况下，湖泊康养的旅游景点较为分散，基础设施比较薄弱，夜晚能够观赏和游玩的项目匮乏，因而游客对湖泊康养旅游产生了只能在白天进行游玩、观赏和体验的刻板印象，所以无论是旅行社还是自己前来湖泊康养地游玩的游客，都将所有的行程安排在白天，晚上则选择品尝一些当地美食后便回到住所休息。湖泊康养地可以因地制宜地推出夜晚民俗风情体验类活动，让游客在参与夜晚民俗活动的过程中加深体验感，在晚饭后也能感受到别样的湖泊康养风情。

（2）发展全季节的湖泊康养旅游产品

湖泊康养旅游大多集中在夏季，受季节限制严重，针对这一特点，将湖泊康养资源与周边区域的森林、温泉、河流、乡村、传统文化及民俗特色等康养资源结合，因地制宜地开发弥补季节性差异显著的湖泊康养旅游产品，如开发湖面观光、漂流、游泳、温泉 SPA、水疗、特色瑜伽、针灸、冥想、拔罐、太极、推拿、养生茶、药膳、民俗特色养生体验等康养项目，

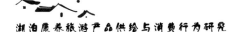

并不定期举办特色活动与节庆活动，使游客在游览湖泊之余，还有大量活动项目可以选择。

2. 空间维度的湖泊康养旅游产品开发

从空间维度出发对湖泊康养旅游产品进行开发，指的是将湖泊康养旅游资源进行合理分类开发，实现区域资源的有机整合。其有助于湖泊康养旅游地城乡间区域联动发展，避免出现许多不同区域集中开发同一项目、开发项目特点与湖泊康养资源特点不匹配的现象。同时，契合可持续发展理论中强调的协调人与人、人与自然之间的关系的理念，对湖泊康养旅游资源特点进行分析，有针对性地进行开发，以满足游客对湖泊康养旅游产品多样化的需求；设计适合不同年龄特点的产品，以满足不同年龄段游客需求，设计中充分考虑到游客对养身、养心、养神三大层次的需求，在产品开发中，加入游客感兴趣的休闲度假类、生态养生类及医疗保健类旅游产品，使湖泊康养旅游产品发挥最佳的社会效益和最大的经济效益。

（1）核心区域与辅助区域湖泊康养旅游产品开发

湖泊康养旅游产品的开发，从空间维度上，应当对目的地的湖泊康养旅游资源进行分类与整合，同时也应当对目的地的可进入性、环境承载力、服务接待设施等重要因素进行梳理与评价，最终确定湖泊康养旅游开发核心区域和辅助区域，康养旅游开发核心区域，主要为自然和文化康养旅游资源相结合的区域，辅助区域主要为以湖泊康养旅游地康养文化为重要组成部分的区域。[1] 结合当地优良的湖泊自然风光设计的以传统康养文化为主题的康养旅游产品，是湖泊康养旅游开发的核心康养旅游产品，包括核心产品、重点产品、配套产品三个层次，核心湖泊康养旅游产品才是真正意义上的旅游产品，因为它是旅游者从事湖泊康养旅游活动、满足旅游需求的根本动力所在；而辅助湖泊康养旅游产品是在以核心产品为内核的基础上，追加交通、餐饮、住宿、购物等的利益，形成的一种大旅游产品[2]。

———————

① 吴悠：《基于旅游需求偏好的陕西省康养旅游产品开发研究》，硕士学位论文，长安大学，2018，第73页。

② 胥兴安、田里：《对旅游吸引物、旅游产品、旅游资源和旅游业关系的思考》，《中国集体经济》2008年第Z2期。

（2）水、路、空湖泊康养旅游产品开发

结合湖滨城镇、乡村周边资源，从水、陆、空三方面开发湖泊康养旅游产品。①水上项目：开发如游泳、垂钓、水上自行车、游艇和游船、潜水、独木舟、漂流等康养旅游项目；②地面项目：开发不同主题的岛屿、森林氧吧、农家乐、公园、自然保护区、野外烧烤区、环湖自行车旅行线路、野营地、运动场、体育俱乐部、特色商店等康养旅游产品；③空中项目：开发如缆车、水上飞机、飞艇、热气球等康养旅游项目。

二　产品开发路线设计组合

湖泊康养旅游路线是湖泊康养旅游产品的具体表现方式，也是对单个湖泊康养旅游产品进行组合的具体方式，是湖泊康养旅游地向外销售的具体形式。湖泊康养旅游路线的设计组合，反映了不同结构的湖泊康养旅游产品组合。一条好的湖泊康养旅游路线，可以使旅游者在最短时间内获得最多信息，可以满足旅游者不同的康养旅游需求，在旅游过程中获得养身、养心、养神三层次从物质到精神的三重愉悦，同时，湖泊康养旅游目的地能够在游客有限的游览时间范围内，将旅游景点全部展示给游客。湖泊康养旅游路线开发，就是把湖泊康养旅游资源、旅游吸引物、旅游设施和旅游服务，按不同目标游客的需求特点，进行特定组合。在湖泊康养旅游路线的组合中，单项湖泊康养旅游产品只是其中的一个组件，开发者并不对单项旅游产品进行实质性的改动，而是考虑不同游客的需求特点、支付能力，进行相应的搭配。因此，湖泊康养旅游路线开发，实质上是根据不同目标游客的需求特点，对湖泊康养旅游产品进行组合搭配。

（一）开发类型

按湖泊康养旅游路线的性质分类，可以划分为湖泊普通观光休闲类、湖泊生态康养类、湖泊文化康养类、湖泊运动康养类及湖泊医疗保健类旅游路线五大类，当然也可以是二者或三者或多者结合的混合旅游路线，如在湖泊生态康养旅游中加入医疗康养的旅游路线，或者"湖泊+观光+养生+医疗保健"或"湖泊+观光+文化+医疗保健"或"湖泊+观光+文化+运动康

体+医疗保健"等湖泊康养旅游路线。按湖泊康养旅游路线的游程天数分类，可以分为一日游路线与多日游路线。按湖泊康养旅游路线中主要交通工具分类，可以分为集体交通方式湖泊康养旅游路线、自驾车湖泊康养旅游路线或几种交通工具混合使用的综合型湖泊康养旅游路线等。按使用对象的不同性质分类，可分为包价团体型湖泊康养旅游路线、自选散客型湖泊康养旅游路线及家庭型湖泊康养旅游路线等。

（二）开发策略

湖泊康养旅游路线开发，以最有效地利用湖泊资源、最大限度地满足旅游者需求和最有利于企业竞争为目标，遵循湖泊康养旅游产品开发的原则，具有以下几种湖泊康养旅游路线产品的组合策略。

1. 全线全面型组合策略

全线全面型组合策略，即湖泊康养旅游企业经营多条湖泊康养旅游产品线，并推向多个不同的市场。比如，湖泊康养旅游目的地经营湖泊观光旅游、生态康养旅游、文化景观康养旅游、湖泊会议康养旅游、运动康体旅游及医疗保健旅游等多种产品线，并以所在县、市、省市场及周边县、市、省市场，甚至全国市场、国外市场等多个湖泊康养旅游市场为目标市场。

2. 市场专业型组合策略

市场专业型组合策略，即向某一特定的目标市场，提供其所需要的湖泊康养旅游产品。比如，湖泊康养旅游目的地专门为湖泊康养地市场提供湖面观光、寻踪、踏青、养生、医疗保健、购物等多种湖泊康养旅游产品；或针对青年游客市场，根据其特点开发探险、新婚、修学等适合青年口味的如湖泊康养旅游产品；或针对老年游客市场开发观光、怀旧、度假、养老、医疗保健等湖泊康养旅游产品。这种策略有利于湖泊康养企业集中力量，对特定的目标市场进行调研，充分了解各种需求，开发满足这些需求的多样化、多层次的湖泊康养旅游产品。

3. 产品专业型组合策略

产品专业型组合策略，即只经营一种类型的湖泊康养旅游产品，来满足多个目标市场的同一类需求，如湖泊康养旅游目的地，开发湖泊观光或养生或医疗保健旅游产品，并将其推向城市等市场。因为湖泊康养旅游产品种类单一，所以湖泊康养旅游企业经营成本较低，易于管理，可集中企业资金开发和不断完善某一种湖泊康养旅游产品，进行湖泊康养旅游产品的深度加工，树立鲜明的湖泊康养旅游企业形象。但采取这种策略使湖泊康养旅游企业产品类型单一，加大了湖泊康养旅游企业的经营风险。

三　产品开发保障

湖泊康养旅游产品的顺利开发与推广，离不开强有力的产品开发保障措施，本节从政策、人力资源、生态环境、基础设施与服务以及湖泊康养旅游产品营销五个方面阐述湖泊康养旅游产品开发保障措施，以期为湖泊康养旅游产品的开发营造利好环境。

（一）政策保障

湖泊康养旅游产品是推动湖滨城镇、乡村地区产业结构转型升级，促进当地经济社会发展的重要推动因素。在湖泊康养旅游产品的开发过程中，要注重协调长远发展与短期目标之间的关系，制定湖泊康养旅游产品开发规划，确定发展目标和总体思路。政府要发挥主导作用，发挥其宏观调控作用对湖泊康养旅游产品开发进行大力扶持，制定与湖泊康养旅游产品开发有关的政策，主要从保障土地供应、落实税收政策、完善价格、加强人才建设政策等生产要素方面，对湖泊康养旅游产品开发给予政策支持，改变在生产要素领域存在的对服务业不公平待遇等问题。

湖泊康养旅游目的地在开发湖泊康养旅游产品时，首先，要鼓励分阶段建设不同层级的湖泊康养旅游基地，建设类型多样、具有特色的湖泊康养旅游场所，着重培育具有一定规模的湖泊康养龙头企业，在区域内开发一批特色鲜明的湖泊康养旅游产品，并聚集一批高端旅游、护理和中医等相关人才，这些都有利于促进"湖泊+"健康养生和旅游业的融合发展。其次，要加大资金投入力度，开发湖泊康养旅游产品，需要对基础设施进行完善，对品牌进行宣传营销，还要对专业人才队伍开展培训、进行培养等，这些都需要投入大量的资金。要积极争取优秀企业到湖泊康养旅游地投资

湖泊康养旅游产业，政府在倡导、积极推动国家层面出台鼓励和扶持湖泊康养旅游产品开发政策的同时，亦可采用PPP模式支持社会资本项目，强化社会资本信心，吸引社会资本。再次，进一步完善医疗保险制度，在国家政策允许的范围内适当放宽医保报销范围，比如，争取将一些"湖泊+"中医药康养旅游产品开发中衍生出来的中药饮片、中草药、中成药等纳入医保支付范围，刺激游客的购买欲望。最后，应督促指导湖泊康养旅游从业者制定严格有效的经营管理制度，保障湖泊康养旅游产品的安全和质量。

（二）人力资源保障

湖泊康养旅游是一种新的旅游形式，旅游者对湖泊康养旅游的需求与对常规湖泊旅游的需求是有差异的。一个行业的发展需要人才的支撑，湖泊康养旅游业的发展同样需要一批综合素质高、专业素养强的旅游人才。另外，不同的湖泊康养旅游产品，对人才的专业和素质也有不同的要求。因此，需要因岗施策，根据不同的岗位需求，引入相对应的湖泊康养旅游服务人员。

首先，要开发湖泊康养旅游产品，必须拥有一支结构合理、数量充足的专业康养技术人才队伍，要不断吸引和吸收服务业的高素质人才，鼓励人才创业，增加人才就业机会。其次，要加强服务业人才和师资培养，湖泊康养旅游目的地，要顺应市场发展规律，加大与市内外高校、专职院校的合作力度，与高校签订合同，让他们负责培养发展湖泊康养旅游所需要的各类人才，学生毕业后择优推荐进入湖泊康养旅游企业，一方面解决了湖泊康养旅游发展急需人才的问题，另一方面也增加了就业机会和岗位，拉动了就业。最后，为了不断提升湖泊康养旅游目的地的康养旅游管理质量，不仅要注重提高服务人员的素质和水平，还要时刻关注湖泊康养旅游消费群体的市场需求变化，根据需求状况开展有针对性的培训，组织交流互动活动等。

（三）生态环境保障

随着康养旅游业的不断发展，不少地区在开发过程中不注重环境保护，给生态环境造成了不良影响。国外因此提出了绿色旅游和责任旅游的概念，呼吁游客在湖泊康养旅游活动中提高环保意识，担负起主动保护环境的责任，切实保护自然环境不受破坏。保护我们赖以生存的生态环境，是旅游业可持续发展的必要条件。因此，在康养旅游产品的规划与开发中，湖泊康养旅游目的地要增强生态环境保护意识，始终将生态环境保护放在第一位。统筹田、林、水、草生态系统治理，综合运用所在地湖泊等水域资源，合理开发旅游资源，推行绿色发展方式和生活方式。生态环境保护还要体现于湖泊康养旅游规划与开发的各个方面，湖泊康养旅游规划者是湖泊康养旅游活动的设计者，在规划时不仅要注意规避前期的风险，还要承担实施时及建成后的风险责任。为了对开发者和旅游者进行有效约束，在湖泊康养旅游产品开发前，规划者需要针对湖泊区域环境的特征，对旅游开发者和旅游者的行为进行框架设计，形成旅游标准，以规则制约行为，从而更好地保护生态环境。另外，旅游规划者还应树立可持续发展观念，在环境保护与资源开发和谐共存理念的指导下，对湖泊康养旅游资源进行保护性规划和开发。

（四）基础设施与服务保障

湖泊康养旅游地只有给游客提供最大程度的便利，最优质的服务，才能吸引游客为湖泊康养旅游产品买单。因此，湖泊康养旅游地开发湖泊康养旅游产品，必须不断加强对湖泊康养旅游基础设施的建设。围绕湖泊康养旅游饮食、住宿、交通、游玩、购物、娱乐等要素，因地施策，逐步完善湖泊康养景区景点、街区的交通设施和公共服务设施建设。

完善湖泊康养景区景点交通体系，不仅要建设一个对外便捷、内部发达，各景点之间便捷、内部慢行完善的交通系统，还要在各景区景点建设充足、便利的停车场。与此同时，还要不断绿化、美化、亮化景区景点、街区，增加绿植花卉种植面积，安装造型彩灯，吸引游客赏灯；要在湖泊康养旅游景区景点、旅游路线沿线、交通集散点、休闲步行区等游客密集区域，建设数量充足的旅游公用厕所，而且要对厕所进行严格有效管理，保证厕所干净卫生、文明实用，并且免费供游客使用。另外，为了给游客带来安全舒适、轻松愉悦的旅行体验，湖泊康养旅游地应制定保障湖泊康

养旅游产品质量安全、从业人员管理、风险承担等方面的高标准经营管理制度。同时，要不断加强规范化、人性化的湖泊康养旅游服务软件和硬件建设，如充分利用智能服务系统，实现对主要湖泊康养旅游景点、街区、旅游服务中心和交通站等地无线网络的全面覆盖，并建立稳定运行的网站或 App，可以让游客实时查询有关湖泊康养旅游产品的信息。

（五）湖泊康养旅游产品营销保障

为吸引更多游客，湖泊康养旅游目的地要不断提高湖泊康养旅游产品品牌营销能力，塑造湖泊康养旅游城市形象，应通过多个渠道对本区域湖泊康养旅游产品及旅游形象进行宣传。一是充分利用各种旅游网站进行宣传，与去哪儿网、携程网、途牛网等知名旅游企业开展湖泊康养旅游合作，利用这些旅游企业客源广、信息投送快速便捷等优势，在网站上大规模推出湖泊康养旅游地的康养旅游产品、路线、食宿、游客体验评价等信息，让全国游客认识、了解当地的湖泊康养旅游产品，也可以采取"秒杀""团购"等促销形式吸引游客。二是充分利用社交网络平台，如微信、微博、快手等发布信息，通过这些平台将湖泊康养旅游目的地的湖泊康养旅游产品相关信息，进行及时有效推送。网络平台也是了解市场需求的重要渠道，通过这些平台与网友进行交流沟通，可以迅速直接地了解他们对湖泊康养旅游地湖泊康养旅游产品的需求以及意见建议，为当地进一步完善湖泊康养旅游产品提供依据和支撑。三是充分利用传统媒体如电视、广播、报纸等进行广告投放。可以通过与电视台合作，在知名节目中投放广告，或者推出以湖泊康养旅游地湖泊康养旅游产品为主体的专题栏目，提高当地湖泊康养旅游产品的知名度。①

第四节　开发重点

以市场为导向、以效益为中心、以产品为基础，发挥传统湖泊康养旅游产品和资源的优势，围绕湖泊、森林等自然风光，紧密结合健康养生文

---

① 祝琳：《鄄城县康养旅游产品开发研究》，硕士学位论文，西北师范大学，2021，第33页。

化、特色民俗风情、历史文化等人文特色，加大湖泊康养旅游产品开发力度，优化湖泊康养旅游产品结构，提升湖泊康养旅游品位。根据湖泊康养旅游资源基础条件，在对未来湖泊康养旅游业进行充分分析的基础上，结合我国湖泊康养旅游开发实际，初步确定我国湖泊康养旅游产品的开发重点，主要从湖泊康养旅游产品主题鲜明、产品层次多元和产品类型多样三个方面来说明。

一　产品主题鲜明

不同区域的湖泊康养旅游产品，要有各自的鲜明主题，在主题品牌建设时需要注重彰显区域特色，构建产品核心价值和市场核心竞争力。稀缺的旅游资源和体验式的湖泊康养旅游，越来越受市场欢迎，在景区开发时，需要把握时代的脉搏，既要保持湖泊康养旅游产品原有的特色，又要对旅游产品进行创新以迎合需求的变化。[①]

主题鲜明的特色湖泊康养旅游产品是旅游吸引力的核心，正是湖泊康养旅游产品的不同体验，才带来各个湖泊康养旅游景区差异化的竞争力。在对适合开发湖泊康养旅游的资源进行归类分析后，本书整理出了湖泊康养旅游产品差异化开发的四类一级主题："湖泊+"生态康养类、"湖泊+"文化康养类、"湖泊+"运动康养类、"湖泊+"医疗康养类。在这四类一级主题康养旅游产品的基础上，细分二级主题康养旅游产品和三级主题康养旅游具体产品，以及组合型主题康养旅游产品，如表7-3所示。

（一）"湖泊+"生态康养类旅游产品

"湖泊+"生态康养类旅游产品，是以湖泊为基础，依托海洋海滨、河流、山地森林、绿色田园、湿地等自然生态资源，开展观光、休闲、健身、养生、疗养、养老、体验等康养活动的旅游产品。

（二）"湖泊+"文化康养类旅游产品

"湖泊+"文化康养类旅游产品，是以湖泊为基础，依托所在地历史文化、

---

① 文汇舒：《川东北欠发达地区湖泊型景区旅游开发研究——以南部县升钟湖为例》，硕士学位论文，四川师范大学，2014，第47页。

表 7-3　不同主题湖泊康养旅游产品

一级主题产品	二级主题产品	三级主题产品	组合主题产品
"湖泊+"生态康养类	滨湖海洋康养	海洋观光、海滨疗养、海滩日光浴、潜水、冲浪等各种海上运动、海水浴等	"湖泊+"海洋康养+休闲康体运动康养 "湖泊+"海洋康养+历史文化康养
	滨湖温泉康养	美容、养生、保健、疗养等	"湖泊+"温泉康养+森林康养 "湖泊+"温泉康养+历史文化康养 "湖泊+"温泉康养+美容美体康养
	滨湖森林康养	森林浴、观光游览、休闲度假、特色疗养、运动疗愈、趣事体验等	"湖泊+"森林康养+休闲康体运动康养 "湖泊+"森林康养+养生疗愈运动康养 "湖泊+"森林康养+探险娱乐运动康养 "湖泊+"森林康养+康复保健康养
	滨湖田园康养	田园观光、休闲度假、健身疗养、田园旅居、农事体验、花果茶采摘、健康食品享用等	"湖泊+"田园康养+民俗文化康养 "湖泊+"田园康养+艺术文化康养 "湖泊+"田园康养+中医药文化康养 "湖泊+"田园康养+养生疗愈文化康养
"湖泊+"文化康养类	滨湖历史文化康养	宗教禅修、静修、养生斋菜、药膳等	"湖泊+"文化康养+海洋康养 "湖泊+"文化康养+田园康养 "湖泊+"文化康养+武术健身运动康养 "湖泊+"文化康养+医疗康养 "湖泊+"文化康养+海洋康养+探险娱乐运动康养
	滨湖民俗文化康养	黎族和苗族风情、节庆、演艺、歌舞、健身、体育赛事、趣味游戏等	
	滨湖艺术文化康养	戏曲表演、书法、绘画、棋道、剪纸、摄影、插花、茶艺、茶道、香道、篆刻、艺术鉴赏活动等	
	滨湖中医药文化康养	药材培育、种植、识别、采摘体验、药膳制作与品尝体验，中药液沐浴、中医推拿、按摩、针灸、艾灸、刮痧、足疗等	
"湖泊+"运动康养类	滨湖休闲康体运动	高尔夫、游泳、漂流、摩托艇、登山、徒步、骑行等	"湖泊+"运动康养+海洋康养 "湖泊+"运动康养+康复保健康养 "湖泊+"运动康养+中医药文化康养 "湖泊+"运动康养+民俗文化康养
	滨湖养生疗愈运动	瑜伽、冥想、跑步、快走、健身操等	
	滨湖器械强身运动	动感单车、跑步机、杠铃、哑铃、壶铃、弹簧拉力器、健身盘、弹力棒、握力器等器械	

续表

一级主题产品	二级主题产品	三级主题产品	组合主题产品
"湖泊+"运动康养类	滨湖武术健身运动	太极拳、跆拳道、八段锦、五禽戏、击剑、摔跤等	
	滨湖探险娱乐运动	攀岩、冲浪、滑翔、溯溪、探洞、野营露宿等户外活动和密室逃脱等	
"湖泊+"医疗康养类	健康检测	基因检测、健康体检、疾病检查等	"湖泊+"医疗康养+中医药文化康养 "湖泊+"医疗康养+温泉康养 "湖泊+"医疗康养+运动康养
	健康管理	健康信息采集、健康监测、健康评估、健康干预等	
	诊断治疗	提供中西医疗、远程问诊、健康咨询、心理咨询、医药医疗科技等	
	康复保健	运动疗法、作业疗法、传统康复治疗、心理治疗、其他物理疗法	
	美容美体	面部护理、肩颈护理、身体护理、手护理、足护理,胸部保养、皮肤管理、美体塑形等	

艺术文化、民俗文化等人文资源,打造的集湖泊康养与旅游文化体验于一体的康养旅游活动。

（三）"湖泊+"运动康养类旅游产品

"湖泊+"运动康养类旅游产品,以湖泊为背景,依托湖泊康养旅游地的运动康养旅游资源,开展众多湖上运动项目如潜水、摩托艇、冲浪、帆船等,依托滨湖地区山地森林资源开发众多骑行路线,创办公路自行车赛、爬山、桨板、徒步、夜跑等运动项目。

（四）"湖泊+"医疗康养类旅游产品

"湖泊+"医疗康养类旅游产品,是以湖泊为基础,以医疗技术、诊断技术、护理技术、康复保健技术为依托,以药物治疗、药物康复和医疗器械、休闲活动辅助康复为手段进行的康养项目。医疗旅游资源主要是一种

将医疗技术和旅游资源进行结合的特殊的康养旅游资源。

二 产品层次多元

在湖泊康养旅游产品方面，多元化的产品设计让旅游目的地或者度假区更具活力，对门票依赖性更弱，湖泊康养旅游目的地或者度假区，结合了湖泊主题公园、博物馆、风景区、体育运动疗养、度假酒店、特色美食等各种类型的湖泊康养产品，综合性更为显著。在氛围营造方面，湖泊康养旅游目的地或度假区各功能分区，具有密度低、绿化率高的特点，整体氛围更加悠闲。

（一）按消费主体划分康养旅游产品

1. 按年龄划分

从消费对象年龄看，不同年龄阶段的人群，对湖泊康养旅游的需求和偏好是不一样的，根据不同年龄，湖泊康养产品可分为少儿型、青年型、中年型和老年型4个层次。少儿型康养旅游产品更多地偏重对湖泊和环境的认知，培养少儿正确的三观；青年型康养旅游产品更多地偏重湖泊康养体验与文化特色等；中年型康养旅游产品更多地偏重湖泊休闲、"中医理疗+体育锻炼"等特色主题；老年型康养旅游产品更多地偏重湖泊养生、健康管理服务和辅助康养等。

2. 按健康程度划分

从消费对象健康程度看，湖泊康养旅游产品可以分为健康类、亚健康类和不健康类3个层次。健康类湖泊康养旅游产品更多地偏重于"康"，即通过开展诸如湖泊观光、湖泊运动、湖泊体验等活动，维持身心的健康；亚健康类湖泊康养旅游产品介于"康"和"养"之间，即在"康"的基础上，通过适度的"养"来修复身心健康，达到健康的状态；不健康类湖泊康养旅游产品则主要偏重于"养"，即主要通过湖泊疗养、湖泊康复等活动，来修复和恢复身心健康。

3. 按主导需求划分

从消费对象主导需求看，湖泊康养旅游产品可以分为养身型、养心型、养性型、养智型、养德型和复合型 6 种。养身型湖泊康养旅游产品以维持和修复身体健康为主，如湖泊运动、湖泊体验等；养心型湖泊康养旅游产品以维持和修复心理健康为主，如湖泊冥想、湖泊静坐和湖泊文化体验等；养性型湖泊康养旅游产品以维持和修复良好的性情为主，如湖泊茶艺、湖泊音乐体验等；养智型湖泊康养旅游产品以获取知识、提高智力为主，如湖泊科普宣教、湖泊探险、湖泊科考等；养德型湖泊康养旅游产品以提高品德修养为主，如湖泊文化体验、生态文明教育等；复合型湖泊康养旅游产品是指包括两种以上主导需求的湖泊康养旅游产品①。

（二）按客群对象消费层次划分康养旅游产品

通过分析游客对国内湖泊康养旅游的市场需求发现，目前国内湖泊康养旅游市场产品比较单一，不具有特色，多是大众化产品，应该将产品需求进行分层，构建"客群对象+多层次康养旅游产品"。

低端湖泊康养旅游产品：以环境美化、自然山水风光、美丽乡村为主，打造"养颜"的观光系列基础产品。

中端湖泊康养旅游产品：以健康养生、运动康体、医疗保健、慢性病康养等为主，打造"养身"的休闲、康复系列重点产品。

高端湖泊康养旅游产品：以历史文化、少数民族文化、宗教文化等为主，打造"养心"的文化系列康养特色产品。②

将这些产品按一定比例配置，满足多层次的湖泊康养旅游市场需求，最终把项目地打造成康养旅游目的地。

三　产品类型多样

随着湖泊康养旅游的蓬勃发展，我国的湖泊康养旅游进入转型升级的重要阶段，塑造多样化的产品类型成为主流趋势。湖泊康养旅游产品的多样化，有助于满足消费者需求，提高市场销售能力，增强竞争力和差异化，

---

① 吴后建、但新球、刘世好等：《森林康养：概念内涵、产品类型和发展路径》，《生态学杂志》2018 年第 7 期。
② 吕龙霞：《河北省灵寿县康养旅游开发研究》，硕士学位论文，广西师范大学，2022，第 47~49 页。

促进可持续发展，同时也创造了更多的就业机会，对湖泊康养旅游业和当地经济发展都具有积极影响。本节从功能特性、资源主体两大方面，对湖泊康养旅游产品进行了类型划分。

（一）功能特性类康养旅游产品

湖泊康养旅游产品，是湖泊康养旅游基地为了满足康养客群的多样化需求而提供的有形产品和无形服务的总称。我国湖泊康养旅游基地，针对不同康养客群的需求，开发出多种湖泊康养旅游产品（见表7-4），根据产品的功能特性，主要可分为休闲娱乐、观光体验、运动康养、保健养生、病体康复和科普教育6种类型。

表7-4 我国湖泊康养旅游产品类型及特点①

产品类型	包含项目	依托资源	服务人群	场地设施
休闲娱乐类	露营、滑道、观光火车等	自然资源与人文资源结合	所有人群	游乐场、高空栈道、主题酒店等
观光体验类	观景、手工艺制作、采摘、农耕等	自然资源与人文资源结合	所有人群	观景平台、观光栈道、农场等
运动康养类	户外拓展、丛林探险、极限运动等	自然资源	青少年、酷爱运动人群	户外运动场、户外拓展区等
保健养生类	血压及血糖测量、心率检查、唾液皮质醇测试等	自然资源	所有人群	医疗服务中心
病体康复类	血生化、血常规、尿常规、心电图检查等	自然资源	依照人群类型分类	森林康复中心、康复医院等
科普教育类	森林知识科普、动植物观察、生态观测、植物识别等	自然资源	大部分人群	森林体验馆、森林科普区等

1. 休闲娱乐类

这类产品主要是指在不破坏湖泊资源的基础上，依托湖泊自然资源，开发不同类型疗养者在休闲娱乐过程中所需要的设施和服务等。休闲娱乐类产品具有多样化、全民化、新颖化和时尚化等特点。开展健康的休闲娱

---

① 李小玉、向丽、黄金成等：《中国森林康养资源利用与产品开发》，《世界林业研究》2022年第6期。

乐活动，可有效调节情绪、松弛身体，起到消除疲劳、愉悦身心和恢复精力等作用，对疗养者的身心健康有积极影响。例如，疗养者在湖泊康养旅游地欣赏自然风光的同时，还能体验高空栈道、小火车、七彩滑道等娱乐项目。站在玻璃栈道上可领略湖泊景区无尽的美，远离都市的快节奏生活，尽情享受宁静。坐在观光小火车里，可以赏尽园内美景，放松心情，舒缓压力。

2. 观光体验类

观光体验是通过感官感受和认知湖泊及其环境文化习俗的康养活动。这类产品集观光旅游与种植养殖、手工艺制作、民风和民俗于一体[1]，并融入康养文化体验，使产品内容和形式更加丰富多彩，满足疗养者的多样化需求。[2] 其最大特点是参与性，疗养者置身于大自然中，感受湖泊、山水风光和当地文化的独特魅力，并达到陶冶情操和调节身心健康的目的。

3. 运动康养类

运动康养是指依托优质的湖泊环境，并结合湖泊景区山林地形，以适宜的运动方式，来增强机体活力和促进身心健康的康养活动，具有养生为先、注重体验、训练综合康养等特点，具备辅助治疗疾病、康复治疗和提升健康等功效。主要产品有户外拓展、极限运动、丛林探险、湖岸慢跑等，疗养者可根据自身需求选择合适的运动方式。在森林中适当运动，可有效提高机体免疫力，增强心肺功能，缓解压力，促进机体保持充沛的精力和维持稳定的情绪，降低亚健康风险。例如，在有条件的湖泊康养旅游景区，打造各种户外活动设施，开设真枪实弹射击、军事野战对抗、高空极限挑战、沙滩车穿越、林空穿越骑马等户外运动项目，满足疗养者的多样化需求，让其在拥抱绿色、回归自然的同时有效释放压力。

4. 保健养生类

这类产品借助湖泊康养旅游地优越的景观资源、丰富的负氧离子、湖岸植物释放的芬多精和养生药膳等，开展慢节奏、静养式康养活动，如森

---

① 范河明、方芳：《云南发展观光体验业的分析和构想》，《昆明冶金高等专科学校学报》2006 年第 2 期。

② 王明珠、程道品、段文军：《休闲旅游视角下城郊型森林公园旅游产品开发研究——以柳州市三门江森林公园为例》，《经济研究导刊》2014 年第 3 期。

林浴、养生药膳、中药浴、湖泊瑜伽、湖泊太极等。清新的空气、慢节奏的养生运动和养生食疗有机结合,能有效调节人体机能,促进身心健康,达到休养身心的效果。

5. 病体康复类

这是利用湖泊康养旅游地中的各种资源,配以专业医疗设施和人员,结合康复治疗、术后恢复和心理疏导等多种方式,使疗养者身心得以恢复的产品类型。[1] 主要有亚健康、病后康复、慢性病辅助医治和职业病疗养等康复疗养产品,还有艾灸、推拿按摩、中医理疗、芳香疗法等特色康复治疗项目,疗养者可根据实际情况及需求选择合适的产品和项目。

6. 科普教育类

这类产品以湖泊康养环境为背景,开展湖泊知识科普、生态观测等活动,集科普教育、康养、休闲观光于一体,使湖泊资源物尽其用,让教育更具趣味性,进而提升科普教育效果。例如,对湖泊沿岸植物进行挂牌,让参与者充分了解植物生长习性及用途,激发他们对大自然的敬畏之心,充分唤醒其生态保护意识。这不仅可以起到科普知识和提高国民科学素质的作用,还对环境保护有着潜移默化的积极影响,满足人们尤其是青少年亲近自然、认识自然、保护自然的需求。例如,凭借湖泊康养旅游地得天独厚的自然资源,打造全国集展示、宣传、教育、体验、大众参与于一体的活态生物多样性博览馆,吸引更多的人了解学习和保护生物多样性。[2]

(二)资源主体类康养旅游产品

1. "湖泊+温泉"康养产品

温泉是湖泊康养旅游的最好载体之一,温泉旅游已经成为我国健康旅游的代表之一。[3] 我国温泉大多属于湖泊水热型医疗温泉,广泛应用于康体养生、保健养生、水疗保健等,丰富多样的温泉康养旅游产品,以及不断

---

① 廉红霞:《森林康养产品存在问题及开发策略》,《热带农业工程》2020年第2期。
② 李小玉、向丽、黄金成等:《中国森林康养资源利用与产品开发》,《世界林业研究》2022年第6期。
③ 薛群慧、邓永进:《论云南少数民族地区健康旅游资源开发战略》,《云南民族大学学报》(哲学社会科学版)2011年第5期。

创新的以温泉为主题的康养旅游产品的开发方式，为康养旅游游客群体提供了"量身定制"式的服务。湖泊温泉产品的开发与康体、养生和保健系列的温泉酒店、温泉会所、温泉会务及会展等项目的大力发展息息相关，也可以为其他湖泊常规酒店、宾馆和招待所等提供温泉水资源。湖泊康养的"温泉+"模式，主要包括："温泉+乡村旅游""温泉+环城游憩""温泉+景区""温泉+休闲庄园""温泉+生态农庄""温泉+旅游地产""温泉+康体养生""温泉+康体运动""温泉+康体疗养"等健康旅游产品。实现温泉资源与旅游业态的融合，有利于打造湖泊多层次、多样化的温泉康养旅游产品。

2. "湖泊+森林"康养产品

森林是适用性、参与性最强的康养旅游资源，与湖泊资源有着天然的耦合。森林具有滞尘释氧、降温降噪、释放负氧离子和植物精气等作用，负氧离子有增加血液中氧含量、增加红细胞和血中钙含量、减少疲劳肌肉中乳酸含量等作用，对人体健康非常有益。植物精气具有止咳祛痰、平喘利尿、增强人体抵抗疾病的能力等功效，对心律不齐、冠心病等有较好的疗效。[①] 基于森林资源，可以发展"湖泊+"森林休闲度假观光旅游、"湖泊+"森林养生旅游、"湖泊+"森林探秘旅游等休闲健康旅游产品，发展登山、徒步、攀岩、素质拓展等康体旅游产品，发展森林浴场、负氧离子体验站、森林医院等森林医疗保健旅游产品，还可发展森林瑜伽、森林营地、森林树屋和森林木屋等"湖泊+"高端森林度假康养旅游产品。

3. "湖泊+山地"康养产品

山地资源与水文资源在地理上有高关联性[②]，山地的高梯度效应、江河溪涧、生态环境、生物景观等，可作为湖泊景区康养旅游重要的吸引物，山地丰富的景观类型，可以为现代都市人提供"湖泊+"山地环境体验、"湖泊+"山野劳作体验、"湖泊+"山地露营体验等休闲康养旅游产品；山

---

① 陈建波、明庆忠、娄思远等：《山地城市健康旅游资源及开发策略研究——以重庆市主城区为例》，《西南师范大学学报》（自然科学版）2016年第10期。

② 王秀伟、李晓军：《中国乡村旅游重点村的空间特征与影响因素》，《地理学报》2022年第4期。

地优良的原生态环境，特殊而复杂的立体气候，可以开发负氧离子、山地氧吧等疗养度假康养旅游产品；山地是开展康体旅游的优良场所，在山地环境中可以开展登山、攀岩、岩降、探险、滑草、野外生存、定向越野、山地摩托、山地自行车、草地滚球、户外拓展等"湖泊+"运动康体旅游产品；也可以开展冷泉、温泉及其各种泡浴模式，山野瑜伽、水疗 SPA 等"湖泊+"健康保健旅游产品；还可以结合山地民俗和中医药资源等，打造养生餐饮、山水茶吧、山水酒吧、地道农家饭等"湖泊+"健康养生餐饮旅游产品。

4. 水体康养产品

水体资源是集审美、疗养、娱乐等功能于一体的旅游资源，是湖泊康养旅游开发的资源依托。利用水体资源开发的康养旅游产品是多样的，主要有 3 个层次：湖面康养旅游产品即在水面上进行的旅游活动，包括划船拉力赛、游艇、赛艇、摩托艇、船钓、帆船、水上蹦极等康乐体育活动和水上农业休闲观光活动等；湖滨康养旅游产品包括湖滨浴场、健康步道、湖滨健康公园、湖滨营地等；环湖康养旅游产品即依托水库和湖泊或其外围所开展的自行车环湖游、休闲观光游、度假养生游、康体疗养游等。此外还可以开发以漂流、徒步、探险、溯溪为主的河流康养旅游产品，同时利用河流两岸的景观开发观光游和度假游产品。

5. "湖泊+医疗"康养产品

医疗、养生、旅游企业、老年机构等资源的整合，促进了医疗健康旅游系列产品的开发。湖泊康养旅游企业与医院的体检中心、健康管理中心等机构联合，为不同年龄的游客制定适合的健康旅游项目，推出相应的旅游路线和旅游产品；利用心理咨询机构，开发排解积郁、疏导心理等辅导型心理疗养活动，为旅游团配备健康顾问；此外，湖泊康养旅游企业、湖泊景区主动和医院合作，开发出大量康体养生类旅游产品，如"湖泊+"康体养生酒店、"湖泊+"康体养生度假庄园、"湖泊+"康体养生度假区等，以及休养旅游、保健旅游、养生旅游、康复旅游、中医中药旅游等湖泊健康旅游产品。

第八章
湖泊康养旅游发展建议

我国是多湖泊国家，湖泊品种和类型有很多，大大小小的湖泊散布在我国广袤的土地上。[①] 湖泊景观的生物资源类型多样，旅游吸引力较高。随着生活品质的提高，旅游成为人们生活中必不可少的娱乐项目。湖泊旅游的开发为观光、度假、康养、休闲、修学、探险、运动等旅游活动提供了更深层的可挖掘空间，为区域内的经济文化、社会生活都带来了积极影响，这使得人们越发积极地开发新的旅游产品，湖泊旅游资源顺势得到开发与利用。本章基于对湖泊康养基础理论、国内外典型案例、湖泊康养旅游开发重点等的分析，归纳梳理出康养旅游理念在湖泊康养旅游发展中的政策建议，为后续的研究和案例实践提供经验和指导。

第一节　编制发展规划，强化顶层设计

做好顶层设计，实际就是要做好理念设计，发展规划和行业标准是产业发展的先导和前提。[②] 虽然湖泊康养旅游产业是一项具有营利性质的产业，但相较于普通的旅游产业而言，其更有益于保护人们的身体健康。湖泊康养旅游产业需要较长时间、较为系统地进行建设与稳步推进，相关部门需要明确湖泊康养旅游定位、制定切实可行的产业发展规划等。湖泊康

---

① 李冬玲：《滇西北湖泊旅游可持续发展研究》，硕士学位论文，大理大学，2016，第3页。
② 王文：《海南省"体育+"视角下康养旅游模式研究》，《文体用品与科技》2022年第21期。

养旅游产业将其与我国的旅游市场环境、市场需求、基本国情等进行有机结合，并制定明确合理的发展规划。全面而系统的发展规划可以强化顶层设计，为湖泊康养旅游的长远发展提供指导。

湖泊康养旅游项目的整体规划可以分为三个阶段：一是近期阶段，这一阶段的重点是提升景区的吸引力，同时提高景区的可进入性，因此必须完善景区内部的基础设施，如污水处理、停车场、厕所等公共设施，这样才能满足游客的实际需求；二是中期发展阶段，这一阶段要集中做好康养旅游产品开发，如结合实际情况开发湖泊温泉、湖泊农庄等各种体验性较强的产品，让游客能够完全融入旅游区，通过这些产品来感受自然生活；三是远期阶段，这一阶段要做好湖泊医院与康养文化体验中心项目建设，同时要与养老服务机构建立良好合作关系，满足老年人对于健康与文化方面的需求。只有进行统一规划，才能发挥湖泊康养旅游产品的价值和意义，进而形成自己独特的品牌和体系。具体而言，可以考虑以下方面。

一　湖泊保护与修复规划

坚持生态优先、绿色发展，为建设人与自然和谐共生的现代化厚植绿色底色和质量成色。在旅游开发过程中，尽量保护湖泊的原始性和真实性，通过旅游，向游客普及湖泊生态知识，让游客树立保护湖泊的意识，增强保护环境的行动力，将保护湖泊的原则贯穿始终。生态安全不仅是湖泊自身发展的基础，也是维护城市可持续发展的重要条件。可借用景观生态学的原理和 GIS 技术，对场地进行生态敏感性分析和土地适建性评价，将其作为土地利用规划和建设选址的科学依据，将开发建设对生态环境的干扰降到最小。① 湖泊康养规划采用"先底后图"的方式控制生态安全格局。传统的规划，先确定的是适合作为景区开发建设的区域，不适合建设的区域"被动"成为"生态用地"。与此相反，"先底后图"的逆向规划过程，是先确定一个强制性不可开发的区域，构成开发的"底"，而把发展区域作为

---

① 肖婧：《城郊型湖泊旅游度假区保护与发展的规划探索——以重庆市南湖水库为例》，城乡治理与规划改革——2014 中国城市规划年会会议论文，海口，2014 年 9 月 13 日。

可变化的"图"留作开发建设。同时，相关部门需要制定科学的旅游管理模式，强化对当地湖泊的保护，展现出区域特色，在发展旅游业的同时，将部分创收再投入保护湖泊生态环境的工作中，使保护湖泊环境和康养旅游之间形成良好的循环链，充分考虑湖泊康养资源的承载力，积极支持康养设施建设。建立健全各类环保指标体系，围绕清洁、绿色和低碳3个关键词，建立可持续发展的湖泊康养旅游产业模式。湖泊旅游区在湖泊旅游开发经营的全过程，都要注重生态环境保护，在规划开发时，综合考虑局部与整体效果、兼顾眼前与长远利益，谋求经济、社会与环境的和谐发展；在开发建设的过程中，要注意保护资源的多样性，保持湖泊生态系统的良性循环；在经营管理工作中，要控制景区游客容量，强化对游客行为的监督和管理，并做好环境监测和控制工作。[1]

二　景区开发与建设规划

我国地大物博，不同地区的气候类型、水文条件、地质条件等存在明显差异，不同地区的湖泊资源种类及康养共享也有所不同。对此，相关部门在发展湖泊康养旅游过程中，要严格遵循因地制宜原则，加强特色建设。需要着重突出湖泊资源的康养功效，适当开发个性化旅游服务模式。此外，相关部门还可以在湖泊康养旅游中，融入我国的养生文化及当地特色文化等，以打造具有中国特色的湖泊康养旅游产业模式。科学规划景区空间布局，将医疗康养、湖泊康养、温泉康养融为一体，构建大健康服务产业引领的生态旅游综合体。在进行旅游总体规划时，要针对不同类型的旅游资源找出其不同的特色和优势，开展不同的旅游项目，将其建设为不同的旅游功能区。在旅游路线的选择、旅游景点的组合上，应避免观赏内容的重复性。在同一景区内，也要通过合理规划，使旅游项目多样化或将不同的旅游项目规划在不同的景点内，消除游客的雷同感。在进行湖泊康养旅游的开发过程中，还需要结合旅游区的产品功能和特点，来进行湖泊功能体系的建设，如建设"接待服务区、健康咨询区、湖泊康养区、健康膳食区"

---

① 方靓：《湖泊旅游区度假消费及其影响因素研究》，硕士学位论文，浙江大学，2006，第74页。

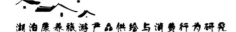

等旅游片区,并能够有效地将湖泊康养旅游和湖泊的旅游活动进行结合,既能有效形成特色的湖泊文化,又能有效建立起湖泊旅游的核心区,不断提高旅游区的功能性建设效果。

三 设施提升与完善规划

湖泊康养产业与相关投资方合作,积极推动湖泊地区的旅游设施建设。建立多元化的旅游设施,包括高品质的酒店、度假村、养生中心、游客接待中心等,以满足游客不同的需求和偏好。同时,需要关注设施的质量和维护管理,保证设施的舒适性和安全性。旅游设施要考虑服务对象的多元化。就实际情况来讲,湖泊康养旅游的服务对象,主要是年轻群体和老年群体两类。对于年轻群体而言,湖泊康养旅游要做好相应的服务设计,让湖泊休闲活动更加有趣,这样的活动可以探险的形式呈现,也可以娱乐的方式呈现,通过这些活动帮助儿童更好地发育,提升青年人的身体素质。对于老年群体而言,则可以开展比较舒缓的活动,减轻老年人的身心压力,让其能够在舒缓的环境中实现身心健康。

湖泊康养旅游基础设施,主要指湖泊规划范围内的给排水、电力、电信、供热、供气、环境设施等,为人民生活提供一般条件的、必需的公共设施工程,是基础设施最主要也是最基本的内容。基础设施规划,必须以湖泊规划为依据,与其他专业之间的规划相协调,深化湖泊规划,通过综合规划设计,提高湖泊的规划设计质量,提高综合防灾能力,更高效地为湖泊康养旅游的生产和生活服务。通过完善旅游设施,不仅可以为游客旅游提供便利,在一定程度上还可以推动旅游环境的改善。为了避免景观和景观地区之间的分裂,必须加强景观地区的连接线建设,以确保主要道路、景观地区的连接线和邻近景观地区之间的连接。积极完善康养旅游资源服务配套设施,可以促进旅游联盟店之间的交流与合作,实现旅游资源产业链的相互协调和发展。

四 产业规划与政策保障

湖泊康养旅游对于我国市场而言属于一种新兴产业,在发展初期容易出现市场规则漏损、竞争环境混乱等问题，阻碍整个湖泊康养旅游行业发展。对此，市场监管部门应该制定完善的市场准入机制，并制定湖泊康养基地建设标准及服务质量标准等相关法律法规，以提高湖泊康养旅游服务质量，推动湖泊康养旅游产业可持续发展。鉴于不同区域的湖泊康养旅游资源特点和优势、社会经济的发展情况、市场消费者的需求等因素的差异，各地出台湖泊康养旅游发展的具体规划，制定差异化的发展战略，以求创造出拥有自身优势的湖泊康养旅游模式，培育和做大主导产业，并与当地既有产业基础实现融合发展。

湖泊康养是一个涉及面较广的事业，政府除了在产业规划、法律法规、技术标准等方面进行保障外，一般性的土地政策、财税政策、金融政策、科技政策、人才政策都要相应做出具体因应，围绕土地使用权、税收优惠、投资融资模式、科技平台、人才引进等重点问题进行研讨，制定一系列相关配套政策予以支持，并建立稳定的机制进行长期维护和管理，保障湖泊康养旅游的可持续发展。在推动湖泊康养旅游产业发展过程中，政府部门应该积极发挥自身的管理职能与指导作用，适当进行开发引导，并成立相应的管理机构和开发部门。在政府部门的扶持下，吸引更多高端开发商对湖泊康养旅游产业进行投资，进而为推动产业建设与持续发展提供稳定的资金链。从长远角度分析，政府加大帮扶力度，还能够形成更为安全的产业运营体系，实现社会公众利益与资本利益之间的有效平衡。

第二节　制定发展战略，加强宏观统筹

健康是人全面发展的基础和必要条件，养老问题是当前我国最重要的社会热点之一。康养产业作为现代服务业的重要组成部分，一头连接民生福祉，一头连接经济社会发展，可以被打造成我国又一个新兴的战略性支柱产业。康养旅游是指融合了观赏风景和愉悦身心的旅游体验活动，康养旅游节奏较慢，能够让游客与大自然实现精神层面的沟通。[①] 湖泊康养旅游

---

① 　孙艳、吴丽华、周佳丽：《康养旅游项目的开发初探》，《工业建筑》2021年第10期。

还需要制定发展战略，加强宏观统筹，确保政策的整体性和协调性。

一　产业协同发展战略

旅游消费是多样综合的消费，其要素关联、产业关联极大，不仅涉及旅游行业内部食、住、行、游、购、娱等要素的关联，还涉及与旅游业直接、间接相关行业的关联，旅游消费的乘数效应、行业拉动效应明显。康养旅游产业作为交叉融合型产业，包含养老服务业、旅游业、医疗保健业、休闲业、房地产业以及文化产业等多个产业，已逐渐成为我国国民经济新的增长点和活力源泉。[①] 康养旅游产业作为旅游界新业态，符合当今人们对于旅游需求从求快到求质的转变。鼓励湖泊康养旅游与相关产业进行深度融合，如健康养生、温泉疗养、休闲度假等，形成产业协同效应，提升综合竞争力。同时，湖泊康养旅游的发展离不开其他产业的支撑，相关主管单位要积极推进湖泊康养与红色旅游、研学旅游、体育旅游、体验旅游等融合，还要推进湖泊康养旅游与文化创意产业、互联网产业等结合，从而扩大规模效益。

二　区域联动发展战略

实际上，构建湖泊康养旅游圈是一个整体协作推进的过程，它能充分调动区域内空间发展要素，突破行政区划束缚，形成一体化均衡发展，缩小空间内旅游发展差距。这种发展模式与地区实施"全域城镇化"的发展思路是相同的。"全域城镇化"强调突破城乡割裂、城乡二元体制机制，统筹城乡发展，推进城乡一体化，促进城乡区域协调互动、融合发展、合理布局。[②] 因此，湖泊康养区域构建，应成为"全域城镇化"推进的有力抓手，把城乡规划、产业发展、生态环保、基础设施、就业和社会保障、社会事业、政策措施融入旅游区域建设中，使城乡居民能够共享湖泊旅游区

①　郑玮：《青岛市康养旅游产业创新发展多维分析与启示》，《青岛远洋船员职业学院学报》2023年第2期。
②　聂铭、邱守明、杨光明等：《环滇池流域旅游空间布局整合与发展对策研究》，《旅游研究》2014年第4期。

域发展成果。在湖泊康养旅游政策制定过程中，要考虑区域间的协作与联动，鼓励湖泊间形成联盟，实现资源共享和合作开发，推动区域旅游的互补性和一体化发展。

同时，中国东部、中部、西部湖泊康养旅游产业区位优势和资源状况存在一定的差距，政府应该通过引导和市场化手段，促进中西部地区湖泊康养旅游产业规模化发展和提档升级，逐步形成东部、中部、西部地区优势互补、协同联动发展的空间布局。国家相关职能部门，应出台优惠政策，引导资金、技术、人才等核心要素向中部、西部地区康养旅游企业流动；搭建东部与中西部湖泊康养旅游在市场、业务、技术、资源等的共享平台，借助资源共享实现内部大循环经济效应；政府推动中西部地区康养旅游产业集群、产业实验（示范）区、龙头企业集团化连锁化发展；创新特许经营、合作联营、联盟经营等市场化手段，全方位拓展东部地区和中西部地区康养旅游企业交流合作的广度和深度，实现共享共赢发展。

三　康养产品最优战略

随着旅游活动内容的丰富，社会的需求也呈现越来越多元的态势。正确把握湖泊康养旅游的目标群体，是其开发成功的重要因素。在进行消费选择时，由于消费者本身年龄、性格、学历、消费能力等方面的影响，消费者在对产品的认知、产品偏好、产品认可度等方面都可能存在差异，由此影响消费者的选择。湖泊康养产业在进行旅游产品的设计及开发时，首先应明确结合湖泊的资源情况，确定开发定位及目标客群，在明确战略定位的基础上，开展市场调查工作，分析区域的资源情况，了解消费者的旅游动机和产品偏好。

在具体的项目选择上，应充分考虑消费者的偏好，哪些作为大众产品，哪些作为转型产品，在目标客户方面，明确针对的是哪个年龄层次，是青少年、中年还是老年？针对的是全国的客群还是当地及周边客群？主要针对女性客户还是男性客户？由此可以开发出适销对路的湖泊康养产品，确保产品对于消费群体具有吸引力，同时可以针对性地开展营销推广。

四 企业培育与创新战略

鼓励培育湖泊康养旅游企业，为其提供创新创业的政策支持，培育一批具有国际竞争力的旅游企业，推动湖泊康养旅游的创新发展。鼓励湖泊康养旅游企业立足市场需求，以内容建设为核心加大研发投入力度，打造高品质旅游产品，积极参与市场竞争。坚持创新驱动发展战略，推动技术要素向中小微企业转移。建设湖泊康养旅游产业创客示范基地，探索开展旅游创客服务行动。聚焦企业发展需要，在数字转型、智能升级、科创融合等领域，提供专业化服务指导，孵化培育一批以创新创造为核心竞争力的本土旅游企业，打造现代化高品质旅游产业集群。

推进"互联网+"行动，将信息技术、人工智能和互联网思维与湖泊康养服务融合，搭建信息开放平台，提供个性、高效的一站式智慧康养服务。建立健全制度体系。加快建立全面康养服务标准化体系，立足地方实际，制定切实可行的执行标准，建立科学健全的监督机制、评估机制、保障机制，确保智慧康养行业标准落实和完善。

五 协调多方利益战略

湖泊康养旅游涉及多方利益相关者，湖泊对临近城镇有依赖的关系，同一流域的不同湖泊，在该空间中发挥着不同作用。湖泊旅游开发、发展，可以加快湖区城镇化建设。湖泊旅游管理开发目标和原则、基本元素和框架、管理效率和实施障碍等有差异，应当对湖泊旅游目的地发展的利益主体特征、需求和利益进行协调，加强旅游开发条件下的湖泊流域生态补偿机制研究，对补偿目标、补偿原则、补偿主体、补偿对象、补偿模式等做好相关保障措施，保障各方利益的平衡。

湖泊康养旅游的发展，对地区经济文化发展起到了重要的带动作用，湖区的可持续发展，离不开当地居民的贡献和牺牲，因而在对湖泊康养旅游开发和规划中，应当积极让当地居民参与经营。还有，在湖泊旅游规划时，应当吸纳当地居民的意见和建议，而不是独断专行。民族地区湖泊旅游活动的开展，少不了当地民俗文化的支撑，乡村旅游的迅速发展，湖泊旅游与乡村旅游的密切融合，少不了当地居民的参与，民俗表演、特色交通、住宿接待等特色旅游项目的开发与建设，也离不开当地居民的参与，当地居民的积极参与和配合，也使湖泊旅游有很好的发展前景。

第三节　明确发展目标，打造特色定位

康养旅游已经是国内较为领先的养生项目，要能够充分利用湖泊自然资源，打造具有新业态、新产品、新服务的项目。依靠传统民族文化和数字化平台，打造和周边产业项目配套的产业链，形成好的湖泊产业项目和配套产业链，提高产品和项目的质量，促进湖泊康养旅游业的发展。各地湖泊要根据自身的地理位置、自然禀赋、文化特质、民风民俗等特点，整合优质地域资源，开发各类特色康养服务项目，形成健康、愉悦、和谐的旅游特色，满足不同旅居人群身心康复需求，并倡导健康生活方式，营造愉悦、和谐的康养旅游氛围，打造湖泊康养旅游品牌。

湖泊康养旅游发展总目标包括：全客层、无时差、慢生活。全客层，即满足老、中、幼及年轻人等各年龄层，以及不同身份、职业背景的客户群体的湖泊康养旅游休闲需求，根据不同年龄层客户群体的具体需求打造不同的功能分区。无时差，即打造全时段体验式旅游，一年四季魅力不减，每个季节都给游客带来不一样的旅游体验。慢生活，即强化"慢生活"概念，让游客放松身心，回归大自然，享受"慢生活"方式。体验吃、住、行、娱多种不一样的"慢生活"。康养健身，即游客在这里不仅能体验不一样的休闲娱乐活动，还能实现保健锻炼、度假疗养的目的。明确湖泊康养旅游的发展目标和定位，是政策制定的重要内容。

一　提升服务质量和满意度目标

在湖泊康养旅游开发过程中，应健全和完善人才培养机制，建立湖泊康养人才库，促进湖泊康养人才队伍建设，综合培养具有理论知识、专业

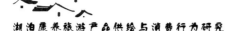

技能、管理能力、服务意识的复合型人才，为打造湖泊康养旅游品牌、提高湖泊康养旅游服务质量，奠定坚实基础。一方面依托省内大专和中专旅游院校资源，设置康养课程培训体系，开发湖泊康养课程及教学资源，定向培养湖泊康养旅游专业人才，保障专业人才供给。同时，充分挖掘社会资源，开展校企合作，共建实训基地及实习基地，紧密对接行业需求，培育创新型、领军型、服务型的湖泊康养人才。另一方面注重人才的引进，从政策上支持湖泊康养旅游企业，引进既有医学专业背景又具备康养从业经验的国内外专家、学者，组建高层次的医疗团队，执行国际标准，为旅游者提供更好的康养指导、康养咨询、康养评估等服务，打造国际化、专业化人才品牌。同时，湖泊康养旅游企业应重视人力资源开发，针对湖泊康养从业人员，尤其是基层员工，定期进行在岗培训或开展各类服务技能比赛，不断提高康养从业人员的素质、技能及服务意识，提高湖泊康养服务水平，促进湖泊康养旅游可持续发展。

对于康养服务而言，其内核是能准确识别病症，湖泊康养旅游同样如此，项目的具体实施单位应当树立先进的健康管理服务理念，注重引进国内外先进的健康监测技术，为游客提供更准确的病症识别服务。在项目组织建设的过程中，室内要设立专门的体检和健康管理中心，同时室外要配备流动的健康管理车，以便随时供游客使用。[1] 健康检查除基础检查外，还可以覆盖基因检测、疾病诊断和数字化档案建设等服务，让游客在湖泊康养旅游基地，能够详细了解自己的健康状况，进而达成终身康养的目标。

二 文化传承与创意开发目标

随着旅游业的发展，文化旅游将成为旅游开发的主旋律。绚丽多姿、多元独特的中华文化，为湖泊康养旅游开发奠定了坚实的文化基础，湖泊康养旅游开发应建立在文化自信基础上，培育并创新湖泊康养文化。在湖泊康养旅游开发过程中，除了关注湖泊资源本身的养生性、特色性之外，还应关注文化性，建立文化自信，以文化为媒介，充分结合地域文化，不

---

① 张文娟：《大健康时代背景下西双版纳森林康养旅游研究》，《旅游纵览》2022 年第 18 期。

断挖掘文化内涵，将文化产业与湖泊康养旅游业不断融合，开发当地特色文化与湖泊康养功能兼备的融合型旅游产品，构建湖泊康养文化体系，开发以湖泊为载体的各种文化产品，如湖泊景观文化、休闲文化、保健文化、民俗文化等，打造个性化的精品湖泊文化。还可与国内外文化品牌进行合作，联合建立湖泊康复协会或湖泊康复中心，取长补短，实现文化互补，在延续地域历史文化根脉的同时，培育并创新湖泊康养文化，塑造湖泊康养文化形象，促进湖泊文化旅游业的发展。

三 创建一流湖泊康养产品目标

为适应新时期市场需求变化趋势，国内各省应立足自身资源禀赋，运用新技术、新载体、新形式、新功能、新平台等创新要素，以创新湖泊康养旅游产品为重点，构建具有竞争优势的湖泊康养旅游特色产品体系。湖泊康养旅游可实施"1+X"产品策略，"1"是最具地域特色和比较竞争优势的康养旅游产品，以塑造标志性的地区康养旅游产品品牌，"X"是种类齐全、层次多样、功能互补的康养旅游系列产品，以满足市场多元化需求。

打造特色湖泊康养旅游产品体系。以创建国际一流湖泊康养产品为目标，以市场需求变化为引领，从功能创新、文化创新、结构创新等方面升级改造旅游产品。一是创新湖泊康养旅游产品功能。产品应植入体验性强、文化内涵高、表现形式新的产品，开发康养文化知识沙龙、DIY 创意工作坊、康养运动巡回赛等具有自我发展功能的湖泊康养旅游产品。二是创新湖泊康养旅游产品文化。以中国传统康养文化为切入点，深入挖掘中医药、佛教、道教、茶道、武术、温泉等传统养生文化内涵，选取有代表性的民间故事、民风习俗、神话传说、民间轶事等文化素材，进行艺术创作，将其植入湖泊康养旅游产品。三是创新湖泊康养旅游产品结构。开发康养旅游的"游、娱、用、医、养、学"等非基本旅游消费产品，运用免费试用、折扣优惠、会员折扣等市场营销方式，培养市场的消费习惯，深度拓展市场消费潜力。[①]同时，采取综合举措降低旅游景区门票价格，以拉动衍生旅游消费。

---

① 李莉、陈雪钧：《康养旅游产业创新发展的影响因素研究》，《企业经济》2020 年第 7 期。

四　湖泊生态环境保护目标

确定湖泊康养旅游的生态环境保护目标，加强湖泊生态环境的保护和修复工作，推动可持续发展，确保湖泊生态环境的可持续性和景观的美丽性。开展湖泊康养旅游产业，相关部门及人员需要严格遵循"绿色保护为主、绿色开发为辅"的开发原则。在开发过程中要贯彻好绿色环保理念，降低对湖泊资源的污染与破坏，助力湖泊康养旅游行业的可持续发展，最终实现湖泊资源保护与社会经济发展之间的协同。相关部门在开发湖泊旅游产品过程中，应该注重考虑好当地湖泊资源的环境承载能力。在湖泊资源合理承载范围内适度开发旅游产品、确定旅游规模等，既能够满足社会大众对于生态产品的需求，又能够带动我国旅游经济的发展。

五　高端和大众化市场并存目标

单一市场不利于度假产业的培育和发展。康养度假旅游是人们发展的需要，是一种高层次的精神需要，中高档的消费水平更有可能在环境质量、接待服务等方面得到优质保障，满足消费需求。由于产业布局、交通条件和区位优势等原因，沿海地区的经济发展水平高于内陆地区，因此，工作日的商务、公务、会务度假，节假日的家庭度假以及周末的短途度假，在"江浙沪"都得到了蓬勃发展。但目前我国的整体经济发展水平不是太高，大部分人的消费能力不强，湖泊康养度假业还处于发展初期，因此，不仅要培育高端的消费市场，更要发展大众化度假旅游，在开发度假产品时，要兼顾各个消费层次度假者的需求。要积极培育大众市场，提供大众化度假产品，以基础市场带动和引导高端消费，从而进一步壮大度假旅游经济，促使旅游产业实现质的飞跃。在准确把握两者市场比例的前提下，动态地进行市场调研和分析，既不要高估度假市场份额，也不要无所作为，应以大众市场为基础，积极培育高端市场，而且生产高端度假产品时应强调产品的差异性，切忌产品雷同，以免造成恶意竞争和资源浪费。具体而言，除了在资源品位高、市场区位好的度假地，开发出一批高档酒店、别墅、娱乐康体设施以满足高消费度假者外，还要面向大众城市居民，开发出经济实惠的中低档公众性度假设施。

六　明确数字技术应用目标

数字赋能已经成为新一轮科技革命的普遍特征。① 在数字经济时代，强化大数据、物联网、AR、VR、5G 技术在湖泊康养项目应用场景、公共服务和管理系统中的应用，打造感知体验、智慧应用、要素集聚、融合创新的湖泊康养融合发展生态圈，是数字技术赋能湖泊康养旅游融合发展的关键环节。数字技术通过现代信息技术，充分挖掘各地湖泊的生态价值、休闲价值及文化价值，开发湖泊多种功能，加快发展"湖泊+旅游""湖泊+商业"新经济，发展创意湖泊、养生湖泊等新产业、新业态，实现湖泊新发展，促进员工增收。同时，加强湖泊所在地区基础设施数字化转型，如通过"互联网+医疗"模式，可以实现优质医疗资源下沉，解决湖泊康养融合发展平台优质医疗资源缺乏的问题。数字经济赋能"湖泊+文化+旅游+康养"新业态，为城乡居民提供了更加优质的湖泊休养生活，符合时代发展的需要。

第四节　确立发展主题，完善功能业态

随着经济社会的发展，人们生活压力明显变大，身体呈现亚健康状态，环境污染问题逐渐显现，因此康养主题在景观设计中也越来越受重视。提到康养大家经常会有一个误区，认为"康养＝健康+养老"。实际上，康养是"健康"和"养生"的集合。湖泊具有游憩休闲、清洁空气、调节气候等价值，开发时应系统规划地域性湖泊资源，确定发展主题，挖掘湖泊产业链并带动产业发展增长极。根据康养旅游产业地域性、生态性和共生性特点，整合地域性湖泊生态旅游资源、文化遗产资源等，跨产业打造湖泊

---

① 夏杰长：《数字赋能公共服务高质量发展：结构性差异与政策建议》，《价格理论与实践》2021 年第 9 期。

康养旅游项目。加强湖泊产业链的延伸与拓展，推动产业链企业间的合作，共同助力湖泊康养旅游发展。在湖泊康养旅游的发展中，确立发展主题是至关重要的一环。发展主题的选择，既要符合当地的自然、文化和资源条件，又要紧跟市场需求和旅游发展趋势。

一　自然疗愈主题

湖泊康养旅游的自然疗愈主题，是围绕湖泊的自然环境和资源展开的。自然疗愈以大自然的力量和丰富的自然资源为基础，通过各种活动和项目，帮助人们调整身心、舒缓压力、提升健康和幸福感。首先，保护自然环境是落实自然疗愈主题的重要基础。政府应加强湖泊的生态保护和环境整治工作，确保湖泊的水质清澈、环境清幽。要加大环境监测力度，定期对湖泊水质进行检测和评估，及时采取措施解决污染问题。其次，建设自然疗愈的康养景区，是实施自然疗愈主题的关键举措。政府应该制订合理的区域规划方案，将湖泊周边的自然资源充分利用起来，建设具有独特魅力的康养景区。在康养景区内，可以规划设计各种自然疗愈活动项目，如森林浴、草原瑜伽、呼吸训练等，为游客提供舒缓身心的体验。同时，建设高品质的康养设施，也是实施自然疗愈主题的重要任务。政府应积极引导和支持投资者，兴建温泉、养生馆、SPA中心等康养设施。这些设施应具备现代化的设备和专业的服务团队，能够为游客提供全面和个性化的康养服务。政府还可以加大对康养项目的扶持力度，鼓励投资者在康养景区内开展独特的康养活动，提升湖泊康养旅游的品质和特色。此外，加强宣传推广是确立自然疗愈主题的关键环节。政府应制定相应的宣传策略和计划，通过传统媒体和新兴媒体渠道，向公众传播湖泊康养旅游的自然疗愈理念和特色，增强游客对自然疗愈效果的认知和信任。政府还可以组织康养旅游推广活动和主题展览会，邀请专家学者分享研究成果，吸引游客参与，提高湖泊康养旅游的知名度和吸引力。

以洞庭湖为例，洞庭湖湖泊的自然疗愈主题得到了有效的实施和发展。政府将湖泊的生态保护作为首要任务，加强水质的监测和治理工作，实施了一系列环境整治项目。这使得洞庭湖水质得到改善，水清岸绿的景观为游客提供了舒适的环境。在洞庭湖周边，政府规划建设了自然疗愈的康养景区。景区内规划了以湖泊为主题的森林浴区、湿地生态步行道和户外瑜伽点等，创造了与大自然亲密接触的体验环境。游客可以在湖畔的草坪上进行呼吸训练，或者沿着湖畔的小径慢跑和散步，舒缓压力、净化心灵。此外，政府鼓励投资者兴建温泉度假村和 SPA 中心，提供高品质的康养设施和服务。在洞庭湖旅游区，一家以温泉为卖点的度假村建设起来，设有多个主题温泉池和养生会所，为游客提供充足的水疗休闲选择。游客可以在温泉中沐浴，舒缓肌肉，放松身心。

以上案例表明，政府在湖泊康养旅游中确立自然疗愈主题，并通过生态保护、康养景区建设和高品质设施投资，推动了湖泊康养旅游的发展。这不仅提升了游客的体验感和满意度，也促进了湖泊旅游经济的繁荣。因此，在制定政策和推动发展过程中，政府应充分考虑湖泊的自然疗愈特色和潜力，并结合当地实际情况，制定切实可行的政策措施，促进自然疗愈主题的深入发展。

二　水上运动主题

运动休闲康养旅游是指借用旅游周边环境的相关运动资源及设施，以运动参与为主要内容，以达到休闲、养生、促进健康的目的的旅游。[1] 湖泊康养旅游的水上运动主题是通过利用湖泊的水域资源，打造丰富多样的水上运动项目，为游客提供具有刺激性和挑战性的体验。首先，政府应加大对水上运动项目的支持和引导力度。可以采取鼓励措施，吸引投资者在湖泊周边建设水上运动设施和俱乐部。政府可以提供投资补贴和优惠政策，以降低投资成本和企业经营负担。此外，政府还可以与专业机构和教练团队合作，提供专业培训和指导，促进水上运动项目的健康发展。其次，政府可以举办水上运动赛事和活动，增加湖泊水上运动的知名度和影响力。可以组织帆船、皮艇、划艇等比赛，吸引国内外专业运动员和爱好者参与。

---

①　吴耿安、郑向敏：《我国康养旅游发展模式探讨》，《现代养生》2017 年第 6 期。

政府可以提供赛事经费支持和场地保障，同时加强宣传推广，提高赛事影响力，吸引更多参赛队伍和观众。此外，政府应加强对水域环境的管理和保护，确保水上运动的安全性和可持续发展。可以制定相关规章制度，明确水上运动的管理责任和操作规范。政府还可以加强水域的监测和治理工作，防止水污染和水生态破坏。同时，建立健全应急救援体系，提供紧急救援设备和专业指导，确保水上运动过程中的安全性和风险可控。最后，为了进一步提升水上运动主题的魅力和吸引力，政府可以加强与其他旅游主题的融合。例如，将水上运动与自然疗愈主题相结合，打造独特的水上疗愈体验。可以提供水上瑜伽课程，组织水上冥想活动，让游客在水上运动中感受到身心的平静和放松。

以杭州西湖为例，西湖的水上运动主题得到了有效的实施和发展。政府投资兴建的西湖水上运动中心，成为杭州市重要的水上运动基地。水上运动中心设有帆船俱乐部、皮划艇训练基地和划艇赛事场地等，为广大的水上运动爱好者提供了丰富的选择。杭州西湖水上运动中心举办的各类水上运动赛事和活动，吸引了国内外的运动员和游客。其中，最具影响力的是西湖帆船赛和皮划艇比赛。这些赛事不仅展示了水上运动的魅力和风采，还促进了当地旅游经济的发展。政府在发展水上运动主题过程中，注重水域环境的保护和管理。杭州市加大了西湖水域的整治和监测力度，通过治理水污染、净化湖水，保持了西湖的水质清澈。政府还制定了相应的管理规章和安全措施，以确保水上运动比赛和活动的安全性。水上运动主题也与其他旅游主题相融合，为西湖游客打造了独特的旅游体验。例如，可以结合自然疗愈主题，开展水上瑜伽和冥想活动。游客可以在船上练习瑜伽，感受湖泊的宁静与和谐，实现身心平衡和放松。

以上案例展示了政府在湖泊康养旅游中确立水上运动主题，并通过投资设施建设、举办赛事和保护水域环境等措施，推动了水上运动的发展。水上运动为湖泊康养旅游增添了丰富多样的活动选择，增强了游客的旅游体验感和满意度。不同水上运动项目的专业指导和配套设施，能够满足游客的不同需求。水上运动还为湖泊旅游创造了更为活跃的氛围，吸引更多游客前来体验，从而推动了湖泊旅游经济的发展。同时，湖泊作为自然景观的一部分，拥有独特的风光和生态环境。水上运动使游客能够更近距离地接触大自然，感受湖泊的宁静与美丽。划艇、帆板等运动可以让人沿着湖岸线探索风景，近距离欣赏湖光山色；潜水、浮潜则能带领游客进入湖泊深处，探索湖底世界的奇妙之处。

三　文化体验主题

文化养生康养旅游是指合理发掘、利用当地传统养生文化和养生产业的旅游资源，整合地域文化特色，以优化人类生存现状与提升生活质量为养生目标，依托自然生态环境开发的养生类旅游产品。[1] 湖泊康养旅游的文化体验主题是将湖泊地区独特的文化元素与康养旅游相结合，为游客提供深度的文化体验和认知。首先，政府应注重保护和传承湖泊地区的文化遗产。文化遗产是湖泊康养旅游的核心资源之一。政府应加大对湖泊地区历史建筑、传统手工艺、民俗文化等的保护力度，采取措施修复和保护具有代表性的文化遗产，保持其独特的历史风貌和文化价值。其次，政府可以建设文化艺术中心和展示馆，展示湖泊地区的文化艺术成果。可以举办传统音乐、戏曲、舞蹈等演出，让游客感受湖泊地区独特的艺术氛围。政府还可以组织民间艺术家和手工艺人展示其技艺，让游客亲身参与传统工艺品制作，增加互动和参与感。最后，政府可以推动文化旅游产品的研发和推广。可以开发文化主题旅游路线，引导游客深入了解湖泊地区的历史和文化。可以设立文化体验基地，让游客参与传统文化活动，如传统绘画、剪纸、茶艺等。政府还可以与当地文化机构合作，推出文化主题的康养活动，如艺术冥想、书法养生等，让游客在文化体验中获得身心的放松和满足。为提升文化体验主题的魅力和吸引力，政府可以加强与其他旅游主题的融合。例如，结合自然疗愈主题，可以组织户外艺术展览、自然摄影活动等，在湖泊自然环境中展示艺术作品，使游客在欣赏艺术的同时享受湖

---

① 张跃西：《产业生态旅游理论及养生旅游开发模式探讨》，《青岛酒店管理职业技术学院学报》2009 年第 1 期。

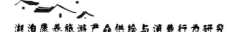

泊康养的愉悦。

以苏州太湖为例,太湖的文化体验主题得到了有效的实施和发展。政府投资兴建了太湖文化村,作为苏州市重要的文化旅游基地。文化村内建有苏州传统建筑风格的建筑群,展示了苏州园林的精髓和太湖地区的民俗文化。游客可以参观展览馆,欣赏苏州的传统手工艺品和艺术表演。苏州太湖文化村每年都会举办各种传统文化活动,如戏曲演出、传统音乐会等。游客有机会欣赏到苏州传统戏曲的精彩演出,聆听传统音乐的美妙旋律。政府还推出了太湖传统艺术体验项目,如园林绘画、剪纸等,让游客亲身参与传统文化艺术的创作。政府在发展文化体验主题过程中,注重当地文化的传承和推广。苏州太湖地区以园林、苏绣、点心等为代表的独特文化吸引了众多游客。政府鼓励当地居民和农民参与文化体验项目,建立文化传习所,传授当地特色的手工艺技艺,使文化体验更加贴近当地民众的生活。

以上案例展示了政府在湖泊康养旅游中确立文化体验主题,并通过投资设施建设、举办文化活动和文化传习所建设等措施,推动了文化体验的发展。文化体验作为湖泊康养旅游的主题之一,对于增强游客的体验感和满意度,促进旅游经济发展具有重要意义。政府应注重文化遗产的保护与传承,建设文化艺术中心和展示馆,推动文化旅游产品研发和推广。通过政策引导和协调,将湖泊地区独特的文化元素融入康养旅游中,为游客带来丰富的文化体验,提升湖泊康养旅游的吸引力和市场竞争力。同时,政府要注重与当地社区和文化机构合作,提升文化体验的质量和可持续发展性。

四 健康养生主题

湖泊康养旅游的健康养生主题是指将湖泊地区的优美自然环境和康养资源与健康养生结合起来,为游客提供高品质的养生体验和服务。首先,政府应加强湖泊环境保护,营造清洁、优美的自然环境。这包括加强水体保护、湖滨绿化和景观提升等方面的工作,确保湖泊地区的空气质量和水质达到健康标准。同时,政府还应积极推动湖泊地区的生态修复和保护工作，恢复湿地、湖泊沿岸的自然景观，为游客提供清新的氛围和自然疗愈的机会。其次，政府可以引入高品质的养生资源和服务。可以与当地健康养生机构合作，引进传统中医养生、温泉疗养等项目，为游客提供专业的健康养生服务。政府还可以注重培育本地的养生产业，如中草药种植、养生食品加工等，推出具有特色的养生产品，丰富游客的选择。最后，政府可以打造健康养生基地和康养度假村。通过投资建设现代化的养生中心和康养设施，提供养生疗养、健身运动、营养饮食等服务，满足游客的养生需求。政府还可以举办养生研讨会和培训班，吸引专业技术人员和健康顾问来到湖泊地区，为游客提供专业的健康咨询和指导。为提升健康养生主题的吸引力和市场竞争力，政府可以将其与其他旅游主题有机结合。

在发展湖泊康养旅游的健康养生主题时，可借鉴国外成功经验，如瑞士的日内瓦湖。日内瓦湖地区以其清澈的湖水和周边壮丽的山景而闻名，吸引着大量的康养旅游游客。政府在该地区积极投资，并与当地的养生机构合作，打造了高品质的健康养生基地。政府在日内瓦湖周边建设了现代化的康养度假村和养生中心，提供各种健康养生项目和服务，如水疗、温泉疗养、自然疗法等。游客可以选择参加养生保健课程，接受专业的健康咨询和指导，享受放松身心的疗养体验。此外，政府还注重将健康养生主题与文化体验结合，举办康养研讨会、健康讲座和瑜伽冥想活动等。游客可以在湖畔的绿地上练习瑜伽，感受自然与身心的融合。

总之，健康养生作为湖泊康养旅游的主题之一，在提升游客体验感和促进旅游经济发展方面具有重要意义。湖泊健康养生主题为游客提供了恢复身心健康的机会。湖泊地区通常拥有清新的空气、美丽的景观和宁静的氛围，这有助于游客放松身心、减轻压力、缓解疲劳。同时，景区提供的各种养生项目和服务，如中医养生、温泉疗养、自然疗法等，能够满足不同人群的养生需求，提高身体的健康水平。政府应加强湖泊环境保护，引入高品质的养生资源和服务，打造健康养生基地和康养度假村。同时，政府要与当地健康养生机构合作，培育养生产业，提升健康养生的质量和可持续发展性。

第五节 改善发展环境，提升品牌形象

习近平总书记指出："生态环境保护和经济发展是辩证统一、相辅相成的，建设生态文明、推动绿色低碳循环发展，不仅可以满足人民日益增长的优美生态环境需要，而且可以推动实现更高质量、更有效率、更加公平、更可持续、更为安全的发展，走出一条生产发展、生活富裕、生态良好的文明发展道路。"[1] 湖泊康养旅游产业开发，离不开良好的生态环境和得天独厚的资源条件。强调人与自然的和谐相处，是康养旅游产品开发所必须遵循的原则之一。大健康观念逐渐成为社会共识，人民群众对健康服务的需求，从以治病为中心向全生命周期的卫生与健康需求转变。[2] 康养旅游产业是 21 世纪的新兴产业，是现代服务业的重要组成部分。品牌是消费者识别旅游产品或旅游服务的一种标志，这种标志可以是无形的，也可以是有形的。通过建设湖泊环境、法治环境、公众环境、宣传环境、营销环境和服务环境，提高品牌美誉度和影响力，吸引更多游客到湖泊地区旅游，从而促进当地经济发展。

一 湖泊环境

第一，预留生态缓冲区域。湖泊规划设计应以湖泊为中心，在湖泊和附近城市建设用地之间留有足够的生态缓冲区域，严格限制湖区周边房地产开发项目，保护湖泊原有生态环境及生物多样性。将湖泊与人类活动结合起来，在维持生物多样性和保护动植物栖息地的同时，重视休闲娱乐和生态旅游等功能的开发，把湖泊湿地景观融入城市景观，让人们能够真正亲近自然、回归自然。

第二，做好噪声污染防治。康养基地或景区内人流较多，在活动开展

---

[1] 《习近平主持中央政治局第二十九次集体学习并讲话》，新华社，http://www.gov.cn/xin-wen/2021-05/01/content_5604364.htm。

[2] 陈雪钧、李莉：《国内康养旅游产业发展的多维分析与启示》，《开发研究》2021 年第 4 期。

期间，易形成噪声污染，这需要提前在活动频繁区域与其他区域之间设置一些隔离设施，如密植一些树林带等。进入康养基地务必要严禁大声喧哗，禁止鸣笛，禁止一切扩音设备如扩音器、话筒等的使用。景区广播、音响在发布通知或进行应急管理等特殊情况下才允许使用。

第三，做好固体废弃物控制。根据施工区域原有建筑垃圾和生活垃圾的特征，选择环境污染治理单位。对固体垃圾进行勘查，并根据分布情况进行分类，集中堆放，并联系垃圾填埋场等相关单位及时处理或填埋。在施工期间产生的生活垃圾，通常要在生活区域设立垃圾桶进行回收，坚决杜绝在垃圾堆放点排放生活废水。禁止将施工过程中的生活垃圾进行回填处理，避免对当地的地下水源造成污染。施工期间产生的废钢材、木材、塑料等固体废料，应当予以回收利用。

第四，做好水污染控制。在施工建设现场不可以设置车辆冲洗设施，在施工场地的出入口设置车轮清洗设备，并设置排水和泥浆的沉淀设备，利于降低废水的排放量。对施工废水和生活废水进行着重处理，设置污水管线，坚决杜绝采用渗坑或渗井的方式排放污水。施工期间必须加强管理，严禁将含有害物质的筑路材料如沥青、油料、化学品等堆放于水体附近，必要时设围栏、篷盖等，防止雨水冲刷进入自然水体。通过建设人工湿地、恢复天然湿地，有效改善地表水水质，提升河流、库塘等生态系统的自净能力。

二　法治环境

湖泊旅游的开发离不开政策和法律的支持和监督，在现有法律法规的基础上，还应当建立当地湖泊保护的相关法规，这样才能更好地监管湖泊旅游开发和保护工作，避免不合理的开发导致环境破坏、资源枯竭；通过立法加强管理部门的职责，让管理部门能依法行使自己的职责，对环境质量进行监测和检查；通过有效地立法，促使企业承担其应尽的义务，在享受权利的同时承担社会责任，因而要求企业应将部分旅游收入回馈给当地用于支援湖区建设，以及对旅游者进行正确的引导和规范；通过有效地立法，让旅游者在体验湖泊旅游产品时不忘记遵守行为规范，在湖泊旅游过程中培养生态环保意识。

无论是在湖泊康养旅游开发前的规划建设过程中，还是在开发后的经营、服务、消费过程中，湖泊康养旅游区的环境监控都是重要一环。这就需要湖泊所在地的各级环保和旅游主管部门在环境监控过程中发挥主体作用。要对重点湖泊康养旅游区环境进行监控，为环境管理提供科学的依据。在湖泊康养旅游区的环境管理方面，一方面要对不同湖泊康养旅游区实施分类管理，对环境质量要求比较高的地区，如老年人疗养园区、儿童健康园区等制定周密的计划和湖泊康养旅游规章制度，对环境质量要求相对较低的区域也采取相应的管理措施；另一方面对入湖人数进行严格的规定，根据湖泊康养旅游区的环境承载量，采取严格的入湖承载量管制及入湖事先登记办法，围绕湖泊康养旅游区重点保护目标设立保护区域，严格环境监管。

三　公众环境

公众环保意识的提高对各地湖泊康养旅游的可持续发展至关重要，但是如今却到处存在着不文明、不环保的旅游行为，因此要积极采取措施提高公众的环保意识。一方面要让环保理念深入公众意识，让环保意识变成环保习惯。在湖泊康养旅游开展过程中，提供完备的解说服务，让游客在休闲娱乐之余接受生态康养文明旅游教育；对湖泊康养旅游区的管理者与当地居民进行旅游环境保护宣传与教育，提高其环保意识，让公众充分意识到环保对湖泊康养旅游开发的重要性，从而自觉投入环保行动中去；开展环保教育野外研学课堂，从小培养青少年的环保意识。另一方面还要将环保习惯变成环保行为。让公众明白何为环保还远远不够，重要的是要将意识转为行为，转为有约束力和规范性的行为，这就需要政府相关管理部门制定环保行为规范准则，对公众的行为进行正确的引导，同时实施奖惩机制，以鼓励公众养成旅游环保意识、自觉践行旅游环保行为，实现湖泊康养旅游人与自然和谐统一的绝佳体验。

四 宣传环境

康养旅游作为新兴的旅游形式，正在被越来越多的人群接受，但是消费者对于康养旅游的认知还比较浅薄，对于康养旅游目的地的选择还比较盲目，甚至对于自身的康养旅游需求也不清晰。在互联网经济十分发达的今天，网络媒体已然成为游客获取旅游目的地信息的主要途径，成为提高旅游竞争力的重要媒介。[①] 当前，湖泊康养的宣传手段还比较单一，没有把地方文化的精髓真正地展示出来。因此，政府必须在旅游宣传方面认真设计，把原来零散、单一的宣传手段加以整合，形成全方位、立体式的宣传体系。可以采取以下方式进行宣传推广。

第一，网络媒介的宣传与推广。鉴于人们对于网络的青睐，可以通过各种网络媒介来对康养旅游景区或者旅游路线进行宣传与推广。一般而言，网络媒介具有覆盖面广、成本低、信息传播形式多样、实时性强、参与性高等特点。可以把康养旅游景区或者旅游路线变成图文并茂、生动形象的产品，并且以较快的速度向更多的人传播开来。因此，运用网络媒介对康养旅游景区或者旅游路线进行宣传推广是一种非常有效的方式，可以快速地让更多的人了解景区或者旅游路线所包含的内容和特色。

第二，广告媒介的宣传与推广。通过各种广告媒介来对康养旅游路线进行宣传与推广，是一种普遍而又快捷的方式。例如将康养旅游景区或旅游路线制作成宣传视频在电视上播放，制作成宣传单或宣传手册进行传播，或以文本形式刊登在报纸或杂志上等。

第三，人际传播的宣传与推广。人与人之间的宣传是最具有可信度的，也是最容易改变人们想法的一种途径。若康养旅游目的地的"饮食、住宿、交通、游玩、购物、娱乐"都受到了好评，那么，这些好评就会通过口口相传，形成良好的口碑效应，对康养旅游目的地进行直接、强烈的宣传。

---

① 杨天瑶、胡婷婷、熊国保：《网络语境下森林康养旅游形象感知研究》，《乌鲁木齐职业大学学报》2023年第1期。

五 营销环境

湖泊康养旅游在宣传之后，要注意营销手段多样化，强化市场营销能力，创新营销手段和营销形式。电视、广告等传统营销宣传手段无法满足不同层级游客需求，利用现下火爆的抖音、微博等新兴营销宣传手段，拓展受众范围和群体。利用大数据精准对接市场需求，推送湖泊康养旅游相关信息，提高游客到访转化率。比如，研学旅游路线主要面向有求知欲的学生群体，优先选择在学生人群中比较活跃的 App、网站等投放广告；重视自媒体在营销宣传中的作用，加强利用自媒体与公众互动沟通，结合时事热点增加话题讨论度；及时更新旅游信息，派遣专人运营和维护自媒体。根据每个湖泊地区特色康养资源，定期组织开展湖泊康养节并票选康养形象大使，加强宣传，提高知名度。

六 服务环境

康养服务是湖泊旅游产品的重要组成部分，员工的素质水平和服务水平决定了游客的体验感和满意度。目前，湖泊旅游地普遍存在康养专业人才匮乏的问题，应该积极引进和培养康养人才解决这一瓶颈问题。康养服务知识和服务技能培训不应只是面向景区康体保健部门，应该从管理层到普通员工均树立康养服务意识，引导员工充分理解游客的需求；开设面向全体员工的康养知识和技能培训，让服务人员了解中华养生文化及产品中蕴含的中医养生与保健知识；引导员工在与游客交流和为游客提供服务时，让游客体会到湖泊康养的重要性及必要性，指导游客高质量地进行湖泊体验，让其切实感受到湖泊旅游的康养效果。建立湖泊康养旅游的客户关系管理系统，加强与游客的互动和沟通，为游客提供个性化、定制化的旅游服务，增强游客的忠诚度和满意度。拓展智慧健康管理服务，依托医疗大数据、生活大数据等平台，全面、完善、持续地记录和判断个人身体健康状况，提供常态化智慧健康管理服务，提高健康生活质量。

第六节　夯实发展基础，完善服务设施

当代社会，随着人们生活水平的不断提高和旅游方式的多样化，湖泊康养旅游已经成为一种重要的旅游形式。湖泊资源丰富，自然环境优美，为人们提供了一个远离喧嚣的休闲空间，有助于身心康养。然而，要真正实现湖泊康养旅游的发展，夯实发展基础和完善服务设施都是至关重要的。夯实发展基础意味着充分挖掘和利用湖泊资源。在很大程度上，旅游景区的建设质量决定着游客量。以康养旅游为主题的旅游品牌，必须保证游客得到高质量的服务。开发者需要加强对湖泊的保护和管理，保持湖泊水质清澈，生态环境良好，为游客提供良好的旅行体验和康养环境。同时，还需要加大对当地公共设施建设的投入，提升交通、通信和水电等基础设施的建设水平，为旅游者提供便利的交通和生活条件。完善服务设施意味着提供全方位、高质量的旅游服务。开发者需要发展健康养生、休闲娱乐等相关产业，培育专业的康养旅游服务人才，提供丰富多样的康养旅游项目和服务。同时，还需注重完善旅游设施，包括酒店、民宿、景区管理等，确保旅游者的安全性和舒适度。在夯实发展基础和完善服务设施的基础上，湖泊康养旅游将拥有更加广阔的发展空间和更好的发展前景。通过全面提升湖泊康养旅游的品质和形象能够吸引更多的游客，促进地方经济的发展，推动旅游业转型升级，实现可持续发展的目标。

一　湖泊生活需求设施

基础设施是湖泊康养旅游发展的重要支撑，是湖泊区域生产、生活、旅游等各方面功能顺利运行的前提，在开发建设中，要根据开发时序有主次地进行基础设施的配套建设。加强湖泊康养旅游区域基础设施建设，包括交通、通信、供水、排水和电力等基础设施。建设高标准的道路和桥梁，为游客提供便捷的交通；提供稳定可靠的水力和电力，满足旅游区的用水用电需求；同时，发展先进的网络和信息技术，提供便捷的信息服务。具

体规划要点如表 8-1 所示。

表 8-1　基础设施规划要点

项目类别	建设要点
道路交通设施	根据湖泊不同的规模，选择合理的道路等级与宽度，对道路组织形式与断面宽度的选择要因地制宜，保证交通可达性
供给排水设施	合理预测需水量和水源选择，自备水源的村镇应配套建设净化、消毒设施，污水收集与处理宜就近集中处理，给排水管网布置多结合道路展开
通信设施	合理确定用电指标与预测用电负荷，村镇低压线路的干线宜采用绝缘电缆架空方式敷设，村镇主要道路设置路灯照明，光源宜采用节能灯并以适宜的距离布置
通话设施	村镇居民点的固定电话主线容量按 1 门/户计算，有线电视、广播管线和电信线路可架空、同路、同杆敷设
燃气设施	推进太阳能、风能等清洁能源的综合利用，可结合住宅建设，集中或分户设置太阳能、风能等热水装置
环卫设施	垃圾收集点的服务半径应合理布置，积极鼓励居民和农户实现有机垃圾资源化，合理配置公共厕所
消防设施	建立消防队，配备充足的灭火器材，充分利用天然水体作为村镇的消防水源，结合农田水利设施安排各类防洪排涝工程设施地址，加强灾害防治，提出地质灾害防治措施、方法和目标

二　湖泊康养需求设施

老年人群及行动不便的患病人群因身体原因对康养设施的要求更高，因此在设施的布置上需要重点考虑以上两类人群的特殊需求，在细节上体现对老年人群和患病人群的关怀和照顾，保证康养人群在旅游和生活过程中的舒适性和安全性。

在住宿和餐饮方面，住宿设施可以新建或扩建湖泊康养酒店、宾馆；餐饮设施可以发展湖泊主题餐饮、特色风味餐饮和大众餐饮的餐饮服务和娱乐设施，重点开发知名度较高的餐饮产品。在旅游服务方面，应重视建设地交通设施对康养人群的适用性。除保持基本的交通可达性、便利性之外，还需要增设轮椅、拐杖等交通辅助设施，建设轮椅专用道、康养游客专用车等，并设有充足的医疗设备和设施，以备不时之需。对标志和标牌的设定也要考虑康养人群的需求，做到醒目化，以便康养人群发现并辨别。

考虑到康养人群的休息需求较高，因此要设置充足的座椅，并做到尽可能舒适化。在社区康养保障设施方面，要为康养人群提供集预防保健、疾病治疗、康复护理、心理咨询、健康教育为一体的便捷就近的基本卫生服务场所，如照顾康养人群日常饮食起居的家政服务中心，提供护理的护理服务中心，提供医疗服务的医疗保健中心，提供文化、娱乐、休闲的综合活动场所以及提供应急服务的应急服务中心，等等。

三　湖泊旅游需求设施

完善的旅游配套设施是保证湖泊旅游活动顺利进行的基础，服务配套设施主要包括：满足不同功能业态的设施，如针对商业、餐饮、住宿、休闲娱乐的服务设施；咨询向导类服务设施，如游客服务中心、咨询台、指示牌、景区网络地图等；交通类服务设施，如停车场、摆渡区等；清洁卫生类服务设施，如垃圾桶、卫生间等；教育解说类服务设施，如进行康养旅游知识及湖泊知识宣传的无线讲解设备等；支付类服务设施，如可用移动端支付的方便惠民的景区购物优惠系统、自动贩卖机、移动充电服务等。应根据湖区不同功能及业态分布，合理安排旅游设施，满足康养旅游人群需求。

在规划湖泊旅游服务设施时，可对旅游服务设施体系进行分级布置。比如，可结合当地居民点建设情况和旅游资源分布情况，将旅游服务设施体系根据服务等级的不同划分为四个服务点设置标准。在湖泊的核心地带或重点服务地带可设置服务等级最高的旅游服务中心，提供完善的餐饮、购物、住宿、保健、娱乐等服务。再根据功能和活动的不同分区，分别设置一级、二级、三级服务点，标准依次降低。比如一级服务点提供餐饮、购物、交通换乘、咨询、急救、卫生等服务，二级服务点提供餐饮、交通换乘和卫生服务，三级服务点提供小型售卖亭和卫生服务。而且不同等级服务点具体服务设施的布置，应结合建设区域的实际情况，合理调剂和配置。

四　湖泊安全需求设施

旅游安全保障是康养旅游活动的关键，因此在进行规划建设时，要优先完善湖泊的安全管理工作，制定完备的安全保障机制，配备完善的康养旅游安全设施，为康养旅游人群提供安全放心的康养和旅游环境。安全配套设施的规划应主要注意三个方面。首先是建设主体层面，要强化相关部门、企业的监督和管理责任，完善湖泊各功能区域的安全保障机制，并积极联合消防、公安、卫生等部门，在技术和监督层面保证湖泊各项设施和产品的安全性。其次是安全设施层面，要建立完善的紧急救援系统，如在湖区内设置充足的医疗点和救助设备，并保证能及时有效地在各平台发布应急预警信息，同时定时检查和检修安全设施，以确保其有效性。最后是安全培训和教育层面，要加强湖泊从业人员的安全知识培训，通过培训及演练工作，提高工作人员救助的专业性。同时要加强从业人员及游客的安全知识教育，提高人群的安全意识和防范风险能力，降低湖区和游客的损失。

图书在版编目（CIP）数据

湖泊康养旅游产品供给与消费行为研究／王淑曼 等
著 . --北京：社会科学文献出版社，2024.8. --ISBN
978-7-5228-3909-7

Ⅰ. F590.6

中国国家版本馆 CIP 数据核字第 2024AG2229 号

湖泊康养旅游产品供给与消费行为研究

著　　者／王淑曼 等

出 版 人／冀祥德
责任编辑／仇　扬
文稿编辑／郭晓彬
责任印制／王京美

出　　版／社会科学文献出版社·文化传媒分社（010）59367004
　　　　　 地址：北京市北三环中路甲 29 号院华龙大厦　邮编：100029
　　　　　 网址：www.ssap.com.cn
发　　行／社会科学文献出版社（010）59367028
印　　装／三河市尚艺印装有限公司

规　　格／开　本：787mm×1092mm　1/16
　　　　　 印　张：25.25　字　数：375 千字
版　　次／2024 年 8 月第 1 版　2024 年 8 月第 1 次印刷
书　　号／ISBN 978-7-5228-3909-7
定　　价／168.00 元

读者服务电话：4008918866